- 本书由国家社科基金项目（批准号：11CJ091）和湖南大学税收筹划研究所资助
- 国家社会科学基金项目（批准号：11CJY091）《经济社会双转轨背景下中国房地产税改革的制度环境研究》结项成果之一（研究报告）

经济社会双转轨背景下中国
房地产税改革的制度环境研究

唐　明◎著

中国财经出版传媒集团
中国财政经济出版社

图书在版编目（CIP）数据

经济社会双转轨背景下中国房地产税改革的制度环境研究/唐明著．—北京：中国财政经济出版社，2018.3

ISBN 978-7-5095-7994-7

Ⅰ．①经…　Ⅱ．①唐…　Ⅲ．①房地产税-税收改革-研究-中国　Ⅳ．①F812.424

中国版本图书馆 CIP 数据核字（2018）第 002959 号

责任编辑：卢关平　　　责任校对：张　凡
封面设计：孙俪铭　　　责任印制：张　健

中国财政经济出版社出版
URL：http：//www.cfeph.cn
E-mail：cfeph@cfeph.cn

社址：北京市海淀区阜成路甲 28 号　邮政编码：100142
营销中心电话：88190472　88191537　北京财经书店电话：88580302
北京财经印刷厂印刷　各地新华书店经销
787×1092 毫米　16 开　20.25 印张　328 000 字
2018 年 5 月第 1 版　2018 年 5 月北京第 1 次印刷
定价：78.00 元
ISBN 978-7-5095-7994-7
（图书出现印装问题，本社负责调换）
本社质量投诉电话：010-88190744
打击盗版举报热线：010-88191661　QQ：2242791300

前　言

我国早在2003年就进行了物业税模拟“空转”，在长达七年的时间里始终难以“空转实”。2011年上海市和重庆市进行房产税试点，但试点扩容“总闻楼梯响，不见人下来”，2013年转而确立“先立法后改革”的改革方针。房地产税从“研究改革”到“试点改革”再到“立法改革”，十年难磨一剑，创下税制改革艰辛之最。转轨期中国房地产税改革为何长达十几年“启而难动”？到底哪些深层次因素制约了房地产税的改革？只有找准原因，方可“对症下药”。事实上，房地产税改革不是一项孤立的制度安排，其变迁的方向和目标都会受到我国经济社会转轨改革进程的制约。在我国，房地产税改革在长达十几年时间难以实质性推动，映射出种种体制障碍，即经济社会双转轨阶段基础制度环境缺失和配套制度政策不完善是根本原因。本书旨在挖掘房地产税所需制度环境的主要影响因素，探索房地产税制度环境影响因素与房地产税关联互动机理，系统论证现行房地产税改革“启而难动”的症结所在——制度环境的缺失，以世界各国房地产税运行实践考察了房地产税制度环境影响因素的作用规律，在上述基础上系统地提出房地产税与其制度环境影响因素联动改革的政策框架体系，以期为推动房地产税改革和立法做出独立而有意义的实质性贡献。

转轨期，我国的房地产税改革不仅要完成财产税制的现代化转型，相比其自身的税制改革意义，其更大的功能与作用是可以极大地助推我国经济社会双转轨改革进程。实际上，我国的房地产税改革是从无到有引入的全新税种，而且房地产税这种直接税对转轨期的中国有着广泛而深远的影响力，主要体现在：现行诸地方税种中，房地产税是最有潜力担当未来地方的主体税种，将促使地方政府由“土地财政”（“短租”）向房地产税（“长税”）转型，由此拟开征的房地产税将深刻地影响着将来的财政分权、政府间财政关系以及后“营改增”时代地方税体系和地方主体税种的构建等重大基础性财税制度建设，将从多个维度促进地方公共财政转型和改善地方治理。房地产税针对房产和地产进行课税，作为全社会最大财富的不动产实行登记要件主义管理，因此房地产税改革深受不动产产权法律制度、住房制度及土地管理制度等相关基础性制度体系的影响制约；不同于其他税种，房地产税的计税依据无法自动形成，现代的房地产税必须依据市场价值评估征税，因此房地产税深受房地产市场化完善程度的影响制约。与此同时，房地产税反过来又会对不动产产权法律制度和管理体系、土地制度与房产制度以及土地市场与房地产市场等产生各种影响。在我国，房地产税将成为首个直面个人和家庭的“敲门税”，将成为唤醒纳税人税负痛苦的“税痛之首”税种，也将从根本上激活社会公众纳税人的权利意识和对政府公权限权意识，实质意义上的房地产税改革或许将拉开我国基层政府民主财政制度的序幕，将成为开启我国社会变革的一扇窗口。房地产税作为政府税收和公共服务紧密相联系的地方税，是天然的治理工具，利用好房地产税的治理属性将极大地提高基层政府自我治理的能力。从上述基本面分析来看，我国房地产税改革实际上连接了经济领域、政治领域、法律领域以及社会领域等各个方面，发挥着经济社会双转轨改革的助推器作用，带有强烈的制度转型倾向。

从本质上看，制度环境缺失是中国房地产税改革“启而难动”的症结所在。世界各国经验表明，一国的房地产税制度（以下简称房地产税制）不是孤立的，而是内生于一定的制度环境，深受其财政体制、经济体制、政治体制、法律制度、社会治理和文化习俗等制度环境的影响。房地产税形成机理模型可简要概括为：规范的房地产税（F）$=f$［充裕的税源（X_1），公平合理的税制要素设计（X_2），高效的税收征管（X_3）］×有效的制度环境（有效的配套制度）。该理论模型说明，房地产税制不仅是由税源、税制要素设计、税收征管等“硬件”有机构成，更是深受由一国的财政体制、经济体制、政治体制、法律体系、社会治理和文化习俗等基础制度环境“软件”因素的影响。制度环境是通过影响表达式 f 和直接变量进而深刻决定着房地产税制的形成。必须深入研究现行房地产税制改革面临的制度环境的制约因素、影响现行税制的潜在因素，以及挖掘房地产税赖以生存的制度环境的决定因素，以此为依据建立健全房地产税制改革所必需的相关配套制度。房地产税制改革实质是一个综合的改革，对此一定要有清醒的认识。必须首先审视开征房地产税所需的制度环境是否完善，因为它直接决定相应的制度设计，也牵动着整个财政体制改革。

那么，转轨期到底哪些体制机制在深层次掣肘着房地产税改革呢？第一，房地产税改革要打破现行财政分权体制机制瓶颈。在现行的财政体制下，体制内的财政分权制度安排是中央政府极力推行“以税代租”，而体制外地方政府利用“逆向软预算约束”机制坚持“以租代税”，两者难以形成改革合力。现行不规范的财政分权体制实际上已成为房地产税改革的制约机制，房地产税改革要“破冰”，首先要打破现行的财政分权体制机制障碍。第二，房地产税改革要打破现行不动产产权法律制度瓶颈。房地产税的实质是对不动产产权征税。转轨期我国不动产产权制度几经变迁，目前形成了具有中国特色的复杂产权格局，导致现行房地产税改革缺失“法律基础”。如何在我国土地公有制大国、不动产产权极其复杂的基础上开征房地产税，是房地产税必须首先要解决的难题之一。房地产税制改革要“破冰”，应着手解决阻碍其发展的产权体制障碍。第三，房地产税改革要打破现行房地产市场体制机制瓶颈。转轨期房地产市场的要素市场和产品市场均高度垄断，地价和房价呈现不正常的刚性，以此作为房地产税评估计税依据的基础，我国现行房地产税改革缺失“经济基础”。房地产税制改革要“破冰”，应着手解决阻碍其发展的房地产市场体制障碍。第四，房地产税改革要积极构建适合我国国情的现代民主财政机制。目前，在关乎百姓切身利益的房地产税改革决策过程中，公众话语权竟然是完全缺失的，可以预见这种财政民主机制的缺失对于房地产税改革将构成一个极大的“瓶颈”，尤其是房地产税的实施阶段，现行房地产税改革缺失“政治基础”。在地方政府普遍实行民主财政机制，构建“政府—纳税人”服务机制，实质意义上的房地产税改革或许将拉开我国基层政府民主财政制度的序幕。

基于转轨背景，本书首次系统地提出房地产税与其制度环境影响因素的关联改革政策框架体系。任何国家房地产税制的形成和确立都是以其社会、政治、经济、法律、文化习俗等各方面因素为制度背景的。没有制度环境方面的“软件”改革完善，仅就税制改革税制的“硬件”改革是不会取得成功的。转轨期，中国的房地产税改革事实上发挥着经济社会双转轨的“助推器”作用，房地产税制度环境的主导因素与房地产税改革事实上存在良性互动的联动机制，具体包括：一是提出财政分权、预算硬约束与房地产税联动改革策略，以期破解制约房地产税改革的财政分权体制机制瓶颈，同时也将是财政体制规范分权化改革的催化剂；二是提出法律变革、产权保护与房地产税的联动改革策略，以期破解制约房地产税改革的产权法律制度瓶颈，同时促使市场经济产权法治基础的形成；三是提出土地制度、房地产市场与房地产税的联动改革策略，以期破解制约房地产税改革房地产市场体制机制瓶颈，同时将促使房地产市场成熟完善；四是提出公共选择、民主自治与房地产税的联动改革策略，以期为房地产税改革奠定地方民主治理的政治基础，同时将促进符合我国国情的现代民主化公共财政体系建设。因此，房地产税改革具有丰富的内涵，是一项系统工程，应制定和执行综合改革方案。

任何一项制度改革都需要一系列相关制度的支撑，房地产税制作为现行财政体制的子制度，其改革也不例外。拟开征的房地产税将实现财产税制的现代转型，支撑起将来的地方税体系建设。同时，也可以预见，我国的房地产税制改革将是财政体制规范分权化改革的催化剂；将会促使市场经济产权法治基础的形成；将促使房地产市场成熟完善；将会促进符合我国国情的现代民主化公共财政的宪政建设。由于房地产税制改革本身所具有的深度和广度，其意义已经远远超出对现行税制的简单修补。房地产税制的全面改革，必将对我国的富强、民主、繁荣和文明产生积极而深远的影响。

关键词：房地产税制改革；制度环境；财政分权体制；不动产产权；房地产市场；财政民主机制

目　录

插图索引

附表索引

第1章 导论

房地产税改革涉及土地一二级市场、房地产一二级市场及千家万户的切身利益，并将对我国的税制体系、公共管理体制、土地住房管理与房地产市场、不动产产权及不动产利益分配机制、地方公共治理等产生重大深远影响，因此积极稳妥地推动事关国计民生的房地产税改革研究，具有极强的理论研究意义和现实应用价值。本章阐述了本项课题的现实背景与研究意义，评述了相关文献，介绍了内容安排与预期价值等。

1.1 导言：问题的提出

我国早在2003年就进行了物业税（房地产税）模拟“空转”（即模仿实际开征房地产税的全部过程，但没有真正的征收），14年时间过去了，至今仍未“空转实”。2011年沪渝开始房产税试点，紧随其后有关试点扩容“总闻楼梯响，不见人下来”，2013年正式确立“先立法后改革”的改革方针。房产税从“研究改革”到“试点改革”再到“立法改革”，十年难磨一剑，创下税制改革艰辛之最。转轨期中国房地产税改革为何长达十几年“启而难动”？到底哪些深层次因素在掣肘着房地产税的改革？找准原因，方可“对症下药”。

1.1.1　转轨期中国房地产税改革“启而难动”

房地产业的欣欣向荣为房地产税改革带来契机，房地产税改革纳入税制改革议事日程。2003 年中共十六届三中全会通过了《中共中央关于完善市场经济体制若干问题的决定》明确提出：“实施城镇建设税费改革，条件具备时对不动产开征统一规范的物业税，相应取消有关收费。”此后，有关房地产税改革的各种研究和改革建议呈井喷式不断涌现，与房地产税（物业税）相关的问题逐渐成为各界聚焦的中心。2003 年财政部和国家税务总局在北京经济技术开发区首次进行物业税模拟评估征税试点。2006 年第十届全国人民代表大会第四次会议通过的《中华人民共和国国民经济和社会发展第十一个五年规划纲要》进一步明确：“改革房地产税收制度，稳步推进物业税并相应取消有关收费。”2007 年十届全国人大五次会议首次明确提出将“研究开征物业税的实施方案”，试点模拟评税的城市由 6 个扩大到 10 个。2009 年国务院批准的《关于 2009 年深化经济体制改革工作的意见》，提出要深化房地产税制改革，研究开征物业税。国务院批转国家发展改革委《关于 2010 年深化经济体制改革重点工作意见的通知》，在深化财税体制改革中提出逐步推进“物业税”改革。至此，“物业税”这个名字最后一次出现在权威的正式文件中，此后物业税再没有被权威政策文件提及，取而代之的是房地产税。

我国在“十二五”规划明确提出研究推进房地产税改革，在 2011 年召开的中央经济工作会议中提出，要求作为深化重点领域和关键环节改革突破口推进“营改增”和房产税改革试点。近十年的模拟评估征税积累了丰富的经验，新的房产税改革政策在社会各界的期盼中呼之欲出。紧接着，国务院 136 次常务会议上同意部分城市开展对个人住房征税的试点改革。沪渝两直辖市政府在 2011 年 1 月发布文件，贯彻国务院 136 次常委会精神，对个人住房开展征收房产税试点改革。但后续的“试点扩容”迟迟难以推进，沪渝房产税试点方案广受社会各界争议，主流意见认为不具有在全国推广复制的价值。与此同时，在法治联盟奔走呼告下，社会各界达成共识，房地产税要全面推行还需先行立法。2013 年 11 月中共十八届三中全会通过《中共中央关于全面深化改革若干重大问题的决定》明确提出“加快房地产税立法并适时推进改革”。2015 年 3 月十二届全国人大三次会议通过了《立法法》修改的决定，明确规定税种的设立、税率的确定和税收征收管理等税收基本制度，只能通过制定法律来解决。由此，将来开征房地产税必须先由人大立法讨论通过才能执行。2015 年 8 月 5 日，十二届全国人大常委会立法规划向社会公布 34 项立法任务，其中房地产税位列“条件比较成熟、任期内拟提请审议的法律草案”的第一类项目之首。至此房地产税“先立法后改革”，房地产税改革走向漫长艰辛的立法之路。立法作为房地产税“顶层设计”的最优形式，以规范、透明和正式的利益博弈过程来寻找改革方案的“最大公约数”，从而极大地增强拟开征的房地产税的社会可接受性和民意基础。转轨期，房地产税改革长达十几年时间里一波三折，启而难动，其改革进程如图 1.1 总结所示。

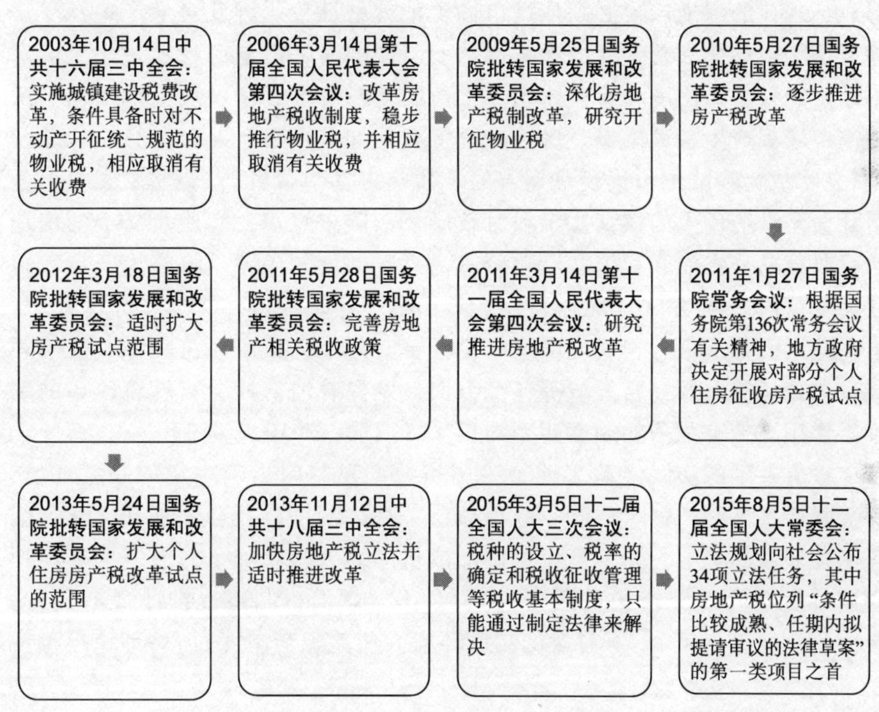

图 1.1　房地产税改革的推进过程

1.1.2　中国房地产税改革步履维艰，难在哪儿？

转轨期，我国的房地产税改革不仅要完成财产税制的现代化转型，相比其自身的税制改革意义，其更大的功能与作用是可以极大地助推我国经济社会双转轨改革进程。与西方国家不同，我国的房地产税改革实际上是从无到有地开征一个全新的税种[①]，经济社会双转轨时期的房地产税改革对我国的影响是方方面面的，主要体现在：现行诸地方税种中，房地产税最有潜力担当未来的地方主体税种，将促使地方政府由“土地财政”（“短租”）向房地产税（“长税”）转型，由此拟开征的房地产税将深刻地影响着将来的财政分权、政府间财政关系以及后“营改增”时代地方税体系和地方主体税种的构建等重大基础性财税制度；房地产税针对房产和地产进行课税，作为全社会最大财富的不动产实行登记要件主义管理，因此房地产税改革深受不动产产权法律制度、住房制度及土地管理制度等相关基础性制度体系的影响制约；不同于其他税种，房地产税的计税依据无法自动形成，现代的房地产税必须依据市场价值评估征税，因此房地产税深受房地产市场市场化完善程度的影响制约。与此同时，房地产税反过来又会对不动产产权法律制度和管理体系、土地制度与房产制度以及土地市场与房地产市场等产生各种影响。房地产税将成为首个直面个人和家庭的“敲门税”，将成为唤醒纳税人税负痛苦的“税痛之首”税种[②]，也将从根本上激活社会公众纳税人的权利意识和对政府公权限权意识，实质意义上的房地产税改革或许将拉开我国基层政府民主财政制度的序幕，将成为开启我国社会变革的一扇窗口（庞凤喜，2009；石子印，2011；谷成，2011）。从上述基本面分析来看，我国房地产税改革实际上连接了经济领域、政治领域、法律领域以及社会领域等各个方面，发挥着经济社会双转轨改革的助推器作用，带有强烈的制度转型的意味（唐明，2010、2013）。

世界各国的实践经验表明，一国房地产税制内生于一定的制度环境，深受其经济体制、财政体制、政治体制、法律制度、社会治理和文化习俗等制度环境的影响。房地产税税制形成机理简要概括如下：规范的房地产税制（F）$=f$［充裕的税源（X_1），公平合理的税制要素设计（X_2），高效的税收征管（X_3）］×有效的制度环境（相关配套制度）。该理论模型说

① 本书之所以认定改革的房地产税是个全新税种，详见研究对象的界定。

② 不同于其他税种，房地产税改革举步维艰、争论颇多，这跟该税的许多特点息息相关：(1) 在我国对个人家庭住房长期免税到如今重启征税，而且按市场价值评估征税，这直接会增加纳税人税负。(2) 房地产税是典型的不可转嫁直接税，与隐藏在价格中作为价内税的间接税（流转税）和代扣代缴的个人所得税不同，房地产税的缴纳要用纳税人税后可支配收入缴税，这会直接减少个人和家庭的现金流，因此纳税人对房地产税税负反应是最直接和最敏感的，在所有税种中“痛苦指数”高居榜首。(3) 房地产税与房地产交易环节税收一次性缴税不同，只有拥有房地产则年年需要持续性缴纳此税。(4) 将来立法的房地产税预计是对所有的存量和增量住房一并征收，凡有房产者均需纳税，房产多者多纳税，涉及范围之广、影响力度之大，既得利益者反对呼声将持续不断。

明，房地产税制不仅是由税源、税制要素设计、税收征管等“硬件”有机构成，更是深受一国的财政体制、经济体制、政治体制、法律体系、社会治理和文化习俗等基础环境“软件”因素的影响。制度环境是通过影响表达式 f 和直接变量进而深刻决定着房地产税制的形成（唐明，2010）。房地产税改革不是一项孤立的制度安排，其变迁的方向和目标都要受到我国经济社会转型进程的制约。在我国，房地产税改革在长达十几年时间里“启而难动”，映射出种种体制障碍，即经济社会双转轨阶段基础制度环境缺失和配套政策不完善是根本原因，具体分析如下：

1. 房地产税改革如何打破现行财政分权体制机制障碍?

理论与实践都表明，财政分权的主旨是要打造具有回应性、负责任和高效率的地方政府体系，而这种责任效率机制能否建立关键取决于地方政府是否拥有来源于本辖区的可支配收入，使得其公共支出的边际成本等于边际收益。而房地产税是地方政府最理想的财源之一，事实证明财政分权已成为房地产税改革发展的契机（Roy Bahl and Jorge Martinez - Vazquez, 2007；谢群松，2001）。在我国，从某种意义上讲，财政分权改革已成为解决当前诸多社会经济问题的突破口。集权型的分税制改革导致了财权上升、事权留置或下放和省以下地方财政收不抵支、财政分配极为混乱、地区间发展不均衡等一系列问题，地方政府的应对之策是“堤内不足堤外补”，由此引发土地财政、地方隐性债务等诸多问题。而解决上述基本问题，可以扩大地方政府共享税分享比例、重新分配各级政府的事权以及完善转移支付等，但这些途径仅能解决地方财政收支缺口困境及财力与事权不匹配等这些表面问题，并不能从根本上改变中央过于集权、地方难以实现财政自主和地方自治等现行财政体制内在问题，更难以实现规范意义上的财政分权体制构建（熊伟，2015）。因此，唯有真正规范省以下财政体制和夯实地方政府体制内正式财权，构建独立的地方税体系和地方主体税种，才能从根本上解决现行不规范的财政分权内在症结问题，而房地产税是构建地方主体税种的最优选和最现实的方案。

按理，房地产税是完全的地方税，在地方财政收支缺口压力增加的情况下地方政府对属于自己财权的房地产税充满期待。但现实却是房地产税改革始终是“中央热、地方冷”。不规范的财政分权改革导致地方政府预算软约束和“逆向软预算约束”，地方政府在现有的制度环境制约下的最佳选择是寻求具有完全剩余索取权和控制权的收入，例如，各种行政事业收费、土地出让金收入等，这使得地方政府对房地产税制改革缺乏起码的激励。在现行不规范的财政分权体制下，房地产税改革意欲以“长税”取代“短租”，“土地财政”向“土地税收”转型，但这是以牺牲地方政府目前的既得利益为前提，这无疑使得任期有限的地方官员主导的地方政府在房地产税改革中的激励与动力严重不足（唐明，2009、2013）。因为，一方面仅靠房地产税自身改革是很难改变地方政府受制于中央的局面，将房地产税打造成为地方主体税种尚需时日，需要房地产市场进一步的发育成熟，更需要不动产产权法制建设、不动产评估机制及面向广大自然人征税的直接税征管机制等一系列基础配套制度的构建。另一方面，在地方政府看来，房地产税带来的收益未必足够大，而其成本却不小，而且伴随较大的社会风险。在现行的财政体制下，体制内的制度安排是中央政府极力推行“以税代租”，而体制外地方政府利用“逆向软预算约束”机制坚持“以租代税”，两者难以形成改革合力[①]（唐明，2013）。现行不规范的财政分权体制实际上已成为房地产税改革的制约机制，房地产税改革要“破冰”，首先要打破现行的财政分权体制机制障碍（唐明，2009、2010、2013）。

2. 房地产税改革如何打破现行不动产产权法律制度障碍?

转轨国家的房地产税改革实践表明，确立和保护私人财产所有权是财产税（房地产税）改革的首要使命。原因是前社会主义国家普遍进行了社会主义改造，而这种“剥夺剥夺者”改造以铲除资本主义私有制为目的，因而所有的转轨国家在引入财产税（房地产税）时几乎都面临“法律和经济基础缺失”的困境（Joan Youngman and Jane Malme，2004；Jane H. Malme and Joan M. Youngman，2001；刘威等，2015）。20 世纪 80 ~ 90 年代以来，世界房地产税（财产税）改革的一个突出特点是这项税制改革并不是“单兵推进”，而是被作为总体经济运行的调控措施在运营。世界房地产税改革经验表明，房地产税课税不仅可充当经济社会转轨改革的推进器，还可以用来调控经济运行中的诸多矛盾。建立开放性、竞争性的产权

① 现行房产税试点实际上是处于政治集权和政策强势者地位的中央政府为规范地方政府的财政行为而推进的，地方政府则出于政治压力被迫参与试点改革。但房地产税改革关涉地方政府的切身利益，因此地方政府并非完全被动参与改革，激烈博弈后的最终结果是地方政府获得了自行制定试点方案的主导权（张克，2014），这是房地产税试点改革与其他税种例如“营改增”试点改革很不一样的地方。为避免房产税试点对本地财政收入和经济产生不利影响，试点方案中均采取了一系列窄税基、低税率和简化程序的方案设计。而由地方政府自行制定的试点方案实施效果表明，中央政府并未能实现其推动房产税试点改革的政策预期。

交易市场，有效抑制房地产市场波动和投机，建立健全财产评估和登记制度及管理机构，建立一整套适合本国国情的不动产财产管理的法律、法规体系和相应的组织管理机构，最终确立本国的市场经济运行机制。

房地产税的实质是对不动产产权征税。经济社会双转轨时期我国不动产产权制度几经变迁，目前形成了极具中国特色的复杂产权格局：城乡二元结构、房地二元结构、城市房产多种产权并存（唐明，2010）。同时，现行房地产产权制度重大缺陷还引发房地产税征税若干质疑，主要有：对国有土地上的房产能否征收房地产税？对包含土地出让金的房价征收房地产税是否存在重复征税问题？城市土地使用权预期不稳定可能会导致民众对房地产税的抵制。现行不动产产权转轨制度背景使得房地产税改革遭受产权法律制度瓶颈，房地产税改革缺失“法律基础”。如何在我国土地公有制大国、产权极其复杂的法律基础上开征房地产税，是房地产税改革必须首要解决的难题之一。房地产税制改革要“破冰”，应着手解决阻碍其发展的产权法律制度障碍（唐明，2007、2008、2009、2010、2013）。

3. 房地产税改革如何打破房地产市场体制障碍?

规范的财产税性质的现代房地产税依据市场价值评估征税，因此房地产税与房地产市场息息相关。一方面，房地产市场是现代房地产税的税收来源以及评估课税的基础，房地产市场完善程度决定着现代房地产税的税源和计税基础。另一方面，房地产税是房地产市场资源配置的“稳定器”，同时也是政府捕获房地产市场增值收益的极佳政策工具。因此，房地产市场是房地产税健康运行不可或缺的“经济基础”。东欧国家的房地产税改革过程中，其最大的障碍来自两个方面：首先，计征房地产税缺失房地产市场价值的计税基础。这些国家由于长期实行计划经济，房地产市场尚未建立健全，由此导致课征房地产税无法找到准确的房地产市场价值作为依据。其次，这些国家房地产资产价值和纳税人的收入缺乏应有的配比关系，尤其是经济困难时期，上述问题在这些国家格外突出。

改革开放以前，受制于当时的计划经济体制影响，我国城市土地实行计划分配和行政划拨，呈现出无偿、无期限和无流通的“三无”特点。以1978年为分水岭，城市土地由无偿使用向有偿使用转变，改革开放后土地资源配置逐渐引入市场机制，至今已经建立土地一级市场、土地二级市场和房地产开发以及流通的一二级市场等具有中国特色的多轮次房地产市场。但转轨期的房地产市场的要素市场和产品市场均高度垄断，地价和房价呈现不正常的刚性。土地市场是房地产商品的要素市场，而现行土地一级市场呈现政府高度垄断特征。在征地市场上，地方政府集管地者、用地者和裁判者于一身，形成“买方”垄断，极力压低征地补偿标准和无限扩大征地范围。在出让市场上，地方政府集唯一的出让者、管理者和监管者于一身，形成“卖方”垄断。土地一级市场上地价被地方政府双向垄断，在“土地财政”和“招商引资”策略下实施“低价工业化和高价城市化”供地政策，通过“饥渴营销”和利用“招拍挂”制度，不断推高商住用地的地价和房价。住房市场方面，我国实行开发公司制度和商品房预售制，这又直接导致了住房市场寡头垄断。显然，上述房地产市场基本状况直接导致房地产税改革缺失市场体制基础，开征房地产税改革缺乏“经济基础”。房地产税改革要“破冰”，应着手解决阻碍其发展的房地产市场体制障碍（唐明，2010）。

4. 房地产税改革如何构建适合我国国情的现代民主财政机制？

近年来，许多转轨国家和发展中国家纷纷下放权力、建立地方治理结构，其中都试图发挥房地产税（或者财产税、房产税等不一而足）这一地方治理中“利器”，以期解决地方治理中某些顽疾。同样，在我国能用技术解决的例如评估征税、信息共享和自然人征管机制建设等问题均不是房地产税改革的真正“绊脚石”，而与房地产税改革密切相关的社会治理与政府公共治理等政治体制方面的联动改革才是真正的“拦路虎”。房地产税改革关涉千家万户百姓的切身利益，但目前社会公众对该税种的改革话语权几乎是缺失的，可以预见这种民主财政机制的缺失对于房地产税改革将构成一个极大的“瓶颈”，尤其是房地产税的实施阶段，将导致较低的税收遵从度（庞凤喜，2009；唐明，2013；石子印，2009）。不同于其他税种，房地产税具有“双刃剑”属性，具备突出的优点同时蕴藏极大风险。建立“政府—纳税人”服务机制、发挥房地产税“受益税”性质是破解房地产税“双刃剑”属性、使其“扬长避短”的有效机制。由于缺乏经济上和政治上的激励，地方政府在房地产税改革中的自我激励机制很难形成，在我国民主财政机制才是实现“政府—纳税人”服务机制的基本途径。在地方政府普遍实行民主财政机制，以此构建房地产税成功改革所需的政治基础，实质意义上的房地产税改革或许将拉开我国基层政府民主财政制度的序幕。

综上所述，房地产税制的形成和确立是以其社会、政治、经济、历史、文化等各方面为背景的，它和整个社会的财政制度、经济制度、政治制度、财产制度、法律制度以及社会组织结构等是相辅相成的，牵一发而动全身（唐明，2008、2010、2013；陈金玉，2008）。必须深入研究现行房地产税制改革的制度环境、影响现行税制的潜在因素，以及为建立健全房地产税制赖以生存的制度环境因素，以此为依据建立健全房地产税制改革所必需的相关配套制度。房地产税制改革实质是一个综合的改革，对此一定要有清醒的认识。必须首先审视开征房地产税所需的制度环境是否具备与完善，因为它直接决定相应的房地产税制度设计，也牵动着整体财政体制改革及社会转轨改革的进程。正是基于上述主要背景，本书将经济社会双转轨背景下中国房地产税改革的制度环境作为研究选题，希望能为早日建立规范、健全和成熟的房地产税制以及推动我国转轨改革尽一份绵薄之力。

1.2 研究意义

本项目的研究意义与学术价值在于：

（1）学术研究层面：一是研究视角新颖独到，以构建制度环境为切入点，注重将西方成熟的房地产税理论中的外生制度变量与中国转轨背景有机结合，试图提炼出能切实有效指导中国房地产税改革的理论体系，极大地丰富完善了我国的房地产税收基础理论。二是系统发掘论证了转轨期中国房地产税改革“启而难动”的症结所在——制度环境的缺失。三是对房地产税制度环境影响因素进行国际对比，以期探寻运行规律及对我国的经验启示。房产税试点改革是“硬件建设”，下一步改革和立法工作将重点优化“软件系统”即制度环境，以解决制约房地产税改革的深层次的体制障碍问题，本书前瞻性抓住了问题的本质，为推动房地产税改革和立法做出独立而有意义的实质性贡献。

（2）政策建议层面：基于转轨背景下，本书首次拟系统研究中国房地产税改革制度环境的主导因素与房地产税改革两者相互作用的联动机制，充分发挥房地产税改革作为经济社会双转轨改革的助推器作用，系统地提出了房地产税与其制度环境影响因素的关联改革政策框架体系，具体包括：一是提出财政分权、预算硬约束与房地产税联动改革策略，以期破解制约房地产税改革的财政分权体制机制瓶颈；二是提出法律变革、产权保护与房地产税的联动改革策略，以期破解制约房地产税改革的产权法律制度瓶颈；三是提出土地制度、房地产市场与房地产税的联动改革策略，以期破解制约房地产税改革房地产市场体制机制瓶颈；四是提出公共选择、民主自治与房地产税的联动改革策略，以期为房地产税改革奠定地方民主治理的政治基础。

1.3 研究对象

现行税制中，直接以房地产为征税对象的税种共有5个，包括房产税、城镇土地使用税、耕地占用税、土地增值税和契税。如果将房地产市场和房地产企业涉及的所有税种考虑进来，还包括6个税种及1个附加，即增值税①、企业所得税、个人所得税、印花税、城市维护建设税、固定资产投资方向调节税（现已停征）和教育费附加。房地产税改革，涉及与房地产占有、交易相关的多个税种和各种收费。甚至有些研究和讨论认为，应该将土地出让金以及房地产企业缴纳的所有费用和税种都纳入房地产税（物业税）的改革中。由于目前国内的研究和讨论中，对房地产税（物业税）的定义和内涵众说纷纭，很不统一。因此，首先有必要对本书的研究对象进行明确的定义，界定其范围。

如图1.2所示，房地产税有广义和狭义上的内涵口径，广义上基于房地产课税的税种包括房地产业增值税、企业所得税、个人所得税、印花税、契税、土地增值税、房产税和城镇土地使用税以及以房地产业增值税为税基的城建税和教育费附加等，因此广义口径的房地产税是个综合性概念，此意义上的房地产税改革意味着综合性改革。狭义上的房地产税仅指不动产保有环节的税种，对应现行的税种就是房产税和城镇土地使用税。鉴于物业税模拟空转、沪渝房产税试点和将来要立法的房地产税，都是狭义上的房地产税，因此本书采用狭义的房地产税概念，是以财产（不动产）的存量价值为课税对象的财产税性质税种，一般实行按年度的纳税周期。同时，本书研究的保有环节的房地产税是现代意义上的财产税，所谓现代房地产税是指具备以下四个重要的特征：（1）从价税：依据市场价值从价计征；（2）宽税基，即针对所有房地产课税，尽可能少的减免税；（3）地方税：地方基层政府具有一定的税权；（4）受益税，即房地产税筹集的财政收入直接用于当地的基本公共产品与服

① 2016年5月1日之前征收的营业税，之后房地产业营业税改征增值税。

务（张平等，2016）。

学术界对要改革的房地产税是“新税”还是“旧税”颇有争议，本书认为，从本质看应该视为一种新税。尽管目前对房地产税改革的具体事宜争论分歧较多，但房地产税改革有两项标准是达成共识的：一是要“扩围”，将个人自住非营业性房地产纳入课税范围；二是改变税基，将由目前按历史价值的从价计征和从量计征转变为按市场价值为基础的评估价值征税。从上述基本面来看，我国的房地产税改革实质上是要开征一种真正财产税性质的全新税种。也正因为是要开征新税，其改革必须经过人大立法，不能再以暂行条例的形式出台。目前正在沪渝试点的房产税并不是真正意义上财产税，因为方案中对存量不征和以市场交易价格为计税依据，而且对少数征税的增量房还实行超高标准的免税优惠，这不符合财产税的计税原理和国际通行惯例。

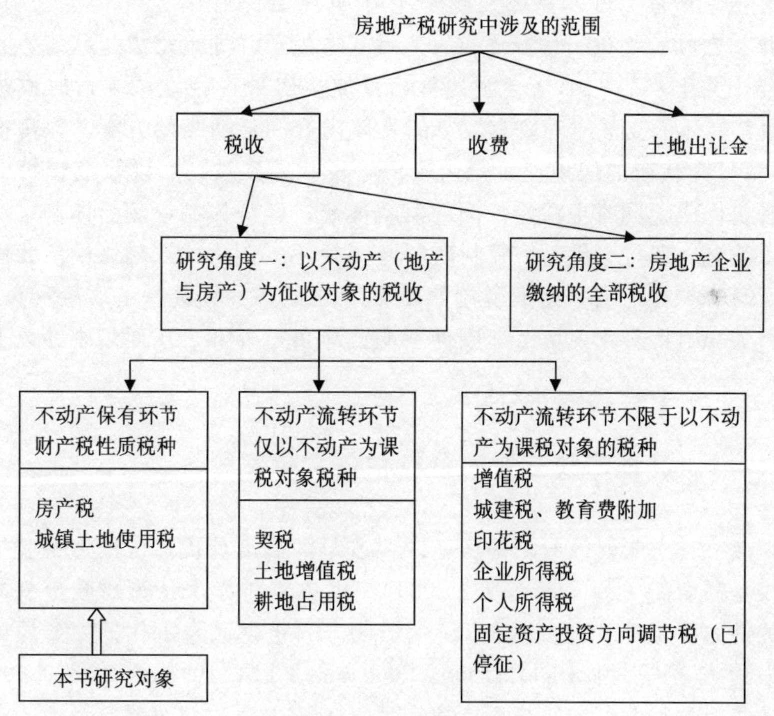

图 1.2 研究对象示意图

1.4 文献综述

自 2003 年中共十六届三中全会首次释放房地产税（时称物业税）改革信号以来，“一石激起千层浪”，房地产税引发社会各界空前广泛和热烈关注，学术界对此展开了广泛而持续的研究，并在该税种改革的必要性、改革的功能定位和改革目标、房地产税开征效应和开征障碍、房地产税税制设计、税基评估及税收征管、沪渝房产税试点改革方案的评价和效应分析、世界各国房地产税收的国际借鉴等诸多方面取得一系列丰硕的研究成果。但与学界持续火热的研究格局形成鲜明对比的是实践中制度改革和实施层面进展极为缓慢，物业税历经七年空转始终难以“空转实”，直到 2011 年初选择沪渝进行房产试点，之后基本处于“原地踏步”状态，直到 2013 年中共十八届三中全会明确提出：加快房地产税立法并适时推进改革，但其具体的立法时间表和改革的具体内容尚无清晰的方案。以房产税（物业税）为代表的房地产税是由税源、税制要素设计、税收征管等“硬件”有机构成，同时更深受一国的财政体制、经济体制、政治体制、法律体系、社会治理与文化习俗等制度环境“软件”因素的深刻影响。我国房地产税改革步履维艰，创下税制改革艰辛之最。各界进行了质疑和反思，学者们已开始将研究视角由“硬件”向“软件”转移，主要集中在以下几方面：

1.4.1 房地产税与财政分权相关文献回顾

观点一：主张财政分权是房地产税改革的制度前提。房地产税收与财政分权是密切相关的（王海勇，2004），西方经济学家认为财政分权制度最为关键的要素是“地方责任”，赋予地方一定财政自主权的主要原因就是加强地方责任（Layfield，1996；Bahl and Linn，1992）。Oates（1969）特别强调地方财政存在的基石是拥有独立的地方税收。而财产税由于其课税对象具有非流动性且不能藏匿和转移、税源充裕稳定且不受其他因素制约等突出特点，财产税是地方政府首选的最佳财源，财产税对地方政府尤其是基层政府具有很强的收入功能（McCluskey W. and Williams B.，1999）。Roy Bahl 和 Jorge Martinez - Vazquez（2007）指出，财政分权是转轨国家房地产税改革的前提基础。谢群松（2001）认为：财政分权是中国财产税改革的制度前提，必须在财政分权体制中才能发挥财产税的作用。谷成（2006）在财政分权的框架下研究指出：分税制的收入集中效应导致地方政府扩张非正式财政收入，主张加快推进房地产税改革，有助于消除地方政府非正式预算资金体系导致的负面激励效应。谷成（2006）、刘威等（2015）等学者在研究转轨国家财产税改革经验时指出，房地产税对这些国家的财政分权化改革产生了很大影响，房地产税作为地方重要的税收来源，一方面提供了必要的税收收入，另一方面极大地推动了各国分权化改革进程。

观点二：主张发挥房地产税的财政职能，将其建设为地方主体税种。房地产税作为税收和公共服务的连接工具，为基层政府提供了可靠稳定的收入来源，在很大程度上支撑了基层政府的独立性（Brunori D.，2006）。从性质和特征来看，房地产税都具有良好的地方税特征：税源可靠且稳健增长、税基非流动、符合受益原则。与所得税和流转税等相比，从财政原则、公平原则和效率原则等多方面考评，房地产税都是地方最佳主体税种（谢群松，2001；丁成日，2007；刘尚希，2007；王海勇，2004）。众多学者研究指出，财政分权的核心支撑要素是地方应该拥有可自主支配的地方税种，而财产税（房地产税）天然地与地方主体税种选择标准有着高度的契合度。因此，在地方税体系及地方主体税种的构建中，综合借鉴国外的成功经验并遵循地方税收原则，建议把现行的房地产税收体系改革成新的现代财产税（房地产税），并以此培育我国地方税主要税种（邓菊秋，2007；李玉红、白彦锋，2010；张青，2010；胡洪曙，2011；倪红日，2012；张学诞，2013；长春市地方税务局国际税收研究会课题组，2014；等）。熊伟（2015）进一步论证指出，央地财政平衡才是房地产税改革的价值导向。房地产税立法应突出发挥房地产税的财政职能，将房地产税培育成为地方主体税种是完善中央和地方财政分权体制的主要突破口，以上述指导思想来设计具体的税收制度，同时必须赋予地方享有房地产税的立法权和决策权等为核心的财政自主权。刘剑文（2016）强调，房地产税法的功能定位应以组织保障收入为主、宏观调控为辅，这既是使房地产税法能尽快出台的现实要求，又是贯彻税收法定原则的重要举措。

观点三：房地产税可以取代“土地财政”的短期行为，成为地方政府的主体税种。首先，“土地财政”将来必会枯竭，不具有可持续性必须转型。土地批租行为是地方官员在财政收支缺口和政绩压力等制度约束下采取的短期行为，不久的将来地方政府将无地可卖，必须“短租”向“长税”转型，寻找合法且稳定的税源（贾康，2010；张青，2010；黄少安等，2012），“土地财政”失效将逆向促进地方政府更积极探寻能产生规范、稳定收入的来源，此时房地产税改革才能迎来春天（安体富、葛静，2014）。其次，如果将来房地产税扩围至存量房产，按照市场价值评估普遍征税，经学者们的测算评估：房地产税可担当地方财政的主体财源。胡洪曙（2008、2011）提出了“四税一金”改革方案，测算发现：仅在改革头几年将出现小规模的财力缺口，之后便可有盈余且呈现持续增长态势，由此得到财产税能为地方政府带来持续稳定的财政收入的结论。安体富等（2012）利用“六五”至“十一五”时期存量房数据进行测算，得出房产税收入可占地方财政收入的三分之一（31%），占全部税收总量的17%。李文（2014）依据税基的宽窄和税率水平的高低设计了“窄税基、低税率，窄税基、高税率，宽税基、低税率，宽税基、高税率”四个方案，上述四个方案下房地产税收入占市县地方税收入的比重分别为12.52%、22.76%、13.20%和23.88%。刘蓉等（2015）采用中国家庭金融调查的微观数据，对全国房地产税非减免比率和潜在税收收入能力进行了估计和测算，得出房地产税总收入可以达到土地财政31.07%的比重，占地方税收总收入27.93%，因此房地产税具备作为地方政府重要收入来源的条件。最后，大多数学者和研究机构等乐观认为房地产税可在土地财政枯竭之前较好地减少地方政府对土地出让金的依赖。应尽快全面开征房地产税并作为地方主体税种培育，以此弥补地方财政的收支缺口。而且，当将地方税体系的主体税种确认为房地产税后，可以从制度层面矫正地方政府的短期行为（葛静、安体富，2015），促使地方政府转变职能，由“建设型”政府向“服务型”政府转变（《比较》编辑室，2004；贾康，2014；安体富、金亮，2010；张青，2009a、2011；刘剑文，2014；刘蓉等，2015）。

观点四：当前不规范的财政分权体制事实上已成为房地产税改革的约束机制。吴俊培（2006）深入解析了当前财政体制对房地产税改革全面推行是如何在总体上施加利益阻力的。贾康（2005）提倡在积极建立公共财政框架总体要求上来把握房地产税改革。张青和胡凯（2009）、戴双兴和吴其勉（2016）、陈志勇（2009）等研究表明，现行地方政府对“土地财政”存在严重的路径依赖，正是“土地财政”的“短租”阻碍了地方政府向规范的“长税”房地产税的转型。唐明（2008、2009、2010、2011、2013a、2013b）论证了不规范的财政分权改革造成了地方政府预算软约束和“逆向软预算约束”，以地方政府“逆向软预算约束”为主要特点的现行财政分权体制实际上已成为房地产税税制改革的制约机制。地方政府

"逆向软预算约束"机制是掣肘房地产税改革的直接诱因，不规范和不彻底的财政分权体制缺陷是制约房地产税税制改革的根本原因。因此，房地产税税制改革的成功需要相关财政体制制度的深层次变革与完善，房地产税改革任重道远。

1.4.2 房地产税与不动产产权相关研究文献回顾

观点一：房地产产权制度的明晰是征收房地产税的前提。Jane H. Malme 和 Joan M. Youngman（2001）、刘威和满燕云（2015）、何杨（2015）等学者研究指出，确立私人财产所有权是经济转型国家房地产税改革的首要使命，土地和房屋所有权私有化以及不动产产权体系的重建是房地产税改革的重要内容，房地产税改革也在一定程度上有助于不动产产权体系的重建。例如在爱沙尼亚，土地税的征收推动了不动产确权进程，同时也推动了市级土地的私有化进程。Joan Youngman 和 Jane Malme（2004）认为，财产税（房地产税）在定义财产权利过程中发挥着举足轻重的作用，财产税（房地产税）较好地将公共要素融入财产权利的基本构成中，将一部分公共利益保留在私人财产（不动产）价值中，这充分体现并符合部分财产价值的增值源于以政府为代表进行的公共投资和社会经济增长的客观事实。Hong Yu－Hung 和 Diana Brubake（2009）就中国如何向非私有土地征收物业税提出解决方案。温来成（2008、2009）认为不动产产权制度的完善是房地产税（物业税）开征的先决必备的条件之一，《物权法》的颁布执行为房地产税（物业税）开征提供了法律准备，但远未能解决改革所必需的产权法律问题。由于现行我国房地产产权关系混乱以及缺乏规范的管理制度，目前尚不具备大规模推出房地产税的条件，改革时机尚未成熟。唐明（2008、2009a、2009b、2009c、2010、2013）论证指出：产权清晰是征税的前提，房地产税（物业税）的实质是对不动产产权征税，现行不动产产权转轨制度背景使得物业税改革遭受产权制度瓶颈。拟开征房地产税必须首先解决产权体制障碍，为解决产权残缺引发的征税难题，过渡期可以不动产本身作为纳税人，中长期则必须健全和完善不动产产权法律体系和管理体制。

观点二：转轨期中国特有的产权制度引发的涉税争议。有些学者反对开征房地产税，其主要理由是：中国现行法律规定土地实行公有制，城市土地归国家、农村土地归集体。在上述法律制度下，业主购买的只是房屋（地上建筑物）所有权，土地只有使用权而没有土地产权。国外开征房地产税建立在土地私有制基础上，而中国土地实行公有制，对国有土地征收房地产税，法理上说不通（谢百三等，2010；许善达，2011；董藩、甄磊，2010；等）。但以安体富为首的主流学者认为中国开征房地产税并不存在法理障碍，土地产权无论公有还是私有，实践中土地的产权（所有权）和使用权经常分离，产生“终极物权”与“受益物权”之分，这是两个密切相关但又迥然不同的概念。用益物权是指非所有权人对他人之物享受占有、使用和收益等排他性权利，是物权的一种重要类型。而国有土地使用权作为一种独立的用益物权，公民在出让的时期内可以占用、使用和收益等，还可以通过自由交易来获取增值等，我国的土地使用权发挥着所有权的基本功能，且该项权利具有排他性，完全可以作为独立的课税对象（安体富，2015；赵廉慧，2011；王诚尧，2011；王国清等，2015；葛静，2016；等）。而且《物权法》体现了强调“所有”向强调“利用”的立法重心转移，从法律上进一步明确了所有权和使用权的分离，为房地产税的开征奠定法律基础（孙放，2007）。从其他国家地区情况来看，不能证明只有土地私有才可以征收房产税，房地产国有制不是征收房产税的障碍（安体富，2015；何扬等，2015；等）。赵廉慧（2011）等法学专家主张通过有效解决土地使用权期限问题来夯实土地使用权人的财产权人地位，把建设用地使用权作为房产税的征税对象。何杨等（2015）通过对全球公有制土地征收房地产税的实践考察得出结论是：房地产税与土地公有制性质没有必然的联系，房地产税必须与一国整体的土地增值获取机制相协调。刘剑文等（2014）进一步指出：在现行法律框架下，有关土地公有制和双重征税的质疑能够化解，存量房产具有可税性。因此，土地的所有权性质并非是房地产税是否开征的直接前提，房地产税征收的内在依据是地方政府提供公共服务以及为土地使用权和建筑物所有权等提供了产权保护，土地所有权的问题并不构成房地产税开征的法理障碍（葛静，2016；唐明，2015；安体富，2015；等）。

观点三：与众多的产权性质房产相关的征税范围确定。唐明（2008、2009a、2009b、2009c、2010、2013）、《我国房地产税立法问题研究》课题组（2016）等研究指出经济社会双转轨时期我国不动产产权制度几经改革变化，目前形成了极具中国特色的复杂产权格局：城乡二元结构、房地二元结构、城市房产多种产权并存。现行不动产产权转轨制度背景将使得房地产课税遭遇征税范围、纳税人及税负能力合理设定等一系列难题。刘恒（2008）、温来成（2008、2009）、安体富等（2012）、何杨（2012）、谷成（2015）等多位学者研究指出，现行住房产权类型众多，包括商品房、私有化的公房、“共有产权房”、经济适用房、廉租房等，还有相当比例的尚无法律地位的无籍房产和小产权房。尤其是对小产权房是否征税？征税是否导致其非法变合法？上述问题存在颇多争议。刘剑文（2014）认为，非法性不影响小产权房的可税性，对小产权房征税的合理性不存在疑问，但具体执行的难度确实很大。程芳（2016）则主张农地流转、小产权房合法与房地产税开征同步推进新型城镇化发展。农地产权制度的改革将“倒逼”房地产税制的改革（安体富、葛静，2014），征税却恰恰是推动小产权房问题得以解决的制度建设因素（贾康、李婕，2014）。房地产税的制度设计必须处理好产权关系，综合考虑公众的税负承受能力和房地产产权性质差异，做出稳妥且具有可操作性的制度安排（《我国房地产税立法问题研究》课题组，2016）。

1.4.3 房地产税与房地产市场相关研究文献回顾

观点一：房地产税改革需要房地产市场体制基础。许善达（2005）指出，土地在原计划经济体制下没有价值或很低的价值到市场经济条件下逐步显现出高价值，研究中国的土地税费制度、管理制度改革时，应把从土地所有权、使用权的取得一直到最后的土地完全进入市场的全过程进行统筹研究。唐明（2010）深入剖析了住房制度转轨背景下房地产税改革将遇到的种种体制障碍，包括双轨制住房制度、房地产的市场化健全程度以及住房不平等方面，并指出只有首先构建科学合理的住房体系，房地产税改革才有可能取得突破。唐明（2015）进一步研究论证：现行政府获取房地产市场增值收益的分配机制中，以土地出让金为代表的地租“一股独大”，房地产市场增值收益分配机制功能紊乱，也成为阻碍房地产税改革的制约机制之一。为解决租税混乱和房地产税收缺位的问题，“土地财政”逐渐向“土地税收”转型，应从根本上理顺房地产增值收益的分配机制。

观点二：有关房地产税调控房价的论辩。主流观点认为：房地产税对房价的影响是有限的，寄希望于房地产税的开征来降低房价，这是对房地产税收效应分析过于理想化和简单化。以打压房价为由来迎合公众的愿望以期推动房地产税的开征是不现实和不可取的（胡怡建，2004；刘尚希，2010；陈多长，2004；陈多长、踪家峰，2004；夏商末，2011；岳树民，2010；贾康，2013）。而商品房价格超过经济基本面和居民收入过高、过快上涨是多方因素合力作用的结果，包括土地供应制度、房地产开发商的垄断开发制度、商品住房供需结构不匹配、城市化和工业化进度加快、居民不断扩张的消费需求、资本市场长期低迷以及投资投机性需求等。上述问题应从制度层面系统性进行综合治理，若单纯依赖税收调控，仅是“扬汤止沸”之举，无法抓住主要矛盾（谷成，2010；唐明，2007、2008；陈多长，2004；陈多长、踪家峰，2004；况伟大，2010；邓菊秋等，2011；夏商末，2011；杨建中等，2012；包健，2014；等）。多位学者通过理论和实证分析认为，房地产市场税收调控的重心应由目前供给方征税转向需求方即在房地产保有环节征税，以此建立房地产市场税收调控的长效机制（王佑辉等，2006；倪红日、赵阳，2007；唐明，2007、2008；岳树民，2010；邓菊秋等，2011；王诚尧，2011；贾康、李婕，2014；等）。但学者同时指出，单纯仅依靠房地产税还不足以从根本上改变房地产市场的供需关系，房地产税平抑房地产市场过热发展能起到一定作用，但应对房地产萧条的调控则会失灵（《我国房地产税立法问题研究》课题组，2016）。此外，部分学者围绕上述问题进行了一定程度的实证检验分析，典型的有：况伟大（2012）实证分析了房地产税、市场结构与房价的关系，研究发现：房地产税与市场结构相互作用会促使房价上涨，但影响较小。对住宅开征房地产税，对房价上涨有一定的抑制作用，但不能有效的控制房价上涨，而增强住宅市场的竞争性和降低开发商垄断则具有明显效果。

1.4.4　房地产税与财政民主治理相关研究文献回顾

在我国开征房地产税，并不是税种转化和调整优化税制那么简单，除了能使地方政府获得稳定的税收收入外，更重要的是房地产税还将开启我国社会变革的一扇窗口。房地产税出台绝不仅是传统意义上的一般性税制改革，在我国绝不能忽视实施相关的政治、社会和经济法方面的配套改革措施。在房地产税改革受阻时，许多学者敏锐地观察到房地产税改革与宪政、地方民主治理以及财政民主制度建设息息相关，重要研究及典型观点总结如下：

罗洋、邓文（2008）以宪政的视角来观察房地产税（物业税），认为房地产税（物业税）改革实际上是一个宪政问题，目前对开征房地产税（物业税）条件形成根本性制约影响的也是宪政问题。涉及税收尤其是房地产税，首先的问题是政府与公民的关系，是权力与权利的关系，之后才是税权在中央与地方政府间分配以及税制设计等具体问题。从本质上看，在权力没能得到有效制约之前，这种权力在中央政府还是地方政府并不是问题的关键。目前比开征房地产税更为重要的是预算的民主化和公共化改革，进而推动公共财政的完善。

庞凤喜（2009、2014）研究指出，由于房地产税是对个人住房征税，政府将直面千家万户和规模庞大的自然人纳税人，这个过程必然交织各种利益博弈和利益诉求，这将对传统的地方财政治理产生严重冲击。将房地产税定位于基层政府的主体财源，将其设置成为真正的受益税，这不仅可有效化解征纳双方的矛盾，更重要的是使现代税收回归其本质属性。要达到上述目标，前提是要求地方政府财政透明化和规范化。这将对地方政府的治理能力提出极大的挑战，需要构建配套的地方财政民主机制。

石子印（2009、2011）考察了美国财产税限制革命和限制理论，李明（2011）研究了美国财产税引发的公共风险和地方治理危机的关系后，他们发现：美国财产税历史悠久，但到了现代社会却面临着衰落的风险，导致这种趋势的原因是多方面的。对比中国，居民受限于户籍尚未能实现自由迁移、公众对地方公共财政收支决策过程及地方官员的任免等重要公共事务缺乏公共选择的参与渠道、各级政府间存在牢固的行政隶属关系及利益纽带、非政府组织十分弱小等“大政府、小社会、小市场”等治理状态下，现阶段对公众普遍征收房地产税面临的风险极大（葛静、安体富，2015；唐明，2014；石子印，2011）。而规避该种风险的唯一途径是将房地产税打造成为直接受益税，但目前我国尚不具备房地产税设置成为受益税的条件。包括公众的公平意识、社会文化、合理税率制定等多种因素会综合影响到房地产税纳税人的纳税遵从水平，为了提升房地产税的纳税遵从度，房地产税改革必须遵循财政交换论的理论指导，将房地产税改革成为受益税；房地产税的各个环节都应有公众的政治参与。杨斌（2007）论证了房地产税如果要发展成地方主体税种，则必须要有诸如民主决策机制、“用脚投票”自由迁移的条件、特殊的地方治理结构和治理体系等诸多严格的前提条件，而我国目前远不具备。

张青（2011）研究指出，房地产税若要运行良好则对地方政府的可问责性（accountability）即公正、透明和高效的执政能力和效率提出了很高的要求。这既取决于地方政府获得的税收收入多大程度上满足了居民的公共需要，更取决于房地产税立法、评估征税等全过程的公开透明。在我国，只有提高地方官员的参与度和普通民众的参与度，才能有效地降低房地产税开征的社会政治风险及问题，才能使房地产税成为地方政府有效的收入来源。

李炜光（2007）、石子印（2011）、唐明（2013、2014）研究指出，相比其他税种房地产税具有某些特殊属性，开征房地产税对政府而言具有极大的社会风险，而建立政府—纳税人服务机制是规避房地产税引发社会风险的有效机制。拟开征的房地产税应将其设计成为真正的受益税，主要体现在：房地产税筹集的收入必须专项用于本辖区的公共产品和服务的提供，同时要求辖区地方政府公开每一项财政收支明细，而且必须构建相关制度体系使得公众纳税人能有效参与房地产税为代表的地方财政收支决策过程，能有效行使其最重要的选举权和监督权。现代社会的房地产税改革，技术层面的问题并不是真正的限制，与其相关的社会治理和公共治理制度的构建和执行中体现的政治成分和民主含义才是根本问题。

侯一麟、马海涛（2016）研究指出：房地产税征收的直接目的是为基层政府提供稳定的自由财源，使之能有能力更好地提供公共服务；而间接和最终目的是从多个维度促进和改善地方治理。房地产税的开征可以有效地促使政府提升治理能力，尤其是基层政府提高治理能力的关键环节。房地产税与财政分级制密切相关，基层政府提供基本的公共服务，这需要可靠和稳定的自由支配财源，这是公共财政的基本特征之一。在中国，是否开征房地产税、在什么阶段开征房地产税，这都与基层政府的治理能力息息相关。

《我国房地产税立法问题研究》课题组（2016）重点研究了房地产税与地方治理这两者的内在关联，提出房地产税是地方治理的重要基础。其一，房地产税的税制要素的设计情况和收入状况，直接影响到地方的治理能力。房地产税为地方治理提供必要的物力财力，因此房地产税：一方面决定着地方政府的财政收入能力，进而影响到地方政府公共产品和服务的供给能力；另一方面则影响制约着地方政府的履职能力和治理效率等。其二，房地产税也影响着公民履行公共责任和参政议政的积极性，反过来一个地方的政府治理能力和公共治理结构又影响到房地产税的发展。合理高效的房地产税应与地方的治理结构和治理能力相匹配，科学合理的房地产税的税制设计需要在房地产税征收管理与地方治理能力之间取得平衡发展。

陈立诚（2014）、刘剑文（2014、2016）等学者指出，沪渝进行的房产税试点的特点是行政主导，既不出台新的法律法规也不修改现有的法律法规，而是地方行政机关根据国务院的授权来发布行政指令来推进试点改革。此种改革路径实质上处于人大间接民主控制和公众参与的直接民主控制的空白地带，严重缺乏合法性和正当性，同时也与依法治国的要求不适应，长期看是缺乏协调性、稳定性及可持续性的。因此，房地产税立法阶段要积极构建房地产税合法正当性：一是要强调程序正当，房地产税要以立法的形式推进改革，利用合法化改革路径和提高民众可参与度来构筑其坚固的民意基础；二是用税正当，应增强具有公共特性的地方财政支出，形成地方财政收支健康运行的良性循环机制。龚振中、孙文峰（2016）指出，与现行房产税不同，房地产税是一个全新的税种，必经人大的立法才能开征。这为居民纳税人“用手投票”提供了博弈平台。个人广泛参与房地产税改革立法进程，是我国实现国家治理体系和治理能力现代化的题中之意，纳税人对房地产税的态度和纳税意愿决定着房地产税改革的成败。

张平、任强和侯一麟（2016）将地方公共服务和房地产税收支情况进行了模拟预测，得出的结论是，在现行背景条件下房地产税作为基层政府的支柱财源具有较大的可行性。这将从根本上优化基层政府的财政状况和改变基层政府主要依赖省政府和中央政府转移支付的财政关系。充分发挥房地产税的治理属性，将房地产税与基层政府自主性、公众参与决策以及基层官员的责任有机联系起来，再加上人口自由迁移和基层官员直选，这很可能对中国的基层治理发生根本性的变化。利用公共预算可有效整合上述几个方面，这位从根本上理顺政府间财政关系及提高基层治理水平提供了良策。

1.4.5　简要评价

规范的财政分权、清晰有效的法律框架、成熟的房地产市场和地方民主自治是保障房地产税改革成功的制度条件，房地产税改革要与财政体制、土地房产制度改革、法治社会和社会主义的民主政治建设等相适应，政治经济的发展状况决定着房地产税的改革进程（张青、胡凯，2009；唐明，2010、2013；张平等，2016）。房地产税改革在实践中“一波三折”，引发了学界对房地产税改革所需的制度环境的研究探索，但与改革实践的“需求”相比，现有研究的“供给”仍存在以下几方面的不足：（1）对房地产税改革的“软件”或制度环境的研究仍是“零敲细打”，未能系统、全面、深入地研究中国房地产税改革所必需制度环境的系统工程；（2）尚未系统地从理论上研究房地产税的运行机理及其与所需制度环境的耦合机制；（3）现有研究通常以西方发达国家为参照系和背景，未能充分关注到我国目前正处于经济社会双转轨的这一特殊现实体制背景①。具体说来，

① “社会转型”是当前中国社会发展的主要特点，正如世界银行报告所指出的，“中国正处于两个历史性的转型过程之中：即从乡村型农业社会向城市型工业社会的转型；从指令性经济向市场经济的转型。”两个转型是研究中国一切问题的大背景。

现行房地产税发达国家往往有清晰的产权制度、成熟的市场经济制度和法律上明确的政府间财政关系和财政民主制度及地方治理等良好制度环境，国外文献往往把这些制度视为给定的外生变量，而对于像中国这样处于经济社会双转轨的发展中大国而言，产权制度不完善，市场经济尚不成熟，地方民主治理尚处于起步阶段，这些基础制度环境因素的缺失无疑为正在开展试点的房产税改革和房地产税立法改革增添了诸多不确定性，在体制机制上深刻地掣肘着房地产税的改革。因而，研究中国的房地产税改革，必须将经济社会双转轨背景下特殊的制度环境因素考虑进来，以便揭示房地产税制度变革对社会利益关系的深刻影响，从而真正推动改革进程。因此，系统基于经济社会双转轨背景破解深层次制约房地产税改革的体制机制瓶颈的创新研究显得极为迫切而及时。

1.5 研究思路与方法

本书以经济社会双转轨基本国情为研究背景，以解决制约房地产税改革长期裹足不前的深层次体制障碍问题为核心研究内容，综合运用税收经济学、公共经济学、产权经济学、政治经济学、制度经济学、转轨经济学、社会学的基本原理和方法，先用规范的研究方法诸如系统分析方法和制度耦合理论分析房地产税的运行机理及其与制度环境的耦合机制，然后主要依靠与相关职能部门的实地调研取得的第一手资料和对现有研究文献的搜索梳理，对中国房地产税改革制度环境的影响因素与影响机理进行实证评估，有针对性地提出本项目要解决的具体问题。然后，以全球范围内的数据和案例对房地产税制度环境影响因素进行经验分析与比较借鉴，目的是对理论机理进行检验及提供启示。综合运用理论研究与实地调研相结合、统计分析与案例剖析等方法，着力研究转轨期中国房地产税制改革的制度环境主导因素与房地产税改革两者相互作用的联动改革机制。研究思路与具体方法如图 1.3 所示。

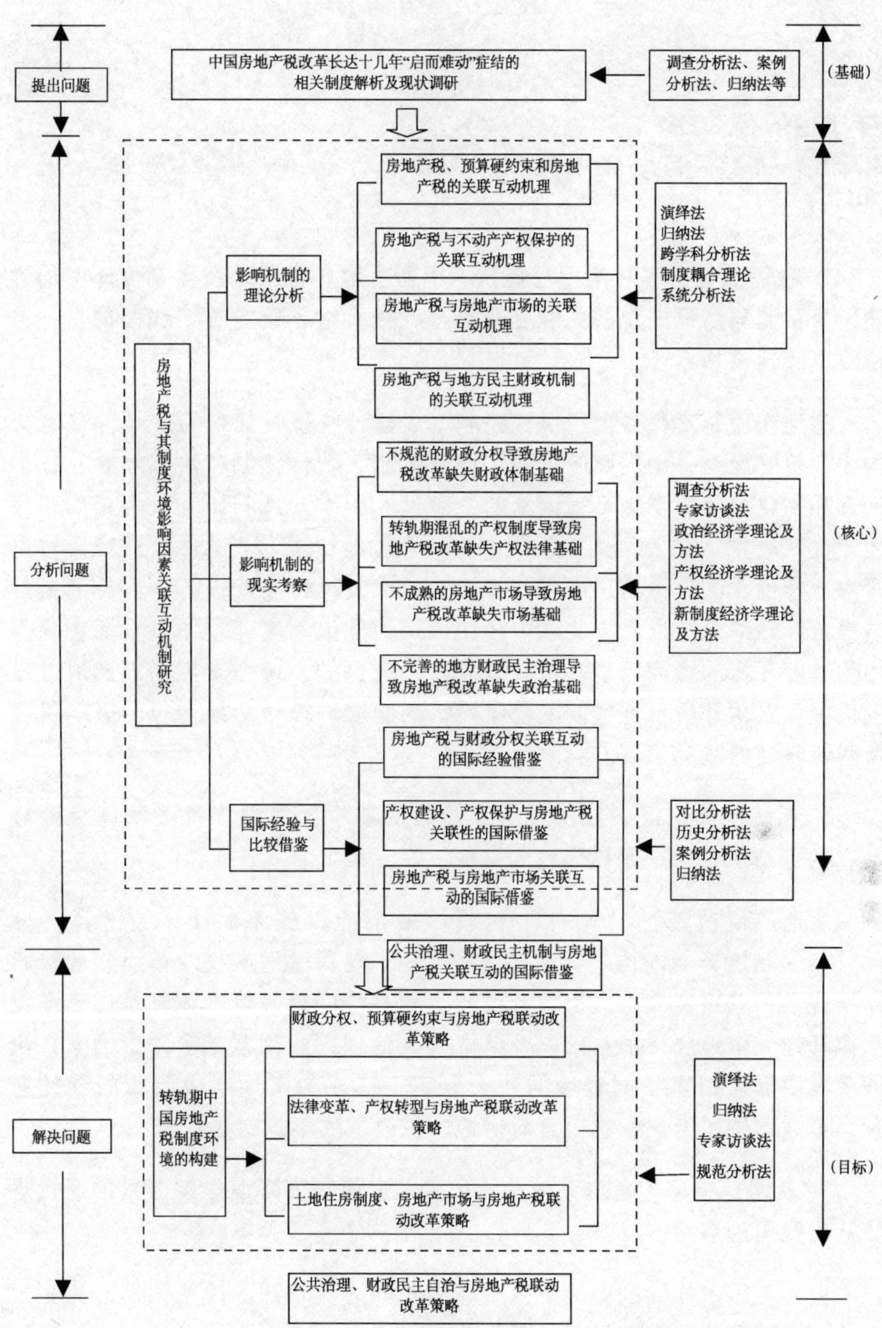

图 1.3　研究思路及研究方法示意图

1.6 预期价值

1. 独辟蹊径又客观实际地提出了中国房地产税改革所需制度环境的影响因素及其与房地产税的关联互动机理，极大地丰富完善了我国的房地产税收基础理论体系

房地产税制不仅是由税源、税制要素设计、税收征管等“硬件”有机构成，更是深受一国的财政体制、经济体制、政治体制、法律体系、社会治理和文化习俗等制度环境因素的“软件”影响。现有研究大都聚焦于房地产税“硬件”研究，尚未发现有文献系统地专注于“软件”研究。本书对房地产税收的理论演进历程及各国房地产税运行实践进行全方位的梳理与辨析，归纳总结出西方文献中往往被视为外生制度变量中且发挥主导作用的制度环境的影响因素：财政分权、产权保护、房地产市场以及地方民主机制，着重分析由这些制度变量构筑的制度环境对房地产税的影响机理及两者联动的互动机理。

2. 系统挖掘论证了经济社会双转轨时期中国房地产税改革“启而难动”的症结所在——制度环境的缺失

房地产税改革的“硬件”建设一般都能以技术解决，关键是“软件”——制度环境的构建。本书全面梳理了现行房地产税改革面临的转轨体制背景，着重研究中国房地产税改革所必需的财政管理体制基础、产权法律基础、房地产市场基础以及地方公共治理的政治基础等约束因素，论证现实中上述因素不同程度的缺失事实上已成为房地产税改革的制约瓶颈，客观评估了上述影响因素对房地产税改革的影响制约程度。

3. 从国际视野的角度系统总结了房地产税制度环境影响因素的运行规律及对我国的启示

世界各国多样性的房地产税改革实践和迥然不同的改革绩效，为我国房地产税制现代化转型提供了丰富的学习素材，有必要挖掘国外房地产税改革中深层次的制度环境的影响因素与影响机理，为我国提供经验启示，以期减少我国房地产税改革试错成本。本书利用 IMF 的 GFS 数据和其他数据来源构成的多国面板数据证实财政分权体制对一国房地产税的影响程度，揭示财政分权与房地产税的关联关系及其国际经验与启示。实证剖析房地产市场的市场化健全程度对房地产税的作用机理，以及两者相互影响的国际经验与启示。研究发达国家产权保护、地方自治以及发展中和转轨国家实施改革房地产税的前奏是确立和保护产权的典型案例，着重研究产权保护、地方自治与房地产税的互动关系及其国际经验与启示。

4. 基于转轨背景首次系统地提出房地产税与其制度环境影响因素的关联改革政策框架体系

任何国家的房地产税制的形成和确立是以其社会、政治、经济、历史、民俗等各方面的为制度背景的。没有制度环境方面的“软件”改革完善，仅就税制改革税制的“硬件”改革是不会取得成功的。转轨期，中国的房地产税改革事实上发挥着经济社会双转轨的“助推器”作用，房地产税制度环境的主导因素与房地产税改革事实上存在良性互动的联动机制，具体包括：一是提出财政分权、预算硬约束与房地产税联动改革策略，以期破解制约房地产税改革的财政分权体制机制瓶颈，同时也将是财政体制规范分权化改革的催化剂；二是提出法律变革、产权保护与房地产税的联动改革策略，以期破解制约房地产税改革的产权法律制度瓶颈，同时促使市场经济产权法治基础的形成；三是提出土地制度、房地产市场与房地产税的联动改革策略，以期破解制约房地产税改革房地产市场体制机制瓶颈，同时将促使房地产市场成熟完善；四是提出公共选择、民主自治与房地产税的联动改革策略，以期为房地产税改革奠定地方民主治理的政治基础，同时将促进符合我国国情的现代民主化公共财政的宪政建设。不动产税制改革具有丰富的内涵，是一项系统性的工程，应制定和执行综合改革方案。

第2章

房地产税与其制度环境影响因素的关联互动机理

本章对房地产税理论演进历程进行全方位的梳理与辨析，推理出房地产税的制度环境的主要影响因素及与房地产税的关联互动机理。归纳总结出西方文献中往往被视为外生制度变量且发挥主导作用的制度环境的影响因素：财政分权、产权保护、房地产市场以及地方民主自治，着重分析由这些制度变量构筑的制度环境对房地产税的影响机理及两者联动的互动机理。

2.1 财政分权、预算硬约束与房地产税的关联互动机理

2.1.1 财政分权要求发挥地方政府的作用

公共财政以市场失灵为基本前提，是政府以政权组织的身份，在市场失灵的社会范围内依据政治权力执行社会管理者的职能，为市场提供公共产品和服务、满足社会公共需要为目的的一种政府分配行为。“公共性”和“非市场营利性”是公共财政的两个基本特征，其收支通过公共预算来执行。构建公共财政必须处理好中央政府和地方政府的集权与分权的政府间财政分权关系。那么，公共财政与财政分权有何必然的联系呢？最根本

的原因是公共产品服务范围的层次性要求政府分工，而分工有助于提高效率，公共财政本身要求各级政府行为的高效率。

私人生产组织主要生产和提供私人商品，而政府公共组织则主要提供公共商品，本质上两者具有可比性。将政府视为一个企业组织，则内部分工协调有助于提高组织效率。将政府组织大致分为中央和地方两大层级，这就存在政府组织内部分权问题。市场经济分散决策原则同样适用于政府组织分权。私人商品的生产和供给是由千万个私人组织分散决策的，这种市场经济行为特征优于计划经济特征。类似地，如果公共商品供给由单一政府决策就如同私人商品的计划供给决策，远不如由多层次政府分散决策有效率，财政分权的决策方式类似于私人市场的分散供给决策。

我们可通过图 2.1 进行简要分析。假设两个地区或两组人群对公共产品和服务有不同的偏好，一组地区（人群）比另一组地区（人群）要求更高，因此第一组地区（人群）需求曲线为 D_1，第二组地区（人群）为 D_2。假设公共产品和服务的提供以不变的人均成本供给，第一组地区（人群）的理想供给水平为 Q_1，第二组为 Q_2。财政集权型政府实行单一的公共产品和服务的提供方式，假设这时政府提供的公共产品和服务为 C 点，则对于第一组地区（人群）的人来说，政府供给水平超出其需求而产生浪费，相应损失为三角形 ABC；而对于第二组地区（人群）的人来说，由于政府提供不足而导致福利损失为三角形 DCE。而由低级政府分散提供，分别提供 Q_1 和 Q_2，则可以避免上述集中供应导致的损失。对此，Richard M. Bird（1993）曾精辟指出：“只要在偏好和供给成本上存在差异，则如果在公共部门的行动中尽可能地实行分权化，就能明显地获得效率上的改进。”因此，财政分权有助于提高公共财政体系的效率，而财政分权的前提是发挥的地方政府的作用。

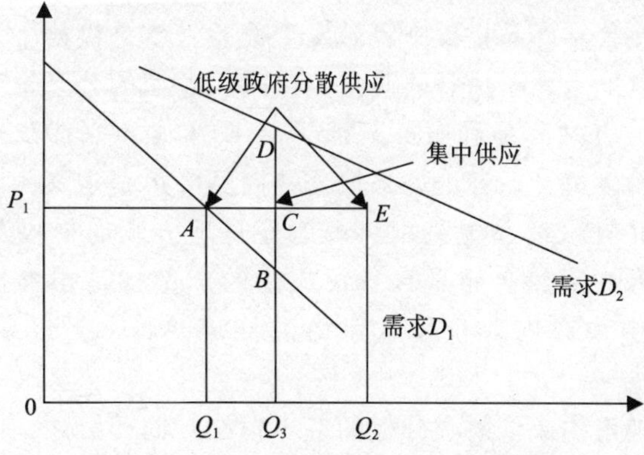

图 2.1　公共产品的集中提供与分散提供

2.1.2 提高地方政府效率的基本前提是预算硬约束

20世纪50年代财政分权理论开始产生，欧美学者经常采用“中央—地方（或政府间）财政关系”和“财政联邦主义”等词语来表达。财政分权的目的是要发挥地方政府的作用，西方学者们对财政分权的合理和合意性从各个角度进行了系统分析，论证了发挥地方政府作用的重要性。

Charles M. Tiebout（1965）创新性地将“看不见的手”的理论精髓用于地方财政体制的制度设计，并对地方公共产品的有效供给进行了系统论证。蒂布特在其代表作《地方支出的纯粹理论》一文中指出，人们通常在全国范围内寻找地方政府提供的公共服务与其征收税收之间的精确组合，以便达到自身效用最大化，当发现某地的公共产品——税收组合符合其效应最大化时便居住下来并维护当地的治理，这便是所谓的“用脚投票”。各个地方政府相互竞争以提供人们所需的公共产品和服务，从而提高了地方政府支出效率，这便是“蒂布特模型”的运作原理和基本内涵。George Stigler（1957）在《地方政府功能的有理范围》一文中从公众需要的视角对地方政府存在的合理性进行了阐述：首先，与中央政府相比，地方政府无疑更接近本地选民，地方政府比中央（上一级）政府更加了解本辖区选民的需求和效用；其次，在一国内部人们有权对公共产品的数量和质量进行投票表决，即不同地区应有权选择适合自己的公共商品和服务的种类与数量等。Ricard W. Tresch（1981）从“偏好误识”视角为地方财政分权的合理性提供了充分依据。他认为，经济活动实际上总是存在信息不完全和不确定性，与中央政府相比地方政府更了解本地公众的偏好，因此其面临的不确定性和不完全性将更小。而中央政府对某地居民偏好的掌握远不如地方政府，在公共商品提供中容易发生偏差，不是供给不足就是供给过量。而社会公众通常属于风险回避型，风险厌恶型的公众也会偏好于地方政府来提供地方公共商品和服务。Wallace E. Oates.（1972）从公共商品的生产提供的角度进行论证，如果把公共商品的消费定义为涉及辖区所有人口子集的，并且该商品无论中央政府还是地方政府提供其成本是相同的，那么由地方政府给各自地区选民提供的产量将是帕累托有效的供给量，这总是比中央政府对全体选民提供特定并且一致的供给量要有效得多。

上述经典理论构成了财政分权的基本框架。简而言之，财政分权就是要充分发挥地方政府的作用，分权缩小了地方政府负责提供的公共产品和服务的范围，从而使其更能对本地的居民负责。分权能有效改善公共产品和服务的提供效率，原因在于地理范围的缩小使得当地居民（选民）能了解到更充分的信息，从而更好地监督地方政府的绩效，使其能提供更好的公共服务。当然，上述目标的实现需要一定的基础制度条件作保障：(1) 地方政府必须对本地居民（选民）负责，当地居民（选民）认为地方政府提供的服务无法满足其需求时可以自由迁徙即“用脚投票”；(2) 本地的居民（选民）拥有充分的信息资源，而且有能力利用好这些信息资源；(3) 地方政府预算应约束。地方政府提供的公共服务支出与其收入来源紧密相连（至少边际成本等于边际收益），即应由本地居民（选民）来承担地方政府提供公共产品和服务的成本。其中，第三个条件是最基础和最根本的，因此地方政府的收入来源和收入结构在很大程度上决定着公共支出的绩效。因此，财政分权要求发挥地方政府的作用，而地方政府提高效率的基本前提是其预算硬约束。

2.1.3　预算硬约束要求地方政府要有独立财源

从地方政府财政收入角度看，提高地方政府支出效率的必要条件是规范地方政府的财政收入来源方式，同时优化其财政收入结构。假设地方政府能以任何方式获得收入，那么不可能存在确保地方预算硬约束的收支效率机制。在规范地方政府收入来源方式的前提下，如果收入结构不合理，同样也不能保障地方财政支出的效率机制。在市场经济体制下，地方政府获得财政收入的来源主要有四种：税收、财政性收费、转移支付（拨款）和借债（赤字融资）。

税收作为地方政府筹集收入的最主要方式是大家认可的，这是由公共商品和服务的本质特点所决定的。非竞争性和非排他性这两个公共商品的基本特点决定了公共商品的消费者和付费者不具备对称性，这使得地方政府必定以税收筹集主要的财政收入。而且税收一般都是要纳入预算管理，这使得地方政府所有的财政收支行为都要受到成本收益的约束，从而促进地方政府提高效率。

从财政性收费角度看，地方政府必须依据受益原则来收取收费。使用者付费近年来被广泛地用于开发许可、卫生服务、公用事业等项目资金筹措，对地方政府而言是一种颇受欢迎和不断增长的收入来源。但是如果要为纯公共产品和服务融资则不可能，因为使用者付费只适用于具有排他性的服务。对于地方政府有义务提供的许多纯公共产品和服务，例如，基础教育、社会治安和贫困救济等，这些领域实行使用者付费是不合适的。这决定了收费形式具有局限性，以收费形式筹集的资金不可能是很充分的。

从转移支付（拨款或补贴等）角度来看，地方政府也不可能主要依靠转移支付方式来筹集资金。如果地方政府过多依赖转移支付，那么中央政府必须征收全国性的税收，中央政府在筹集收入发挥基础性作用，中央再将筹集的收入拨款给地方政府用于地方公共支出。支持这种模式的人认为，以中央政府收入为主的财政体系更有效率和更为公平。因为，现代社会的主体税源主要是商品服务、劳动和资本等，都是流动性较强的税基。更高层级的政府征收这些税收，一方面可以有效减少地方税收恶性竞争和扭曲型决策等引发的超额负担；另一方面高层级政府可有效地利用累进税率，从而提高税制的公平性。此外，集权的财政体制下，可以将财政资金很平等地分配给地方政府，使各地提供的公共服务均等化。尽管上述观点指出了更高层次政府转移支付的诸多优越性，但该模式最大的缺陷在于割裂了收入和政府支出决策之间的内在联系。实践表明，地方政府如果要做出正确的财政决策，就必选充分权衡公共支出的成本与收益，最为理想的状态是将公共支出调整至边际收益等于边际成本的点上。如果地方政府的收入源于其他渠道，地方公共支出和收入的这一联系就会被隔断，地方公共支出的边际收益很可能不再等于其边际成本。有关地方公共产品和服务提供的范围和水平很可能演变成地方政府与高层级政府讨价还价的谈判结果，具有相当的不确定和地方不能自主性。因此，决定边际上扩大还是缩减地方公共支出项目时，地方税收必须发挥主导作用，以使这些决策成本与收益的对等成为决策中的主要的决定因素。

从债务融资的角度看，地方政府以借债作为筹集财政收入的主要方式是不可能的，也是不可行的。因为，债务只是“延迟的税收”，最终要以税收偿还，而且地方债务的规模一般要受到上一级政府的严格限制，例如我国原《预算法》长期禁止地方借债，地方政府通过各种融资平台变相举债；而新《预算法》规定，目前地方政府仅省级政府有公开发行债券的资格，这相当于原来省、市和县原有的通过地方融资平台举债的权力受到限制，被高度集中到省级政府。

理论与实践均表明，几乎所有的现代市场体制国家的地方政府对各种收入形式依赖的程度，从高到低排列依次为：税收收入、非税收收入（财政性收费）、转移支付（政府拨款）和借债。公共部门要提高效率要求各级政府进行合理的财政分权，以充分发挥各级地方政府的功能，而要提高地方政府的绩效，必须使其拥有独立的税收来源，而在各种地方税种中房地产税无疑是最适宜作为地方主体税种。

2.1.4　房地产税作为地方主体税种的优越性

地方政府提供的公共产品可分为开放性地方公共产品和闭合性地方公共产品。开放性地方公共产品通常由财政转移支付方式来提供，闭合性地方公共产品一般只能依靠地方财力来解决。地方主体税种应基本能解决闭合性公共商品的供给成本问题。众多研究文献普遍认为，作为地方主体税（或优良的地方税）的准则是：税基最好不具有太大的流动性，否则会引发纳税人从高税负地区向低税负地区转移；应能筹集到足够的收入以满足地方政府的公共支出需求，而且收入稳定并具有一定的弹性；税负不应有太大的转嫁性，以免割裂了地方税收与地方福利之间的联系；还应便于税收征管等。总的说来，地方税税种应具备以下三个方面的特性：第一，税源充裕稳定，尤其是地方主体税种，要能为地方公共产品融资，必须具有税源稳固充裕的特点。第二，税基应具备地方性和普遍性。地方筹集收入的目的是为了提供地方性公共产品和服务，根据受益原则[①]，地方公共产品和服务应有税基具有普遍性和地方性特征的税种来提供。第三，能较好地满足地方闭合性公共产品的融资需求（丁成日，2007）。

上述论证了地方税的特征和成为地方税的必备条件。满足上述标准的税种有多种，房地产税天然地适合作为地方主体税种，那么与其他地方税税种作为“参照物”，房地产税有哪些优越性（见表 2.1）？

表 2.1　可以作为地方税税种的比较

标准	房地产税	流转税	个人所得税	企业所得税	费
地方政府自主权	有	无	无	无	有
税基移动性	无	有	有	有	无
受益原则	有	无	不一定	不一定	有
可支付能力	有	无	有	不一定	不一定
税收收入稳定型	有	无	无	无	不一定
作为“溢价回收”工具	有	无	无	无	不一定
基础设施融资	有	有	有	有	有

① 在公共财政术语中，“税收受益原则”指根据公共服务的受益程度分配税收负担。因为缴税人很可能支持收益大于成本的公共项目，所以受益税能提高公共决策的效率。

续表

标准	房地产税	流转税	个人所得税	企业所得税	费
透明性	有	无	有	无	无
政治上的可接受性	低	高	适度	高	高
征管成本	高	低	适度	适度	低
与中央政府的税收竞争	无	有	有	有	无
税负有无超出地方受益范围	无	高	有	有	无
促进房地产有效利用	有	无	无	无	有

资料来源：Roy Bahl：《发展中国家和经济转轨国家的土地税与房地产税》，Dick Netzer 主编《土地价值税——今天是否行之有效》，国土资源部信息中心译，中国大地出版社 2004 年版，第 157 页。Cornia，G.，2005，“Why Property Tax?” Lecture Notes in Training for Chinese Officials from State Taxation Administration，College Park，USA.

如表 2.1 总结所示，地方税主要有房地产税（财产税、房产税或土地税等）、流转税（交易税）、个人所得税和企业所得税（公司所得税）以及各种收费。表 2.1 对各税种的相关效果进行了比较，包括财政自主权或独立性、税基移动性、收益性、可支付能力、税收收入稳定性、“涨价归公”功能、为基础设施的融资功能、财政透明性及纳税人的遵从成本、政治上的可接受程度以及征管成本等（Roy Bahl，2004）。下面从主要的基本面进行详细论证：

1. 房地产税筹集财政收入的能力强且稳定

财政收入原则是衡量税种优劣最为古老和基本的方法。相比其他税种，房地产税收入稳健性尤为突出。其原因主要有：一是房地产的课税对象是辖区内的不动产，具有不可移动性。比较而言，纳税人可选择低税率地区工作和生活从而规避个人所得税；可以避免到高税率的地区购物和消费从而回避流转税或交易税。但不动产由于其自然属性——性状被固化在土地上，纳税人无法像规避其他税种一样向低税区迁移以降低税负。二是房地产税的计税依据一般是以市场价值为基础的评估价值，从长期看，房地产价值呈现增长的态势。房地产市场既会历经迅速成长也会陷入萧条，但总体发展方向是向上的。这是因为城镇化和工业化水平提高，城市发展、商业繁荣、农村土地的开发和交通便利等都会增加房地产的价值。因此，房地产税的收入稳定性在各税种中位于前列（胡洪曙，2011）。

2. 房地产税具有良好的地方财政自主和独立性

房地产税和地方政府设定的财政收费具有地方财政自主性和独立性，

因而地方政府对这两类收入有决策和控制能力。提高地方公共财政效率的前提条件之一就是地方政府必须对财政收入有控制能力。因为地方政府只有拥有独立收入来源的前提下，才能根据财政对支出的（边际）效益决定政府项目，并以边际原则确定公共服务的开支，从而提高公共财政效率。除了房地产税和财政收费，其他税种都不具备地方财政自主性的特点。从这个层面看，房地产税作为地方税具有优势。同时，由于税基的空间固定性（地方财政收费也具有此特点）使得房地产税较少地对市场产生扭曲效应。流转税、个人所得税和企业所得税都有可能因为税制影响交易发生的地点、个人就业地点以及企业投资区位等从而改变了税基的空间分布。房地产税税基的固定性适合地方基层政府征管，税负难以输出不会引发地区间税收竞争，也不会与中央政府存在税收竞争。房地产税作为地方税，较好地满足为地方闭合性公共产品融资需要。

3. 房地产税是典型的受益税

受益原则是指纳税人缴纳的税收最终通过享受政府提供的公共产品和服务得到回馈，即谁交税谁受益。规范和实证研究都表明，房地产税和地方政府公共开支均会被资本化入房地产价值，作为业主的纳税人最终会受益于所缴纳的房地产税①。相比而言，其他税种往往不具备这个特点。同时，房地产税相对地不太受宏观经济起伏波动的影响，能提供较为稳定的税收收入。而且，作为良好的“溢价归公”政策工具，房地产税能较好让政府获取其进行基础设施建设或政府投资等为代表的社会公共行为带来的房地产增值（Wallace E. Oates，1972、1969；William A. Fischel，2001）。其他税种或者税基往往随经济起伏变动大，或者不能担当“溢价回收”政策工具。

房地产税的受益税性质使其对经济造成的扭曲效应较小，市场经济主体一般不会因为房地产税的存在而改变自己的资源配置决策。现实中，在自由、民主和廉洁的良治政府体系中，相对于等额的房地产税而言公共支出具有溢出效应，即公共支出资本化效应往往会大于税收资本化的效应，从而使得相关房地产升值。因此，房地产税一般不会损害经济效率，而且有利于资源配置效率的提高，这是其他税种难以具备的优点（胡洪曙，2007）。

---

① 有关这个观点见国外财产税“受益论”的观点内涵，国内参见胡洪曙（2007）、石子印（2011）、庞凤喜（2008、2009、2014）和唐明（2014）等学者研究文献。

4. 房地产税具有高度透明性

税收保持透明性是很重要的，一方面可以迫使政府追求决策的科学化和合理化，另一方面会促进民众参政议政。因为税收透明使政府和纳税人都明了税负，因而纳税人会主动监督政府以提供公共产品和服务与纳税人缴纳的税负匹配。这必然要求政府追求公共财政绩效和政务公开。然而，正是因为房地产税的高度透明性也会导致公众强烈反对。流转税通常在交易环节课税，交易频繁且每次税额不大，纳税人一般难以知道其缴纳的税额。尽管个人所得税是公开透明的，但是从纳税人已经取得的收入缴纳，而在我国现行大部分税额实行代扣代缴制度。而房地产税税额高度透明，通常按年度缴纳一次性纳税额较大，更重要的自住房产自身并不会产生收益，需要用纳税人的其他收入来缴纳。上述因素会增加纳税人的“心理成本”。通过提高地方政府使用房地产税的支出效率让纳税人切实体会到缴纳的房地产税“物有所值”，增强地方政府的政务公开，使得纳税人能有效参与房地产税的收支决策等，上述透明度引发的问题可迎刃而解（庞凤喜，2009；石子印，2011；唐明，2014）。

5. 房地产税征管初始成本高，但后续成本可有效降低

流转税和所得税等税种的计税依据通常会自动生产，例如流转税通常是交易额或者增值额，所得税通常是纯所得和利润等。而房地产税尤其是居民自住用不动产，交易不频繁，这使得某些类型的房地产的课税价值难以取得。因此，与其他税种相比，房地产税为地方政府提供财源不利的方面主要是其高昂的征管成本。通常需要依据市场价值进行评估，这使得房地产税计税依据的评估是一个依据客观的主观过程，征纳双方对评估结果也容易产生异议，这也是该税种容易引发涉税争议的主要原因。但随着科技进步，尤其是计算机和地理信息技术等的完备，征管成本有望大大降低。虽然房地产税征管信息系统的初始成本可能较大，但成功运营之后带来的收益也是颇多的①。

① 因为用于不动产征税的计算机系统和地理信息系统等数据库，可以用于规划、消防、治安和公共安全、交通管理、学校、娱乐、绿化和公园、经济发展、历史文化保护等地方政府所承担的职能。而且，数据库建成之后的维护和更新成本是有限的。

2.2 房地产税与产权保护的关联互动机理

2.2.1　税收与产权的内在逻辑

1. 税收与产权的关联性：税收依存于有效的产权制度

产权的概念既抽象又具体，经济学家有着各种各样的定义。总结起来，西方学者对产权内涵形成了“法律说”、“所有权说”、“功能说”和“社会关系说”等，尽管存在种种差异，但在以下三个方面达成共识：①产权以物为载体以及使用物的过程中相互认可行为关系的基本准则；②产权是一组权利束，包括所有权、收益权、使用权和处分权等基本权能；③产权是一种具有排他性的权利，可以进行公平和自由的交易。完整的产权应包括资源的排他性使用权，使用资源获得租金的收益权以及出售或其他方式转让资源的转让权。综观上述各种定义，产权在本质上作为一组权利集，其核心是财产所有权。既包括使用权、排他性的所有权、收益权以及处置的自由权，而且还包含财产管理权、毁坏权和安全权等各项权利。产权在英文中表述为 property - rights，作为一个复数名词表示对特定的财产的拥有完整的一组产权体系，而不是某一项单项权利。一般情况下，完整的产权通常是由为狭义所有权或者归属权、占有权、支配权和使用权这四组单项权利构成的完整权利体系。其中，产权体系中最为根本的权利是归属权，即产权归谁所有（黄少安，2004）。进一步分类，产权的权利体系可以分为收益权（利益）和控制权（权能）两大部分。产权就是由上述两个部分相互结合形成的一个有机整体，二者相辅相成，缺少任何部分都不能发挥产权这个有机体的正常性质与功能。同时只有将收益权和控制权集中在一个产权主体，才能发挥产权激励效应最大化（任寿根，1999）。因为，一方面，如果仅有控制权而无收益权，那么很可能产权主体会滥用或者闲置产权资源；另一方面，如果仅有收益权而无控制权，那么产权主体则无权力去改进产权资源的使用效率等。对于一个物品，缺少收益权和控制权中的任何一个，都将会不可避免的导致该物品产权的残缺（肖耿，1997）。

从本质上看，税收是对课税对象的产权征税，其必要前提是课税对象产权完整且清晰。因为，课税对象的产权控制权主体是确定纳税人的基本前提，而控制权主体必须享受对产权物的收益权才有承受税负的基本能力（任寿根，2005）。这也体现了税收的本质：纳税主体因为享受了国家提供的公共服务以及国家对其所有物完整产权的保护而必须向国家缴纳税款。税收依据课税对象分为商品劳务、所得以及财产三大类，但只有产权才是税收真正意义上的征收依据（任寿根，2005；唐明，2008；蔡昌，2013）。这是因为：商品劳务税通常是对商品和劳务的流转额课税，但从本质上看还是对商品劳务的产权交易征税。所得税对所得课税，实质上是所得主体的产权收益课税；财产税是对财产课税，实质上是对附着于财产实体的财产权利课税。既然从本质上税收是对产权课税，政府征税以产权的客观存在为基本前提。也就是说，产权的客观存在以及产权完整明晰是对商品劳务、所得以及财产课税的前提条件。如果不能够清晰确认课税对象的产权，那么就不能准确的判定纳税主体以及征税对象，进而不能准确判定合法的税收边界。税收应当及时合法的介入产权清晰的商品劳务、所得和财产等，以防止导致税收真空地带。相反，税收不应介入没有产权、产权不清晰或产权残缺的商品劳务、所得和财产等，以防止滥用税收权力[①]（任寿根，2005）。需要指出的是，上述产权的完整清晰的要求是囊括狭义上的所有权、收益权、使用权和处置权等关键权利束完整客观存在。具备上述所有权利束的产权就是清晰产权，具备征税条件，可对其进行征税。如果仅具备其中某一单项权利，则是残缺产权，不应属于税收征税范围，此时不应征收（蔡昌，2013）。例如，商品劳务的销售交易，依附在商品上的所有权、使用权、收益权以及处置权等关键权利束将一并转移，因此商品劳务销售交易存在征税问题，需要征收增值税和企业所得税等税收。上述论证了一个基本逻辑：征税的前提是产权清晰存在，产权边界范围决定税收边界。

2. 税收与产权的互动性："产权型税收体系"

遵循税收取决于产权边界的基本逻辑，以产权清晰为前提，围绕产权

① 具体到房地产税，我国在制定实施房产税暂行条例是20世纪80年代，那个年代我国的住房产权是残缺和模糊的，因为住房所有权归单位，居民享有房屋的使用权，收益权和处置权在就业单位和个人家庭之间未能清晰界定，所以在当时产权背景下对个人住房免税是符合产权税收原理的。但随着住房制度的市场化和社会化改革，个人拥有住房产权日益清晰，应适时征收房地产税，否则存在税收真空（任寿根，2005），详见后文分析。

界定、保护和实施等过程形成一套较为完善的“产权型税收体系”。该体系以保护产权为宗旨，把产权的流转、保有和收益等所有环节均纳入课税范围，使税收与产权紧密结合，在发挥税收界定和保护产权功能的同时，形成了对产权从交易到持有等诸环节完善课税的有机体系，将其定义为“产权型税收体系”（任寿根，2005；蔡昌，2013）。这一税制体系包括产权交易税、产权收益税和产权静态税三大类型，具体分析如下：

（1）产权交易税。产权交易税是指对商品（包括存货、固定资产、股权和无形资产等）或劳务交易征收的一系列税种集合。产权交易税之所以存在是由于其依赖政府来维护交易规则、监管交易合约和确认交易结果，政府可就为交易双方提供的产权服务收取一定的收入（税收）。产权交易税类似于传统税制中的流转税[①]，但比流转税更能体现税收的产权实质，可以解析传统税制理论无法解决的一些问题。例如，跨越企业边界的产权交易需要征收产权交易税，因为产权发生了实质性转移。而在一个企业法人内部的不同部门转移存货，则不征税，原因不存在实质性的产权转移交易[②]。以产权实际交易金额为计税依据，以所有权转移为征税的准绳是产权交易税的重要特征。这也可以从主要的产权交易税种在确认纳税义务发生时的判断的基本原则可以看出，即要求已售商品相关的风险和报酬由销售方向购买方转移，销售方在商品出售之后不再保留具有与出售商品相关的管理权或控制权。

（2）产权收益税。产权收益税是对产权交易获得的净收益为课税对象的系列税种的组合，类似于传统税制中的所得税。由于纳税产权主体一般分为自然人和法人，产权收益税主要包括个人所得税和企业所得税。对于法人来说，法人企业获取纯利润意味着企业边界扩大，对其课征企业所得税予以合法界定与保护。由于企业法人和自然人股东不属于同一性质的主体，因此征收企业所得税后的企业税后分红，还要对自然人股东征收一道个人所得税，这里存在两道环节的产权受益税。但国际征税通行的规则，对类似于“管道实体”的企业，例如我国的个体工商户、独资企业和合伙企业，对其应税所得不征收企业所得税，仅对起自然人股东征收个人所得

---

① 在我国现行税制，最典型的产权交易税种有增值税、营业税、消费税、印花税、土地增值税、契税、车辆购置税等。随着“营改增”，增值税将成为产权交易税的主体税种。此外，我国目前产权交易税存在的显著问题是税负偏高，尤其是房地产交易环节税负过重，财产赠与继承税的缺失又导致税负洼地，在很大程度上会造成投资消费扭曲和税收流失。

② 我国增值税规定不同县市货物移送，视同销售，在移送环节征收增值税是出于征管方便的原因，此可以看作是例外。

税。因此，产权设置的不同将极大地应影响到产权收益税的税负水平。

（3）产权静态税。产权静态税是对处于静止状态下的产权为课税对象，即政府对产权主体在产权持有环节征收一道存量税，类似与传统税制中的财产保有税[①]。现实中，政府对产权的界定、保护和升值等具有不同程度的管理和贡献，故而征收产权静态税，此税的征收目的是对政府产权保护和对所有者权益维护的成本补偿。产权静态税，由于是对财富存量课税，静态过程中的财产不会自动形成计税依据，因为存在税基与税源相分离和天然地缺乏计税依据的问题。因此，此种税的征管难点在于界定产权所有人、评估存量产权的公允价值以及确定静态产权的税基。

综上所述，产权的交易、持有、收益等各个环节都应存在相应税种来调节。基于税收与产权的关联互动关系，未来的税制改革方向应定位于构建一个从产权交易、产权收益和产权持有等各个环节税负合理均衡、环环紧扣的“产权型税收体系”，建设一个兼具产权保护和产权激励的均衡产权型税收体系，提升税制体系的公平和效率（蔡昌，2013）。

2.2.2　税收与产权转型的内在逻辑

1. 产权转型中的典型产权类型

产权转型理论的重点在于阐明产权完善程度与经济绩效两者之间的内在联系，清晰产权是一国经济繁荣的前提这一结论放之四海而皆准。产权经济学主张，产权制度在有效降低市场交易费用的同时，还能够在产权的剩余索取权及控制权方面让产权主体受到严格保护。这样产权主体才有能力和动力不滥用控制权和提高产权收益。市场经济体制下，私人产权是清晰明了的。与此对应，在转型经济体制下由于各种原因存在大量模糊产权。模糊产权是由于未能明晰界定而形成的，与清晰产权相比，模糊产权无法按照事前达成或者既定的规则去处理利益摩擦和冲突，由此导致交易费用高、经济绩效低下和腐败寻租滋生等问题。转型国家存在的典型产权类型有：

（1）完全产权与残缺产权。如前所述，产权是由所有权、收益权、使用权、处置权这四个基本的权利束组成。所有权是指对于资产的拥有权，

① 在我国现行税种中，产权静态税主要包括房产税、城镇土地使用税、车船税和船舶吨税等。

在四个基本权利束中处于最重要的地位；收益权保证了产权主体利用产权获取收益的权利；使用权表明了允许使用此资产的权利；处置权则明确了产权主体处置该项资产的权力。在实际经济生活中，这四项权利束并不一定被同时使用，而是被分开使用。此外，产权可以根据四项权利束的不同构成，被分为完全产权和不完全产权。也即，包含上述四项权利为完全产权，少于四项为不完全残缺（残缺产权）。转轨国家由于长期实行非市场经济体制、法律制度及政府监管缺失等原因，无论是公有产权还是私有产权都存在大量不完整和残缺情况。具体到我国，产权的四项权利束被分解是我国经济改革的特征之一，产权不完整和模糊的情况到处可见。这样的产权特性给社会经济发展带来了诸多不利因素和危害，因此产权转型应该修补残缺产权与确立正式产权。

（2）正式产权与非正式产权。正式产权通常是指人们有目的地创设出来各种产权制度，这些产权制度安排一般通过权力机构以立法的形式正式确定下来并实施有效保护。非正式产权则有两个不同层面的含义：第一种非正式产权是人们通过长期的社会经济实践渐渐形成的产权规则，这种产权规则一般会得到社会的广泛认可，但通常并没有严格明确的产权制度安排和成文法规。第二种非正式产权是政府权力部门针对产权实施的某些限制性政策，这些具有限制性政策也会一定程度上对产权收益与安全等造成影响。正式产权往往起源于非正式产权，大量正式产权的法律法规是在非正式产权基础上形成。因此，产权变迁一般是由非正式产权向正式产权转化。在转轨国家，非正式产权常指的政府实施的各种对正式产权施加影响的各种政策。例如，在我国存在大量的非正式产权，最典型莫过于地方政府对土地用途的控制权，虽然相关法律明确赋予地方政府控制土地用途，但这种控制权已经超越了土地正式产权，严重损害了土地正式产权的内在功能。农用地的正式产权主体是农村集体组织，在工业化和城市化过程中，政府利用对土地用途控制权低价征地或拆迁再高价出让，政府对土地用途的控制权的非正式产权严重剥夺了农民及农村集体的正式产权安全与收益等。

2. 税收在产权转型中的作用机理

产权转型是一条漫长曲折渐进式制度变迁之路，通过考察税收、有效产权及产权转型的规律来看，构筑有效产权体系需要不断完善残缺产权以及确立正式产权，税收在产权转型中发挥着确认产权和保护产权的双重作用（蔡昌，2013）。

（1）产权转型的方向：修补残缺产权及确立正式产权。构筑清晰高效的产权制度，需要完善残缺产权和确立正式的产权制度体系。首先，有效产权制度体系需要修补残缺产权，以实现产权的相对完整性，保障产权内含的各项财产权利内在完整和逻辑互补，提高产权运行收益、效率和安全等。修补残缺产权的另一种有效方法是将产权不同的权能分割，使得细分的产权权能配置到最有效的领域中发挥作用，与此同时各种细分的产权可自由流通。事实上，产权的有效分割可实现产权的高效配置和产权交易的自由发展。其次，非正式产权逐步向正式产权转型，最大程度地发挥正式产权的作用，这是构建有效产权制度的必由之路。非正式产权向正式产权转型不仅可有效地促使产权内部结构的转变，而且还可进一步提升产权的安全性，使得产权内含的各项权利束的功能更加完善。由此，非正式产权引发的社会经济不公及扭曲激励等可得到消除，但非正式产权向正式产权过渡必定触及既得利益的阻碍而难以顺利进行。因此以渐进式改革逐步推进正式产权的确立。

（2）税收在产权转型中作用：以合法的税收途径确认产权。宪政理论告诉我们，国家财产与私人财产此消彼长，现代国家财产主要是通过征税积累而成，对此马克思曾有精辟论述："赋税是政府机器的经济基础。"因此，尊重和保护私有产权是国家征税的基本前提，否则国家强制课税的对象将不复存在，也就没有国家税收。税收意味着国家对私人部门财产的剥夺，因此私人财产权利的存在是国家征税的起点。如前论证，产权的存在是税收存在的前提，税收的实现必须依赖于明确清晰的产权制度。与此同时，税收在产权的确认中可发挥主要作用，一方面，产权转型中要将非正式产权变更为正式产权，国家可通过征税来验证产权的合法性，形成正式产权并得到法律法规等正式制度保障，这是发挥税收确认产权的主要途径①。另一方面，实践中政府通过征税验证产权交易的合理性，因为计税依据通常是依据资产交易价格而定，这可以用来验证产权交易的合理性。

（3）税收在产权转型中作用：以产权型税收体系保护产权。健全的产权型税收体系可实现对合法产权的全方位保护，国家应致力于完善涵盖产权交易税、产权收益税和产权静态税等税收体系实现对合法产权的有效保护。具体说来，产权交易税是对产权交易行为及交易标的金额的确认与保护；产权收益税是对产权收益的合法性及分配的合理性进行确认与征税，

① 在我国，较好地解决"小产权房"的产权确权问题，用合法的税收途径来确认其产权也许是较可行的多赢思路，详见后文分析。

保护产权持有者的合法权益；产权静态税是对产权持有者持有合法产权的界定、保护和管理。转型国家，由于存在产权残缺等状况，转轨国家对产权交易、收益和持有环节等均存在一定程度的税种缺位，尚未形成完整的产权型税收体系，这直接导致利用税收工具调节产权关系乏力，这在很大程度上会阻碍非正式产权向正式产权转变。因此，构建完整的产权税收体系，发挥产权型税收体系保护产权的功能，是转轨国家产权和税制建设的当务之急。

2.2.3　以产权视角审视房地产税

1. 房地产税的实质是对不动产产权征税

从经济角度来分析，房地产税属于个别财产税或选择性财产税类，本质是具有财产税性质的存量税种。若以产权的视角来审视房地产税，可以得出全新的结论。从经济现象看，房地产税的课税对象是土地、房屋等房地产实物，计税依据通常是房地产租金收益或依据市场价值为基础的评估价值。房地产税关键的税制要素均跟产权息息相关，主要体现在：其纳税主体的确定必须以房地产产权清晰界定为基础，而且税源及计税依据——房地产的租金收益、房屋价值的明确界定和实现都依赖于房地产产权的实现，所以将房地产税看作是针对土地、房屋等房地产产权进行的课税，也是房地产税的本质特点之一（唐明，2008）。如前论证，完整的产权是由狭义上的所有权或归属权、使用权、占用权和处置权四项权利束的有机整体，四项子权利束中缺失任何一项都会破坏产权的完整性，造成产权功能不同程度上的损害，房地产税就是针对整体产权课税。运用产权的分析方法来研究房地产税，也可以得出以下结论：在形式上，房地产税是对房地产进行课税，是属于“对物税”[①]；但从本质上来看，房地产税是“对人税”，因为房地产既是消费品又是资本品，不同于其他商品，房地产具有双重属性，其所在地段、面积宽窄和装修程度等基本与产权主体的收入状况和负税能力相匹配（任寿根，2005）。

---

① 根据税收理论，税收可以分为“对人税”和“对物税”。从原本意义上说，“对人税”是直接以人为课税对象的税，而“对物税”则是直接以物为课税对象的税。因此，“对物税”可以“见物不见人”，只要有物的存在，就可以对其设定纳税义务。而房地产税是存量税，自住用房地产本身不产生收入（用以纳税的税源），而必须以产权所有人或使用人的自有其他收入来纳税，因而房地产税是“对人税”。

2. 为什么要对房地产产权课税?

从产权视角看，房地产是实际上是对房地产产权课税，那么为什么要对房地产产权课税？房地产税是产权静态税，通常以房地产市场价值为基础的评估价值课税。从经济本质上看，房地产税是地方政府公共支出资本化的成本补偿，作为地方政府提供多种公共产品的价格（Oates，1969；Fischel，2001）。亚当·斯密说：“对于借国家善政而存在的资源，课以特别的税，或使其纳税较多于其他部分资源以支援国家的费用，那是再合理不过的”①。埃格特森认为：“国家强制实施所有权会提高个人所拥有的资产价值，这种国家行为构成了市场交换的基石”②。上述经典论述表明，房地产产权依存于一国的良法善治，政府通过提供诸如国防、社会治安和司法等一系列制度体系来界定和保护不动产产权，提升不动产的内在价值等。政府为界定产权而制定的司法制度等，以及保护产权实施法律法规等都是典型的公共商品和公共服务，这可以保障房地产产权明晰化，为土地、房产等房地产商品进行市场交易构筑稳固基石。另外，在房地产产权增值因素很重要的原因是地方政府公共支出资本化的结果，例如政府在某人的房前修建了学校和公园等公益设施，其他情况均不发生改变，那么该房屋的价值会大大提升。美国经济学家罗森指出：“财富税是财富所有者对于从政府那里获得的利益而进行的一种支付”③。不动产所有者或使用者或多或少受益于政府提供的各项公共设施和公共服务，最直接的例如界定产权和保护产权以及产权升值等，那么他们就有义务向政府缴纳房地产税（唐明，2008）。

3. 房地产税的产权功能：产权证人与产权保护人

经济学定义的产权，是指围绕某个特定物品形成的具有一定层次和结构的权益制度体系，始源于资源稀缺情况下解决资源配置中利益纠纷的客观需要，该制度体系包含的权益结构和具体内涵会随着社会经济发展不断变化。其中，所有权是核心权益，在所有权的基础上逐渐衍生出各种不同层次的权益，例如收益权、使用权和处分权等。其中每一项权益都明确或隐含地界定相关权利主体的权力、责任及相应的某种利益分配格局。这些

---

① ［英］亚当·斯密：《国民财富的性质和原因的研究》（中译本），商务印书馆 1997 年版，第 404 页。

② ［冰］思拉恩·埃格特森：《新制度经济学》（中译本），商务印书馆 1996 年版，第 36 页。

③ ［美］哈维·罗森：《财政学》（中译本），中国人民大学出版社 2003 年版，第 429 页。

相关权益的界定和归属的不同情形，影响到甚至决定着相关权益主体的行为激励与约束，从而形成各种不同行为预期和行为方式，进而导致不同的整体经济绩效。产权的这种重要性和基础性，对房地产产业来说影响最为直接。一宗房地产是产权由土地产权和房产产权有机构成，由于其不动产属性（土地位置的固定性）不会发生实物空间上的转移，交易的只能是土地和房屋的权利组合，交易完成的标志通常是权利主体的变更，这种变更需要特定形式来加以明确，因此包括我国在内大多数国家对不动产交易实行登记要件主义。房地产的流通配置等相关经济行为主要是围绕地产和房产产权展开，而且附着在房地产实物上的产权权益组合不同以及各种权益行使的完整性和通畅性不同等，都会导致价值或价格可能大为不同，由此引发有关产权主体在房地产产权相关的行为激励及行为方式可能大相径庭。

房地产的上述特点使得房地产产权制度比其他财产类型产权要复杂得多。房地产税收在房地产产权方面发挥产权证人和产权保护人的双重角色。因为房地产税的纳税人是房地产的合法权益人，其计税依据是以房地产市场为基础的评估价值，所有房地产税的纳税人是受相关法律和政府职能部门保护的产权权益人，房地产税的计税依据是对房地产产权价值的清晰界定，房地产相关权益人通过缴纳房地产税，其拥有房地产产权蕴涵的价值得到相关法律和政府职能部门的认可和保护。作为政府意志体现的税收具有强制性和固定性，房地产税以征税的权威形式来明确房地产产权主体拥有产权的合法性，这是房地产税收发挥产权证人功能的充分体现。对最终都要进入保有使用环节的房地产产权内部各项权利价值征税，是对附着在房地产产权的各项权利进行有效的界定和周到的保护，这是房地产税收发挥产权保护功能的制度条件。

2.3 房地产税与房地产市场的关联互动机理

2.3.1　房地产税的课税基础：房地产市场的评估价值

1. 房地产市场发育程度决定着房地产税的税源基础

财产税（房地产税）作为最古老的税种之一，许多西方市场经济发达国家长期享受房地产税带来的稳定收入。那么，到底哪些因素决定着房地产税收入功能？从而也决定着房地产税的具体运行。中外学者对上述问题进行了不同角度探讨，其中著名税收专家 Roy Bahl（2001）在研究经济转轨国家和发展中国家的土地和房产税过程中寻求这些国家房地产税税收收入水平偏低的原因时，提出以下简要的模型，可以为房地产税筹集收入、配置资源等功能的运行机理提供一定程度的解释。房地产税占国民经济比重可具体分解为五个关键因子，如下式：

$$\frac{T_c}{Y}=\left(\frac{T_c}{T_L}\right)\cdot\left(\frac{T_L}{AV}\right)\cdot\left(\frac{AV}{TMV}\right)\cdot\left(\frac{TMV}{MV}\right)\cdot\left(\frac{MV}{Y}\right)$$

在上式中，T_C 表示房地产税收的收入；T_L 表示房地产税的税负；AV 表示房地产的评估价值；TMV 表示可以课税的房地产的市场价值；MV 表示房地产的市场价值；Y 表示国民经济总值或总收入（GDP）。上述模型中左边第一项$\frac{T_C}{T_L}$比值计算的是房地产税的征收率，即实际征收的房地产税额占应收税额的比例。第二项$\frac{T_L}{AV}$的比值为房地产税的法定税率，即从应课税房地产评估价值中征收的比例，这取决于房地产税制设计和税权分配（由哪级政府决定税率和如何来决定税率等）。第三项$\frac{AV}{TMV}$的比值为评估率，即房地产评估值占纳入课税范围的房地产市场价值的比例。该比例的数值在 0 ~ 1 的范围之间，数值越大表明评估值与市场价值差距越小，评估征税价值越接近市场价值。第四项$\frac{TMV}{MV}$表示非减免税的比率，是衡量房地产税减税和免税范围及程度的指标。该比例界于 0 ~ 1 之间，如果该数值趋近于 0 则表示减免征税的房地产较多。相反，数值越趋近于 1 则表示享受减免政策的房地产就越少。第五项$\frac{MV}{Y}$是衡量房地产市场发展水平的指标。如果房地产市场发展的比较成熟，那么 MV 所表示的房地产市场价值在国民经济总量 Y 中所占的比重将相对较大，相应地，国民经济总量中房地产税收收入也将会占有较高的比重。

Roy 的简单模型很精辟的总结出了影响房地产税的主要因素，在其他影响因素确定的情况下，房地产税财政收入功能和资源配置功能在很大程度上取决于以下主要因素：房地产市场的发育程度、房地产税收的税率、征收率以及税收的减免政策等。在上述的主要因素中，$\frac{MV}{Y}$的比值反映了房地产总价值与国民经济总产出之间的关系，该比率的增长反映房地产价格（价值）的上升速度大于国民收入的增长速度。上述模型提出，$\frac{MV}{Y}$表示的税源和税基是影响房地产的主要因素。房地产税要发展壮大，首先必须要有可征税对象即房地产资源以及用来缴税的收入。与其他税种不同，房地产税是对房地产存量价值进行课税，而存量房地产在用于经营的用途下可以产生收益，这些收益可以用来缴税；而在自用等非经营性的用途情况下房地产自身是不能产生收入，这些情况下的房地产税源则需要用人们的其他可支配收入来缴税。概括地说，房地产税形成需要具备三个至关重要的因素，一是发达的房地产存量资源和增量资源；二是房地产资源自身可以产生收益的市场条件；三是房地产纳税人的可支配收入，即从一国来看是新增的GDP。因此，具备充分发育、成熟完善的房地产市场是房地产税开征必备的前提条件。

2. 现代房地产税依据市场价值评估征税

不同于其他税种，房地产税的突出特点之一是存量税，其自身不会自动产生计税依据，尤其是个人和家庭自住房产，需要依据某种标准来课税。考察各国房地产税运行状况，计税依据大致有四大类：房地产改良资本价值（市场价值）、房地产未改良资本价值（历史成本）、房地产年度租金价值和房地产的某些物理特征。因此，房地产税收有多种计税基础，价值度量单位包括资本价值、年度租金价值、建造成本（最初购买价格）；非价值度量单位有按面积或产量等征收或者依据公式来征税等。

（1）依据市场价值从价课税。按房地产的租金价值计税。租金价值指的是扣除相关成本费用之后的纯收益。在不考虑税金提供的公共服务价值和税负总平衡的影响下，依据房地产租金价值计税仅是减少了与税率相同比率的房地产的价值。具体到现实生活中，房地产税收常被用于当地的公共服务，房地产税和公共支出都会被资本化入房地产价值，通常纳税和享受公共服务比不纳入没有公共服务的情况更好。现实生活中，租金收入可以是货币收入形式，也有实物收入形式，实物形式常常导致无凭证可寻。另外，租金虽然能反映租赁市场的经营状况和变化情况，但某些价值高的房地产却有可能因使用价值不高而获得租金收入较少，租金收入的不确定性和隐蔽性等也导致偷漏税，上述这些主要因素降低了从租计税的效率。

按房地产市场价值课税。房地产税从价计征，是指每年或每月定期依据房地产市场估价征收一定比例的税收。诸如建造成本和最初购买价格等未改良房地产资本价值，由于其无法动态反映房地产市场价值的变化情况，特别是公共服务改善引起的房地产升值，故而一般不采纳未改良资本价值课税，而是依据现行市场价值评估征税。理论和实务界大都赞成依据市场价值从价计征，依据价值课税与租赁价值课税本质上类似，都属于将房地产购置价值资本化，通常不会对经济产生负面影响。在房地产的保有环节依据市场价值课税不仅形成了长期化和定期化的使用成本，而且还可以调控房价和改善资源配置效应从而对宏观经济稳定发展产生积极影响。依据市场价值课税，可有效减少房地产投机行为，因为保有房地产需从价课税，未来房价上涨、房地产价值提高而税额随之上调。从价征税需要及时更新房地产市场评估价值，且需要向社会公众公示，这也有减少官员腐败机会，同时为纳税人自由申诉提供了便捷途径。房地产的物理特征和经济价值等各种因素最终都会反映在房地产评估价值中，同价同税、人人平等，很好地保证纳税公平，同时也可以通过税收优惠来解决房地产税的特定纵向不公平问题，因此依据市场价值评估征税成为国际惯例。

（2）依据面积或产量等从量课税。从量课税，通常是按房地产面积或者土地产量来课征房地产税。从量课税的优点主要有：①征税程序简单，征纳双方成本均较低。②征管过程公开透明，几乎不会引发涉税争议。相比优点，其缺点更为突出：①易引发税收不公，因为，“拥有不理想土地的居民，必须与拥有位置优越、服务齐全、环境优雅的优质土地的居民按照同样的有效税率纳税。这一制度是不公平的，它实际上要求拥有不同价值资产的居民每平方米土地缴纳同样多的税”（Sandra Bettger 等，1994）。②税基严重缺乏弹性，难以随着经济发展自然增收，从根本上制约了房地产税的税收收入弹性。③税负轻，难以起到调控房地产利用效率。

（3）介于从价计征和从量计征之间的计税依据。无论是依据租赁价值还是市场价值的从价课税，其前提都需要完善的房地产市场、翔实的数据和先进的评估方法和征税手段为基础。从量课税虽不需要从价课税这么多前提条件，但弊端明显。因此，许多国家采用介于从量计征和从价计征过渡方法，主要有：①按面积课税，但在应用单位面积税额时将市场价值的影响因素考虑在内。②按公式计税，把价值影响因素权衡进入公式中的影响因子。

如前论证，无论是筹集财政收入的功能、还是促进资源高效配置功能和公平课税的功能，房地产税发挥上述功能的基本前提是依据市场价值或者市场租赁价值从价计征。当从价计税条件不成熟时，采用从量课税向从价计征的过渡方法也不失为一种较好的方法。由此可见，现代房地产税大都依据房地产市场价值从价计征，因而房地产市场的成熟健全程度从根本上影响房地产税的健康运行。

2.3.2　房地产税是房地产市场资源配置的“稳定器”

房地产市场资源配置，是指房地产资源在各种可能的用途之间做出选择，或者将相对稀缺的房地产资源配置在不同使用方向以追求最佳效率的活动。由于房地产不仅是消费品，而且还是极佳的投资品，房地产税影响供需进而调控价格，具有一定的资源配置效应，以达到引导房产和地产特别是土地资源有效利用的目的。针对房地产课税的税收体系可分为两大类：在流通环节征收的房地产流转税和在保有环节征收的房地产保有税，该两类税收体系对房地产市场的资源配置机理分析如下：

1. 房地产流转税的资源配置运行机理

从本质上来讲，规范的房地产市场属于垄断竞争市场而不是完全垄断或寡头市场，其垄断竞争属性与完全竞争市场较为相似。因此，房地产流转税与其他商品流转税的资源配置过程基本相同，可通过买卖市场和租赁市场的供需弹性来分析税负归属及对经济的具体影响。西方文献中对房地产的税负归宿分析通常是从土地和房屋建筑物两个层面进行的，一般情况下假设土地供给无弹性和房屋建筑物供给的无限弹性，但是各国的具体实践与理论存在较大偏差。就我国而言，目前只有城镇房地产市场发育较为成熟，其商品供给弹性处于无弹性和无限弹性之间。道尔顿法则和无关性定律等税收经典理论表明，生产和销售无论对哪一端课税，其税负归属取决于多种因素，其中最为关键的因素是商品的供求弹性（凯乐，1996）。供求双方的实际税负水平与各自弹性成呈反比关系的，也就是说消费者需求弹性越大，税负越低；生产者供给弹性越大，税负越低，反之就越高。房地产流转税税负归属主要由房地产这类特殊商品的供求弹性决定，房地产税流转税“税收冲击”——资源配置力度的大小，关键在于明确经济上的实际负税人。

在我国，主张对房地产转让收益征收较重税负主要基于以下两个方面的重要观点：一是与劳动所得相比，房地产转让收益具有“不劳而获”的性质，应该通过课以重税来进行收益的调节；二是具有资本品属性的房地产容易成为投机获取暴利的对象，对这类房产课以重税可以打击房地产投机行为。但上述目标的实现程度与房地产流转税完全由销售方（转让方）来承担全部或部分税负为前提，但实践中房地产流转税存在税负转嫁，上述政策是否能达到政策初衷还有待检验。另外，房地产市场买卖流通环节课以重税，有可能产生“冻结效果”（野口悠纪雄，2005）。因为，房地产流转税对是流转环节产生的收益课税，但如果持有不动产不交易、不变现则永远无需缴纳流转税，征收该税反而在一定程度干扰了房地产自由交易，甚至有可能成为房地产资产高效利用的阻碍因素①。

2. 房地产保有税资源配置运行机理分析②

在传统的西方税收文献中，对房地产税（财产税）研究呈现出两种典型观点：“货物税”观点和“资本税”观点。“货物税”使用的是局部均衡分析得出的结论，“资本税”采用的是一般均衡分析方法，但上述两种观点都认为房地产保有税（财产税）保持税收中性，通常不会对资源配置产生干扰影响，因此在完备的市场中效率最高。然而，近现代经济学家例如 Bentick B. L.（1972），Mills D. E.（1981）等认为，传统的房地产税的税负分析采用的都是静态分析方法，由于未考虑时间这一重要影响因素，“货物税”和“资本税”观点都具有某种缺陷，房地产保有环节税也未必是“中性”的。而且，在充分考虑时间这一影响因素后，甚至得出了完全相反的结论。实践中，时间这一因素的确在影响房地产保有税，因此房地产保有税对不动产的资源配置的影响是非中性的。事实上，房地产保有税（财产税）影响到房地产的价格变化（野口悠纪雄，1989），房地产保有税（财产税）进一步会对房地产的开发利用和资源配置产生重要影响（Bentick B. L.，1972、1979；Mills，1981）。房地产保有税（财产税）的配置资源效应主要体现在以下几方面：

（1）房地产税会引起房地产价格变化。为了详细探讨这个问题，我们可以把征收房地产税会使房地产价值随时间推移发生的变化的影响用公式来模拟（野口悠纪雄，1989）。假定贴现率（替代性的资产收益率）是外生的一定比率，设定为 r，房地产税完全被资本化，而且房地产价值仅由征税引起变化，其他因素假定不会对房地产价值产生变化。

假设在课税前的时点 t 的房地产价值为 $W(t)$，根据税率 b 按价征收房地产税以后，那么这一时点房地产价值成为 $V(t)$。在时点 t 政府征收的房地产税为 $bV(t)$，另外因征税房地产价值仅仅下降未来的房地产税的

① 我国房地产税收调控出于操作便利，绝大部分在流转环节征收，但现行房地产卖方市场的特点使得税负几乎完全由消费者来承担，税收调控的效果并未实现政策初衷，反而还呈现出“悖反效应”（王佑辉、邓宏乾，2006），详见报告相应章节的详细分析。

② 房地产保有税就是狭义上的房地产税，即我国即将要立法开征的房地产税，也是本书研究的房地产税。

现值的部分，所以在 $W(t)$ 和 $V(t)$ 之间具有下列关系：

$$V(t) = W(t) - b\int_t^{\infty} V(\tau)e^{-r(\tau-t)}d_{\tau} \tag{1}$$

下面，将征税前房地产价值的变化 $W(t)$ 形式简单化时，求 $V(t)$ 的形式。首先，在 $W(t) = W_0$（$0 \leqslant t \leqslant \infty$）时，$V(t)$ 也是不依赖时间的常数，因此由（1）式可以直接推出：

$$V(t) = \frac{r}{r+b}W_0 \qquad (0 \leqslant t \leqslant \infty) \tag{2}$$

其次，将考虑某时点 T 以后的房地产价值，给予常数 W_0。对那以前的价值给予这种贴现率的情况，也就是说

$$W(t) = W_0 \ (t \geqslant T)$$

$$W_0 = W_0 e^{-r(T-t)} \qquad (0 \leqslant t \leqslant T)$$

可以推出，课税后的房地产价值 T 时点以后的将成为 $rW_0/(r+b)$，在 T 时点以前的，经若干计算后，如下式所示：

$$V(t) = \frac{r}{r+b}W_0 e^{-(r+b)(T-t)} \qquad (0 \leqslant t \leqslant T) \tag{3}$$

因此，房地产价值的上升率，由征税前的 r 上升到征税后的 $(r+b)$，仅仅是上升了税率的部分。这种情况在现实具有普遍性，因为把（1）式对 t 进行微分，可以得到：

$$V'(t) - (r+b)V(t) = W'(t) - rW(t) \tag{4}$$

所以从上可推知，如果是 $W'(t)/W(t) = r$，那么 $V'(t)/V(t) = (r+b)$。征收房地产税随时间的推移会引起房地产价格发生改变，从而对资源配置产生影响。

（2）房地产税对房地产资源利用的影响分析。房地产税可影响资源配置，主要是因为房地产税对房产和地产资源的利用规划产生重要影响。为了便于分析，这里将现实中房地产利用类型高度概括简化为两大类房地产利用类型，第一类房地产利用（称为“房地产利用Ⅰ”），假定从现在到无限的未来该房地产每一个单位每一试点带来1的收益，可称之为“房地产投资”。第二类房地产利用（“房地产利用Ⅱ”），假定从现在到时点 T 为止，其收益为零，但从时点 T 以后，每一时点可产生 C 的收益①，可称之为“房地产投机”。那么，通过把贴现率定为 r，则房地产利用Ⅰ的现在价

① 在文献中，把第一类房地产利用的收益叫做“永久性、长期退休金”（perpetual annuity）或者“持续的收入”（sustained yield），把第二类房地产利用的收益叫做“被延期了的永久性、长期退休金”（deferred perpetual annuity）或者“被延期了的收入”（deferred yield）。

值为 $1/r$，房地产利用Ⅱ的现在价值为 Ce^{-rT}/r。在这里，我们假定根据税率 b 从价征收房地产税。若在上面（2）式中设 $W_0=1/r$，那么可以看出房地产利用Ⅰ的现在价值就变成 $1/(r+b)$。关于房地产利用Ⅱ，由于（3）式中设 $W_0=C/r$，可以知道课税后的现在价值变成 $Ce^{-(r+b)T}/(r+b)$。现在，假定在征税前，这两类房地产利用的现在价值是等同的，那么在征税后，房地产利用Ⅱ的现在价值比房地产利用Ⅰ的现在价值要低。因而，在征税前，尽管两类房地产利用类型存在竞争，可是由于征收房地产税，房地产利用Ⅱ没有被采纳（野口悠纪雄，1989）。

野口悠纪雄的上述分析与 Bentick 模型得出的结论是一致的。Bentick 模型结合实践认为某项房地产可用于上述两种不同类型的土地开发，房地产的所有者需要选择即期获得较低的投资收益还是等到将来某一时间点获得较高的投机收益，上述选择过程可利用现值比较法来分析。Bentick 通过比较现值法研究得出的基本结论是：房地产税（财产税）会提高资源配置效应，会促使不动产从闲置或低效利用状态向高效利用状态转化；房地产税会影响不动产开发利用时机，一般具有将最佳开发时机提前的效应。因此，以现行市场价值课税的房地产保有税是“非中性”的。

实际上，Bentick 的模型假设的基本前提是不动产用于不同利用类型的项目时其可获得的税前租金不受税收的影响（D. E. Mills，1981）。如果研究范围仅限于某一项不动产，上述假设是合理的。但如果将范围拓宽至整个辖区，即某个辖区都征收房地产税，并且不动产在不同项目可获得的税前边际租金呈现递减状态，上述假设就不那么符合现实了。因为，按照市场供求规律，用于某种项目类型的房地产数量增多时，该类项目房地产可获得的税前边际租金则会减少；反之若用于某类项目的房地产数量减少时，其税前边际租金则会增加。因此，在整个辖区所有房地产均开征房地产税收时，应将税收对市场的影响内生化为市场的调整过程。依据上述逻辑，Mills 将 Bentick 模型做了拓展分析，进一步结合实践考察了房地产税收的资源配置效应，提出了“非中性论”的一般模型 Mills 模型。相比 Bentick 模型和野口悠纪雄等学者的分析，Mills 模型更加符合现实生活。Mills“非中性论”模型简介如下：

假设某个辖区拥有同质房地产为 L 单位，现可用于 A、B 两类项目，X 单位房地产用于 A 类项目开发利用，$(L-X)$ 单位房地产用于 B 类项目开发利用。假设用于 A 类项目开发利用用途时，单位房地产从即期到将来无限期每年均可获得 $R_1(X)$ 元的租金，此类房地产开发利用用途定义为“房地产利用Ⅰ”；用于 B 类项目开发用途时，单位房地产从即期到某个时间点 T

是不能获得租金收益的，但过了时间点 T 以后一直到无限期的将来每年均可获得 R_2（X）元的租金，此类房地产开发利用用途称之为"房地产利用Ⅱ"。基于税前边际租金递减的前提假设，$dR_1/dX<0$，$dR_2/dX>0$。

基于现实中房地产市场是垄断竞争市场类型，较为接近完全竞争市场。因此，假设房地产市场是完备的完全竞争市场，那么房地产市场均衡时，上述用于上述 A 和 B 两类不同利用用途的房地产取得的边际税前租金的现值相等。其中，年贴现率假设为 r。那么，用于 A 类项目利用用途的单位房地产获得的税前租金现值为 $V_1 = R_1(X)/r$；则用于 B 类项目用途的单位房地产可获得的税前边际租金现值为：$V_2 = e^{-rT}R_2(X)/r$。

当房地产市场达到均衡时，此时两类项目用途的税前边际租金现值必须满足：$V_1 = V_2$，即 $R_1(X)/r = e^{-rT}R_2(X)/r$。这是房地产市场达到均衡的必备条件，同时也是房地产资源有效配置的必要条件。现对上述所有房地产开征有效税率为 b 的房地产税收，那么 A 类项目用途的单位房地产现值变为：$V'_1 = R_1(X)/(r+b)$；用于 B 类项目开发利用的单位房地产的现值为：$V'_2 = e^{-(r+b)T}R_2(X)/(r+b)$。在市场处于均衡状态时，$V'_1 = V'_2$，即 $R_1(X) = e^{-(r+b)T}R_2(X)$。将该隐函数对 b 求导，可得：

$$\frac{dX}{db} = \frac{R_1(X)\,T}{\exp[-(r+b)]\,dR_2(X)/d(X) - dR_1(X)/dX} \geqslant 0$$

上述推理结果说明，开征房地产税或提高有效税率，那么 A 类项目的房地产数量增加的同时 B 类房地产数量则减少。上述 Mills 模型将房地产税收对房地产市场影响内生化后，房地产税仍具有打击房地产投机的效应，进一步论证了房地产税收的"非中性"本质。但是，与 Bentick 模型比较而言，Mills 模型中房地产可在不同用途之间转化，房地产保有税打击投机的效应有所减弱①，该结论如图 2.2 所示。

图 2.2 中单位房地产现值通过纵轴表示，房地产数量通过横轴表示，A 项目类型房地产数量在横轴上从左到右表示，B 项目类型房地产数量在横轴上从右向左表示。A 项目类型房地产的税前边际现值曲线为 $V_1 = R_1(X)/r$，B 项目类型房地产的税前边际现值曲线为 $V_2 = e^{-rT}R_2(X)/r$。随着用于 A 项目的房地产数量增加，用于 A 项目的房地产可获得的边际租金递减，因此曲线 $V_1 = R_1(X)/r$ 向右下方倾斜。同理，曲线 $V_2 = e^{-rT}R_2(X)/r$

① 在税收文献中，一般将房地产投资者定义为购买房地产后自行开发利用或将其出租的购买者；将房地产投机者定义为购买房地产后既不自行利用也不将其出租，而是将房地产闲置以期"待价而沽"的购买者（Bentick B. L.，1972）。

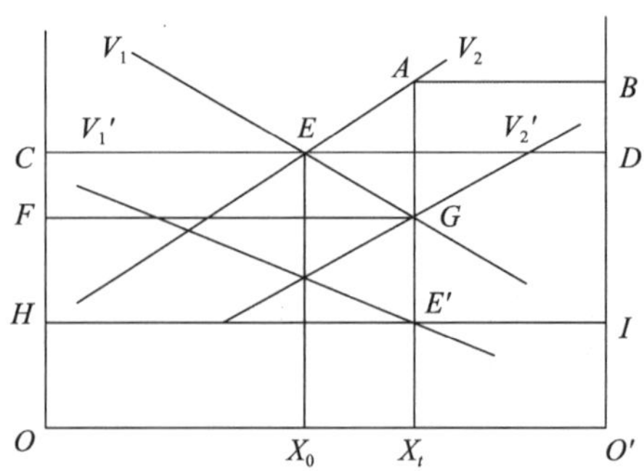

图 2.2　房地产税对两类土地利用类型的影响分析

向左下方倾斜。曲线 V_1 与曲线 V_2 相交于税前的均衡点 E，这是征税前市场达到均衡状态，用于 A 项目类型的房地产数量为 X_0，均衡现值为 OC（或 $O'D$）。征收房地产保有税或者将房地产保有税税率提高，用于 A 类项目类型的房地产边际现值曲线下降到 $V_1 = R_1(X)/(r+b)$，用于 B 项目类型的房地产边际现值曲线下降为 $V_2' = e^{-(r+b)T}R_2(X)/(r+b)$。征税后的市场新均衡点为 E'，征税后用于 A 项目利用类型的土地数量为 X_t，均衡现值为 OH 或（$O'I$）。由于用于 B 类项目类型的房地产边际现值曲线的下降幅度大于用于 A 项目类型的房地产边际现值曲线的下降幅度，因此 X_t 在 X_0 的右边。此时，由于征收了房地产保有税，用于 A 项目类型的房地产数量增加了。从图中可得知，由于房地产保有税的开征，A 项目类型的需求者的收入增加为 $CEGF$，而 B 项目类型房地产需求者的收入损失为 $ABDE$，房地产业主的收入损失为 $CDIH$，征收上来的房地产保有税税收收入为（$FGE'H + ABIE'$），征税引致的福利净损失为 AEG（用收入来衡量），也即 AEG 为房地产保有税的“超额负担”（excess burden）。

Mills 模型将房地产市场对税收的反应变化内生化处理后，通过不同利用用途房地产边际收益的现值比较，得出的基本结论是：房地产保有税能将房地产开发时机提前或促使房地产从闲置或低效状态向高效利用转化，可有效抑制房地产市场的投机行为，房地产保有税对房地产市场的影响是非中性的。进一步拓展分析，房地产保有税的资源配置机理和对房价的影响结论如下：第一，房地产保有税可促使房价下降相当于保有税现值（资本还原值）部分的功效。第二，房地产保有税可有效促进房地产资源合理使用配置。当房地产保有税税负过低时，“待价而沽”的房地产闲置或低效使用，可能比高效使用更为有利。但当房地产保有税提高时，上述情况发生逆转性变化，会促使房地产高效利用。第三，房地产保有税具有一定的抑制投机的效应。因为，房地产保有税影响到投机性房地产的获利空间，保有环节的税负可有效降低投机获利性，可有效防止房地产市场投机泡沫的产生（唐明，2007、2008）。

2.4 房地产税与财政民主机制的关联互动机理

目前，在涉及千家万户百姓利益的房地产税的立法改革决策过程中，公民的参与度极低甚至没有应有的话语权，可以预见这种民主财政机制的缺失对于房地产税改革将构成一个极大的“瓶颈”，尤其是房地产税的实施阶段。不同于其他税种，房地产税具有“双刃剑”属性，具备突出的优点同时蕴藏极大风险。建立“政府—纳税人”服务机制、发挥房地产税“受益税”性质是破解房地产税“双刃剑”属性、使其“扬长避短”的有效机制。由于缺乏经济上和政治上的激励，地方政府在房地产税改革中的自我激励机制很难形成，在我国民主财政机制才是实现“政府—纳税人”服务机制的基本途径。在地方政府普遍实行民主财政机制，以此构建房地产税成功改革所需的政治基础，实质意义上的房地产税改革或许将拉开我国基层政府民主财政制度的序幕。

2.4.1 房地产税的“双刃剑”属性：优缺点并存

不同于其他税种，房地产税有两个特殊之处，一是课税对象特殊，即以房地产为课税对象，而房地产具有不可移动性、持久性、异质性等物理特性[①]，同时又具有稀缺性、多功能性、有形性和无形性等突出的社会属性[②]，房地产是兼具物理属性和社会属性的特殊商品类型。二是税环节特

① 不可移动性：不动产不能移动位置，或非经破坏、变更不能移动其位置。异质性：指由于土地不可移动，因而每份不动产都有一个唯一的、不可复制的位置，因而是异质的。持久性：作为有形资产和合法权益的载体的土地成分一般被认为是不可磨灭的。

② 稀缺性：土地在绝对量上不存在短缺的问题，但是在一定时间、一定地点能满足某一特定目的的不动产可能是非常稀缺的。多功能性：房地产不仅是人们的基本的生活资料和生产资料，而且因其可以保值增值，还成为了一种投资工具和投机工具。有形性和无形性：不动产既是一种有形的物体（如土地、房屋等），同时也附着无形的权利，因此可以设立用益物权（指权利人对他人所有之物享有的以使用为目的的物权），用益物权仅以不动产为客体，动产则无所谓用益物权。

殊，即在保有使用环节课税。上述两个特殊之处导致了房地产税具有独特的“双刃剑”属性（石子印，2010；唐明，2014）。

1. 税基稳固、公平课税却违背支付能力原则

作为财产税性质的税种，房地产在保有环节对财产的存量价值课税，无论是经营性房产还是自住型房产几乎所有房产均需纳税。由于房地产兼具坚固耐用、持久性、稀缺性、保值增值等自然和社会属性，这使得对房地产课税的房地产税收充裕稳定，可为地方政府提供可持续性的稳固财源，往往是地方政府的主体税种。房地产市场的均衡价格通常与购买人（消费者或投资者）的收入能力成同步变化趋势，房地产资产价值与所有者的家庭收入成正比，因此大多数情况下房地产税纳税人的税负承担能力与其拥有的房地产价值正相关。因此，依据市场价值评估征税的房地产税收能较好地解决“谁有能力谁纳税”和“能力强的多纳税”这一税收纵向公平的关键问题。

但是，房地产税税基的稳固性及公平课税的特性却有可能违背支付能力原则。通常情况下，房地产的价值与所有者个人和家庭的收入变化趋势一致，但在某些情况下两者变化趋势会出现背离和差异。现实经济生活中，上述差异主要出现在经济状况恶化的家庭和离退休家庭以及房价超过经济基本面存在房价泡沫的城市等。其本质原因是房地产税的征税对象和税源不一致所引发的矛盾，征税对象是个人家庭的财富存量，而税源却是纳税人的收入流量，尤其是房地产在自住的情况其本身并不产生收益，纳税人必须用其他收入来为保有的房地产纳税。实质意义上的财产税都会有这个问题，只不过房地产税因其税基大、税负重而表现得更为突出。在我国，城市居民尤其是一线城市其房产因为城市化和工业化的快速发展而迅速增值，但拥有房产的居民家庭收入并不一定能随房价同步上升或成一定比例提高①。将来房地产税开征，依据市场价值课税如不做其他处理安排，极易出现房地产税税负与房产所有者收入能力和负税能力不匹配问题，从而违背税收支付能力的基本原则导致严重的税负不公问题（刘洪玉、郭晓旸、姜沛言，2012）。

2. 优良的受益税属性却易引发税收不公

受益原则是指根据纳税人从公共服务的受益程度来决定和分配税负的

① 刘洪玉、郭晓旸、姜沛言（2012）实证研究指出，在我国大部分城市中，住房价值与家庭收入之间的对应关系不匹配。

征税原则，即谁受益谁纳税，受益多多纳税。房地产税（财产税）是一种能促使辖区居民做出有利于当地的正确决策的受益税①（William A. Fischel，2001）。房地产税能天然地遵循受益原则，其受益税的良性循环机制如图 2.3 所示：现实中政府的公共服务支出资本化使房地产能增加其价值，而征收房地产税则会减少其价值。公共服务资本化增加房地产的价值，房地产价值提升从而扩大了房地产税的税基，由此辖区政府可以征收更多的房地产税收用于提供更高质量的公共服务。实质上，房地产税（财产税）是辖区公众为享受辖区政府提供特定公共服务（bundle of services）而支付的对价（McCluskey，W. J.，and Williams，B.，1999）。

房地产税收理论及美国等国实践经验都表明，如图 2.3 所示的房地产税的良性循环机制必须在较小辖区范围才能发挥作用，这会形成辖区分割（Hamilton，1975；石子印，2008、2009a、2009b、2011）。但各个辖区的房地产由于各种原因呈现出价值差异巨大，由此引发不同辖区的房地产课税基础参差不齐。一方面，若各辖区实施相同税率，则不同辖区会由于课税基础的差异引发不同房地产收入水平支撑的公共服务水平不均等。另一方面，若要保障各辖区基本公共服务水平处于大致相当的水平，则税基水平不同的辖区必然要实施不同的税率，这会导致房地产税的累退性，欠发达辖区的税率反而高于发达辖区。上述悖论引发房地产税内生的不公平性，由此也产生了以房地产税（财产税）为税基的公共财政空间公平问题。

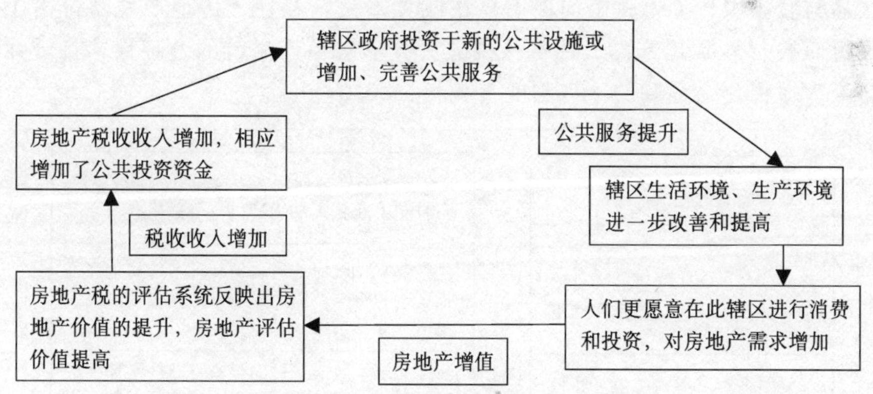

图 2.3　房地产税受益税良性循环机制示意图

① 有关财产税（房地产税）的受益税观点，读者可参看由蒂布特提出、奥茨验证、汉密尔顿发展的理论“Tiebout—Oates—Hamilton”模型，它证明了财产税是具有受益税性质的税种。

3. 发挥“溢价归公”功能与损害公众福利并存

依据房地产经济学、土地经济学等学科原理，房地产市场价值包括初始内在价值及其由公私部门共同引致的增值，从理论上可大致划分为四大部分（YU – Hung Hong and Diana Brubake，2009），如图2.4总结所示。从理论上分析，将房地产的价值按照要素贡献的原则，区分不同的组成部分分别确定相对应的受益人，这在经济上是合理有效的。但在实践中，由于房地产增值因素的外部性和融合性，想要精确划分不同增值因素构成的具体增值额部分不具有现实可行性。这使得征收房地产税或者其他财产税容易引发争议。房地产税是政府实现“溢价归公”（value capturing）最为重要的政策工具，其运作原理是依据市场评估价值征税来实现。不同于其他商品，房地产尤其是自住型房产交易较少，需要依据现行房地产市场价值来评估征税。而依据市价的评估价值除了包括房地产的初始价值和私人投资增值部分，同时也包括公共服务支出资本化和城市化、工业化等公共部门引发的增值部分，前者从征税原理上看不应纳入征税范围，后者由于城市化和工业化等社会进步等引发的增值，若私人部门没有兑现和享受也不应征税，房地产税仅应对公共服务资本化的部分实施“使用者付费”弥补公共服务开支的成本而征收一定数量的税收。因此，房地产税发挥“溢价归公”功能，蕴藏着一个基本前提即房地产税收入直接用于本辖区的公共产品与服务中，如果这个前提不存在或者不完全存在，房地产税溢价由于投机而被“炒”出来的，那么该税失去分享房地产溢价的合理性，且最终会沦为损害公众福利的不良制度（何杨，2012）。

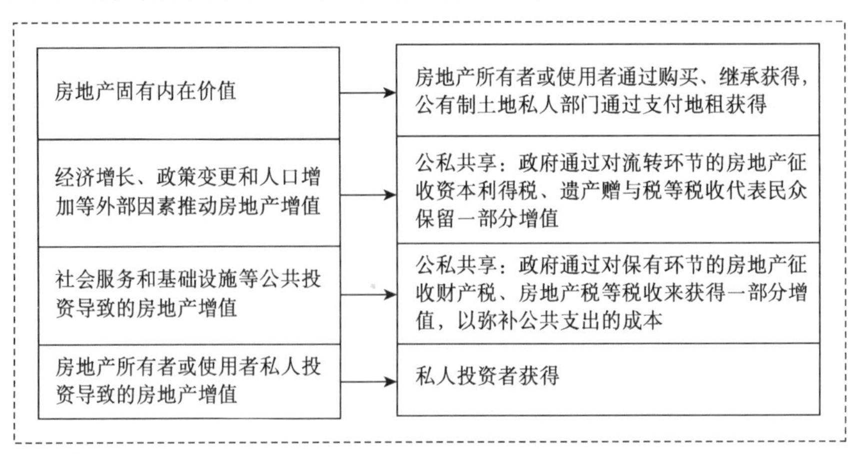

图2.4 房地产价值的不同组成部分及其相应的受益人

与其他商品相比，房地产交易不频繁，尤其是自住用房产。由于房地产稀缺性、持久耐用性等特点，随着城市化、工业化等社会经济发展，房地产自然会有较大幅度增值，依据市场价值评估的税负会呈增长趋势。例如，某位居民家庭 10 年前以 20 万元购置的房屋现在市价可达 100 万元，尽管该房产升值了 5 倍，但 80 万元的升值到底有多少部分源于政府公共支出的资本化带来的增值？这难以精确衡量。现行沪渝房产税试点方案中暂以市场成交价为计税依据，而市价原则上包括了构成房地产价值的四个部分，依据市场课税即是对价值全额课税，包括了相当比例不应征税和尚未实现收益部分，让纳税人为不应征税或尚未实现的收益课税是极不合理的，同时依据市价确定的税负是否与纳税人负税能力匹配也是问题，上述基本问题将严重侵害公众福利。

4. 税负高度透明易引发纳税人不满

房地产税不同于其他税种，其税负高度透明。在流通交易环节课税的流转税（商品劳务税），税额往往内含在价格里，交易频繁且一次税负数量少，纳税人往往不会清晰知道自己承受的流转税税负总额，因此对承担的流转税痛苦感不强烈。企业所得税往往是自然纳税人无法感知到的“隐蔽税”。个人所得税虽是直接税，以个人和家庭为纳税人，但税负从收入流量中扣除，对纳税人的影响较小。房地产税与上述税种不同，一是以房地产市场价值为基础的评估价值课税，二是往往按年度为纳税周期，一次性缴纳的税额数量较大，而且税负高度透明且几乎不能转嫁。实际上，税负高度透明是极其关键的，这让纳税人和政府双方都能深刻认识到以房地产税支持的公共产品和服务项目的成本和收益，这既促使政府改进公共支出效率和及时公开政务，同时又降低了公众监督政府的“门槛”和成本，激励社会公众参政议政，参与当地公共事务的管理决策。

也正因为房地产税税负高度透明的特点，该税种极易引发纳税人的质疑。这是因为，一方面，房地产税的计税依据不会自动生成，通常依赖房地产市场价值为基础进行评估征税，评估征税实际上是“客观性”的主观过程（谷成，2015），易产生舞弊和不确定性等问题，也容易使纳税人质疑其公平性等。而且依据市价评估房产征税要求及时更新房地产相关数据和信息，这难免侵犯纳税人个人隐私，这也是纳税人反感的。在中国，这还涉及政府官员财产公开的棘手难题。另一方面，纳税人又普遍感觉“吃亏”，认为从地方政府获得服务与其负担的房地产税不成比例，税负增加但公共服务水平并没有相应提高，税负上涨的速度超过了薪水的增幅等

（石子印，2011、2013）。

2.4.2 遵循受益税本质：破解房地产税“双刃剑”属性的制度要求

由于房地产税特有的“双刃剑”属性，任何国家进行房地产税改革都需要考虑到这一特性，尽可能将房地产税负面影响消除到最低程度。这不单纯是税收和经济问题，在很大程度上蕴藏着复杂的政治因素，与社会稳定息息相关。

1. 房地产税“双刃剑”属性易导致较低的纳税遵从度

基于上述“双刃剑”属性，房地产税往往引致公众较低的纳税遵从度，房地产税的“双刃剑”属性会带来较大的社会风险。公众往往认为政府财政支出并没有完全用于公共用途，房地产税会加剧贫富辖区间不公平。房地产税收入弹性小，与公众的支付能力相违背。由于房地产不可移动和不可隐匿性，房地产税偷税行为较少发生。当公众认为房地产税存在不公平或者侵犯其福利时，又因为广大社会公众普遍都需要缴纳该税，这极易引发类似于美国税收革命①的集体抗税行为②，严重影响到社会稳定，引发巨大的社会风险（Arthur O’Sullivan，2005）。而在我国，房地产税作为新开征的税种，将使得目前不清晰的政府和纳税人的关系变得清晰明了。因为，作为房产持有期间终身需要缴纳的直接税，其税负的直接性和涉及利益的清晰性是超越现行所有其他税种。房地产税以存量价值课税且随市价调整，该课税价值并不是纳税人已获得的收益，通常需要其他税后收入来承担税负，这极易引发纳税人的不满与痛苦感。

因此，可预见在诸税种中，房地产税将是引发纳税人税负痛苦感最强烈的税种，因此也将是最能增强纳税人“税意识”的税种之一。作为我国

---

① 历史上，美国发生两次专门限制财产税的税收革命，这使得美国地方政府财产税占其一般财政收入比重由1927年的68.8%下降至2006年24.69%。具体请参见Arthur O’Sullivan：《地方财产税限制——美国的经验》，Wallace E. Oates：《财产税与地方政府财政》，丁成日译．北京：中国税务出版社2005年版。应当指出的是，这里的抗税并非一定是我国《刑法》和《税收征管法》中所界定的暴力抗税行为，更多可能是一种对社会影响广泛的税收抵制运动。

② 应当指出的是，这里的抗税并非一定是我国《刑法》和《税收征管法》中所界定的暴力抗税行为，更多可能是一种对社会影响广泛的税收抵制运动。

个人“税痛之首”[①] 的房地产税的改革，将极大地唤醒纳税人的权利意识，并对限制政府的权力予以前所未有的高度关注，也必然使得房地产税的开征成为开启我国社会变革的一个窗口（庞凤喜，2009）。如前论证，房地产税在具备突出优良属性的同时又蕴藏巨大缺陷，容易引发公众不满和较低的纳税遵从度，对政府而言具有较大风险那么，如何使房地产税“扬长避短”、提高公众对房地产税的纳税遵从度？

2. 提高房地产税税收遵从度的制度要求：遵循受益税本质

除了上述“双刃剑”属性，房地产还有一些引发公众不满的先天因素。一方面，不同于其他税种的计税依据由市场自发形成、政府仅规定征税税率，房地产税需要政府评估征税，因此房地产税的纳税人、计税依据和税率等都由政府单方面规定，纳税人无法掌握其应纳税额，易产生被“剥夺”的不良感觉。另一方面，由于房地产税的课税对象——房地产的不可移动性和不可隐匿性，即使对房地产税不满的纳税人也无法通过逃税来规避，而且税收筹划的空间也非常有限。上述所有因素都会直接导致了公众对房地产税厌恶情绪。从理论和实践来看，解决房地产税上述“双刃剑”属性的负面问题的最佳途径是将该税设置成受益性质的税种。

受益原则源于财政交换论，维克赛尔最先提出税收与公共服务自愿交换、税收满足受益原则的理论，财政交换论已成为税制改革最为重要的理论依据。该理论强调税收公平，认为受益原则是实现税收公平的基本体现。受益原则要求政府将税收用于在辖区的公共服务中，这种受益的对等性在较大的辖区范围难以实现，因为很难兼顾大辖区范围内公众对公共产品和服务的不同偏好，并不能使公众从纳税中直接获得受益。但在较小的辖区存在可操作性，较小辖区内政府针对公众征收的房地产税，由于管辖范围较小，公众偏好易于达成一致，从而可以通过增加教育、道路维护、垃圾处理等社区建设等公共支出，使得本辖区居民直接获得收益，这就是马歇尔提出的“有偿税”。鉴于房地产税课税对象的不可移动性，一方面，由于征收房地产税使得房地产价值减少；另一方面，辖区公共服务水平的提升和环境改善等又会增加财产价值，两者对房地产价值的共同影响取决

---

① 房地产税的开征将会极大地改变目前个人基本不直接纳税的情况，不仅如此，还将逐渐使得个人、家庭纳税越来越多，因为房地产税征管将极大地促使个人涉税信息的完善，将有力地促进个人所得税、社会保障税（费）高效征管，同时也是将来遗产赠与税顺利开征的重要前提。由此，可以预测我国税制结构将发生根本性的改变，由个人直接负担的税负的税种将成为主体税种。

于房地产税用于公共服务的程度。如果纳税人明显感知到地方公共服务水平提升，其所付出的房地产税被政府“用之有道”。此时，纳税人—受益人的角色便会自动对接。尽管房地产税的特殊属性会导致公众反感，但该税与公共服务的合理交换却会影响纳税人—受益人的心理，当他们感知交换公平合理时心理便会自动达到平衡，逃税意识减弱甚至消除，纳税遵从度会显著提高。因此，消除房地产税社会风险的最佳渠道是将房地产税发展成为真正意义上的受益税性质的税种（石子印，2010、2011、2013；唐明，2014；谷成，2015）。

2.4.3 财政民主机制：房地产税“受益税”性质发挥的有效途径

公共选择学派将受益原则进行了延伸发展，主要将利维坦属性引入分析政府特征，认为政府通过税收对公众进行掠夺可能性极大。在上述假设下，需要对政府的征税行为进行约束——税制上主要通过对税基和税率进行限制。约束的主要形式要求任何税制改革都必须坚持财政交换论，坚持税收受益性质，有效地限制政府肆意征税行为。相关文献及国外实践表明，较小辖区为保障房地产税成为受益税提供了可能，但要真正发挥房地产税受益税的作用机制，对较小辖区的政府来说还需要一定的激励约束制度。这种激励约束机制现实中有两者选择，一是退出；二是呼吁。退出机制尽管理论上有充分阐述，但在现实中不具有可行性，在提升房地产税受益税效率层面仅具有理论意义而不具备现实可行性。国外的实践表明，房地产税发挥受益税性质的渠道并不是蒂布特“用脚投票”的退出机制，受限于种种因素，退出辖区的可操作性不强。因此，房地产税受益税效率的提升的主导因素应归于公众的呼吁机制。这使得房地产税需要浓厚的政治制度条件来支撑（石子印，2011）。在此前提下，公众的公共选择——呼吁机制能否取得成功的关键是漠视呼吁机制是否能降低政府管理者的收益。呼吁机制的成功存在两者可能性：一是以退出为威胁，漠视公众的呼吁将会降低政府管理者的收益；二是政府漠视呼吁的成本巨大，即使公众不退出或不能退出，管理者也会由于承受较大的成本导致自身净收益降低。实现中，第一种退出之路不可行的情况下，唯一能依赖的是第二种可能性途径——增大政府模式公众呼吁的成本（石子印，2008、2009）。

为提高房地产税的现实效率，要求重视公众呼吁的公共选择表达机制。一方面，完善公众通过呼吁的公共选择机制，降低公众的呼吁成本，使得公众的公共选择渠道畅通，能较好地实现“下情上达”，形成一种较为规范的公众与辖区政府的沟通渠道，使得公众的呼吁能无障碍地被辖区政府感知，这是呼吁机制发挥作用的基础。另一方面，对于不能较好处理公众呼吁要求以及漠视公众呼吁的辖区政府管理者，应该有一种自动增加其政治成本或其他成本的机理，把回应好公众呼吁机制的行为方式同地方政府官员的政治考核及政治前途紧密结合起来。综上论证，房地产税需要在具备良好公众呼吁机制的较小辖区内征收与使用，这是房地产税最基础的制度要求之一。房地产税成功实施无疑需要遵循受益税本质，而这种受益税发挥作用的根本保证将归于较小辖区里公众的有效呼吁机制。增加政府管理者漠视公众呼吁的政治成本，使地方财政收支更加体现公开性、民主性的地方财政民主机制将是房地产税制度成功实施的必要条件（石子印，2008、2009）。

因此，有效消除房地产税社会风险的首要条件是将该税设置成为实质意义上的受益税。这要求房地产税必须用于本辖区的公共服务，政府不仅要公开与房地产税有关的所有收支预算明细，而且必须构建相关制度机制让公众纳税人能有效参与政府公共收支的决策过程。这样，公众纳税人不再只是“税款缴纳者”，而是拥有与纳税义务相称的纳税人权利。其中，最基本的权利是选举权和监督权。现代公民社会中房地产税虽然仍受技术等外在条件的影响，但更多的是蕴藏了公平公正的民主和政治含义。房地产税受益税的良性循环机制的运行必须依存于政府—纳税人服务这一地方财政民主机制的建立健全，房地产税能在多大程度上发挥出受益税性质，这将成为地方政府治理能力重要的考量标准（石子印，2011；庞凤喜，2009、2014；侯一麟、马海涛，2014、2016；张平等，2016）。

第3章

转轨期中国房地产税改革的制度环境的现实考察

一国房地产税制内生于一定的制度环境，深受其财政体制、经济体制、政治体制、法律制度、社会治理和文化习俗等制度环境的影响。房地产税税制形成机理简要概括如下：规范的房地产税制（F）$=f$［充裕的税源（X_1），公平合理的税制要素设计（X_2），高效的税收征管（X_3）］×有效的制度环境（有效的配套制度）。该理论模型说明，房地产税制不仅是由税源、税制要素设计、税收征管等“硬件”有机构成，更是深受制度环境这一基础“软件”因素的影响。本章深入考察了经济社会双转轨背景下，中国房地产税改革所面临的具体制度环境主要影响因素及其制度变迁。

3.1 转轨期中国式财政分权制度变迁：双轨制财政管理体制

转轨期的财政管理体制呈现出典型“二元规则”特点，体制内财政体制和体制外财政体制分别运行着截然不同的规则。体制内中央上收财权，事权却留置或下放给地方政府，导致地方政府事权与财权（财力）严重不相称，财政收支缺口日益扩大，纵向财政关系严重失衡，基层政府基本运转都困难。而体制外的运行规则大为不同，非正式财权几乎都归地方政府支配，财权和事权都是高度分权的，地方政府利用非正式资金体系完成了体制内外的许多事权和支出责任。本书从我国正处于经济社会双转轨的现实背景出发，试图从制度根源上来剖析上述二元财政管理体制制度变迁，解释现行二元财政运行机制产生的制度根源，现行的财政分权制度对房地产税改革又会产生何种深刻影响？

3.1.1　中国式财政分权与政治集权：体制内正式财政体制的运行机制

1. 政府间财政关系的理论分析框架：财政分权与民主、法治建设

世界各国政府间关系运行实践存在以下两个基本矛盾：一方面，中央权力过大而地方较为弱小时，中央政府难免过于严格控制地方甚至对地方会滥用权力；另一方面，如果地方权力过大而中央弱小，则地方政府难免会产生与中央不合作或者搭便车等机会主义行为，上述矛盾较为尖锐时甚至会影响到一国的国家稳定，上述矛盾同时也普遍存在上下级政府之间，这便是政府间普遍存在的联邦悖论（DeFigueiredo and Weingast，1997）。联邦悖论（federalism dilemma）是各国稳定运行要解决的基本问题，任何国家的上下级政府也必须解决好这两个基本矛盾。那么，如何才能有效化解这些矛盾？这要求中央政府和地方政府或者上下级政府之间建立纵向分权的相互制衡机制。

那么，上下级政府如何才能实现相互制衡呢？完整的分权实际上包含三个方面的权力下放，即以选举和任命地方官员为主的人事权、提供地方公共产品和服务的事权以及包括税收权和举债权在内的财权。在联邦悖论理论基础上，张永生（2008）将政府控制权进一步划分为财政权和人事权，财政权具体可分为财政收入权（财权）和财政支出权（事权）两大部分，相对于事权的控制权，财权是最为重要的财政权（财政控制权），因而本书以财政收入控制权来代替政府财政控制权的分析[①]。在上述基础上，张永生（2009）提出如下假说：财政权和人事权必须在上下级政府对称分散分布，即上下级政府应该分别支配上述两项基本权力，由此上下级

① 世界各国推行财政分权，支出责任方面的分权趋势非常明显，但财权方面的集权化趋势及纵向财政失衡不仅没能减弱或缩小，反而呈现出日益严重的趋势。可从上述实践中观察出，在财政控制权中，相对来说财权比事权更重要。

政府可建立起相互制衡的纵向机制。但纵向制衡机制仅能克服上下级政府之间的机会主义行为，因此还必须再加上约束政府对市场和私人部门机会主义行为的横向制约机制，该机制的本质就是要限制政府的权力和处理好政府与市场、公共部门与私人部门的关系。上述政府间纵向的相互制衡加上对政府权力的横向制衡，则可实现国家自我稳定和提高经济效率（North，1987）。将上述理论假设应用到实践，以人事权选举为代表的狭义民主相当于本书理论框架中的由下而上的人事配置权，而民主加上法治则相当于分析框架中对政府权力的横向制衡。借鉴张永生提出的分析框架，我们将由于缺乏政府间纵向制衡机制导致的政府的机会主义行为定义为第Ⅰ类政府机会主义行为，而将对政府权力缺乏横向制衡机制导致的政府机会主义行为定义为第Ⅱ类政府机会主义行为。上下级政府纵向制衡机制可有效防止第Ⅰ类政府机会主义行为，而对政府权力制约的横向制衡机制可防止第Ⅱ类政府机会主义行为，纵向的制衡机制和横向的制衡机制紧密结合是一国实现政府稳定及良好经济绩效的根本性制度保障。

实践中，为什么一些国家实施财政分权取得了巨大成效，而另一些国家归于失败或无效呢？按照上述理论框架的逻辑推理，财政分权的有效性必须取决于分权能否在上下级政府建立纵向制衡机制，以及政府的权力能否受到横向制衡机制的严格控制。具体到实践，财政分权必须在下列制度条件下方能有效：第一，政府“向下负责”即为辖区选民负责，且其权力受到法治框架的严格控制。第二，实施民主政治体制的国家，财政分权体制中中央政府或上级政府往往控制着财政收入权，或者上下级政府分别控制人事权和财政收入权。若不如此，上下级政府的纵向制衡机制则难以建立，这样实施财政分权后，很可能会出现中央政府（上级政府）对地方政府（下级政府）的第Ⅰ类政府机会主义行为以及政府对市场和私人部门的第Ⅱ类政府机会主义行为，从而影响到政治经济的绩效甚至政权的稳定运行。按照上述推理，考察世界各国对人事权和财政收入控制权的分布情况，可将各国政府间关系归纳为四种主要结构（张永生，2008、2009）。表3.1中人事权配置一栏中“↑”表示人事权由下而上，即各地方官员由地方选民基层选举产生，“↓”表示人事权由上而下，表示政治集权即地方官员由上级政府控制。财政权的配置一栏中“↑”则表示下级控制着主要财源，“↓”表示上级政府由上而下地控制主要财源。

表 3.1　　　世界四种不同结构的政府间关系

		人事权	财政权（财政收入控制权）	典型案例	效果
结构一	Ⅰ. 法治完善	↑	↓	欧美等发达市场经济国家	自我执行高效
	Ⅱ. 法治不完善	↑	↓	拉美等坏的市场经济国家	自我执行、低效腐败、向市场寻租
结构二		↑	↑	美国早期的联邦	不稳定整体效率不高
结构三		↓	↓	苏联体制	中央计划体制弊端
结构四		↓	↑	改革开放后、分税制改革前的中国体制	效率较结构三有所提高

资料来源：根据张永生（2009）对政府间关系论证要点总结。

在上述四种结构中，“结构一（Ⅰ）”满足分权有效性的充分条件，即财政控制权和人事权分别由上下级政府控制进而形成有效的纵向制衡机制，加之法治完善的横向制约机制，这些国家在上述制度前提下，分权程度越高则运行效率越高。而在“结构一（Ⅱ）”中，虽然政府间的纵向制衡机制初步建立，但由于法治尚未健全完善，拉美等市场经济国家分权改革并未取得预期效果。但“结构一”在运行中要注意保持财政收入权主要由上级政府控制的格局，如果财政收入权过于分权，则“结构一”有可能会向“结构二”转变，财政控制权和人事权都集中在地方政府而中央权力较弱时，有可能会诱发地方政府的机会主义行为，从而导致整个财政体制不稳定及整体效率低下。这或许可以解释，为什么在推崇民主和地方自治的西方国家，其财政的发展却呈现出一种集权趋势，即中央政府总是控制着一国的主要财权，下级政府通常依赖中央的转移支付和政府拨款（张永生，2008）。“结构三”中人事权和财政收入控制权均高度集中在中央政府，这往往存在于计划经济国家，典型的是苏联体制和改革开放前的中国。苏联解体后的俄罗斯和东欧国家，正在努力向“结构一”转型，但由于这些国家目前仅实现了形式上的民主，而法治尚未能建立健全，由此导致对政府权力制约的横向制衡机制尚未构建起来，其发展趋势很可能由“结构三”向“结构一（Ⅱ）”转变。改革开放以后，中国实行了财政联邦制的分权改革，该项改革有利于中央和地方政府平衡发展，取得了一定的改革效益。但由于缺乏对政府权力的横向制约机制的构建，市场寻租、腐败等问题在改革开放以后层出不穷，这也是导致我国财政体制外财政运行机制产生的根本制度根源。另外，转轨国家在原来的“结构三”体制下，中央控制着财政收入控制权，这仅是依靠计划指令而不是通过分税制等规范的市场行为取得，由此导致央地财政关系扭曲。这造成了转轨国家体制转型改革的复杂性，也可以在很大程度上解释转轨国家为何难以取得与西方发达的市场经济国家一样的财政分权改革绩效（Dabla - Norris and Wade，2002）。

2. 体制内中国政府间关系的演变路径

建国至今，我国的财政体制历经改革调整，大致可划分为三个大的发展阶段：一是计划经济时期实行“统收统支”财政体制（1950 ~ 1979年）；二是改革初期实施财政包干制改革（1980 ~ 1993 年）；三是 1994 年至今实施分税制财政体制。依据表 3.1 的分析框架，计划经济时期“统收统支”的财政体制属于“结构三”，即人事权和财政收入控制权均高度集中在中央政府，这种体制运行不稳定且效率低下，这迫使财政体制进行改革。由此，在改革开放初期我国实施了“分灶吃饭”财政分权改革，财政体制由“结构三”向“结构四”转变，中央仅控制着地方的人事权，财政收入控制权主要由地方控制，从而形成一种相对有效的财政体制架构，这种财政体制较“结构三”可以相对制约中央政府和上级政府的机会主义行为，因此可形成对地方政府和下级政府的有效激励。但在我国政治集权的体制下，中央控制着地方的人事权，地方政府并不具备真正与中央谈判的能力。为解决“两个比重”偏低的问题，以财政收入权集权为特征的分税制改革在中央主导下贯彻执行，至此中国的央地政府关系由“结构四”向“结构三”发展，而且省以下的地方各级政府间关系也呈现出这种发展趋势。在“结构三”的体制中，中央不仅控制着地方的人事权，而且还控制着财政收入权，下级政府财政严重依赖上级政府，在某些落后的省份的县市对上级政府的转移支付依赖程度甚至超过七成。

就财政收入控制权而言，中国和发达市场经济国家呈现出相同的发展趋势，不同的是人事控制权的分配。发达市场经济国家地方政府的人事权“由下而上”，即地方官员不受上级政府控制而由当地辖区选民选举产生，因而其有能力和动力代表当地民众与上一级政府进行利益博弈。而中国人事权“由上而下”，下级政府缺乏能力也没有动力与上一级政府讨价还价。因此，现阶段我国体制内财政分权与政治集权相冲突，这导致上级政府对下级政府的机会主义行为，在我国集中表现为体制内财权层层上收，事权留置甚至层层下放，导致政府间纵向财政关系严重失衡，上述财政公共管理制度的运行规则必然导致地方财政收不抵支。如图 3.1 和图 3.2 测算所示，分税制改革前地方控制着全国 60% ~70% 的财政资源，收支基本对称。而分税制改革财政收入比值迅速下降到 49.5%，事权仍维持在 70% 左右。此后二十几年，地方财权呈现下降趋势，“九五”期间平均为 49.5%，“十五”期间进一步下降为 46.21%，“十一五”期间略上升为 47.31%，“十二五”期间为 53.11%。而事权一直呈现上升趋势，“九五”期间平均为 69.40%，“十一五”期间进一步上升为 71.34%，“十一五”期间略升为 79.22%，“十二五”期间剧增为 85.23%。

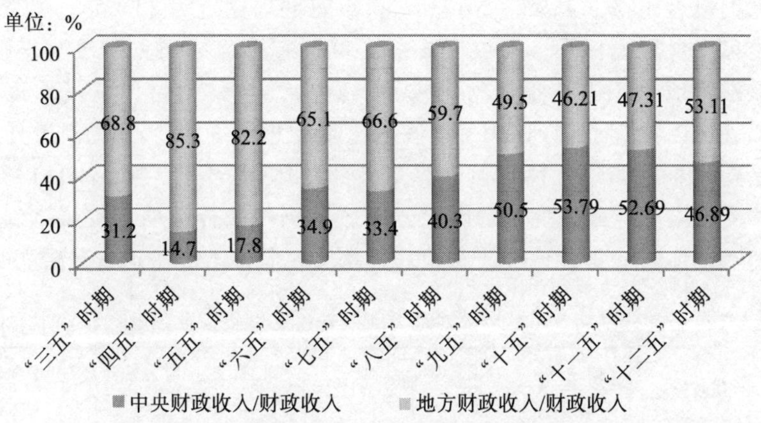

图 3.1　全国财政收入中央和地方所占比例趋势图

资料来源：《财政年鉴》编委会：历年《中国财政年鉴》，中国财政杂志社；财政部网站。

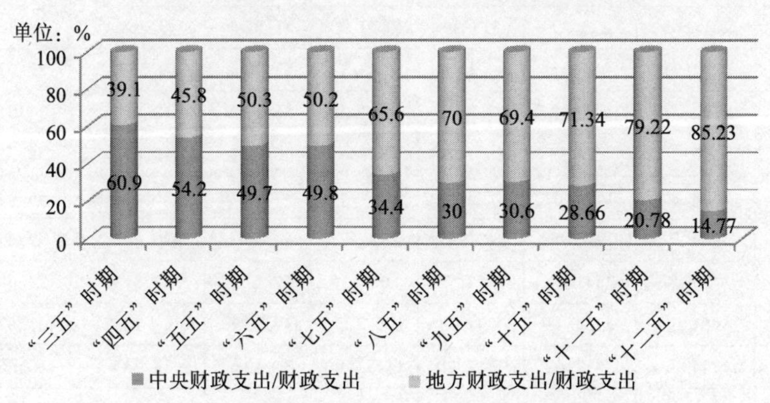

图 3.2　全国财政支出中央和地方所占比例趋势图

资料来源：《财政年鉴》编委会：历年《中国财政年鉴》，中国财政杂志社；财政部网站。

如前测算，分税制在向中央集中财权的同时并未对事权进行重新划分，事权留置甚至下放，由此导致地方政府财政普遍收不抵支，而转移支付又未能充分发挥“平衡器”的作用。现行预算管理体制下转移支付的运行情况如表3.2测算所示，主要存在以下缺陷：(1)“一刀切”的税收返还，非但不能平衡地方财力差异，反而加剧了地方间财力差距。如表3.2测算所示，在分税制改革以后的长达十几年的时间里税收返还比例居高不下，只是近年来逐年降低，1995～2015年30年间平均比重为35.15%。(2)专项转移支付占比过高，由此导致中央和地方事权高度重叠，严重影响到地方预算的独立运行。如表3.2所示，专项转移支付比重一直偏高，近年来仍接近40%，1995～2015年30年间平均比重为33.65%；(3)财力性转移支付规模偏小，而该项转移支付可有效弥补地方财政收支缺口，还可以很好地用于平衡地区财力差距。财力性转移支付比值虽然逐年提升，如表3.2测算，直到2013年该项比重才超过50%。分税制设计初衷应该是要建立“弱地方税+强转移支付”的体制（马元燕，2005），实践中转移支付未能达到预期目的而地方税体系仍然十分薄弱。按照体制内的正式的财政体制安排，地方政府尤其是基层政府根本无法正常运转。

表3.2　分税制改革后中央对地方财政转移支付类型及数量　单位：亿元

年份	税收返还	财力性转移支付	专项转移支付	合计	税收返还比重	财力性转移支付比重	专项转移支付比重
1995	1867.26	290.90	374.73	2532.89	73.72%	11.48%	14.79%
1996	1948.64	234.91	488.80	2672.35	72.92%	8.79%	18.29%
1997	2011.63	273.37	515.90	2800.90	71.82%	9.76%	18.42%
1998	2082.77	313.11	889.45	3285.33	63.40%	9.53%	27.07%
1999	2120.57	511.39	1360.32	3992.28	53.12%	12.81%	34.07%
2000	2206.54	893.37	1647.74	4747.65	46.48%	18.82%	34.71%
2001	2308.86	1604.79	2203.53	6117.18	37.74%	26.23%	36.02%
2002	3006.82	1944.08	2401.81	7352.71	40.89%	26.44%	32.67%
2003	3425.27	2241.19	2391.73	8058.19	42.51%	27.81%	29.68%
2004	4051.00	2933.73	3237.71	10222.44	39.63%	28.70%	31.67%
2005	4144.00	3812.00	3517.00	11473.00	36.12%	33.23%	30.65%
2006	4347.15	4731.97	4411.58	13490.70	32.22%	35.08%	32.70%
2007	4121.45	7098.24	6892.76	18112.45	22.75%	39.19%	38.06%
2008	4282.19	8696.49	9966.93	22945.61	18.66%	37.90%	43.44%
2009	4942.27	11319.89	12359.14	28621.30	17.27%	39.55%	43.18%

续表

年份	税收返还	财力性转移支付	专项转移支付	合计	税收返还比重	财力性转移支付比重	专项转移支付比重
2010	4993.37	13235.66	14112.06	32341.09	15.44%	40.93%	43.64%
2011	5039.88	18311.34	16569.99	39921.21	12.62%	45.87%	41.51%
2012	5128.04	21429.51	18804.13	45361.68	11.30%	47.24%	41.45%
2013	5046.74	24362.72	18610.46	48019.92	10.51%	50.73%	38.76%
2014	5081.55	27568.37	18941.12	51591.04	9.85%	53.44%	36.71%
2015	5018.86	28455.02	21623.63	55097.51	9.11%	51.64%	39.25%
均值	3674.99	8583.91	7681.93	19940.83	35.15%	31.20%	33.65%

资料来源：根据财政部编辑的各个年份《地方财政分析资料》、财政部各年《中央对地方税收返还和转移支付决算表》及各年《关于××年中央和地方预算执行情况与××年中央和地方预算草案的报告》计算得出，其中财力性转移支付从2009年开始为一般性转移支付数据。

3.1.2　地方政府“逆向软预算约束”：体制外非正式财政体制的运行机制

“事权与财权不对称”这一突出问题在分税制改革后相当长时期都是棘手难题。对此，学界和实务界都提出加强地方自主财权（财力）建设，使其财权（财力）与事权相匹配。房地产税开征的基本目的是全面“营改增”之后培育其成为地方政府新的主体税种，有效的增加地方自有财源。但在赋予地方财权和构建地方财力时，最首要的前提是要弄清楚地方财政的“家底”，即地方财政到底持有多少财力？尤其是没有体现在预算账面上的非正式资金。实际上，经过几十年的博弈，地方政府早就学会“堤内不足，堤外补”，早就适应并滋生出体制外的财政运行规则，事实上无论是绝对额还是相对值地方政府的自有财力都极大地膨胀了。本书着重研究转轨期地方政府体制外的财政运行规则，聚焦研究地方政府的非正式财权和由此形成的非正式财力[①]（唐明，2011），以此来破解制约房地产税改革的财政制约机制。

1. 地方政府“逆向软预算约束”体制的形成机理

受周雪光教授（2005）“逆向软预算约束”理论的启发，本书利用

---

① 本书的非正式财权界定为地方政府可以突破预算限制筹集、使用的可支配财力。随着相关制度政策法律的变化，地方政府的非正式财权处于动态调整和变化之中（唐明，2011）。

"逆向软预算约束"的理论来论证地方政府体制外的财政运行规则，以及体制外非正式财权是何如成功地缓解体制内财权集权和事权分权的巨大矛盾。预算软约束，通常是指地方政府出现预算缺口时，通过各种途径"自下而上"地向上级政府寻求财政拨款、补贴等来补足本级政府财政收支缺口。随着硬化预算的财政体制改革的推进，传统的"由下而上"地向上一级政府寻求预算突破的软约束在很大程度上受到限制。分税制以后，逐渐产生一种新的"逆向软预算约束"，各级政府开始设法"自上而下"地对辖区的企业和居民寻求各种软预算资源来突破体制内预算硬约束的限制，主要寻求非税收入（预算外收入）和制度外资金体系。下面来剖析"逆向软预算约束"这一地方政府非正式财权体系的形成机理。

转轨期财政管理体制呈现出典型的双轨制特点，体制内财政管理机制出现严重的纵向政府间关系的严重失衡，原因是中央政府和上级政府上收财权，财权在集权过程中发展，而事权却留置或者下放给地方政府，事权却高度分权，在上述财权与事权相反的发展趋势下，政府层级越低财政运行越困难。当地方政府出现预算缺口时，通常有四种渠道可予以化解（见图3.3）：赋予地方税权，开征新税或提高现行税率；中央加大对地方的转移支付；地方通过债务融资；地方政府开辟非税收入。分税制改革后税政统一、中央高度集中税权，地方政府至今尚无税收立法权，开征新税或提高税率等基本没有可行性。现实中，地方政府还可以"自下而上"寻求中央政府转移支付的补助，事实上基层政府严重依赖上级政府的转移支付，但向上一级政府"讨"来的转移支付收入存在结果的不确定性、交易成本高和严格地受到中央政府的控制，地方政府通过此种方式筹资效果有限。如前分析，我国的转移支付事实上并没能有效地发挥"平衡器"功能。对于债务融资工具，长期以来我国原预算法是禁止地方政府举债的，但事实上存在迫切的债务融资需求，因而导致了规模庞大的隐性债务；新预算法取消了地方政府禁止借债的限制，目前地方债尚处于起步阶段。地方政府在收支差额严重的情况下，向以非税收入（预算外收入）和制度外收入为主体的非正式财权体系发展成了必经之路。在我国，由于民主、法治和法制尚不够健全，目前还较难以有效地遏制地方政府侵犯辖区企业和居民的利益，制约地方政府权力的横向制约机制还没有构建起来，因此地方政府体制外的"潜规则"运行顺畅。体制外的非正式财权高度分权，地方政府自主掌控着非正式资金体系，地方政府运用体制外非正式财权完成了许多体制内外的事权及支出责任。因此，"逆向软预算约束"潜规则运行制度中，体制内财政预算的正式财权和财力并不能真正有效制约地方政府的财政行为，因为地方政府常可通过体制外“逆向软预算约束”机制灵活地寻求各种软预算资源和收入，以此来突破体制内正式的预算硬约束限制，而且地方政府的发展战略和行为目标都已建立在“逆向软预算约束”机制之上（周雪光，2005）。

理论上，解决地方政府预算软约束有两个基本途径，一是通过财政分权明确赋予地方政府的事权和支出责任，地方政府成为独立主体后相互之间会形成横向辖区竞争，上述主要因素可促使地方政府预算硬约束（Qian and Roland，1998）。但是，要通过赋予地方政府事权和支出责任的途径来强化地方政府预算硬约束，蕴藏的基本前提是地方政府能从正式体制内预算安排获得足够的财权和财力，使其财政支出的边际成本等于边际收益，但我国很难做到这一点。体制内的制度安排是财权上移、事权下放以及转移支付效果欠佳，地方财政收支缺口迫使地方政府谋求体制外财权，而下放的预算外财权[①]又使地方政府获得了预算外收入的权力（唐明，2009、2011）。甚至从某种程度看，地方政府通过“逆向软预算约束”获取体制外的非正式财权是中央政府默许的，地方各级人大更无从监督，越是基层政府情况可能越严重。硬化地方财政预算的另一个基本前提是，地方官员必须“向下负责”，即由本辖区选民选举产生并接受选民监督（姚洋、杨雷，2003），但我国的实践很难满足这一前提。因为，现行的干部任命制和短期政绩考核机制反而极大地强化了地方政府官员的软化预算的强烈动机（马骏、刘亚平，2005）。由此看，一国政府的收入构成通常是由诸如财政管理体制及所处的政治环境因素等综合决定，预算软约束必然引发体制内正式财权与体制外非正式财权（预算外收入和制度外收入等）此消彼长。综上所述，现行不规范的财政分权非但没能硬化地方政府的预算软约束，滋生出来的“逆向软预算约束”机制反而加重了预算软约束问题。从本质看，地方政府“逆向软预算约束”机制是转轨期中央政府（上级政府）对地方政府（下级政府）的机会主义行为以及政府对市场和私人部门的两类机会主义恶性循环作用的产物（唐明，2011）。

---

① 我国现行的税收管理体制是税政统一，税权高度集中中央；以收费为代表的非税收入管理体制是费是审批权是央地共享模式。与预算内资金不同，这些预算外和非预算的资金管理高度分权化，地方政府尤其是县一级政府对“预算外”财权扩张有着强烈的激励。

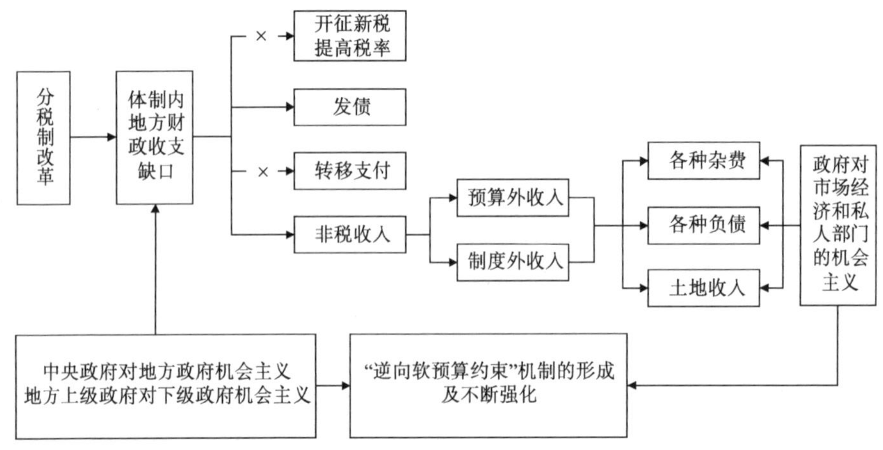

图 3.3　转轨期地方政府“逆向软预算约束”机制形成机理

2. “逆向软预算约束”运行体制：地方政府获取体制外财权的主要渠道

分税制改革以及历次的财政体制改革，以预算外资金和非税收入为代表的非正式财权都没有被纳入中央和地方财权分配范畴，而是专门划归地方政府专属，由此引致地方政府预算外资金、非税收收入等资金膨胀，也为制度外收入滋生创设了制度环境和制度空间。更为严重的是，地方政府对预算内税收收入往往只具有部分剩余索取权而无任何剩余控制权，但对预算外收入和制度外收入则拥有完全的剩余索取权和剩余控制权，因此相比预算内收入，预算外和体制外收入对地方政府具有极强的激励效应。周雪光教授（2005）研究指出，逆向软预算约束在实践中运行的几种典型模式，一是正式税收以外地方政府征收的各种苛捐杂费；二是地方政府常通过利益交换诱使或者政治压力迫使辖区企业和居民向政绩项目或公共设施工程投资出力；三是自上而下的“钓鱼工程”，上级政府拿出一部分资金作为“诱饵”，鼓励下级政府和单位筹资完成某项工程。现阶段，行政事业性收费等构成了非税收入（预算外收入）的主体，而地方政府的隐性债务及土地抵押融资等形成了制度外收入，新预算法取消禁止地方政府发行债务的规定后的地方债务融资等。从收入来源上看，非正式财权体系主要有以下渠道：

（1）各种苛捐杂费。转轨期，当地方政府出现预算缺口时，中央往往采取“不给拨款给政策”、给“收费权”等办法。改革初期，地方政府通常通过收取行政事业性收费和兴办营利性的事业单位等途径，以此来填补机关经费缺口，但从此放开地方政府收取各种苛捐杂费的制度口子。现实情况是，基层政府的体制内分到的财政收入可能仅够“吃饭财政”，而谋发展、搞建设的“建设财政”大都依靠体制外的非正式资金。具有财政收入权限的部门其部门利益也开始日益膨胀，更为关键的是非正式财权缺乏应有的监督和制约，其规模急剧膨胀，最初以“预算外资金”获得，后延伸至制度外收入领域。令人吃惊的是，许多政府职能部门竟将本职工作用以谋求利益。以重要的生产要素——电价为例，电价居高不下，主要原因是附加在电价上的“费”很多，全国性的收费就有国家重大水利工程建设基金、可再生能源电价附加等 5 项，除此之外还有各种地方性基金等。企业普遍感觉综合负担重，社会流转“一税轻，二税重，三税四税无底洞”。这几年向企业收取的各项收费确实不少，很多项目原来就存在，近年来收费总额提升了，例如“五险一金”、教育费附加、残疾人就业保障基金等，上述各种收费均是合法收取，从各种费的名称上看都很重要，全都压在企业身上，负担沉重。在农村，中央政府长期以来三令五申严禁地方政府向“三农”乱收费，而涉农乱收费近年来却呈现上升趋势，而且披上“合法的外衣”日趋隐蔽，甚至出现了某些乡镇以征税为幌子行乱收费之实，例如江西省崇仁县石庄乡强迫建房农户缴纳建筑营业税，利用的就是行政审批权。

（2）各种债务。长期以来我国预算法禁止地方举债，而地方大规模的基础设施建设等事实上对债务融资存在客观上的极大需求，这使得地方政府想方设法通过投融资平台等各种方式避开预算法的限制进行间接或变相举债，由此导致了规模庞大的隐性债务和债务存量。地方政府的债务规模，窥一斑而难见全貌，近年来呈现出规模大、增长快等典型特点。据审计署发布的全国性债务数据推测，2009 年以来地方政府需要负责偿还、担保和救助的新增债务每年都超过了 1 万亿元，多数年份都在 1.5 万亿元以上[①]。新《预算法》及一系列相关制度法规出台，奠定了地方债新政的基本框架。截至 2015 年年底，地方政府性债务余额累计达到 16 万亿元，其中专项债务余额限额为 6.4 万亿元，一般性债务限额为 9.6 万亿元。2014 年地方政府性债务余额为 15.4 万亿元，其中省级政府为 2.1 万亿元，占比为 14%；市级政府为 6.6 万亿元，占比为 42%；县级（含乡镇）政府为 6.7 万亿元，占比为 44%，可见市县级政府是地方债务主体。近年来地方债务规模增长迅速，2014 年地方债务余额为 15.4 万亿元，较 2013 年新增

---

① 《2015 年地方债新政的进展与挑战》，人民网—中国经济周刊，2015 年 5 月 26 日。

4.5万亿元，增幅高达41%。其中，2014年年末债务余额是一般公共预算收入的1.2倍，约为地方一般公共预算支出、政府性基本支出和国有资本经营预算支出决算汇总数的86.3%[①]。随着各地工业化和城市化进程加快，基建规模和固定资产投资规模日益扩大，地方债务仍处于急剧膨胀状态。截至2014年末，地方债总额已达到30.28万亿元，与108.2万亿元的总资产相比仍处于风险可控阶段，但风险不可小觑。

另外，值得注意的是，随着新预算法的实施，地方政府投融资平台渐渐退出历史舞台，取而代之的是各种政府性基金，通常冠名以产业基金、城镇化基金及PPP引导基金等。究其原因，近年来各地PPP模式推广缓慢、社会资本参与PPP积极性不高等，迫使地方政府以基础设施项目或公共服务项目为载体，以财政资金作为引导，吸引金融资本作为基金优先级创设投资基金，再以股权投资形式对接包括PPP在内的基础设施建设项目，其运作模式从实质上来看是“明投实债”，如表3.3列举的典型政府性基金。无论冠以何种名称，这类政府基金通常是以政府作为劣后方，对社会资本和金融资本做出一定收益承诺，一旦出现亏损政府以财政资金来保障收益实现。显然，上述基金虽然达到了降低了社会资本投资风险的隐忧以及吸引金融机构和社会资本注资以降低融资成本的双重效果，但实际上却为或有债务增加打开了一个新口子，这也可视为新形势下政府的“钓鱼工程”。

表3.3 以政府为劣后方的典型政府性基金[②]

基金名称	资金配比	潜在的债务问题	投资领域
河南省新型城镇化发展基金	政府与银行资金投入比例1:9	PPP引导基金作为母基金，各地申报项目通过银行审核后，由各地财政出资作为劣后级，母基金作为优先级，杠杆比例大多为1:4。	

① 资料来源：新浪财经网：《全国人大地方债调研报告，十大问题敲响债务警钟》，http://finance.sina.com.cn/money/bond/market/2015-12-26/doc-ifxmxxsp7010714.shtml。

② 表中劣后方即劣后受益人，一般与优先受益人相较，指的是信托公司发行的结构化信托产品，在同一款产品中，优先受益人分享较低的收益率、承担较小的风险，而劣后受益人则承担高风险获得高收益。优先资金和劣后资金是一对孪生兄弟。这是金融产品中最为常见的风险/收益安排。在最简单的优先/劣后结构中，支付完优先级收益后，产品投资所产生的一切剩余收益都归劣后级。当投资发生损失时，首先由劣后方吸收，如果劣后级被完全损失，才会损失到优先级。因此，从风险的角度来看，劣后级代表了风险最高的那一份，而优先级则是相对风险较低的那一份。

续表

基金名称	资金配比	潜在的债务问题	投资领域
湖南省养老产业基金	财政资金与金融机构出资比例为 1∶4	为保证基金对社会资本的吸引力，政府的引导资金作为劣后资金，而社会资本作为优先资金，政府兜底意图明显。	社区养老中心
义乌市产业基金		产业基金一般以母基金的形式通过设立“子基金”，产业基金允许作为劣后级股东，其他社会投资资金可作为优先级股东。	七大战略性新兴产业，重点投入培育发展日用时尚消费品、信息网络经济、先进装备制造、食品医疗健康等产业
山西省城镇化私募基金	财政出资与民间资本比例为 1∶9	合约规定一旦基金经营不达预期，财政资金作为劣后基金会用来分配，减少社会资本的损失。	

资料来源：民生证券研究院。

（3）“土地财政”。分税制改革以及所得税共享等，使得地方政府财政收入由“企业财政”模式向“土地财政”转型，与土地有关的收入主要构成有：一是与土地房产有关的税收收入，这些税种绝大多数是地方税种；二是与土地、房地产开发各个环节有关的各种收费；三是土地转让和出让等收入；四是通过各种投融资平台的土地抵押贷款。具体分析如下：

第一，土地出让收入占据主体地位，呈超高速增长趋势但增减波动大。如表 3.4 测算所示：2001 ~ 2015 年的这 15 年可谓是中国土地资产化和市场化发展最为迅猛的时代，全国土地出让金总额约为 26.13 万亿元，年均 1.74 万亿元，年均增长率为 22.49%。但某些年份涨跌波动较大，例如 2010 年增幅高达 104.43%，而 2015 年跌幅高达 23.95%，深受宏观经济影响。我国正处于工业化深化阶段，许多城市财政收入结构呈现两个“70%”特点，即土地出让收入占地方财政收入比重接近或达到甚至超过 70%；土地出让收入在“土地财政”收入占比达到或超过了 70%。1999 年启动房地产市场至今，土地出让收入在长达 17 年呈现加速增长态势。从 1998 年开始，2007 年超过 1 万亿元大关（12000 亿元），即第一个亿万元差不多用了 10 年时间。2010 年突破 2 万亿元大关，达到了 29109.94 亿元，第二个万亿元仅用了不到三年的时间。从 2010 年开始不到 3 年的时间，土地出让金收入在 2 万亿元基础上翻番，即在 2014 年突破 4 万亿元大关（达到了 40479.69 亿元）。2003 年开始，随着房地产飞速发展，最高的年份如 2010 年土地出让占地方财政收入比值高达 69%，最低的年份如 2008 年也达到34%，土地出让收入占地方财政比值年均值为48.56%（接近50%），土地出让收入成为地方名副其实的“第二财政”。

表3.4　地方土地出让收入及占地方本级公共财政收入占比一览表

年份	土地出让金收入（亿元）	地方本级公共财政收入（亿元）	土地出让金收入增速（%）	土地出让收入占地方本级公共财政收入的占比（%）
2001～2003	9100.00	26168.28	—	34.80
2004	5894.00	11893.37	—	49.60
2005	5505.00	15100.76	-0.07	36.50
2006	7677.00	18303.58	39.46	41.90
2007	12000.00	23572.62	56.31	50.10
2008	9600.00	28649.80	-20	33.50
2009	14239.70	32602.59	48.33	43.70
2010	29109.94	40609.80	104.43	76.60
2011	31140.42	52547.11	6.98	59.30
2012	26652.40	61078.29	-14.41	43.64
2013	39142.03	69011.16	46.86	56.72
2014	40479.69	75876.58	3.42	53.35
2015	30783.80	83001.94	-23.95	37.09
2016	35639.69	87239.35	15.77	40.85

资料来源：地方本级公共财政收入取自2002～2016年的《中国统计年鉴》，地方土地出让金收入来源于2002～2016年的《中国财政年鉴》，2016年数据取自财政部官方网站。

第二，专属地方政府的土地房产有关的税费大幅增长。一是直接以土地和房产为税基的土地房产五税①（房产税、城镇土地使用税、契税、耕地占用税和土地增值税）、建筑业营业税和房地产市场营业税合计收入由2000年的897.95亿元，增长至2015年的24219.63亿元，增长了26.97倍。二是与房地产开发各个环节的收费，从获得土地使用权的拿地环节，到建筑工程开发建设环节，再到房地产销售环节和使用消费环节等，上述每一个环节都涉及大量的收费。与房地产有关的收费除了行政事业性收费和政府性基金外，还夹杂着名目繁多的经营性服务收费项目。三是通过“经营土地”、“经营城市”促进工商业的发展，由此带动当地服务业等发展，从而带来相关工商业税收。由此，地方政府也会才采取以牺牲“短

① 2016年5月1日，建筑业和房地产业营业税已改征增值税。

租”来换取工商业和服务业“长税”的策略，即经常采用低地价甚至零地价等出让工业用地，放松污染标准以及用工标准等一揽子招商引资策略①，推动当地工业发展，以土地出让金“一次性投入”换取工商业和服务业发展带来的持续税收流。

第三，以土地抵押融资方式获得收入规模巨大且超常增长。2013 年新预算法没有对地方发债放开之前，许多地方政府被迫采取各种名义和方式，绕开预算法的规定，纷纷成立土地储备中心和各种投融资平台，以储备的土地为抵押，向金融机构贷款，以此来支持大规模基础设施建设，提高优化当地的投资和生活环境，由此带动地价和房价上涨，带来更多的与土地房产有关的地租和税费等收入，“土地抵押融资”在“经营城市”中发挥非常重要的枢纽作用。据统计，截至 2012 年年底，全国 84 个重点城市 34.87 万公顷土地处理抵押状态，贷款总额高达 5.95 万亿元，同比增长 15.7% 和 23.2%。2013 年年底，84 个重点城市抵押土地面积为 40.39 万公顷，抵押贷款总额更是高达 7.76 万亿元，全国土地抵押面积和土地抵押贷款分别净增 5.33 万公顷和 1.77 万亿元，同比增长 30% 以上。2014 年 6 月份土地抵押贷款飙升至 8.7 万亿元，同比大增 27%。土地抵押融资几乎每年都以 30% 的速度增长，这远超过了全国同期固定资产和社会融资规模的增长水平②。

3. “逆向软预算约束”机制下地方政府可支配财力评估

“事权与财权不对称”在分税制后相当长的时期内困扰着我国的地方政府，但经过多年的利益博弈，地方政府早就适应并自发创设出“逆向软预算约束”机制，开发各种路径“自上而下”谋求财源，致使地方财政规模无论是绝对规模还是相对规模都极大地膨胀了（平新乔，2004）。如表 3.5 和表 3.6 估算，“十一五”期间和“十二五”期间地方可支配财力年均增幅为 23.68% 和 9.72%，地方政府的实际可支配财力占中央政府财政支出比重平均均为 2.02 倍 2.3 倍，占 GDP 总额的比重平均分别为 23.41%

① 2014 年 A 省抽查的 93 家工业企业中，投资强度和项目容积率未达标的分别占 30.11% 和 49.69%。抽查的 27 家企业在 2009 年至 2013 年期间累计减免了土地出让金高达 9.12 亿元，占应缴土地出让金金额的 64.63%，其中有 9 家企业返还比例超过了 80%，各地情况类似 A 省层出不穷。详见《多城市地方政府土地储备虚假抵押融资》，《中国经营报》2015 年 5 月 18 日。

② 《多城市地方政府土地储备虚假抵押融资》，《中国经营报》2015 年 5 月 18 日，A2 版；《过度土地抵押融资将中国经济带向死路》，http://www.qianzhan.com/analyst/detail/329/140825-04b61c19.htm。

和27.07%。从总量角度看，地方财政实则规模庞大，问题症结在于结构出了问题，即地方该拥有的财权缺失，不该享有的非正式财权却悄然滋生；该承担事权没有财力保障，而不该承担的事权却在大笔开支。上述财权（财政收入权）和事权（财政支出权）出现严重的资源配置扭曲，这是当前中国式财政分权体制的症结问题之一，而房地产税改革实际上是优化地方财权结构的应有的题中之意。

表3.5　“十一五”期间中国地方政府可支配财力估算

项目 \ 年份	2006年	2007年	2008年	2009年	2010年
1. 地方本级收入（亿元）	18303.58	23572.62	28649.79	32602.59	40613.04
2. 中央对地方的税收返还和转移支付（亿元）	13490.7	18112.45	22945.61	28621.3	32341.09
3. 地方预算外收入（亿元）	5940.77	6289.95	6125.16	6062.64	5395.11
4. 地方政府性基金收入（亿元）	7676.89	12000	13110.69	15827.37	33609.27
地方可支配财力合计（亿元）	45411.94	59975.02	70831.25	83113.90	111958.51
地方可支配财力增幅（%）	—	32.11	18.11	18.08	26.23
地方政府可支配财力占中央政府财政支出的比重（%）	193.30	202.76	194.94	189.67	231.65
地方政府可支配财力占GDP总额的比重（%）	20.86	22.38	22.36	24.05	27.38

注释：数据说明：（1）2007年开始，土地出让收入纳入地方政府性基金预算管理。2008年之前尚未编制专门的基金收入预算，因而2006年和2007年的地方政府性基金难以找到汇总数据，鉴于土地出让金收入是地方政府最为重要的收入来源以及为保持各个年份数据口径的一致性，这里以构成地方政府基金收入的最重要组成部分的土地出让金数据列示。（2）财政年鉴统计的预算外收入仅是保守数据，据财政部自己估算和学者的研究，实际的预算外收入是大于统计数字。

资料来源：（1）其中1~4项数据来源于各年的中央和地方预算执行情况与下一年的中央和地方预算草案的报告。（2）中央政府财政支出和全国GDP数据取自各年《中国财政年鉴》及《中国统计年鉴》。

表3.6　“十二五”期间中国地方政府可支配财力估算

项目 \ 年份	2011年	2012年	2013年	2014年	2015年
1. 税收收入（亿元）	41106.74	47319.08	53890.88	59139.91	62661.93
2. 非税收入（亿元）	11440.37	13759.21	15120.28	16736.67	20340.11

续表

项目＼年份	2011 年	2012 年	2013 年	2014 年	2015 年
3. 中央对地方的税收返还和转移支付（亿元）	39921.21	45361.68	48019.92	51591.04	55097.51
4. 地方政府性基金收入（亿元）	38232.31	34216.74	48030.31	50005.57	38219.95
地方可支配财力合计（亿元）	130700.63	140656.71	165061.39	177473.19	176319.50
地方可支配财力增幅（%）	16.74	7.62	17.35	7.52	-0.65
地方政府可支配财力占中央政府财政支出的比重（%）	231.59	219.34	240.99	239.31	218.65
地方政府可支配财力占 GDP 总额的比重（%）	27.00	26.33	28.07	27.90	26.06

注释：由于从 2011 年开始已全面取消预算外资金管理，全部纳入预算内，取而代之是非税收入。所以从 2011 年起相比以前年份地方可支配财力统计少了地方预算外收入，地方本级收入包括本表所列示的税收收入和非税收收入。

资料来源：(1) 其中 1~4 注释项数据及中央政府支出分别来源于财政部网站各年《地方公共财政收入决算表》、《地方政府性基金收入决算表》和《中央公共财政支出决算表》。(2) 全国 GDP 数据取自《中国统计年鉴 2015》及国家统计局网站。

本书为了更好地客观反映我国地方政府“逆向软约束机制”实际运行情况，在表 3.5 和表 3.6 测算的地方可支配财力的基础上做出如下定义：地方可自由支配财力和地方不可自由支配财力。地方可自由支配财力是指地方政府具有较大自由裁量权的财力，通常不需要与中央政府或上一级政府上解下拨，地方政府拥有几乎完全的剩余控制权和剩余索取权。地方可自由支配财力是对地方政府激励程度较高的政府收入，目前纳入政府统计的合法收入类型包括预算内非税收入、地方政府性基金和预算外收入。地方不可自由支配财力指的是地方政府需要与中央政府或上一级政府上解下拨等，拥有部分的剩余控制权和部分剩余索取权①，这部分收入包括预算内税收收入、中央对地方的税收返还和转移支付。

如表 3.7、表 3.8 和图 3.4 测算所示，地方政府可自由支配财力从 2007 年 22610.45 亿元增长到 2015 年的 58560.06 亿元，9 年间增长了 2.6

① 预算内税收收入中的地方税收入虽然剩余索取权完全在地方，但地方政府没有税权，因此没有剩余控制权，故将其归来为地方不可自由支配财力。

倍，年均增长率为16.84%，由于地方可自由支配财力是广义上的非税收入，因而我国实际上也存在“非税收入超高速”增长的状况，但地方可自由支配财力波动剧烈，存在不稳定型和风险性。究其原因，如表3.7和表3.8所示，地方政府可自由支配财力中接近70%源于以土地出让金收入为主的地方政府性基金收入，“土地财政”波动性和政府性基金项目的增减直接决定了地方政府（以下简称地方）可自由支配财力涨跌，其中2010年大涨65.57%是因为当年高涨的土地出让金收入，2015年呈现负增长是因为政府性基金项目的大规模专列为一般公共预算①。

表3.7　2007～2015年地方政府可自由支配财力的具体构成情况　单位：亿元

年份	非税收入					政府性基金收入	预算外收入
	合计	专项收入	行政事业性收费	罚没收入	其他收入		
2007	4320.50	1088.16	1543.69	812.01	876.64	12000.00	6289.95
2008	5394.68	1353.45	1761.98	866.68	1412.57	13110.69	6125.16
2009	6445.15	1413.28	1957.50	938.61	2135.76	15827.37	6062.64
2010	7911.55	1742.71	2600.37	1042.85	2525.62	33609.27	5395.11
2011	11440.37	2695.01	3635.36	1262.63	3847.37	38232.31	—
2012	13759.21	2819.96	4202.34	1519.46	5217.45	34216.74	—
2013	15120.28	3122.22	4497.35	1613.34	5887.37	48030.31	—
2014	16736.67	3304.76	4840.37	1632.89	6958.65	50005.57	—
2015	20340.11	6410.36	4412.08	1762.90	7754.77	38219.95	—
平均值	11274.28	2661.10	3272.34	1272.37	4068.47	31472.47	5968.22

资料来源：中国统计出版社：《中国统计年鉴》（2007～2015年）及国家统计局网站 http://www.stats.gov.cn/tjsj/zxfb/201602/t20160229_1323991.html。

表3.8　2007～2015年地方政府可自由支配财力收入结构占比

年份	非税收入					政府性基金收入	预算外收入
	合计占比	专项收入	行政事业性收费	罚没收入	其他收入		
2007	19.11%	4.81%	6.83%	3.59%	3.88%	53.07%	27.82%
2008	21.90%	5.50%	7.15%	3.52%	5.74%	53.23%	24.87%
2009	22.75%	4.99%	6.91%	3.31%	7.54%	55.86%	21.40%
2010	16.86%	3.71%	5.54%	2.22%	5.38%	71.64%	11.50%
2011	23.03%	5.43%	7.32%	2.54%	7.75%	76.97%	—

① 财政部发布的《关于完善政府预算体系有关问题的通知》明确规定，从2015年1月1日起大力统筹政府性基金与一般公共预算，将用于提供基本公共服务及人员机构运转等方面的政府性基金项目专列为一般公共预算，具体包括地方教育附加等11项基金。

续表

年份	非税收入					政府性基金收入	预算外收入
	合计占比	专项收入	行政事业性收费	罚没收入	其他收入		
2012	28.68%	5.88%	8.76%	3.17%	10.88%	71.32%	—
2013	23.94%	4.94%	7.12%	2.55%	9.32%	76.06%	—
2014	25.08%	4.95%	7.25%	2.45%	10.43%	74.92%	—
2015	34.73%	10.95%	7.53%	3.01%	13.24%	65.27%	—
平均值	24.01%	5.68%	7.16%	2.93%	8.24%	66.48%	21.40%

资料来源：根据中国统计出版社：《中国统计年鉴》（2007～2015 年）及国家统计局网站 http：//www.stats.gov.cn/tjsj/zxfb/201602/t 20160229_ 1323991.html 相关数据整理。

图 3.4　地方可自由支配财力变化趋势图

资料来源：根据中国财政杂志社：《中国财政年鉴》（2007～2015 年）、财政部网站 http：//yss.mof.gov.cn/2015js/index.html 相关数据整理。

在地方可支配财力中，地方可自由支配财力和不可自由支配财力的占比情况如图 3.5 测算，地方可自由支配财力占地方可支配财力低的年份如 2015 年为 33.21%，而高的年份如 2010 年达到了 41.9%。2006～2015 年地方可自由支配财力平均占比为 40.71%，不可自由支配财力占比平均为 59.29%，在地方可支配财力中可自由裁量财力和不可自由裁量财力大致 4∶6。在图 3.6 测算中，以预算内税收为主体的不可支配财力变化趋势较为平缓，2007～2015 年年均增长率为 17.22%，可自由支配财力年均增速为 16.84%，但如前分析，可自由支配财力变化波动剧烈，收入具有不稳定性和风险性。但是在剔除土地出让金为主的政府性基金之后，以行政事业性收费为代表预算内的非税收收入增速明显高于预算内税收收入的增速，如

图 3.7 测算所示 2007～2015 年预算内非税收入年均增长率为 25.54%，而同期预算内税收收入平均增速为 17.57%。而近年来经济步入“新常态”，税收出现逐年大幅减缓趋势，而非税收入却逆势上涨，2015 年非税收入增幅高达 21.5%，与当年税收增幅创历史新低（6.0%）形成鲜明对比。这说明在当前财政收入增势放缓的情况下，非税收入重要性进一步增强，多地依赖非税收入补税收短板。

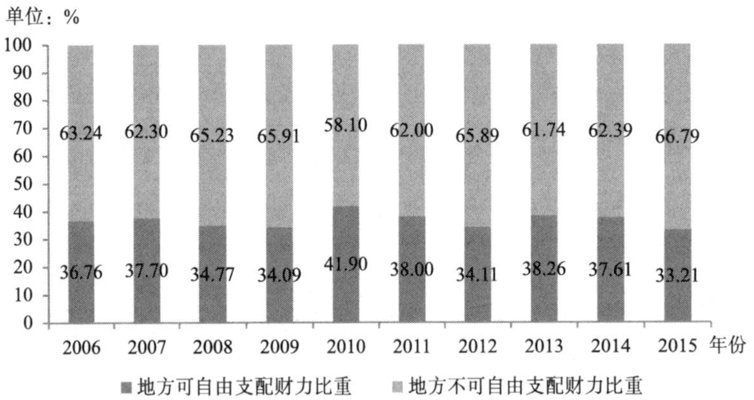

图 3.5　地方可自由支配财力与不可自由支配财力占比图

资料来源：根据中国财政杂志社：《中国财政年鉴》（2007～2015 年）、财政部网站 http：//yss. mof. gov. cn/2015js/index. html 相关数据整理。

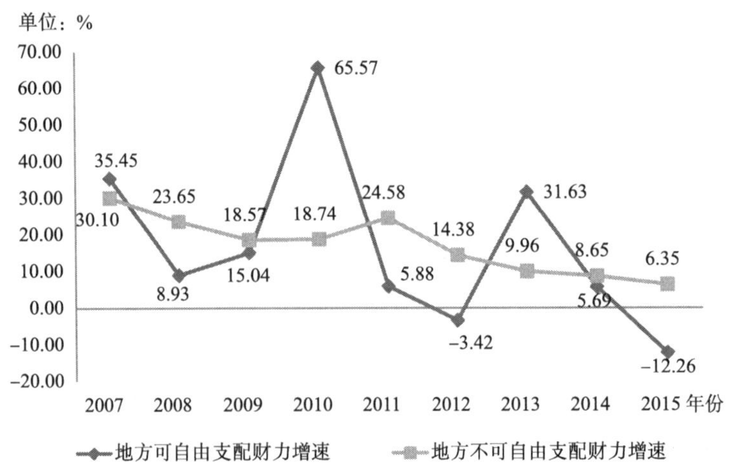

图 3.6　地方可自由支配财力与不可自由支配财力增速对比图

资料来源：根据中国财政杂志社：《中国财政年鉴》（2007～2015 年）、财政部网站 http：//yss. mof. gov. cn/2015js/index. html 相关数据整理。

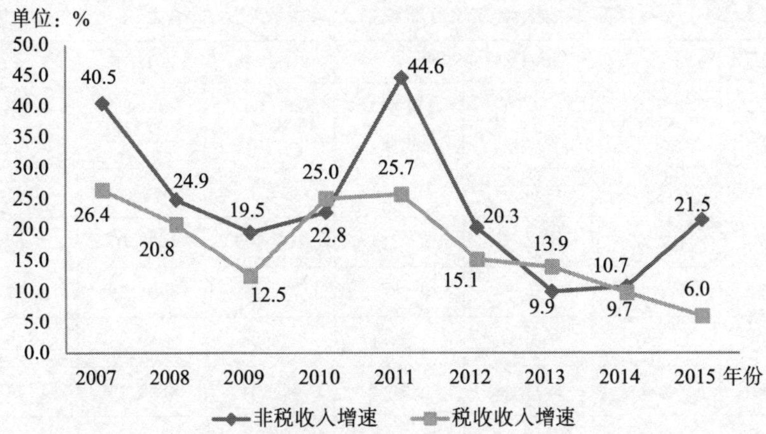

图 3.7　预算内非税收入与税收收入增速对比图

资料来源：根据中国财政杂志社：《中国财政年鉴》（2007～2015 年）、财政部网站 http：//yss. mof. gov. cn/2015js/index. html 相关数据整理。

如前分析，非税收入构成了地方可自由支配财力的主体，而且在我国政府层级越低，非税收入所占本级财政收入比重却越高，如表 3.9 测算所示，湖南 2009 年一般预算内各级政府非税收入占本级财政收入的比值分别为，省本级 28.68%、地（市）本级为 36.67% 和区县级为 31.8%，市县两级非税收入合计占全省非税收入的 84.41%。由此可见，非税收入大头集中在市、县两级。而且预算内税收收入从省级层面来看，如表 3.10、表 3.11 和表 3.12 分析所示，无论东部还是中西部省份，非税收入与税收收入比值都呈现上升趋势，东部地区由 2007 年 0.15∶1 上升至 0.24∶1；中部由 0.38∶1 上升为 0.45∶1；西部地区由 0.37∶1 上升为 0.47∶1。而且经济越是欠发达，对非税收入依赖程度就越高，反映在无论是 2007 年还是 2015 年中西部地区的非税收入与税收比值都普遍远高于经济发达的东部地区。

表 3.9　　2009 年度湖南各级政府非税收入占比情况

	非税收入（万元）	财政收入（万元）	非税收入占本级财政收入比重（%）	非税收入占全省非税收入比重（%）
全省	2793430	8476178	32.96	—
省本级	435366	1518193	28.68	15.59
市本级	1024345	2764230	37.06	36.67
区县级	1333719	4193755	31.80	47.74

资料来源：根据湖南人民出版社：《湖南财政年鉴 2010》相关数据整理。

表 3.10 我国东部地区地方政府非税收入与税收收入规模比较 单位：亿元

	2007 年			2015 年		
	非税收入	税收收入	非税收入:税收收入	非税收入	税收收入	非税收入:税收收入
北京	56.97	1435.67	0.04:1	459.95	4263.91	0.11:1
天津	102.07	438.36	0.23:1	1089.05	1578.07	0.69:1
河北	170.82	618.3	0.28:1	714.89	1934.29	0.37:1
辽宁	267.03	815.67	0.33:1	476.94	1650.45	0.29:1
上海	99.00	1975.48	0.05:1	661.34	4858.16	0.14:1
江苏	342.96	1894.77	0.18:1	1418.47	6610.12	0.21:1
浙江	114.14	1535.35	0.07:1	641.72	4168.22	0.15:1
福建	105.43	594.02	0.18:1	605.53	1938.71	0.31:1
山东	367.05	1308.35	0.28:1	1326.21	4203.12	0.32:1
广东	370.33	2415.47	0.15:1	1989.61	7377.07	0.27:1
海南	20.30	87.99	0.23:1	113.39	514.31	0.22:1
东部平均	183.28	1192.68	0.15:1	863.37	3554.22	0.24:1

资料来源：根据中国统计出版社《中国统计年鉴2008》及财政部相关数据整理。

表 3.11 我国中部地区地方政府非税收入与税收收入规模比较 单位：亿元

	2007 年			2015 年		
	非税收入	税收收入	非税收入:税收收入	非税收入	税收收入	非税收入:税收收入
山西	167.39	430.5	0.39:1	585.75	1056.60	0.55:1
吉林	83.30	237.39	0.35:1	362.23	867.12	0.42:1
黑龙江	105.50	334.97	0.31:1	285.53	880.34	0.32:1
安徽	141.82	401.88	0.35:1	654.41	1799.89	0.36:1
江西	107.99	281.86	0.38:1	648.71	1517.03	0.43:1
河南	237.06	625.02	0.38:1	914.88	2101.17	0.44:1
湖北	156.38	433.98	0.36:1	919.03	2086.50	0.65:1
湖南	195.89	410.66	0.48:1	987.91	1527.52	0.64:1
中部平均	149.42	394.53	0.38:1	669.81	1479.52	0.45:1

资料来源：根据中国统计出版社：《中国统计年鉴2008》及财政部相关数据整理。

表 3.12　我国西部地区地方政府非税收入与税收收入规模比较　单位：亿元

	2007 年			2015 年		
	非税收入	税收收入	非税收入:税收收入	非税收入	税收收入	非税收入:税收收入
四川	221.91	628.95	0.35:1	1001.93	2353.51	0.43:1
重庆	148.24	294.46	0.50:1	703.9	1450.93	0.49:1
贵州	73.29	211.85	0.35:1	377.35	1126.03	0.34:1
云南	108.08	378.64	0.29:1	597.61	1210.54	0.49:1
西藏	8.47	11.67	0.73:1	45.13	92.00	0.49:1
陕西	119.74	355.5	0.34:1	769.63	1290.33	0.60:1
甘肃	48.86	142.05	0.34:1	214.07	529.79	0.40:1
青海	13.42	43.29	0.31:1	61.33	205.81	0.30:1
宁夏	21.24	58.79	0.36:1	117.13	256.31	0.46:1
新疆	65.21	220.65	0.30:1	469.12	861.73	0.54:1
广西	136.15	282.68	0.48:1	483.51	1031.65	0.47:1
内蒙古	144.46	347.91	0.42:1	643.74	1320.75	0.49:1
西部平均	92.42	248.04	0.37:1	457.04	977.45	0.47:1

资料来源：根据中国统计出版社：《中国统计年鉴 2008》及财政部相关数据整理。

3.1.3　“双轨制”财政管理体制运行的社会经济成本

转轨期的“双轨制”财政运行机制产生了一系列问题，其中较为突出的一个悖论是：中央政府试图通过体制内正式财权集权和增强财政控制权来约束规范地方政府的财政行为，但却导致了地方政府寻求更大规模的体制外非正式财权以及更为严重的体制外财政活动来规避中央的制约，结果却导致地方财政总规模日益膨胀但财政收支结构扭曲严重以及对基层社会的严重掠夺等一系列问题（郭艳茹，2008）。

1. 体制内财政运行规则导致的主要问题

在正式的财政体制内，由于上级政府既控制下级政府的人事权，也控制地方财权，就会出现上级政府对下级政府的机会主义：上级政府利用政治集权优势尽量上移财权或保留财权，而将事权和支出责任尽可能下放给下级政府，由此导致基层政府普遍存在事权与财权严重不对称的格局。由此引发的基本问题有：

（1）基层政府财政困难，公共服务严重不足。分税制改革主要目的是中央集中财权，且改革成效立竿见影，突出反映在“两个比值”迅速上升。但分税制改革仅对财权进行了重大变革，对事权和支出责任并没有随之相应调整，由此导致中央集中的净收入成为地方因改革造成的净缺口。分税制后体制内中央政府和地方政府的财政收入、支出变化情况，最新的情况是“十二五”期间地方整体的财政收支缺口为32.12%。因此，体制内正式的财政体制安排下，地方政府尤其是基层政府的支出责任普遍大于转移支付之后的财力，往往只能维持“吃饭财政”，即保持基本运转和发放财政工资，除此之外再无财力提供更好的基本公共服务、履行更多的财政职能。

（2）政治集权与财政分权相冲突。中国的行政集权色彩浓厚，主要体现在地方官员由上一级政府任命，同时通过可度量的指标和“一票否决”等制度来进行考核管理。上述政治集权体制衍生的激励机制是：下级政府“只唯上、不唯下”，较为重视上级政府的行政指令，但对辖区公众需求却重视不足。政治集权对消除诸如地方保护主义的财政分权的负面作用有一定的效果，但这一正面效应发挥的制度前提是地方官员要受到辖区民众的监督制约。如果没有这种社会力量对政府权力的横向制约机制，财政分权与政治集权相冲突，突出表现在上下级政府之间普遍存在上收财权和下放事权的现象。因为，行政垂直集权赋予了上级政府上收财权、下放事权的实际能力，而事权下放的履行成本最终要由地方民众来承担，如果地方政府受到民主和法治的横向制衡与监督，上级政府下放事权就没那么容易了。目前，我国呈现出“强政府、弱社会”格局，政府权力较大而人大作用有限，因此上级政府下放事权较为常见，这种“只唯上、不唯下”的行政集权日益成为财政分权前进的障碍（姚洋、杨雷，2003）。

（3）诱致两类政府机会主义行为，诱发地方政府向市场和私人部门寻租。在人事权和财政收入权都被上级政府控制的情况下，由于上、下级政府间缺乏有效的制约机制，上级政府对下级政府的第Ⅰ类政府机会主义行为必然引致下级政府财政事权与财权不相称，收不抵支而陷入财政困境。加之，如果下级政府缺乏来自法治和社会力量的横向制约机制，下级政府在财政困境下就会有压力和动力去实施第Ⅱ类政府机会主义行为，通过乱收费、隐性债务融资即“土地财政”等非正式财权的获取来缓解体制内财政困境。事实证明，体制内地方政府财政压力越大，体制外地方政府对非正式财权就更加依赖，以此相关的“三乱收费”、官商勾结、基层社会与政府的矛盾也日益凸显（陈抗等，2002；郭艳茹，2008）。

2. 体制外财政运行规则导致的主要问题

我国地方政府“逆向软预算约束”体制运行经过近三十多年的演变和积累，诱发出了一系列政治、经济和社会问题，由此来反思现行的财政体制，至少会发现：

（1）政府权利对基层社会的严重掠夺与侵害。“逆向软预算约束”运行的关键在于地方政府的非正式财权，非正式财权是中央和地方财政权利之间创设出一个灰色中间地带。地方政府通常有激励将预算内收入转化为预算外和制度外收入，以此来有效地拓展财权、缓解财政压力，但该项利益博弈一旦超越中央容许的底线，中央政府会利用政治集权重新配置财权格局，将地方的非正式财权纳入体制内的正式财权或者直接提高中央在体制内财权的比值，例如，将更多税种纳入共享税和直接提高共享税的中央分享比例等。这与分权初期相比，地方政府在正式体制内财权比重不升反降，这会进一步促使地方政府谋求更多的体制外非正式财权来化解正式体制内中央财权集权引致的地方财政困境。中央和地方双双陷入财政竞争的恶性循环，导致全社会的税费负担逐年上升，政府的“掠夺之手”越伸越长。我国近年来，持续进行了较大力度的减税改革：一是企业所得税改革，2008年企业所得税“两税合并”，内资企业所得税税率由33%降为25%；二是增值税改革，2009年增值税“转型”改革，2012年起到至2016年5月全面推开的“营改增”，在很大程度上解决重复征税和打通了抵扣链条。为什么在大规模减税的情况下，近年来企业综合负担却在日益上升？主要是要素成本（土地、水和电等）、各种收费负担沉重，尤其是经济步入“新常态”，企业承担各种负担的能力在减弱。2016年福耀集团在美国投资建厂，引发了社会各界对企业负担的热议和关注。

（2）非正式财权内生出政治腐败。与体制内正式的财权相比，体制外的非正式财权（非税收入和制度外收入等）缺乏法律的规划和预算的监督管理，非正式财权的运行非常不规范，“藏富于民”意味着地方政府官员和企业、居民之间对财富可进行重新分配，由此滋生低效率和腐败等问题，不仅降低政府公共支出效率，而且生产资金常被转化为腐败收入，严重扰乱了财政秩序。以土地批租为例，由于土地市价和征收价格存在较大的“剪刀差”，由此导致官僚和地产商人等合谋瓜分土地租金，产生严重的政治腐败。审计署披露的数据显示，2014年6月查出的涉及土地出让收支问题的涉案金额达到了1.3万亿元，主要包括违规减免土地出让金及骗取、套取土地补偿款等极易藏污纳垢的问题。中央纪委监察部查处的“四风”和腐败案件中涉及土地征收和出让的领域的比例居高不下，仅2014年11月查处的59处案件中有27起，占比高达45.8%[①]。

（3）建立在对市场寻租基础上“逆向软预算约束”机制难以持续和稳定。“逆向软约束约束”机制（非正式财权）得以运行的关键是地方政府的行政权力没有受到社会和市场的横向制衡，这一点在土地问题上的表现尤为明显。各种苛捐杂费、隐性债务和土地出让等为“逆向软预算约束”机制不断注入资金，这使得地方政府有能力突破体制内正式的预算限制。随着地方政府征地公权的入侵，农民及农村集体自发联合进行抵制，通过小产权房来获取城市化和工业化带来的土地增值，开发商、基层政府和农村集体和农民等利益集团常处于无规则的混乱博弈中，这直接诱发与土地有关的群体性事件和社会冲突急剧上升。而建立在市场寻租基础上的“逆向软预算约束”机制也会随着土地资源的枯竭和房地产市场的巨大波动而无法持续稳定。

综上所述，体制内财政分权与政治集权相冲突，导致上级政府对下级政府机会主义行为，主要体现为财权层层上收、事权留置甚至层层下放，导致政府间纵向财政关系严重失衡，诱发基层政府财政困难、两类政府机会主义行为恶性循环、地方政府向市场寻租等一系列严重问题。转轨期，中国的地方政府到底是“扶助”还是“掠夺”，一方面取决于相关的制度环境和政策背景，另一方面则制约与政府间财政关系（周飞舟，2006、2007、2010）。在体制内财政收支巨大缺口的压力背景下，地方政府财政经济行为内生出以下运行逻辑：体制内财政收支缺口→相对“软化”的制度约束环境（转轨期民主、法制与法治很不健全）→激烈的政府间竞争和政绩显示需要→加剧财政支出缺口压力→突破体制内预算约束的限制“由上而下”地对“软预算约束”资源的攫取（各种苛捐杂费、负债以及土地财政等）→政府权利对基层社会的严重掠夺与侵害等。由此，我国地方政府滋生出“逆向软预算约束”的体制外运行规则。从本质上看，我国地方政府“逆向软预算约束”是两类政府机会主义行为恶性循环综合作用的产物，而有效防止和抑制这两类机会主义行为的基本途径在于：“硬化”转轨期的制度约束环境，对于转轨中国来说民主化、法治化和法制化必须三位一体地同时进行改革（Qian，Y.，and Weingast，2004）。

① 《治理腐败污染 还复一方净土——土地领域腐败问题透视》，《中国纪检监察报》2015年11月18日。

3.2 转轨期中国房地产产权制度变迁

我国的房地产产权体系最初是在生产资料公有化运动背景下以特殊的方式创设的，适应当时的特殊时代背景，在城市和农村、土地和房屋建筑等形成了城乡分割、房地分割的“二元”产权格局。在由计划经济向市场经济转轨过程中，城乡分割和房地分割的二元产权格局逐渐暴露出效率低下且不公平从而难以为继的局面，故而转轨期我国房地产产权演绎出由公有统配之单一产权基础逐渐向多元化产权格局转型。

3.2.1　城镇房地产产权制度变迁

1. 城镇地产产权制度变迁

计划经济体制下，城镇土地实行单一的行政划拨制度，呈现出“三无”特点，即城镇土地无偿、无期限和无流通的使用配置，土地不能作为商品自由流通。转轨期，计划经济向市场经济转型必然要求最重要的生产和生活资料——土地能实现自由流通的市场化和社会化的资源配置。1979年，我国开始试行以土地使用权投资入股的中外合资企业的经营模式。土地使用制度改革于 1987 年 11 月先后在上海、厦门、福州、深圳、广州和天津等城市进行试点。在坚持土地所有权归国家的基本前提下，实行土地所有权和使用权两权分离的原则，将土地使用权通过“招拍挂”等市场资源配置方式将土地使用权作为商品以一定的价格、期限出让给土地使用者，但通常实行土地用途管制，经过出让环节的土地使用权可以自由租赁、抵押和交易等。上述土地资源配置方式的革命性改革，一改计划经济体制下土地“三无”的低效和无效配置状态，创立了以市场配置为主的全新的土地产权制度。

为了让土地使用权新的产权机制有法可依，我国于 1988 年 4 月修订《宪法》，废除了限制土地租赁的条款，新增了“土地使用权可以依照法律的规定转让”的条款。为了与《宪法》相适应，《土地管理法》于 1988 年修订，增加了“国有土地和集体所有土地使用权可以依法转让”这一最为重要的条款。上述法律条款变更为土地市场的建立奠定了法律基础。1990

年5月19日《城镇国有土地使用权出让和转让暂行条例》（国务院55号令）自颁布之日起开始施行。自此，城镇土地可以“依法转让”，城镇土地的出让市场和转让市场的法律基础夯实。1994年全国人大常委会通过的《城市房地产管理法》明确地肯定了《城镇国有土地使用权出让和转让暂行条例》有关土地使用权自由交易和流通的法律规定，同时还进一步明确房地产开发和交易的制度体系，由此房地产市场的法律框架体系基本形成。此外，土地使用权有偿有期限的出让制度改革进一步扩大到了农、林、牧、副、渔及海域用地，将承包经营权设计成为一种独立的物权，将之广泛应用于林业、草原和养殖等三农生产领域，而且还创设出了海域使用权[①]。

2007年《物权法》将土地使用权作为一种用益物权来规范，正式确定了土地使用权的物权性质。不动产物权的设计根植于特定的社会和法律环境，作为具有中国特色的不动产物权——土地使用权是我国土地实现物权化的制度工具，是公有制和市场经济接轨的纽带。现行城市土地产权法律制度是将产权的关键权利束进行分解，在确保土地所有权国有的基本前提下，将土地使用权与所有权分离，实行土地使用权出让和转让制度。上述制度创新在于将土地所有权和使用权巧妙分割，将土地产权权利束中的使用权、占用权、部分收益权和部分处分权分割出来，土地所有者继续保留终极所有权和部分收益权和部分处分权，以此组成现行土地产权制度下的土地所有权；而从土地所有权中分离出来的使用权、占用权和部分处置权和收益权由土地使用者获得，由此构成了土地使用者的权利束（黄少安，2004）。如图3.8分析所示，上述制度明确了我国现行城市土地所有者和使用者之间的土地产权关系，形成了我国城市土地产权制度的基本内容，改变了计划经济体制下单一的行政划拨无流通的资源配置方式，为我国土地一级出让市场和二级转让市场的发育和发展奠定了坚实基础，土地使用权的自由流通的市场资源配置方式，极大地推动了城市土地的优化高效配置和城市建设。

2. 城镇房产产权制度变迁

城市房产产权经历了产权由模糊向清晰的转变（汪丽娜，1994；任寿根，1997；唐明，2008、2010）。计划经济时代，城镇房产产权处于分割

---

① 《土地管理法》、《农村土地承包法》、《草原法》、《森林法》、《渔业法》、《海域使用管理法》等法律均对农业用途的土地使用权和海域使用权作出了相关规定。

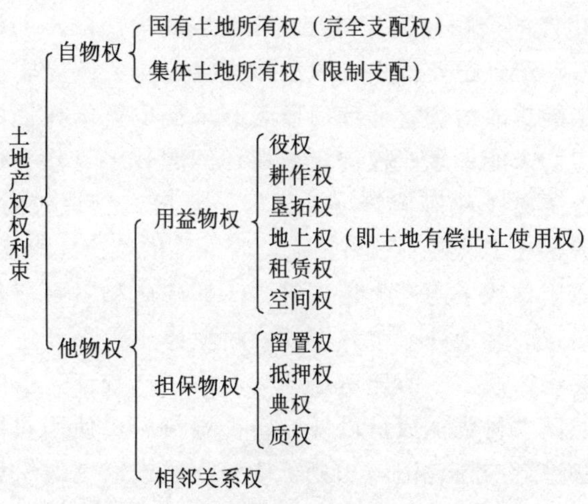

图 3.8　现代物权意义上的土地产权束

状态的，体现在公有制单位为职工提供实物福利住房，职工廉价或无偿租住就业单位的房产，职工享有住房的受益权但无任何控制权，控制权掌握在单位手中，但单位却没有任何受益权，由此城镇住房产权两大部分分别分散在单位和职工之间（任寿根，1997）。随着住房制度的商品化、货币化和私有化改革，已购公房可以上市交易等，《物权法》的出台，上述一系列制度体系变化使得房产产权由分割残缺状态逐渐统一完整。现阶段，城镇商品房业主拥有房产的全部产权，即包括房产的狭义所有权、收益权、处分权和使用权等。同时，《物权法》的颁布有效地解决了房屋产权的无期性与其附属土地产权的有期性这一矛盾，但土地使用权期满时自动续期是无偿还是有偿仍未明确规定。

我国农村房产通常情况下完全属于农民私人所有，因而产权是清晰完整的。而转轨期城镇房产产权普遍经历了从不完整到完整的市场化改革过程。由于种种原因，我国城镇房产产权呈现出异常复杂的多种产权性质房产并存的产权格局。虽然城镇家庭住宅拥有率较高，超过了 89%，仍有相当比例的产权存在产权不完整的残缺情况。目前，入市交易流通的房产类型多种多样，主要有：商品房、经济适用房、集资房、房改房和危旧房改造回迁房等。房屋类型不同，产权性质也不一样，可概括为：第一类是产权完整的房产，主要有商品房、以成本价取得房改房、危旧房改造回迁房以及公房自有化改革中取得完整产权的房产。第二类是没有登记备案的无籍房产。第三类是产权残缺的房产，依据导致产权残缺的原因不同主要有（唐明，2009，2010）详见表 3.13 总结所示：

（1）无籍房产的产权问题。与产权没有归属的房产不一样，无籍房产是指没有依照不动产登记要件主义的法律规定到相关政府职能部门进行产权登记，因而未能纳入房产管理部门监管和未能取得产权证的房产。在我国，导致较多房产未能办理产权的历史遗留问题较多。几乎每个城市都有大量无籍房产，游离于政府监管之外，即使是房产管理较为规范的城市，无籍房产占比通常在10%～16%①，而监管混乱的城市无籍房产占比更大。现实中，多种原因导致了房产失籍失管：①始建之初就是违章建筑，因而无法办理产权登记。②地处城市郊区的农村集体土地上开发的房地产因为不符合现行相关法律规定，所建房地产无法取得产权证。按照现行法律规定，宅基地不能向农村集体成员以外流转，城市居民使用农村集体土地开发的房地产无法进行产权登记。③由于债务问题或家庭纠纷等问题尚未解决，导致产权所有人无法办理正常的产权登记。④房改房出售过程中，由于各种原因某些单位没能给职工办理产权证。⑤国企及集体企业转制关停并转等改革，某些疏忽和遗漏导致未能及时进行房产产权注册登记。⑥某些房产长期无人进行房产登记，以致成为无主房产。⑦房地产产权管理的相关职能部门由于合并、职能划转等引起工作人员的变动等，产权登记部门工作人员的失误等，也有可能造成房产产权管理过程中未能有效衔接导致房产的失籍和失管等。

（2）“小产权”、“乡产权”房的产权问题。按照现行相关法律规定，农村宅基地仅能在农村集体内部成员之间流通，不能扩大到农村集体经济组织以外的城市居民和单位，即农村的宅基地是不能合法转让给城市单位和居民。现阶段城镇化加速推进、房价飞涨的大背景下，上述法律规定会导致“小产权”和“乡产权”等问题。目前，许多大城市市郊的农村集体经济组织在集体土地上开发房地产，用于解决本村居民的居住问题。但在实际运营中，农村集体和农民为获得农村土地因城市化等升值收益，会变相地向农村集体成员以外的城市居民等销售房地产。此类房产仅能取得当地乡政府等办理的“乡产权”或“小产权”，无法取得正式产权，因而具有极大的风险，但价格相比商品房较为低廉。在房价高企的形势下，许多城市居民为了解决居住问题，明知风险巨大仍热衷购买。同时，我国的现实情况是，随着城镇化和工业化等建设日益推进，城市向农村地区拓展是必然趋势，例如北京16400平方公里的土地上仅有18%是属于国有性质，

① 郑吉荣：《“无籍房产”——一个应予关注的问题》，《住宅产业》2007年第7期。

其余均为农村集体土地[①]。当前相关法律仍明文禁止农村集体土地自由上市流通，这会导致诸多问题，宋庄画家村画家与当地农民的房产纠纷就是突出案例[②]。

（3）经济适用住房的产权问题。2007 年 12 月七部委出台的《经济适用住房管理办法》，经济适用住房（又称经济适用房，以下简称经适房）的购房人拥有的房产产权是有限产权或部分产权，但可通过支付差价来取得全部产权[③]。购买和居住不满 5 年的经适房禁止直接入市交易，如特殊原因确需转让的由政府考虑原购买价格、物价水平及房屋的实际折旧情况等综合因素进行回购。居住超过 5 年的经适房，其业主可将房屋上市交易，但应向政府补缴土地出让金等价款，具体参照相同地段同类房产商品房和经适房的价差的一定比例，具体比例由各市、县规定标准，政府享有优先回购权。另外，如果购房人想要取得经适房的全部产权，需按照当地政府规定的标准向政府缴纳土地出让金等价款，履行相关手续。

（4）“共有产权房”的产权问题。共有产权房是经济适用住房衍生发展出来的一种形式，政府将原本划拨给经济适用住房的土地的出让价格与划拨价格的价差，再加上政府给予经济适用住房的一系列减免税等优惠政策，将政府的一系列投入量化为政府的出资、以此作为政府获得房产产权的依据，政府和中低收入家庭共同持有房屋产权的共有产权房。此类房屋产权既可以在政府和市民之间平分，也可以由使市民在购买能力增强时向政府“赎购”政府持有的产权从而拥有完全产权。

（5）房改房、危旧房改造回迁房等的产权问题。房改房通常源于单位购买的商品房、单位的集资建房和自建房等多种情况，由产权单位参照政府每年公布的房改房价格向本单位职工出售房改房住房，此类房屋多带有一定程度的福利优惠性质。危改房是政府根据本地的经济社会发展情况、本地房屋的磨损折旧程度以及改造难易程度等，一般通过市政工程带危改房建设、开发带危改房建设和房改带危改房建设等典型模式进行危改房的相关建设开发。危改房的产权与支付成本关系密切，支付成本价购买的危改房为拥有完全产权的成本价产权，而支付标准价购买的危改房仅能获得部分产权的标准价产权，通过标准优惠价购买的危改房因其取得成本比标准价更有优惠，因此标准价优惠产权受到的限制更多。一般来说，标准价

① 马力：《北京开始全面调查“小产权”等违规开发》，《新京报》2007 年 6 月 26 日。

② 方竹兰：《从宋庄纠纷看城乡房屋交易制度创新》，《中国改革》2007 年第 11 期。

③ 人民网—市场报：《经适房购房人拥有有限产权》，《市场报》2007 年 12 月 3 日。

产权和标准价优惠产权的危改房产权，其收益权和处分权均会受到不同程度的限制，是不完全产权。

（6）“集资房”的产权问题及原因。集资房一般是由政府、单位和个人共同出资和建造的房屋，该模式一改计划经济时期住房由国家和单位统包统揽的住房供应制度。因为集资房是由三方共同出资建设，其产权依据出资比例来确定。个人全额出资的获得该房屋的全部产权；部分出资的则拥有部分产权。许多单位为解决职工住房问题，有条件的开展了集资建房，但在一些情况下，集资建房存在产权模糊的情况。例如，某些高校为满足教师住房需求，往往占用教学用地进行集资建房，导致教职工获得房屋之后并不能办理产权证；一些单位为“捆绑”骨干人才，只让职工工作期间居住单位房屋，并不会为职工办理所居住房屋的私人产权。参照价格划分，集资房产权可分为经济适用房和房改房两种产权，即职工购买价格高于当年的房改成本价，其取得房屋产权为经济适用房产权；如果按照房改房政策和价格购买的集资房，则其产权为房改房产权，因此集资房产权参照经济适用房产权和房改成本价产权进行管理（见表3.13）。

表3.13　现行城市房产产权残缺概况

名称	定义	产权性质	流通程度
“乡产权”或“小产权房”	该产权由乡政府“颁发”，而不是由国家正式的房产管理职能部门登记和管理。	并不具有合法性质的规范产权，仅是社会约定成俗的称呼。	法律明文禁止小产权房超出农村集体组织范围以外上市流通。
经济适用房	政府制定经适房的建房计划，由城市政府组织房地产开发商进行开发建设或者由集资建房单位建造，以微利价向中低收入家庭出售的住房。	由于取得经适房价格低廉，往往低于同类商品房，业主拥有的是有限产权。	居住不满5年的经适房，不得直接上市交易，因特殊原因确需转让的由政府回购。居住满5年的经适房，上市交易需补缴同类地段商品房与经适房差价的一定比例，政府享有优先回购权。业主也可以补缴土地收益等价款后取得完全产权。
房改房（已购公房）	城镇职工依据县级以上地方人民政府颁布的有关城镇住房制度改革的政策规定，通过支付成本价或标准价购买的已建公有住房。	支付成本价购买的房屋，职工拥有全部产权；支付标准价购买的房屋仅拥有部分产权。	房改房需居住保有一段时间后才能上市流通。

续表

名称	定义	产权性质	流通程度
集资房	集资建房由国家、单位和个人三方共同承担、共同出资和建造的房屋。	参照取得价格划分，集资房产权可分为经济适用房和房改房两种产权。	集资房入市交易时，需补缴土地出让金等。
共有产权房	政府以土地出让价与划拨价的价差及优惠政策出资入股，与中低收入家庭共同持有房屋的产权。	该类房屋产权既可以在政府和市民之间平分，也可以由使市民向政府“赎购”。	上市交易的出售所得由购房家庭和政府按照产权比例进行分配。

3.2.2　农村房地产产权制度变迁

我国农村地产和房产产权几经变迁，从农户自发包产到户到建立家庭联产承包责任制，从“赋予农民长期而有保障的土地使用权”到“赋予农民更多财产权利”，农民对地产和房产的财产权在不断强化，为“三农”的发展奠定了充实的法律基础。然而，无论是站在历史的角度还是现实角度看，我国农民对地产和房产的产权权利问题仍未得到完全解决。

1. 农地产权制度变迁：从所有权、经营权到物权

新中国成立至今的 60 多年发展过程中，农村土地产权经历了农民拥有土地所有权和使用权的私有产权的短暂阶段后，发展成为农地所有权和使用权两权统归集体所有的土地集体共有阶段，后又改革发展成为农地所有权归集体、使用权归农户的新集体所有阶段（刘灿，2014）。在上述制度变迁过程中，农地的农民所有权弱化至无（所有权归农村集体），而农地使用权从所有权分离出来渐渐发展成为农民拥有的一种重要财产权，但农户的土地使用权作为财产权其独立性和财产权权能的完整性亟待大大加强。

（1）农地归农民私有的阶段（1949 ~ 1956 年）。新中国成立后，国家将从剥削阶级没收和征收的土地均匀无偿地分配给被剥削阶层的农户，实现了“耕者有其田、居者有其屋”的革命承诺，并通过当时的《宪法》、《土地改革法》等正式的法律制度赋予农民所有权，允许农地所有者自由买卖土地、租赁和自主经营等，土地私有产权属性明确得到保障。但上述农地私有产权属性是国家政权推动而不是市场交易形成，是国家权利干预分配的结果，因而实际上并不是真正意义上的农民私有财产，这为后来国家权力重新介入分配提供了可能[①]。土地改革后，农户享有土地所有权逐渐发展出分散化的小农经济，这种生产生活建立在家庭这一基本经济单位。

（2）农地集体公有阶段，农地所有权和使用权合一归农村集体（1967～1978年）。从1956年开始，全国农村开始大规模的农业合作化和“政社合一”的人民公社运动，逐渐将农户私有的土地及地上附属物（私人水塘、水井等水利设施）、大型农具等生产资料上交农村集体后归集体所有。从1959年开始，农村逐渐实行“三级所有，队为基础”的人民公社运动，该项运动中实行农地所有权归生产队为核心所有权制度。1963年中央下文规定农民宅基地所有权转为集体所有，地上附着物归社员所有，一律不能买卖和租赁归各户长期使用。由此形成了农地集体所有的产权结构，农业用地和包括自留山和宅基地的非农用地均归农村集体经济组织所有，农村集体享有对农地的占用、使用、收益和处分等全部产权，而农民未能享有农地的财产权利。这一时期，农村的生产生活组织形式可概括为“三级所有、政社合一”，该种模式是政治运动强制性的制度设计，名义上农村集体经济组织拥有农地的各项财产权利，实际上深受国家的控制，是国家实施“以农支工”战略的社会组织形式。“三级所有”的农地产权格局实际上淡化了农地产权的真正所有权主体，这有利于国家掌控农地资源、主导农业生产和支配农业利润等。因此，这种制度安排下农地无论是所有者还是使用者都不享有真正意义上的财产权。三级所有的农村集体经济组织法律名义上是农地的所有权和权利主体，但真正意义上的权利主体却是国家，这一时期的农地所有者的主体地位是虚化的、财产所有权的各项权能是弱化的。这种产权制度安排注定难以在“三农”领域构建有效的产权激励机制，这或许是1959年至1978年长达二十年的时间里我国的农村经济长期低迷不振的根本原因之一。

（3）农地集体公有阶段，农地所有权和使用权两权分离（1978年至今）。1978年由试点向全国推广家庭联产承包责任制。这使得土地的使用权回归农民手中，农民拥有生产经营自主权和农地剩余索取权，因此农民生产积极性极大提高。1982年中央一号文件第一次正式明确“包产到户”

---

① 国家权利干预土地财产分配并影响农民土地财产权利的分析详见文献，周其仁：《中国农村改革：国家和所有权关系的变化——一个经济制度变迁史的回顾》，《管理世界》1995年第3、4期。

的社会主义性质。1985 年《民法通则》将承包经营权认定为一项与财产所有权相关的财产权利，首次明确其基本改革并从法律上予以保护。1993 年宪法修正案将“农村中的家庭联产承包为主的责任制”替换掉“农村人民公社、农业生产合作社”的条款，以根本大法形式正式确立家庭联产承包责任制的法律地位。建立在农地集体所有制基础上的家庭联产承包责任制成为我国农地产权的基本制度，这种产权制度核心是农地所有权归农村集体所有，以使用权为载体的承包经营权归农户所有，但相关法律法规对承包经营权进行严格的管理和控制。

20 世纪 80 年代以来，农村的社会经济发生巨变，产业结构优化升级、农业产业化经营规模迅速提升，由此产生大量剩余农业劳动力需转向城市发展等，在上述新的发展形势下传统的家庭联产的承包责任制越来越不适应农村经济社会的新发展。例如，承包经营制下的分散经营和对使用权的限制制约了土地资源在更大范围的流转和配置；农户对承包经营权缺乏产权激励和长期稳定的预期使得农民对农地的长期投资严重不足等。因为承包初期只是一种有期限的土地使用权，1993 年中央下文决定第一轮承包到期后延长 30 年，到 2008 年中央提出土地承包制长久不变。上述政策调整的目的是为了解决土地承包经营权的使用期限和自由流转的资源配置等方面，尚未明确涉及承包经营权法律属性定位的问题。直到 2007 年《中华人民共和国物权法》颁布实施，首次从财产权制度层面明确从农地集体所有制基础上衍生的土地承包经营权、宅基地使用权和建设用地使用权等物权，从法律上确定农地使用权的物权性质。对有关农村土地方面，《物权法》采取了“一权”带“三权”的农地产权架构，即在农地集体所有权的基础上衍生出农村集体建设用地使用权、宅基地和农地承包经营权，对上述四种基本农地物权予以详细的法律规定，并将宅基地和承包经营权明确为独立的用益物权，《物权法》制定的农地产权法律架构对整个农村社会经济发展将产生十分深远的影响（刘灿，2014）。与此同时，《物权法》却又规定农地所有权和耕地、宅基地等土地使用权不得抵押，这使得农民利用土地财产进行抵押融资等深受限制。但《物权法》又规定“但法律规定可以抵押的除外”法律条款，这被视为将来宅基地和承包经营权等农地产权抵押提供了制度空间。综上所述，如图 3.9 总结所示，农地使用权私法属性日益夯实，这将一改以往农地产权残缺、模糊和弱化的格局，将使得农地使用权逐步发展成为私法物权意义上的完整产权，这将是农地产权历史上具有划时代意义的重大进步。

处分权	**农民有处置权**（自由经营、买卖租赁、抵押）	**农民无任何处分权**（土地不允许买卖、流转）	**农户拥有土地使用权、流转权**（限于承包经营权，宅基地只能在集体内部半商品化流通）		土地承包经营权可投资入股、联营等，宅基地仍受限
收益权	**农户拥有收益权**（买卖、租赁、经营）	**农户无收益权 收益权归集体**	**农民拥有收益权**（上交政府公粮，农户享有剩余索取权）	**农民拥有收益权**（废除农业税，发放种地补贴）	**改革征地制度**（城乡用地同地、同价、同权）
使用权	**农民拥有使用权**	**使用权归集体**（集体主义 平均主义）	**农户拥有使用权**（土地承包责任制，期限未定）	**农户拥有使用权**（土地承包30年不变，届满后再延长30年）	**农户拥有使用权**（土地承包关系稳定并长久不变，将承包经营权、宅基地使用权、集体建设用地使用权正式确立为物权）
所有权	**农民拥有所有权**	**农村集体所有**（三级所有 政社合一）	**土地集体所有**（使用权与所有权分离）		
年份	1949	1956	1978	1993　2003	2007　2008　2013　2017

图 3.9　我国农村土地产权制度变迁示意图

2. 农村房地产地产产权制度变迁：宅基地权能逐渐受限

中国传统计划经济体制下形成了典型的城乡二元结构使得农村房地产没有清晰的住房产权制度和相应的房地产交易市场和住房消费支持制度等。城市和农村的住房由不同的产权制度体系所管辖，是完全分割的。在农村，房产是建立在集体所有的土地上，无偿无期限地使用，但没有所有权。农村的大部分家庭通常通过自建解决居住问题，房产产权完全私有，但由于土地集体所有，农民未能拥有房产所依附的地产的所有权，因而农村的住房还不是完全意义上的商品，住房不能作为商品自由交易流通，农村尚不存在房地产交易市场。由于农村房产绝大部分完全私有，产权较为清晰，本书着重探讨农村的宅基地产权问题。总的说来，新中国成立前农村宅基地完全私有、产权清晰，但 1949 年以来，农民的宅基地产权权能却呈现出逐步被限制缩小的趋势，权利受保障的程度实际上在降低（夏锋，2008；吴远来，2012；刘灿，2014），如表 3. 14 梳理所示。

住宅是农民家庭价值最大、最为重要的财产，因此住宅依附的宅基地是农民在法律上享有的最为重要的财产权利。《物权法》规定："宅基地使用权人依法对集体所有的土地享有占有和使用的权利，有权依法利用该土地建造住宅及其附属设施"，农民拥有的最为重要的财产就是宅基地和承包经营权这两项用益物权。而且与城镇土地使用权不同，我国相关法律法

表 3.14　　农民宅基地的产权权能及受保障程度的变化情况

时间	产权变动形式	农民拥有的具体产权权能	权利的受保障程度
1949～1961 年	1949～1961 年期间农民宅基地私有。	农民拥有宅基地的完整所有权和处分权，享受租赁、交易等收益权和处置权等，同时可以继承。	除了公社化运动中被转化的农民宅基地与被“一平二调”的房屋外，宅基地受法律保障。
1962～1978 年	农村进行了人民公社运动，宅基地被转为公社集体所有，国家将农民宅基地所有权划给农村集体。	农民只拥有宅基地（空白宅基地除外）使用权。宅基地所有权和空白宅基地（没有建筑物）的使用权的买卖和租赁等权限被国家限制，但建有建筑物的宅基地的使用权可以随农民住房买卖交易和租赁而转移，宅基地上的附属物永远归农民所有。	建有建筑物的宅基地和没有建筑物的空白宅基地均归农户长期使用，没有期限，生产队等不能随意调剂和侵犯农民宅基地使用权，宅基地的权限受到法律保护。
1986～1996 年	宅基地归集体所有，使用权归农户。	这期间农民宅基地的使用权权限进一步被压缩，禁止宅基地抵押，但因法律规定不具体，宅基地上的农民住房抵押权亦受到影响。	空白宅基地、超面积宅基地、闲置宅基地等部分宅基地权限开始得不到保障，有可能被集体收回。
1997 年至今	宅基地归集体所有，使用权归农户。	在限制了宅基地所有权和空白宅基地使用权的买卖、租赁和抵押等权限的基础上，又进一步限制了农民住宅的交易对象（只能在农村内部集体流通），宅基地不得用于房地产开发等商业用途。同时，禁止城镇非农业户口居民申请和购买宅基地及农民的住房等。	农村村民只允许一户拥有一处宅基地，闲置宅基地、超面积宅基地和空白宅基地等将得不到有效法律保障外，因公共设施、公益事业建设及不按宅基地批准用途使用的，经政府批准后将由集体收回土地。

资料来源：根据吴运来：《农村宅基地产权的模糊性与土地发展权权益竞争》，《中国市场》2012 年第 11 期；夏锋：《农民土地财产权的长期保障走向：物权化改革与对应收入》，《改革》2014 年第 3 期整理。

规并未对限制宅基地的使用期限。从上述法规看，农民宅基地具有排他性质的、归农民直接支配的财产权。但从现实情况看，农民宅基地使用权实质上是虚化的财产权，主要体现在宅基地至今不能自由进入市场买卖，有严格的买卖交易规定。《土地管理法》第六十二条规定：“宅基地使用权利人不得买卖或者变相买卖宅基地。”《担保法》第三十七条规定：“耕地、宅基地、自留地、自留山等集体所有的土地使用权不得抵押。”从上述主要法律规定来看，尽管《物权法》将宅基地使用权明确为用益物权，但农民仅拥有占用和使用的权能，没有收益和处分权能。上述限制条款使得农民宅基地使用权的财权产权权能及相应的收入和增值等极其重要的功能无法得到保障。

3.2.3　转轨期房地产产权转型的简要评析

产权转型是指建立有效产权，产权受到严格界定和充分保护以及确保产权配置资源的高效率。转轨期，产权转型主要是废除损害产权主体利益的非正式产权，形成明晰化的正式产权；识别和修补残缺产权，逐步实现产权的完整性。受制于经济社会双转轨的大背景，转轨期土地产权和房产产权都呈现出双轨性和渐进性的改革特点，我国不动产产权制度改革在取得巨大成效的同时，也存在诸多影响效率和公平的一系列难题亟待克服（陈雪娟，2010；唐明，2010）。

1. 产权创新性：土地使用权实现不可流转的土地所有权与市场经济对接

计划经济时代，城市土地全民所有，农村土地集体所有，由于不能交易或者流转，这两种所有权均不具备民事财产权的基本属性。首先，城市土地归全民所有或者国家所有，而国家所有权下不可能实现客体的特定化，从而违背了物权法的一项基本原则——物权客体特定原则（一物一权原则）。另一方面，国家所有土地和农民集体所有土地存在所有权边界，但这个界限与行政边界一致。因此，这两种所有权下的土地均不能实现物权客体的基本要求，也不具备交易性和流通性。当时法律严禁土地国家所有权转让，现实中仅由于国家征收农民集体土地导致的集体所有权向国家所有权的单向流转。显然，在计划经济体制时期制定的产权相关法律制度，国家所有权和集体所有权都不能实现土地资源的流转，也无法为房地产资源市场化配置提供制度保障。

经济转轨改革中，人们创设出可流转的土地使用权，从而使公有制土地资源与市场经济有效衔接，其中土地使用权自由流通功能将不可流转的土地所有权有机融入市场经济自由流通体制。一方面，这可以坚持我国公有制为主体的社会主义市场经济体制，尤其是最为重要的土地资源的公有性质；另一方面，通过创设土地使用权，使土地资源得以实现物权化。在我国，可流转的土地使用权发挥着以下两项重要的功能：第一，解决公有制土地物权客体的难题，从物质形态上将公有土地细分成具有特定实用的地块，形成了法律意义上的物。第二，土地使用权的所有者对属于自己的地块在法律保护范围内交易、租赁、抵押等收益处置和流通等广泛的权利，使得土地使用权人对特定地块具有排他性的支配权。上述两项功能正好解决了国有土地所有权难以实现的基本功能。在我国，土地使用权发挥着自物权的功能，不仅土地使用权自身可以流转、处分和收益等，而且还可以设定用益物权，因此土地使用权在我国的不动产物权体系中发挥的基础地位作用，具有举足轻重的地位（高富平，2010）。

2. 产权双轨性：城乡分割和房地分割

如前所述，作为最重要的生产和生活资料，土地产权和房产产权在经济转型、社会转轨过程中几经变迁。现行房地产产权基本格局是“城乡二元”格局、“房地二元”格局和城市多元产权房产并立。计划经济体制下，土地长期无期限、无流通和无价值的行政计划配置。在市场经济体制下，在坚持土地公有的所有权基础上，充分发挥使用权的物权功能，实现了土地有期限、有偿和有流动的资源配置。我国土地产权呈现“城乡二元”特点，即城市土地实行国家所有制，而农村土地实行的是农村集体所有制。具体到房产，城市房产逐渐由分散、残缺向完整、清晰产权过渡。但由于转轨期住房制度的货币化、社会化和私有化改革，城市房地产又呈现出多种产权性质并列的格局。农村房地产依附的宅基地归集体所有、农民仅有使用权，房产则是私人所有。可以说，我国目前形成了世界上少有的具有中国特色的空前复杂的房地产产权状况。

我国的各项改革均呈现出双轨制典型特点，这在土地产权和房产产权领域表现得更为突出，由于基础性制度不健全导致了许多不公平及效率低下等问题。土地使用权出让市场上，行政划拨方式取得土地成本极低，而有偿出让方式取得土地成本相对较高。在有偿出让方面，既存在行政干预、代价低廉的协议出让行政资源配置方式，也存在“招拍挂”市场资源配置方式。随着房地产业日益升温和土地资源在市场经济稀缺性充分体现出来，上述两种不同渠道配置的土地资源的价值差额巨大，由此制约了土地资源市场化合理配置和引发大量寻租行为。从根本上看，城镇房产之所以呈现多元化格局，始源于城镇住宅用地的不同资源配置方式，出让的市场化配置与划拨的行政化配置“双轨”并存。例如，经济适用房的用地通常是无偿划拨的，但由于土地使用用途定位不清、监管难以到位，使得经济适用房资源出现错配，高收入家庭反而享受更多的经济适用房资源，反而成了巨大的寻租场所[①]（平新乔、陈敏彦，2004）。在住房产权取得领域，原计划体制内长期低工资补偿的公房销售及居民整体收入水平不高的条件进行的住房福利分配等，由此导致经适房、集资房和公房销售及出租、房改房等带有福利性质的房产市场化程度较低，而完全推向市场的商品房市场化程度高，住房双轨制导致同房不同价、不同房产拥有群体住房开支差别大等社会不公，而且不同“轨”之间的区别难以清晰，与土地产权领域类似也极易引发寻租等行为。另外，在房改中过于偏向福利房和公房的产权私有化改革，相对忽略了产权配置资源的其他功能，例如公房租赁等，由此也助长了房价、引发住房的民生问题，激化了城市人口规模与稀缺城镇建设用地土地资源之间的矛盾。

3. 产权模糊性：产权的明晰度不够，产权残缺度较高

转轨期，我国房产产权和土地产权不断在改革深化中重构，在渐进的改革过程中不断界定和划分产权的各项权能等，这样的改革过程导致很多领域存在模糊产权，由此引发相关产权的责权利不对称、某些产权权能残缺、法律保护程度低下等一系列问题。这反映在现实生活中，质量相同的房产由于产权的完整程度导致市场价格和房屋价值差异巨大，大量产权残缺的房产难以正常上市交易、租赁、抵押和收益等。上述典型问题不仅会诱发各类产权主体的扭曲行为，限制了房地产市场的资源配置功能，而且引发诸多公平和效率问题：

（1）城市房产产权多元化，导致同房不同价。房地产产权，指的是以房产和地产为载体，房地产产权权利人对其所属的房地产享有可支配的排他性一系列权利束。从权利束构成来看，包括占用、使用、收益和处分等一系列子权利构成的综合权利集；从标的物来观察，包括以土地为载体的土地产权和建筑物为载体的房产产权。在我国，土地使用权发挥着土地产权的核心功能，房产产权的核心是房产所有权，鉴于“地随房走、房地不可分割”，上述两项权利综合叠加形成房地产产权。但现实中房地产产权远比理论界定中情形复杂得多。如前论述，我国城镇房地产主要有三大产权类型：无籍房产、产权清晰房产和产权残缺房产（唐明，2009、2010）。

---

① 根据平新乔等的研究，我国的房地产开发商在追求售房时的高房价与拿地时的低地价，其更偏向于廉价的土地获取，其中“经济适用房”开发和土地截留已成为开发商获取廉价土地的两个基本手段。详见文献：平新乔、陈敏彦：《融资、地价与楼盘价格趋势》，《世界经济》2004年第7期。

这些房产的产权差异根源于城市不同类型的住宅用地方式不同，产权清晰房产用地是通过“招拍挂”的市场配置的土地出让和转让方式，而产权残缺房产大都是行政划拨方式（汤腊梅、尹光友，2000）。对于“房屋所有权+土地使用权”的纯商品房地产，一次性缴纳数十年的土地出让金，地价往往要占到房价40%左右，助长了房价，提高了购房门槛。政府在出让初期收取了几十年的土地出让金后，也失去了未来获取地产增值收益的机会。而对于行政划拨上的产权残缺房产，目前要求补交土地出让金才允许上市流通。但在实际操作中，何时补缴、怎样补缴以及补缴多少等，各地的实践千差万别。例如，关于印发《已购公有住房和经济适用住房上市出售土地出让金和收益分配管理的若干规定》的通知（财综字［1999］113号）明文规定，补缴标准不低于所购公房和经适房坐落地标准地价的10%。这是全国的规定，但各地在执行过程中差别较大。上海规定，公房上市按照售价的1%缴纳补缴土地出让金，安居房和解困房上市则按照售价的0.5%补缴土地出让金。《北京市已购公有住房上市出售实施办法》（京政发［2003］3号）：已购经适房需按成交额的3%补缴土地出让金方可上市交易。《关于印发中央在京单位已购公有住房上市出售管理办法的通知》（国管房改［2003］165号）则规定已购公房按当年房改成本价1%补缴土地出让金可入市交易。而财政部已售公房上市收益分配的调研报告中指出，土地出让金等价款一般按销售价格10%上缴，但各地执行标准差别很大。由此看，纯商品房中土地成本高达40%左右而福利房的土地成本一般不超过10%，由此产权清晰房产与残缺房产在取得成本和交易获利等各方面均带有浓厚的“厚此薄彼”的双轨制色彩。

（2）住房的地产与房产分割，房产永久性与地产有限性相矛盾。现行房地产产权体系中，房产产权主体与地产的权能主体分离。房产必须依附于地产，地产构成房地产产权的基础，房地产产权要求房产与地产的产权主体统一，但我国房产和地产的产权主体处于分割状态。就居民住房而言，公房和商品房是两大主体。首先，公房的房产产权和地产产权权能主体不统一。随着公房体制私有化、货币化和社会化改革，公房产权主体转移至城镇居民家庭，公房建设之初土地大都是行政划拨，取得时土地成本很低甚至没有成本。由此，公房购房者尚未完全支付或完全未支付土地使用权的成本。因此，现行法律法规要求，公房上市需补缴土地出让金等价款，其实质是要补缴土地使用权的经济成本。在我国，凡是福利性质的房产，其土地使用权大都是行政划拨，这类房产的购房者往往不享有土地产权，只拥有建筑物部分的房产产权，造成房产产权和土地产权主体分离。其次，商品房产权清晰，但房产产权与地产产权存在期限矛盾。现行法律规定，不同用途的用地均具有使用期限，其中住宅用地最长为70年，土地使用权人只能在土地使用期限内占有、使用、收益和部分处分权，房产产权为无期限的永久产权，而房产所依附的地产产权则有期限，引发永久的房产所有权与有期限的土地使用权之间的期限矛盾。对此，相关法律做出的安排是，1994年实施的《城市住房管理法》规定可申请续期，2007年颁布的《物权法》规定自动续期。从表面上看，似乎相关法律已解决了房产永久所有权和土地有限使用权的矛盾，但对如何续期并未做出明确或原则上的规定。如果届时仍将征收高额的土地出让金，这将会严重侵蚀土地使用权的财产属性，直接导致房地产作为“恒产”难以永恒（赵廉慧，2011）。

（3）城乡土地同地不同权，农村土地产权太弱。现行的土地产权制度是典型的“城乡二元”格局，表现在：农村土地归“农村集体经济组织”所有；城市土地均归“国家”所有。城乡土地产权二元的差异，关键并不是所有权的归属差异。在健全的产权制度下，无论所有权归属如何，均可实现完善的产权体系，也都可以清晰的界定和严格保护。我国城乡土地产权差异的真正要害在于城乡土地实际拥有的“权利”大相径庭[①]。其中，城镇土地使用权可以自由流转，而农村土地使用权至今未能自由流通。现行土地流通制度始于1982年《宪法》，其中第十条第四款规定：“土地使用权可以依照法律规定转让”。1988年修订的《土地管理法》规定：“国有土地和集体所有土地使用权可以依法转让”。上述基本法的相关条款为土地要素市场化资源配置奠定法律基础。1990年5月国务院发布《城镇国有土地使用权出让和转让暂行条例》规定，城镇国有土地自法规发布之日起可以出让和转让。与此形成鲜明对比的是，农村集体土地流转的相关法律法规至今仍未出台。本应依据上位法出台的农村土地流转的具体法规，历时近三十年仍停滞不前。因为无“法”可依，农村土地至今依然不能流转。

现实与之相反的是，不仅没有出台农村土地可以流通的转让之法，相反却制定了一系列禁止和限制农地流转的法律法规。梳理这方面的法规可以发现，1999年国办发的《国务院办公厅关于加强土地转让管理严禁炒卖土地的通知》规定，农民住宅禁止出售给城镇居民，城镇居民也不能占用农村集体土地建房。2004年国办发《国务院关于深化改革严格土地管理的决定》规定，严禁城镇居民购买农村宅基地。2007年国办发《国务院办公

① 近年来，农地征收常发生征地冲突，这实际上对农村土地的“强买”，“强买”的定价机制和利益分享不合理，根源上是农地拥有的产权权利太弱。

厅关于严格执行有关农村集体建设用地法律和政策的通知》明文规定："农村住宅用地只能分配给本村村民，城镇居民不得到农村购买宅基地、农村住宅或者小产权房"。2007年《物权法》规定，土地所有权、耕地、宅基地、自留地和自留山等集体所有的土地使用权作为财产不得抵押。上述法规实际上与1988年的宪法修正案的精神似乎是背道而驰。城乡土地产权"二元"结构，表面看是土地所有者不同，实则是土地使用权转让权益的城乡差别。城市建设用地可以自由流转、收益、抵押、租赁和处置等，而农村土地至今尚未取得自由流通权限，农地产权的权益严重弱于城镇土地。农地被限制流转，不能直接入市交易，缺乏市场机制来配置农地资源。农地产权权益的资本属性受到限制，农民的土地财产收益缺乏保障，农村土地产权太弱、农村土地产权落后是引发一系列问题的制度根源（韦镇坤、尹兴、董金明，2015）。

（4）农村宅基地产权模糊，尚未形成农村房地产市场。相比城镇地产的期限问题，农民宅基地的产权极为模糊，面临的问题更多。现行法律规定，宅基地的所有权是禁止买卖，农村集体经济成员才能取得宅基地的使用权。农民取得宅基地并不是通过市场交易的方式获得，虽然是无偿取得也没有法律限制使用期限，但仍存在诸多问题。宅基地的使用权只能在集体成员内部半商品化地流转，而且宅基地使用权还未获得抵押的权益，上述流通使用状况极大地限制了交易对象和流通方式，而且某些情况下宅基地还有可能被农村集体依法收回。虽然法律规定宅基地可在农村集体内部转让，但法律法规又规定农民将住房出售或出租给集体经济组织成员将不能再向集体申请宅基地，这实质上限制了宅基地的自由流转。农村集体经济组织所有的土地严禁用于商品房开发。在工业化和城市化引发的土地资源日益稀缺的背景下，农村宅基地仅能作为农村住宅用地，不能像国有建设用地进行商品房开发实现价值最大化，也不能抵押融资等来获得资本收益。实际上，宅基地的产权主体完全有能力进行这些市场交易行为，但由于法律法规的限制，农民和农村集体无法获得这部分最为重要的产权权利和财产收益。农村宅基地成为典型的模糊产权，缺乏物权性质和资本化能力（吴远来，2012）。农村住宅依附于无偿获得的"集体"土地上，农村家庭通常自建房屋实现安居，但住房尚不能作为商品自由流通，因此目前还不存在农村的房地产市场。

宅基地产权模糊实际上有利于政府控制其处分权。一是农民申请使用宅基地必须由政府审批通过方能合法获得，这弱化了农民集体经济组织对宅基地的管理权限和供应能力。二是农民对宅基地拥有的权益非常有限，仅有占用和使用权，转让、抵押等被法律明文禁止。三是加强了农村集体经济组织对宅基地处分权限，因为法定情形下农村集体可收回宅基地，但要经过政府审批。四是农民新建、改建和翻建房屋时，都要受政府对宅基地的规划和管理。从上述四个方面来看，宅基地重要的权益处置环节例如审批供应、流通交易和征收收回等几乎都由政府严控，将来宅基地的产权制度创新和进一步发展是否合法、合规，似乎也都由政府掌控。现实中，“小产权房”被严令禁止开发是典型例子，现行农地的土地使用权的“用益物权”名不符实，宅基地尤为明显。现行宅基地的产权法律制度导致宅基地难分解和不可交易，缺乏市场资源配置；宅基地的产权权益深受限制，农民要获得应有的土地财产权益尚缺乏相关法律制度保障（夏锋，2014）。

3.3 转轨期中国房地产市场制度变迁

改革开放以前，受制于当时的计划经济体制影响，我国城市土地实行计划分配和行政划拨，呈现出无偿、无期限和无流通的“三无”特点。以1978年为分水岭，城市土地由无偿使用向有偿使用转变，逐渐实现土地资源的市场化配置，至今形成了土地一级市场、土地二级市场和房地产开发和流通的一二级市场等具有中国特色的多轮次房地产市场①。改革开放以来，城市土地使用制度发生了巨变，市场机制已成为土地资源配置的主导机制，但仍存在较多问题。

3.3.1　转轨期土地市场的制度变迁②

1. 城市土地无偿使用时期（1949～1978年）

（1）城市土地无偿使用制度的形成。新中国成立初期，原属于国民政

① 目前，城乡土地市场二元分割，农村除了隐性的土地市场和地下交易市场等，受制于法律、体制和机制等制约农村尚未形成规范的土地市场，有关农村土地制度历史变迁和沿革详见本书产权部分分析。

② 这部分内容重点参考了李建建和戴双兴《中国城市土地使用制度改革60年回顾与展望》，《经济研究参考》2009年第63期；毕宝德：《中国地产市场研究》，中国人民大学出版社1994年版；杨重光、吴次芳：《中国土地使用制度改革10年》，中国大地出版社1996年版等。

府所有的土地被各地城市人民政府陆续接管，原官僚资产阶层和帝国主义在华大批城市地产被政府没收，但对由原城市居民、个体劳动者和民族工商业者私有土地予以保护。因此，新中国成立初期的城市土地是私有和国有并存，新中国成立至 1956 年这段时期私有土地是可以在市场上自由交易且受法律保护，这充分反映在当时的契税税法条款，1950 年政务院公布的《契税暂行条例》第八条规定："各机关与人民相互间有土地房屋之买卖、典当、赠与或交换行为者，均应缴纳契税。"1956 年 1 月 18 日中共中央书记处颁布《关于目前城市私有房产基本情况及社会主义改造的意见》等文件，从 1956 年起私有土地经过适当办法经改造后收归国家，使用土地则由当地人民政府无偿划拨使用，城市土地实行全面国有化，由此形成了计划经济体制下"无偿、无流通和无期限"的城市土地使用制度。

（2）城市土地无偿使用制度的特征及弊端。该项制度是计划经济的典型产物，运行长达三十年之久，呈现以下典型特点：①城市土地行政划拨配置，排斥了市场的作用空间。②城市土地无偿和无期限使用，土地使用者不需要支付地价和租金，也无使用期限要求。③城市土地不允许流转，完全由计划机制配置土地资源，严重阻碍了土地要素自由流通。上述土地使用制度将土地纳入整个计划经济轨道，在当时防止土地投机、保障社会经济发展和居民居住等发挥了积极作用，但纯粹的行政配置土地资源随着时间推移弊端日益暴露：①城市土地无偿使用导致国家土地所有权在经济上未能体现。虽然宪法等法律规定，城市土地属于国家所有，但土地实行无偿、无期限使用，使得国家仅是名义上的所有者，在经济利益上则无法实现。②"无偿、无期限、无流通"的行政配置土地机制将本应由市场自由配置的土地要素市场斥之门外，导致了土地低效与巨大浪费并存。由于土地资源无法流通，闲置、荒废的土地等也无法转让给急需者，导致土地利用及土地利益分配严重失衡。③土地无偿使用制度无法为城市建设筹集资金，从而制约了城市发展。因为计划体制下土地行政划拨和无偿使用，政府在土地开发和相应的城市建设没有任何收益，但却要持续投入巨大的建设成本，难以形成城市建设投入与产出的良性循环机制，也难以适应社会经济发展需求。

2. 城市土地有偿使用时期（1979 ~ 2009 年）

改革开放以来，城乡土地均进行了重大改革。在农村，实行家庭联产承包责任制及包产到户等重大土地使用制度变革；在城市，开始试行土地有偿使用制度，土地资源市场化配置，建立健全城市土地有偿使用制度。

（1）城市土地有偿使用制度的建立（1979～1988年）。首先，征收城镇土地使用费，最先适用于中外合营企业的用地。1979年国务院颁布了《中华人民共和国中外合资经营企业法》规定："中国合营者的投资可包括为合营企业经营期间提供的场地使用权。如果场地使用权未作为中国合营者投资的一部分，合营企业应向中国政府交纳使用费。"1980年7月26日，国务院《关于中外合营企业建设用地的暂行规定》指出："中外合营企业用地，不论新征用土地，还是利用原有企业的场地，都应计收场地使用费。"深圳市率先于1982年对土地使用者收取每平方米1～21元的使用费，1982～1986年累计收取了3848万元土地使用费。为解决城市基建的巨额资金需求问题，受深圳收取土地使用费的启发，各地开始变土地无偿使用为有偿使用，到1988年100多个城市征收了土地使用费，城市土地有偿使用制度初步确立。其次，对城镇土地征收城镇土地使用税。1988年9月7日国务院颁布《中华人民共和国城镇土地使用税暂行条例》，规定自该年11月1日起开始对城镇土地划分不同等级征收城镇土地使用税税额。在较长时期（1988～2006年），根据当时的相关法规，城市土地有偿使用内外有别：对国内土地使用者征收土地使用税；对外商投资企业和外国企业在华机构用地收取土地使用费。2006年12月31日，国务院发布了《关于修改〈中华人民共和国城镇土地使用税暂行条例〉的决定》，对1988年颁布的城镇土地使用税暂行条例做出修改，明确将外商投资企业和外国企业纳入城镇土地使用税的征收范围，从而解决内外资企业税负不公问题。

（2）城市土地流转制度体系的构建（1988～2000年）。对土地使用征收税（费）是对传统无偿使用制度的否定，也是新土地使用制度建立的起点。但这远未触及计划体制的土地使用制度根基，尚未建立土地市场化资源配置机制，主要体现在土地还不能入市自由流转。现实的需要催生了"两权分离"（土地所有权和使用权相分离）的改革指导思想，深圳最先于1987年7月试行在保留国家所有权的基础上将土地使用权分离出来作为商品自由流通，采取招投标等市场手段来出让土地使用权。1987年11月，深圳、天津、上海、厦门和福州等沿海城市先后加入改革试点，在保障土地所有权国家所有的大前提下，将土地使用权分离作为商品，通过招投标等市场工具以一定的地价和年限出让给土地使用者，土地使用者享有除了所有权以外的关键产权，包括买卖、租赁、典押等财产权利。"两权分离"制度打破了计划经济体制配置土地要素资源的瓶颈，符合市场经济体制要求的土地有偿使用制度得到确立和完善。土地有偿使用制度改革的蓬勃发展客观要求相关法律制度及时修订完善。1988年4月，第七届全国人民代表大会第一次会议通过了《中华人民共和国宪法修正案》，将原《宪法》中有关土地不得转让的规定改为“土地的使用权可以依照法律的规定转让”。与此相应，《土地管理法》立即做了相关修改，上述法律法规的修订为国有土地使用权的出让和转让奠定法律基石。1990 年 5 月国务院发布了《中华人民共和国城镇土地使用权出让和转让暂行条例》，该部法律专门明确了土地使用权出让、转让、出租、抵押、终止等问题。上述土地相关法律法规的颁布实施，标志着城镇土地有偿使用制度真正确立。

1987 年深圳市首创国有土地有偿出让和转让制度，自此我国城镇土地由“无偿、无期限和无流通”的计划行政配置转变为“有偿、有期限和有流转”的市场资源配置机制，这使得国有土地所有权的经济价值得到充分实现，创造了丰厚的财政收入，也为城市建设提供了可靠的资金支持。但转轨期城镇土地有偿使用制度或多或少地存在以下突出问题：第一，土地资源配置机制呈现出典型的“双轨制”，行政划拨与有偿出让并存。行政配置和有偿出让均有明确的法律规定，但在实际用地过程中两者界限模糊，导致本应属于有偿出让的经营性用地变相为行政划拨供地入市，导致不公平的用地行为，也使得国有土地资产及收益大量流失。第二，协议出让占据土地有偿出让方式过高比重，2006 年之前在各地招商引资等激烈竞争下，各地政府对工业用地等基本采取协议出让，造成腐败和土地浪费。2006 年 9 月，国务院出台政策，规定工业用地必须“招拍挂”出让，但由于各种原因工业用地出让价格远低于同期商住用地。第三，亟待规范土地市场的供应管理，土地供应总量失衡问题严重。现实经济生活中，存量土地的使用者往往通过补办出让手续、异地换房、联合建房等方式进行土地使用权交易，存量土地市场实际上存在多头供应。各地政府仅能控制新增建设用地的增量市场，而对广大存量市场调控能力弱化，上述问题会导致土地供应秩序混乱、总量失控等问题，对“招拍挂”等市场方式配置土地资源造成很大阻碍。

为解决上述问题，加强土地宏观调控能力日益紧迫，为此逐渐创设出城市土地收购—储备—开发—出让制度。为加强土地宏观调控管理能力，提高庞大土地存量资源市场化配置比例，有效地增加土地收益，土地储备制度应运而生。该制度是一种适应垄断竞争市场模式的城市土地供应机制。上海于 1996 年率先建立第一家土地储备机构，1997 年 8 月杭州市设立土地储备中心。随着试点经验的推广，各地相继成立土地储备机构。各地土地储备机构首先从土地管理部门获得相应授权，然后通过采购、置换、回收等各种方式将存量土地和新增土地统一集中到土地储备机构。再由土地储备机构对其储备的土地进行一级开发，将未拆迁、未通水电气暖等基础设施的“生地”和“毛地”，经过整改变成达到可出让条件的“熟地”和“净地”。根据土地供应计划，将储备土地分期分批投入市场。从各地运行实践看，土地收购—储备—开发—出让制度已成为政府调控土地市场的最有力的政策工具，存量土地资源得到优化配置，促进土地市场的成熟完善，使得土地利用规划得以更好地落实。

3. 城市土地市场深化改革阶段（2000 年至今）

城市土地使用制度改革的关键是要实现土地资源市场化配置，不仅要让城市土地入市，更重要的是培育规范的城市土地市场，这是一项涉及方方面面的系统性工程。为解决土地资源配置中的“双轨制”问题，降低协议出让配置比例，需要继续深化土地市场制度改革。进一步加强市场机制在土地资源配置中的重要作用，建立健全规范的土地市场，为此出台一系列相关法律法规和改革措施，详见表 3.15 总结所示。围绕进一步扩大市场机制在土地资源配置中作用，上述法规和改革措施在促进城市土地制度市场化、促进城市土地使用制度改革纵深发展起到了积极作用。

表 3.15　促进城市土地市场化资源配置重要法律法规和政策文件一览表

年份	文件名	内容
2001 年 4 月	国务院颁布了《关于加强国有土地资产管理的通知》	要求各地大力推行土地使用权招标和拍卖，除涉及保密和国家安全，国有建设用地供应一律向社会公开。商业房地产开发用地和其他土地供应计划向社会公布后，如同一地块由两个以上意向用地者，都必须依法进行招标、拍卖方式提供。
2002 年 7 月	国土资源部颁布的《招标拍卖挂牌出让国有土地使用权规定》	商业、旅游、娱乐和商品住宅等各类经营性用地要以招标、拍卖或者挂牌方式出让国有土地使用权，并对“招拍挂”出让的原则、范围、程序、法律责任进行了系统性规定，确立了市场配置土地资源的制度。
2003 年	国土资源部颁布了《协议出让国有土地所有权规定》	要求土地协议出让也必须公开和引入市场竞争机制。
2004 年	《国务院关于深化改革严格土地管理的决定》	提出要“禁止非法压低地价招商”，同时要求加快工业用地进入市场化配置。

续表

年份	文件名	内容
2006 年	国务院《关于加强土地调控有关问题的通知》	规定了工业用地必须采用"招拍挂"方式出让，且出让价格不得低于公布的最低价标准。
2007 年 3 月	《中华人民共和国物权法》	对土地"招拍挂"范围进行了明确规定："工业、商业、旅游、娱乐和商品住宅等经营性用地以及同一土地有两个以上意向用地者的，应当采取招标、拍卖等公开竞价的方式出让"，从法律的高度确立了以国有建设用地使用权招标拍卖等公开竞价方式出让的市场配置制度，使土地市场化又向前推进了一步。
2008 年	《国务院关于促进节约集约用地的通知》	今后对国家机关办公和交通、能源、水利等基础设施、城市基础设施以及各类社会事业用地要积极探索实行有偿使用，进一步提高土地出让的市场化程度。
2013 年	中共十八届三中全会通过的《中共中央关于全面深化改革若干重大问题的决定》（以下简称《决定》中央全面深化改革领导小组第七次会议审议通过的《关于农村土地征收、集体经营性建设用地入市、宅基地制度改革试点工作的意见》	关于土地市场建设，《决定》强调："建立城乡统一的建设用地市场，在符合规划和用途管制前提下，允许农村集体经营性建设用地出让、租赁、入股，实行与国有土地同等入市、同权同价。"关于农村宅基地流转，《决定》指出："保障农户宅基地用益物权，改革完善农村宅基地制度，选择若干试点，慎重稳妥推进农民住房财产权抵押、担保、转让，探索农民增加财产性收入渠道。"

资料来源：根据国务院和国土资源部政府门户网站、李建建和戴双兴：《中国城市土地使用制度改革 60 年回顾与展望》，《经济研究参考》2009 年第 63 期；毕宝德：《中国地产市场研究》，中国人民大学出版社 1994 年版；杨重光、吴次芳：《中国土地使用制度改革 10 年》，中国大地出版社 1996 年版等文献资料整理。

3.3.2　现行土地市场存在的主要问题及原因

随着我国市场经济体系的逐步建立，作为重要生产要素的土地，其市场化供应处于一个长期变化与演进的过程，我国土地市场逐步建立起来。基于我国土地产权制度的特点以及相关政策的规定，我国土地市场有着明显的典型转轨期特有的缺陷。除城市和农村土地市场发展不均衡外，主要还体现在城市土地市场结构上。城市土地市场被分为两个层级的市场，政府作为一级市场的唯一供应者，使得一级市场呈现明显的垄断市场特征，并且由于地方政府在土地供应中的强势，导致二级市场的发展也受到极大的限制。总的来看，我国土地市场的发展过程中，市场供应制度有着非常独特的地位，它推进了整个土地市场的建设，但是也导致了当前存在的众多问题①。

1. 地方政府双向垄断地价造成土地资源配置扭曲

（1）城乡二元土地制度与征地制度为政府垄断地价提供了制度空间。《宪法》对土地的基本制度做出了规定，即城市土地属于国家所有，而农村土地属于集体所有。虽然两种土地制度均为公有制，但两者的产权法律地位极不平等，没能做到“同地、同价、同权”。其中，最为关键和突出的问题就是，农村土地即使完全符合城乡建设规划，而且已被确认为城市建设用地，农地也必须经过地方政府的征地行政行为变成国家所有的城市建设用地，然后才能在“招拍挂”市场或者行政划拨的方式配置到土地使用者手中。我国已步入城市化和工业化加速推进阶段，处于“买方垄断”优势地位的地方政府大规模行政征地与单方定价必然会与市场经济体制所要求的生产要素自由流通、自由交易价格等的基本运行机制产生强烈的内在冲突。我国土地市场化改革进程中，地方政府凭借强制的行政垄断权力和不完善的土地法律制度形成的买方垄断加剧了土地资源配置的扭曲程度。

（2）无论是否公益用地均需征用，征地范围难以有效约束。现行相关法律法规严禁农村集体土地直接入市，城市新增土地需求无论是否出于公共利益，均需通过地方政府行使征地权才能获得，这导致了我国征地制度的“二律背反”（蔡继明，2007、2010、2015）。这源于《宪法》中有关土地制度的两个相互矛盾的规定：一方面，宪法规定城市土地国家所有，农村土地集体所有，这便要求城市建设和工业化建设等新增土地需求，无论是否公益，都必须通过政府征地行为，将集体土地转化为国有土地；而另一方面，宪法又特别强调，只有符合公共利益才能对农地实行征用。显然，这两个条款内在矛盾，满足前一个规定必然违反后一个规定，而坚持后一种规定就不能满足前一种规定。正是土地征用制度的“二律背反”，导致了各级地方政府滥用了行政征地权，在公共利益名义下征地用于非公共目的。由于缺乏有效的约束和监督，凡涉及农地转为非农建设的，一律

① 虽然土地市场供应在现有的市场格局下应该包含一级市场和二级市场供应两个部分，但是由于前者对后者的决定性影响，本书主要以一级市场为主要研究对象。

动用国家征地权，非公共建设的工商经营性用地尤其是房地产开发用地，也必须通过征地获得。如表3.16测算，2003～2016年全国土地供应结构的测算可以看出，用于基础设施等公益用地平均比重为33.35%，用于工业仓储、住宅和商服等营利性用地比重高达66.65%。

表3.16 2003～2016年全国土地供应结构

年份	全年土地供应总面积（万公顷）	工矿仓储用地/总供地面积	商服用地/总供地面积	住宅用地/总供地面积	基础设施等其他用途/总供地面积
2003	28.64	40.63%	18.74%	22.26%	18.37%
2004	25.79	41.39%	16.99%	23.14%	18.47%
2005	24.43	44.96%	12.11%	22.58%	20.35%
2006	30.68	50.40%	10.47%	21.24%	17.89%
2007	34.20	41.44%	16.89%	23.44%	18.22%
2008	23.42	39.68%	11.33%	26.49%	22.51%
2009	36.16	39.12%	7.62%	22.55%	30.70%
2010	43.26	35.60%	8.99%	26.65%	28.76%
2011	59.33	32.25%	7.19%	21.31%	39.25%
2012	71.13	29.13%	7.16%	16.12%	47.59%
2013	75.08	28.44%	8.93%	18.91%	43.73%
2014	64.80	24.20%	8.10%	16.70%	51.00%
2015	53.36	23.38%	6.96%	15.48%	54.18%
2016	51.80	23.32%	6.68%	14.07%	55.93%

资料来源：2003～2014年数据来源《中国国土资源年鉴》，2015年和2016年数据经中国国土资源公报整理得出。

（3）征地价格与出让价格存在巨大利差，政府经营土地获利。地方政府凭借对农村土地的非正式产权垄断了城市新增建设用地：一方面，地方政府具有强制征地的行政权力，通过土地储备制度基本上独家垄断了新增城市建设用地的供应；另一方面，法律规定的征地价格偏低，而出让价格按市价，征地价格和出让价格存在巨大利差。现行土地相关法律规定："国家为了公共利益的需要，可以依照法律规定对土地实行征收或者征用并给予补偿"，征地补偿按"原用途"的农业价值标准，而且不超过土地年均产值的30倍，现行农地补偿价格平均为每亩3万元左右。而在征用的农地中有很大比例用于商业、房地产开发等经营性用途，农地转为非农用途后增值超过了补偿价值的数十倍甚至数百倍，而农地的所有者农民却未真正获得土地的发展权收益。土地资本化过程完全由地方政府来主导进行收益分配，攫取征地中“行政收益”，把“计划成本”强制附加给农民(田光明、曲福天，2010)。上述土地管理法律制度上严重缺陷是土地市场资源配置及土地增值收益分配不公的根本性原因。

2. 土地供应“双轨制”，土地市场市场化程度不高

土地供应“双轨制”，导致土地一级市场市场化程度较低。我国目前有4种供地方式：划拨、出让、租赁和其他供地方式，表3.17反映了我国土地一级市场土地供应方式结构的变化。近年来，租赁和其他供地方式渐趋于无，目前土地供应呈现典型的“双轨制”特征，即以行政划拨和市场出让两种方式并存，而且从最近2~3年来看，两种供地方式各占半壁江山。而在现行十大类城市用地类型中，目前采取“招拍挂”方式出让还仅限于“工业用地”、“居住用地”和“仓储用地”，土地市场化进程提升还有很大空间。土地一级市场有将近一半的土地仍通过行政划拨的方式配置资源，而另一半土地通过出让方式来配置。过多的土地采用行政划拨，近10年占全部建设用地总面积36.51%，不可避免地导致土地利用效率低下。

行政划拨与协议出让方式配置土地资源属于行政手段，违背了市场化的资源配置规律，行政配置比例过高必然会制约土地市场的市场化进程。在现行的土地出让方式中，“招拍挂”比较符合市场经济特征。如表3.18和图3.10所示，“十二五”时期出让方式配置的土地资源中通过“招拍挂”方式出让的土地占比越来越高，“招拍挂”出让面积占总出让面积的91.78%，“招拍挂”价款占出让成交总价款95.71%。无论是出让面积还是出让价款，“招拍挂”方式都占据主导。但“招拍挂”等市场化定价机制适用的基本前提是完全竞争市场，而在我国的土地一级市场，由于政府处于“双垄断”地位，“招拍挂”事实上成为政府经营土地的牟利工具。因此，我国土地一级市场的市场化程度仍然较低，市场机制还不能有效发挥作用。

表3.17　　供地方式结构及其变化趋势

年份	建设用地总量（公顷）	划拨/全部建设用地	出让/全部建设用地	租赁/全部建设用地	其他供地方式/全部建设用地
2001	178678.27	41.40%	50.59%	5.67%	2.34%
2002	235436.90	37.40%	52.77%	7.46%	2.38%
2003	286436.66	22.78%	67.59%	3.68%	5.94%
2004	257919.71	24.06%	70.37%	3.40%	2.16%

续表

年份	建设用地总量（公顷）	划拨/全部建设用地	出让/全部建设用地	租赁/全部建设用地	其他供地方式/全部建设用地
2005	244269.47	26.46%	67.79%	3.29%	2.46%
2006	306805.89	20.79%	75.95%	2.47%	0.79%
2007	341973.95	22.25%	68.71%	8.60%	0.45%
2008	234184.69	26.64%	70.82%	1.54%	0.99%
2009	361648.75	33.81%	61.06%	2.50%	2.63%
2010	432561.42	31.96%	67.90%	0.13%	0.01%
2011	593284.57	43.35%	56.48%	0.14%	0.03%
2012	711281.31	53.02%	46.74%	0.24%	0.00%
2013	750835.48	49.71%	49.92%	0.36%	0.00%
2014	647996.14	57.07%	42.80%	0.13%	0.00%

资料来源：2003～2015 年数据来源《中国国土资源年鉴》。

表 3.18　2003～2015 年土地出让及“招拍挂”出让情况概览

年份	出让总面积（公顷）	“招拍挂”出让面积（公顷）	出让成交总价款（万元）	“招拍挂”出让价款（万元）	“招拍挂”出让面积/出让总面积	“招拍挂”价款/出让成交总价款
2003	193603.96	54170.30	54213112.88	30714307.27	27.98%	56.65%
2004	181510.36	52427.29	64121759.67	35493095.02	28.88%	55.35%
2005	165586.08	57218.40	58838170.95	41959020.30	34.56%	71.31%
2006	233017.88	71146.50	80776447.01	57949258.14	30.53%	71.74%
2007	234960.59	117297.82	122167208.30	100748593.56	49.92%	82.47%
2008	165859.67	139225.30	102597987.90	95287433.84	83.94%	92.87%
2009	220813.90	187219.64	171795255.79	162955860.15	84.79%	94.85%
2010	293717.81	259510.87	274644791.15	263634195.39	88.35%	95.99%
2011	335085.17	304968.34	321260823.12	308182697.31	91.01%	95.93%
2012	332432.34	301629.53	280422827.78	266534282.80	90.73%	95.05%
2013	374804.03	346184.62	437452967.12	421095017.62	92.36%	96.26%
2014	271732.92	251352.95	334000000.00	318302000.00	92.50%	95.30%
2015	221400.00	204400.00	298000000.00	286000000.00	92.30%	96.00%

资料来源：2003～2014 年数据来源《中国国土资源年鉴》，2015 年数据经中国国土资源公报整理得出。

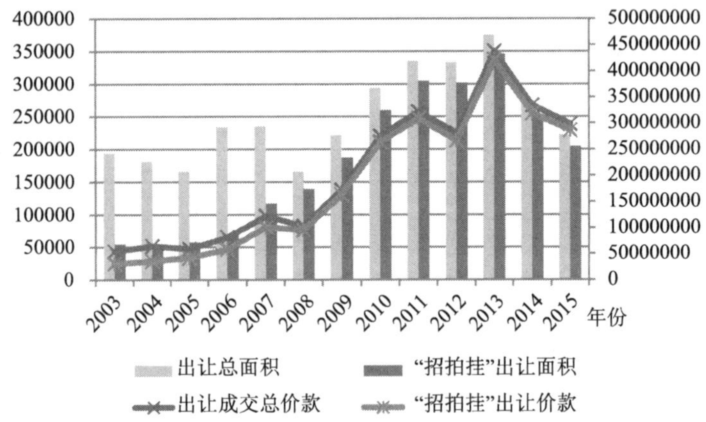

图 3.10 “招拍挂”出让土地面积与价款与出让总面积与总价款比较

注释：土地出让面积单位为公顷，土地出让价款单位为元。

资料来源：2003～2014 年数据来源来自各年的《中国国土资源年鉴》，2015 年数据经中国国土资源公报整理得出。

那么，“招拍挂”制度缘何成为地方政府在商住用地市场的牟利工具？其主因是地方政府在土地一级市场的“双垄断”地位（征地市场的“唯一买家”和土地出让一级市场的“唯一卖家”），通过“收购—储备—开发—出让”经营链条完全垄断了土地一级市场的供应，采取“饥渴营销”等策略限制商住用地的供应，采取“招拍挂”市场化工具促使“土地财政”收益最大化（曲福田等，2001）。在经济利益的驱使下，地方政府常常实施“饿地”政策，减少商住用地的供应。如图 3.11 测算所示，“招拍挂”占整个土地征收面积的比重偏低，近 12 年来的平均比重仅为 37.7%，大量土地“征而不用”，直接导致“招拍挂”出让的土地价格飙升。我国自 2010 年起，为实现保护耕地和抑制房价的目标，国土资源部开始每年都制定了商品住宅用地的供地计划，并连续四年将计划公开以接受社会各界监督，但实施效果很不理想，四年的完成率平均仅为 71.6%（见表 3.19）。由于未能完成供地计划长达四年之久，国土资源部被迫于 2014 年停止制定供地计划，并发文转由地方相关部门自行制定并向社会公布本地当年的供地计划。地方政府“以地生财”和“招商引资”策略，导致其实施“饥饿供地”政策，而“饿地”政策直接推高了居住用地价格和住宅价格的上涨。连续多年未能完成年度供地计划，很大程度印证地方政府可能通过控制供地来稳定高地价和高房价，进而争取“土地财政”收益最大化。

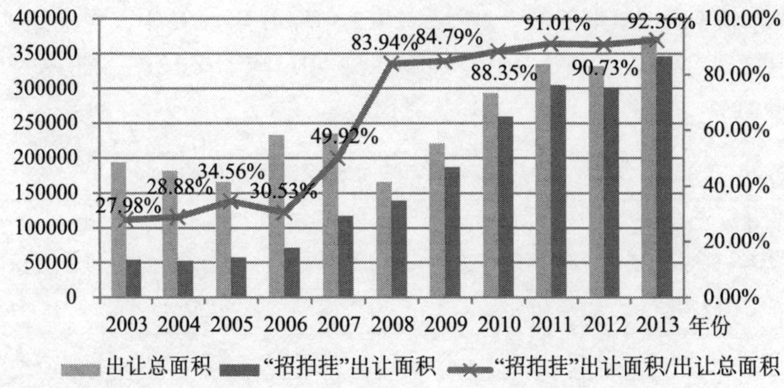

图 3.11　土地征用数量和"招拍挂"出让数量的比较（2003～2013 年）

注释：土地征收面积和"招拍挂"出让面积单位为公顷。

资料来源：《中国国土资源统计年鉴（2004～2014）》整理计算。

表 3.19　　2010～2013 年全国商品住宅土地供应计划完成情况

年份	全国计划供地量（万公顷）	全国实际完成供地量（万公顷）	完成率
2010	18.47	12.54	67.89%
2011	21.8	13.59	62.34%
2012	15.93	11.08	69.55%
2013	15.08	13.82	91.64%
平均值	17.82	12.76	71.6%

资料来源：中国行业研究网：《全国住宅用地供应计划已连续四年未能完成》，http：//www.chinairn.com/print/3626934.html。

3. 土地出让市场分割："低价工业化"与"高价城市化"

表 3.20 反映的是我国土地一级市场的供应结构，整体来说供应结构逐年优化。第一，以公共设施建设为主的其他用地类型土地占比逐年提高，从 2003 年 18.37% 跃升至 2015 年 54.18%。基建设施建设步伐加快，为城市化和工业化提供了良好的基础，也使得城市生活相关基础实施更加完备，极大地提高了房地产市场整体价值，促进房地产市场发展。第二，工业用地从 2006 年开始平稳下降，从 2006 年占比峰值 50.40% 下降至 2013 年 28.44%。这说明工业用地集约利用度增强，闲置浪费现象有所减少。第三，房地产开发用地比重（住宅用地和商服用地）供地比重也在逐年下降，直到 2013 年有所回转。商服用地占比从 2003 年

18.74%下降到2012年低值7.16%，2013年回升到8.93%；住宅用地呈现同样走势，从2010年峰值26.65%下降到2012年16.12%，在2013年回升到18.91%。

表3.20　　2003～2016年全国不同类型用地供给结构

年份	全年土地供应总面积（万公顷）	工矿仓储用地/总供地面积	商服用地/总供地面积	住宅用地/总供地面积	基础设施等其他用途/总供地面积
2003	28.64	40.63%	18.74%	22.26%	18.37%
2004	25.79	41.39%	16.99%	23.14%	18.47%
2005	24.43	44.96%	12.11%	22.58%	20.35%
2006	30.68	50.40%	10.47%	21.24%	17.89%
2007	34.20	41.44%	16.89%	23.44%	18.22%
2008	23.42	39.68%	11.33%	26.49%	22.51%
2009	36.16	39.12%	7.62%	22.55%	30.70%
2010	43.26	35.60%	8.99%	26.65%	28.76%
2011	59.33	32.25%	7.19%	21.31%	39.25%
2012	71.13	29.13%	7.16%	16.12%	47.59%
2013	75.08	28.44%	8.93%	18.91%	43.73%
2014	64.80	24.20%	8.10%	16.70%	51.00%
2015	53.36	23.38%	6.96%	15.48%	54.18%
2016	51.86	23.32%	6.68%	14.07%	55.93%

资料来源：2003～2014年数据来源《中国国土资源年鉴》，2015年和2016年数据经中国国土资源公报整理得出。

转轨期我国土地方面的基本国情是，土地实施二元产权结构，我国实行严格的耕地保护政策，加之目前绝大部分土地是农用地，这样的基本国情必然使得快速城市化和工业化过程中土地成为最为稀缺的要素之一。从理论上分析，在土地资源稀缺的背景下，地方政府为谋求土地收益最大化，无论土地一级市场供应呈现何种供应结构，土地利用均衡状态下应该各种土地的地价是相等的（金媛、王世尧，2015），但我国的现实出现了与理论预期非常不一致的情况。现行各地的供地结构，大致情况是“四三三”结构，即基础性公益性用地供地量占40%，工业性用地占30%，商住用地占30%。这样的供地结构中，地价差别很大，根据国土资源部统计（详见表3.20），2003～2016年国有建设用地供应量平均36.2%为工业用地，住宅用地平均仅占21.19%左右。如表3.21所示，在我国不同类型用地价格差别非常之大，近 8 年商服用地的均价是 5985 元/平方米，住宅用地均价是 4865 元/平方米，而工业用地均价为 692 元/平方米，商服用地和住宅用地均价分别是工业用地 8.7 倍和 7.0 倍，形成了颇具中国特色的“低价工业化，高价城市化”土地一级市场分割状况。

表 3.21　105 个主要城市建设用地价格

年份	地面地价水平（元/平方米）				地价同比增长率（%）			
	综合地价	商业用地地价	住宅用地地价	工业用地地价	综合地价	商业用地地价	住宅用地地价	工业用地地价
2009	2653	4712	3824	597	5.0	5.5	7.9	1.6
2010	2882	5185	4245	629	8.6	10.0	11.0	5.3
2011	3049	5654	4518	652	5.9	9.0	6.6	3.9
2012	3129	5843	4620	670	2.6	3.3	2.3	2.7
2013	3349	6306	5033	700	7.02	7.93	8.95	4.45
2014	3522	6522	5277	742	5.16	3.9	4.85	6.03
2015	3633	6729	5484	760	3.2	2.7	3.9	2.4

资料来源：2003 ~ 2013 年数据来源《中国国土资源年鉴》，2014 ~ 2016 年数据经中国国土资源公报整理得出。

现实生活中，以协议方式供应的土地大都用于工业用地，而“招拍挂”出让土地大都是商服和住宅用地。进一步考察土地一级出让市场的价格分割趋势，拟用分割市场的差别定价之比 $P_{招拍挂}/P_{协议出让}$ 来初步衡量，该比值越大说明分割市场的差别定价越大（金媛、林乐芬，2014）。“招拍挂”出让方式主要针对商住用地，协议出让方式主要针对工业用地，其实质是当土地要素充裕而资本要素缺乏时，招商引资便成为发展经济、积累资本的首要方式，协议出让工业用地由此产生。但随着经济发展到一定阶段，有可能出现资本要素充裕而土地要素稀缺，此时市场化的“招拍挂”公开竞价方式会成为土地资源配置的主导方式。如表 3.22 和图 3.12 所示，土地市场分割趋势呈现出明显“倒 U”形的先增后减发展趋势，2006 年为拐点，土地一级市场分割定价趋势缩小，但 2013 年以后又出现差距加大的走势。

表 3.22　土地一级市场分割定价情况　　单位：元

年份	协议出让价格	“招拍挂”价格	“招拍挂”价格/协议出让价格（%）
2003	168.53	567.00	3.36
2004	221.78	677.00	3.05

续表

年份	协议出让价格	"招拍挂" 价格	"招拍挂" 价格/协议出让价格（%）
2005	155.76	733.31	4.71
2006	141.02	814.51	5.78
2007	182.03	858.91	4.72
2008	274.48	684.41	2.49
2009	263.12	870.40	3.31
2010	321.88	1015.89	3.16
2011	434.25	1010.54	2.33
2012	450.89	883.65	1.96
2013	571.57	1216.39	2.13
2014	788.18	1228.41	1.61
2015	705.88	1399.98	1.98

资料来源：2003～2014 年数据来源《中国国土资源年鉴》，2015 年数据经中国国土资源公报整理得出。

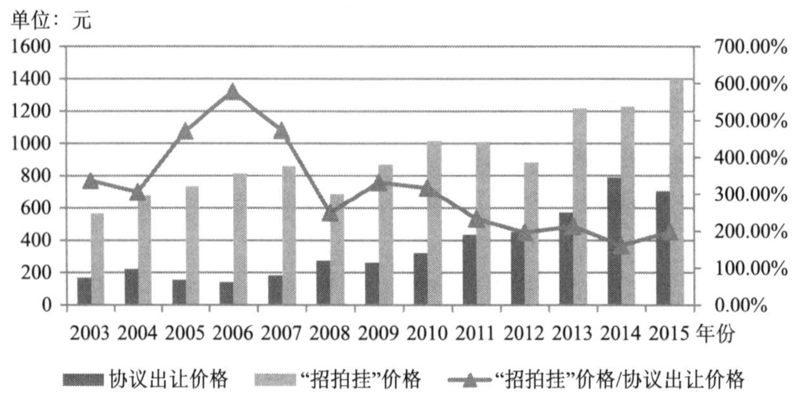

图 3.12　土地分割市场差别定价趋势图

资料来源：2003～2014 年数据来源《中国国土资源年鉴》，2015 年数据经中国国土资源公报整理得出。

3.3.3　转轨期住房市场的制度变迁及问题

1. 转轨期住房市场的制度变迁

体制转轨形成的城乡二元格局，在住房领域体现得尤为明显。在我国，城镇和农村的住房体系是分割的。在农村，农户几乎没有住房消费支持系统，大部分家庭通过自建住房来解决居住问题，农村的住房建立在“无偿”和“无期限”的集体宅基地上，住房不能作为商品自由流通，除了“小产权房”外，目前尚不存在规范的住房市场。总的说来，农村的住房问题紧迫性和政策的关注度不如城镇住房，将来房地产税必然先城市后农村，而且目前农村尚未形成住房市场，因此本书重点剖析城镇住房制度和住房市场（朱亚鹏，2007；李剑阁，2007；王敏，2012）。

（1）住房旧体制的调整与重塑。我国的住房制度是在计划经济向市场经济转轨过程推进改革的。从20世纪新中国成立起，住房建设纳入整个国家的计划经济体系，城镇居民的住房完全由政府来担责，住房规划及建设均纳入国家的基本建设范围，从财政预算中拨款建设公共住房并分配给城镇职工居住，住房的实物福利分配是计划体制下公有制单位就业职工的一项基本福利政策，居民以低工资为代价获得相应的住房实物补贴，我国逐渐建立适应计划经济体制下的国家住房供应体系。城市居民从就业单位获得住房并支付租金，但仅是名义上的租金，通常租金有时低至连住房的基本维护成本都难以弥补。例如，1975年居民家庭总支出中有2.3%用于住房消费，但到了1990年这一比值下降为0.74%。实际租金和成本租金缺口日益增大，低租金住房福利分配制度下投入产出无法实现自身良性循环。

这种计划经济体制下政府主导的住房供应制度衍生许多问题：最典型和严重的有政府财政负担沉重，房屋短缺匮乏供不应求，住房质量低下且难以有效维护、居民住房条件较差以及住房分配严重不公平等问题（Shaw，1997）。导致上述问题的主要原因有：人口快速增长、“重建设、轻消费”计划经济政策取向导致的住房的建设和供应难以满足需要以及土地使用管理混乱等（Tong，1996）。新中国成立初期城市人均居住面积尚有4.6平方米，而到1978年非但未能提升反而下降为3.8平方米，更重要的是政府再也无力承担为沉重的城镇居民住房供应职责，全社会面临极为棘手的住房供应匮乏问题。上述问题倒逼政府进行大规模的住房制度改革，基本策略是实行公房社会化、自有化和商品货币化改革，鼓励大力发展房地产市场，试图通过市场来解决住房问题。

（2）住房市场化和自有化改革。与其他转型国家较为类似，我国的住房制度改革的核心是将住房由国家计划供应转变为市场供应为主、其他供应方式为辅的供应制度，目的是引入市场机制来提高住房资源配置效率。为了减轻政府的提供住房的财政开支负担和增加住房供应，20世纪70年代我国开始进行住房的社会化、市场化和货币化改革，目的是将住房实物福利分配的计划供应转变为市场供应的住房资源方式。改革的举措主要有：低价出售存量公房给原有职工，逐步提高房租将“暗补”显化为“明补”。在改革存量公房的同时，政府积极鼓励发展房地产市场，采取各种措施支持居民个人通过市场来满足住房居住需求。随着住房制度改革推进和房地产市场的培育发展，我国逐渐形成了转轨期特有的原计划经济供应的公共住房和由市场供应的商品住房的“双轨制”住房供应制度（朱亚鹏，2007）。

住房改革的前20多年，由于各种因素影响制约，住房制度改革政策变化频繁且难以有效推进，详细的改革历程如表3.23总结所示。住房货币化、商品化和市场化改革的本质是持续缩小和减轻政府提供公共住房的责任和财政支出，而城镇居民的住房需求却被推向市场并大都取决于个人的支付能力。住房改革的主要历程和改革实质显示，我国住房制度改革朝着新自由主义方向前行[①]（Lee & Zhu，2006），过分强调了住房的市场化和私有化，相对忽略了住房的福利保障功能，这是考察我国当前住房制度和住房市场状态的基本现实。

表3.23　　我国城镇住房制度改革主要进程

时间段	改革核心及主要内容	改革效果评价
1979～1986年	出售公房，简称三三制售房。试点地区实行全价售房和补贴售房，全价售房是指以土建成本价向居民出售新建住宅（1979～1981年）。补贴售房是对新建住宅实行补贴出售，个人支付1/3的房价款，其余2/3由地方政府及职工所在单位分担补贴（1982～1985年）。	补贴售房制度导致地方政府和企业负担过重，不能实现住房资金的自我循环。与此同时，补贴售房并没有触及低租金制度，房屋私有产权对于已有住房和即将分到住房的职工没有太大吸引力，1985年基本停止公有住房补贴出售试点工作。
1986～1991年	提租增资。1988年国务院印发了《关于在全国城镇分期分批推行住房制度改革的实施方案》（国发［1988］11号），是我国出台的第一个全国性的房改总体方案，一般称之为“提租补贴”方案，标志着全国性住房改革的开始。把公房租金提高到成本租金水平（折旧费、维修费、管理费、投资利息、房产税）；相应提高职工工资，使工资中逐步包括住房消费部分。通过提租刺激住房购买。	提租改革的基本用意是促使原公房住户主动选择购房，从而实现建房资金一定比例的回笼。但提租幅度多为象征性，无法补充基本维护支出，各单位仍将提供住房作为核心要务。公共部门雇员住房福利分配大量扩展，使得公房存量达到空前水平。1988年全国出现严重的通货膨胀，原计划3～5年在全国推广的提租补贴方案未能实行。此后三年，房改基本处于停滞状态。

① 在经济全球化和金融化背景下，政府不再注重社会福利和充分就业等保障性政策，而是突出强调市场竞争力和经济效率。许多学者认为，我国的住房制度改革实质上是“新自由主义化”或是建立“新自由主义的住房体系”（Lee & Zhu，2006）。

续表

时间段	改革核心及主要内容	改革效果评价
1991～1994 年	房改全面推进。1991 年 10 月，国务院办公厅转发了住房制度改革领导小组《关于全面推进城镇住房制度改革的意见》合理调整现有公房租金、出售公有住房的同时，强调实行新房新制度，以使新建住房不再进入旧的住房体制。同时提出增大个人筹资在住房投资中的比重，推进建立住房公积金制度，建立城市、单位和个人三级住房基金。	住房制度改革全面推开，对于住房改革的总目标没有大的变化。鼓励职工集资、合作建房，改变现行由国家、企业统包的住房投资体制。
1994～1998 年	房改攻坚阶段。1994 年 7 月 18 日，国务院颁发《关于深化城镇住房制度改革的决定》（国发［1994］43 号），是我国住房制度改革的第二个里程碑，构建了我国下一阶段住房改革的综合性框架。从供方首次提出建立以中低收入家庭为对象、具有保障性质的经济适用住房供应体系和以高收入家庭为对象的商品房供应体系。从需求方面，首次提出全面推行住房公积金制度，建立双重的住房金融体系。在私有化现存公房过程中更注重价格机制的设计。	1994 年房改方案致力于建立功能性的住房市场，家庭将从市场上购买住房，单位逐渐脱离供房责任。这一阶段住房的生产呈现出多元化趋势，但住房消费仍然依靠单位。由于住房商品化和私有化过程中存在大量福利补贴因素，人们倾向于单位出售福利住房而不是从市场上直接购买，大量新建住房仍通过实物分配渠道进入旧体制。例如，1996 年全国新建 3.01 亿平方米，其中约 2/3 为单位自建或购买商品住宅，然后分配给职工使用。
1998 年下半年以来	住房分配货币化。1998 年 7 月 3 日国务院颁发《关于进一步深化城镇住房制度改革加快住房建设的通知》（国发［1998］23 号），这一里程碑式的文件标志着我国房改进入了一个新阶段。文件宣布停止住房实物分配，全面实行住房分配货币化，同时建立和完善以经济适用房为主的多层次城镇住房供应体系，促进相关配套改革（发展住房金融、信贷，建立新的市场交易体系）。	23 号文彻底切断单位与住房供应之间的联系，禁止单位为职工自建或购买住房，将住房基金转化为货币补贴促使职工从市场上购买住房。通常将 1998 年视为新中国成立近 50 年住房实物福利分配制度终结年份，同时正式宣告城镇公民住房生活资料私有化的开始。

续表

时间段	改革核心及主要内容	改革效果评价
2003 年至今	住房市场化。2003 年 9 月，国务院颁发了《关于促进房地产市场持续健康发展的通知》（国发［2003］18 号），第一次提出房地产业是国民经济的支柱产业，提出坚持住房市场化的基本方向，发挥市场在资源配置中的基础性作用，提高普通商品住房在市场供应中的比例，商品性住房成为住房市场供应的主体。	完善供应政策，调整供应结构，逐步实现多数家庭购买或承租普通商品住房。房地产业成为国民经济的支柱产业。

资料来源：根据王敏：《我国城镇住房制度改革：回顾与反思》，《兰州学刊》2012 年第 7 期；朱亚鹏：《住房制度改革政策创新与住房公平》，中山大学出版社 2007 年版；李剑阁：《中国房改现状与前景》，中国发展出版社 2007 年版本等文献整理。

2. 后房改时代住房市场问题的凸显和加剧

从 1998 年开始，我国住房制度改革加速推进，将住房实物福利分配制度废除，彻底推行通过市场供应住房的货币化住房分配政策，住房制度的商品化、社会化和货币化改革得到有效执行。至此，住房体制从治理结构到管理方式发生了根本性变化，政府和单位的住房供应职责逐渐向个人转移。我国步入后房改时代，许多有条件的家庭和个人通过房地产市场购置住房，居民生活质量得到很大提升，房地产市场发展迅速，但同时也暴露出来各种问题（朱亚鹏，2007a，2007b；邢戬，2015），主要有：

（1）住房价格迅速上涨，超出了普通居民的承受能力。我国于 1999 年开始启动房地产市场，除了 2008 年金融危机这一特殊年份之外，房价至今一直快速上涨且呈上涨的速度越来越快。如表 3.24 所示，涨幅较高的年份，2004 年、2007 年和 2010 年分别达到了 17.8%、14.8% 和 24%。1999 ~ 2014 年房价平均涨幅为 16.74%，同期城镇居民收入增幅为 9.64%，同期 GDP 平均增长率 8.34%，由此可见房价涨幅超过经济基本面和居民收入增幅，这直接导致普通居民家庭难以承受住房负担。

表 3.24　1999 ~ 2015 年全国商品房、城镇居民收入及 GDP 增长率一览表

年份	商品房平均价格（元/平方米）	商品房均价同比增长率（%）	全国城镇居民人均收入（元）	城镇居民收入同比增长率（%）	GDP 同比增长率（%）
1999	2053	-0.5	5854.0	9.3	7.1
2000	2112	2.9	6280.0	6.4	8.0

续表

年份	商品房平均价格（元/平方米）	商品房均价同比增长率（%）	全国城镇居民人均收入（元）	城镇居民收入同比增长率（%）	GDP 同比增长率（%）
2001	2170	2.7	6859.6	8.5	7.3
2002	2250	3.6	7702.8	13.4	8.0
2003	2359	4.8	8472.2	9.0	9.1
2004	2778	17.8	9421.6	7.7	9.5
2005	3168	14	10493.0	9.6	9.9
2006	3367	6.3	11759.5	10.4	10.7
2007	3864	14.8	13785.8	12.2	11.4
2008	3800	-0.17	15780.8	8.4	9.0
2009	4238	9.4	17174.7	9.8	8.7
2010	5395	27.3	19109.4	7.8	10.3
2011	6245	15.8	21809.8	8.4	9.2
2012	6272	0.4	24564.7	9.6	7.8
2013	6606	5.3	26955.1	7.0	7.7
2014	6682	1.2	20167.0	6.8	7.4

资料来源：《中国房地产统计年鉴（2000~2014）》、中国经济网。

房价收入比是衡量一个地区家庭对该地区房价的承受能力及其变化情况，以此作为判断该地区房价是否合理以及是否存在泡沫的基本依据。$PIR = P/I$，其中，PIR 表示房价收入比，P 表示商品住宅价格，I 表示家庭年收入；若 PIR 越大，则表示房价收入比越高，住宅的可支付性越低。国际上通用的房价收入比的计算方式，是以住宅套价的中值，除以家庭年收入的中值。根据现有文献的研究，房价收入比的理想算法是通过中位数计算，需要使用住房交易微观数据（张清勇，2011）。由于微观数据并不容易获得，有很多学者根据调查披露的平均数和中位数的比例关系进行换算，在已知平均数的情况下，换算出中位数，最后基于中位数计算出房价收入比。综合考虑数据的可得性和结果准确性，在计算我国房价收入比时采用平均数是一个可行的选择。房价收入比反映的是居民买房的支付能力和市场的运行状况，因此其对应的住房应该是市场上交易的住房，不应包括保障性住房。关于住房面积，学者有的用固定数字（如 80 平方米），有的用某种发展指标（如人均 35 平方米），由于计算房价收入比的目的是为了反映居民的支付能力和市场运行状况，因此采用的住房面积数应是实际交易面积的平均数。收入应是研究区域的平均家庭总收入，因为房价收入比衡量的是本地居民的住房支付能力，故可不考虑外地投资、投机客和民工，可直接采用统计资料中本地城镇居民的人均可支配收入数据。因此，本书使用的公式是：房价收入比 = 单位面积住宅商品房平均销售价格 × 城镇人均住房建筑面积 ÷ 城镇居民年人均可支配收入。1998 年至 2015 年全国商品住宅房价收入比测算如图 3.13 所示。

作为国际通用指标，房价收入比的合理范围并没有严格界定。世界银行曾于 1998 年对 96 个国家和地区进行了统计分析，测算结果现实房价收入比数据是高度离散的。在被检测的 96 个国家和地区中最高为 30，最低为 0.8，平均值为 8.4，中位数为 6.4。发达国家通常认可房价收入比超过 6 被视为存在房价泡沫，联合国人均中心认可 2～3 倍为合理区间，目前国际上比较公认 3～6 倍为合理区间。因此，必须依据我国国情来测算房价收入比以及确定适合我国房价收入比的合理区间。根据房价收入比计算公式，测算结果如图 3.13 所示：从房地产市场启动 1998 年至今，我国房价收入比始终超出了 3～6 倍为合理区间，最高的年份如 2009 年 8.1，较低的年份如 2003 年、1999 年也都超过了 6 倍，1998～2015 年在 6.6～8.1 区间波动，平均为 7.3。

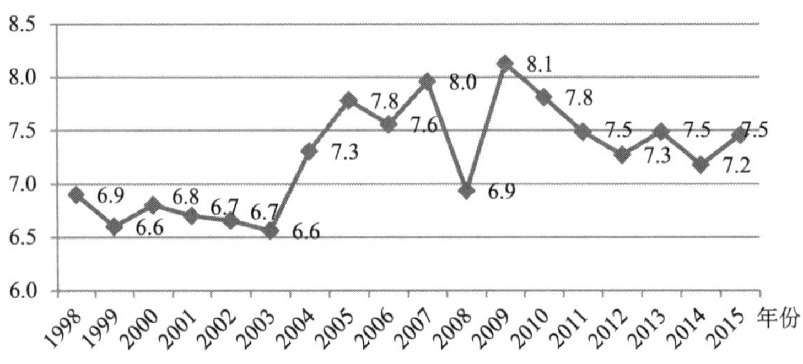

图 3.13　1998～2015 年全国商品住宅房价收入比

资料来源：1998～2001 是根据易居研究院数据所得，2002～2012 年是根据国家统计局数据计算所得，2013～2015 年是根据 2012 年和 2002 年的城镇人均住房建筑面积数据，用几何平均数计算出其年平均增长率是 2.99%，由此计算出 2013 年、2014 年、2015 年的数据。

2015 年各个省份的房价收入比仍然继续呈现明显的分化趋势，如图 3.14 测算所示。上海名列第一名，处于 14.4 的高位，北京市紧随其后，房价收入比为 13.4；处于最后两名的是内蒙古和西藏，其房价收入比分别为 4.1 和 3.71。房价收入比超过 8 的省份有上海、北京、福建、海南、浙江、湖北、广东和江西。综合我国学者对房价收入比的研究情况来看，从整体上相比目前的房价水平我国居民家庭的住房负担沉重，中低收入家庭很难通过正常的收入能负担起住房，即仅“市场轨”单一渠道是很难解决我国家庭住房问题的，更难以达成“居住有其屋”的目标。

上海市	北京市	福建省	海南省	浙江省	湖北省	广东省	江西省	江苏省	河北省	云南省	广西	四川省	安徽省	河南省	重庆市
14.4	13.4	10.94	9.97	9.04	8.81	8.00	7.65	7.58	6.73	6.71	6.56	6.53	6.47	6.47	6.45

黑龙江省	山东省	陕西省	天津市	甘肃省	吉林省	山西省	湖南省	青海省	贵州省	新疆	辽宁省	宁夏	内蒙古	西藏
6.45	6.10	6.02	6.02	6.02	5.99	5.87	5.65	5.39	5.37	5.26	5.11	4.88	4.10	3.71

图 3.14　2015 年全国各省市房价收入比的排名情况

资料来源：各个省份的 2016 年统计年鉴，及各省相关职能部门的官方网站。

（2）住房供应结构极不合理，商品房空置与保障房供应不足并存

房改初期，1994 年国务院颁布《关于深化城镇住房制度改革的决定》（国发［1994］43 号），提出了构建我国住房改革的综合性框架。首次从供给方设计住房的供应体系：为中低收入家庭提供保障性质的经济适用房，为高收入家庭提供完全市场化的商品房。经济适用房建设的初期，政府的目标是为 80% 左右的中低收入家庭提供经济适用房，为 5% 左右的贫困家庭提供廉租房，剩下的 15% 的高收入家庭则自行通过市场渠道购置商品房。最初设计的保障性住房要覆盖全部住房的 85%，制定的“保障轨”目标过高，难以实现改革初衷。上述政策并未落实到位，导致目前商品房供应过度，而保障房建设停滞不前，保障房供不应求，由此形成了极不合理的住房供应格局。

我国住房供应制度不合理集中体现在商品房空置率过高而保障房供给严重不足。中国家庭金融调查与研究中心（CHFS）的发布数据显示，我国城镇自住房空置率在 2013 年已经高达 22.4%，在各种住房类型中，空置率最高的为商品房 26.3%，空置率第二高竟然是经济适用房 23.3%。初步估算，空置房占用了银行住房贷款 4.2 万亿元，空置房产占全国城镇家庭资产的 11.8%①。与商品住房供给过剩形成鲜明对比的是，以经济适用

① 资料来源：“城镇住房空置率”报告发布：中国城镇地区自有住房空置率 22.4%，http：//sichuan.scol.com.cn/fffy/content/2014－06/13/content_8089751.htm？node＝894。

房建设为主体的保障房建设进展十分缓慢。如表 3.25 分析，每年新开工经济适用房增长缓慢，很多年份在下降；新开工经济适用房占新开工住房比例由 1999 年 17.6% 下降到 2008 年 5.5%，长期徘徊在 5% 左右；经济适用房投资额占同期房地产投资额的比重由 1999 年 10.5%、2000 年 10.9% 下降至 2010 年的 2.2%。

近年来，以经济适用房为主体的保障房体系运行出现的问题越来越多，最典型的有“够资格的买不起，买得起的没资格”、经适用房小区出现大量闲置豪宅，权力寻租、滋生腐败、效率低下、经济适用房被一部分高收入者占有而真正需要保障的进城农村民工、创业人员却无资格购买等等突出问题，目前，相关管理部分已经开始考虑“公租房并轨”作为保障房体系供应改革的突破口，逐步削减销售型经济适用房供应，并最终停止经济适用房供应，将已有的经适房、廉租房和公租房统一运行管理，经适房停止对外销售，而是统一面向应纳入保障房人群进行出租。目前，河南郑州、山东烟台、湖南和江西等地正进行“三房合一”试点改革，即廉租房、经济适用房、公租房合并为公租房，预期将向全国推广（见表 3.25）。

表 3.25　近年来经济适用住房开工面积及投资额情况

年份	新开工房屋面积（万平方米）	新开工经济适用房（万平方米）	新开工经济适用房占新开工比例（%）	全国经济适用房投资额（万元）	经济适用房投资额占同期房地产投资额的比重(%)
1999	22579	3970	17.6	4370211	10.5
2000	29583	5313	18.0	5424365	10.9
2001	37394	5796	15.5	5996464	9.4
2002	42801	5280	12.3	5890445	7.6
2003	54708	5331	9.7	6219833	6.1
2004	60414	4257	7.0	6063880	4.6
2005	68064	3513	5.2	5191806	3.3
2006	79253	4379	5.5	6968397	3.6
2007	95401	4810	5.0	8209260	3.2
2008	102553	5622	5.5	9709063	3.1
2009	116422			11340755	3.1
2010	163806			10691695	2.2

注释：自从 2010 年以来，许多省市开始陆续停止新建经济适用房，并且实行“三房合一”的政策，将工作重点转移到了并轨后的公租房和保障性安居工程之中，进行统筹建设和统筹管理，因此经济适用房的开工和投资建设的数据到 2010 年为止。

资料来源：《中国固定资产统计年鉴（2000～2014）》、《中国房地产统计年鉴》。

(3) 改革没有缩小已存在的住房不公平，反而加大了住房不公。存量公房改革即低价出售公房是存量公房本身分配不公的基础上进行的。原计划经济体制时期，实行住房实物福利分配，该制度在当时设计和执行本身就存在不公平性。房改初期的存量公房实行货币化改革，向现有的住房出售公房，其他人均无权购买，这确认和固化了旧体制下获得利益的差距，事实上维护了既得利益者（James Lee，2000）。有学者估算，1995 年中国当时最富有 10% 人群拥有了全国 60% 的私人住房财产①。公房改革因单位和地方不同而产生利益差别，普遍的情况是政府机关、行政事业单位等住房状况远远优于其他单位职工，政治地位和社会地位的特权阶层等人群收益更多。存量改革非但没能消除原有的住房不公，反而在改革过程中进一步加剧了住房财产差异及产生新的住房不平等。

现有的住房分配供应体系缩小住房不平等效力极其有限。尽管国务院早在 1994 年和 1998 年就从供给层面提出保障化和市场化相结合的整体住房供应体系。但实践中，由于各方面因素影响制约，我国的经济适用房、廉租房等保障性住房建设进展十分缓慢甚至停滞不前。我国保障房建设资金缺口大，加之保障房用地划拨、减免各种税费，保障房基建要求地方财政投入大，保障房建设对地方政府是“增支减收”，这对本来收不抵支、捉襟见肘的地方政府积极性不高是必然的。同时，保障房大幅供给对商品房市场会形成较大冲击，甚至改变商品房市场供需平衡，导致房价下跌，同时引发地价下跌甚至地价跌幅更大，必然会全方位地减少地方政府的“土地财政”收益，这在实践中可以看到地方政府通常不会主动增加保障房的供给（苏多永、张玉香，2010）。房改 30 多年以来，目前住房市场商品化过渡而保障体系严重不足的供应体系。房改在需求方面的举措主要是提高需方的住房的消费支付能力，例如实行住房的货币补贴、大力发展住房公积金制度和推广货币购房按揭贷款等全方位的货币购房支持政策，但这些政策措施对低收入家庭获得住房帮助十分有限。高档商品房和质量较好的公房往往由高收入阶层和具有较高社会地位的人群获得，而低收入阶层往往买不起商品房等租住公房，日渐形成城镇贫民社区化（Wang，Y.，2000）。另外，全国目前仍有高达 1.5 亿平方

---

① Xing quan Zhang, Housing reform and the new governance of housing in urban China, The International Journal of public sector management, 2000, Vol. 13 (6): 519 ~ 25.

米的危旧房和棚户区亟待改造和改建等[①]。全国各地均存在大量豪华别墅与贫困住房并存，住房的市场化、货币化和自有化改革进一步加剧了社会贫富差距和住房不公平。

在有限的保障房资源分配方面，我国存在严重的住房不公问题。以保障房主体——经济适用房为例，实践中经济适用房慢慢地变得不再"经济适用"，出现面积大、购买主体资格错位和政府难以有效监管等问题，真正需要经济适用房的中低收入家庭买不起或买不到，而高收入家庭却能拥有经适房，致使经济适用房的保障功能弱化。从实践观察，我国经济适用房难以达到政策预期根本原因是经济适用房拥有产权（邢戬，2015）。加之我国经济适用房具有产权的同时价格低廉，从长期看经济适用房具有较好的投资价值，拥有产权的经济适用保障房具有向商品房转化的激励。中国家庭金融调查与研究中心抽样调查显示，经济适用房存在严重的资源错配，高收入家庭拥有经济适用房的比例反而更高，如图3.15显示收入最高的家庭中有3.2%拥有经济适用房，收入最低的家庭仅有2.4%拥有经济适用房。而且，与经济适用房保障功能十分不相称的是，在我国经济适用房还存在较高的空置率，中高收入家庭持有的经济适用房空置率更高，详见图3.16。另外，真正具有保障房性质的廉租房和公租房在我国比较稀缺，原因是这些类型的住房是政府提供廉价租金的真正福利住房。完全福利性质的廉租房无论是对地方政府还是开发商而言，都是投入大而几乎无产出的公益行为，而经济适用房具有一定的盈利性和较好投机价值，这反映在保障房建设中经济适用房比重较大，而廉租房和公租房占比很小且无实际进展。经过十几年的发展，经济适用房实际上并没有真正发挥保障房的功能，反而滋生出许多问题，目前经济适用房处于停建状态，将经济适用房并入公租房体系。

住房分配公平是住房社会保障引申出来的基本客观要求，对于保障性住房而言更是应有之义，国外通常将保障房作为社会福利工具（陈伯庚，2008）。因此，保障房的供应不足及分配不公引起民众的不满将更加严重。综上，我国的住房改革本质上是私有化、市场化的新自由主义方向的改革，这是导致房价飙高、脱离民众消费能力以及住房分配不公等问题的症结所在（James Lee& Zhu，2006；王敏，2012）。

（4）房地产业积聚了较大风险，积累了一定程度的市场泡沫。我国的

---

① 楼盘网：《棚户区约1.5亿平方米危房亟待改造》，http：//mas.loupan.com/html/news/201401/1115572.html。

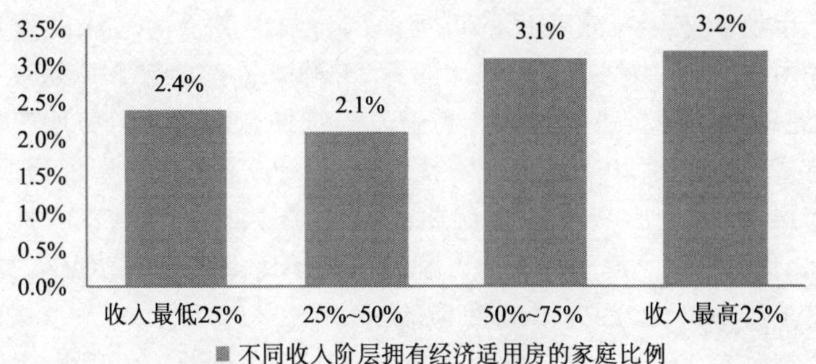

图 3.15　经济适用房的错配：高收入家庭拥有经济适用房的比例更高

资料来源：中国家庭金融调查研究中心（CHFS），2013。

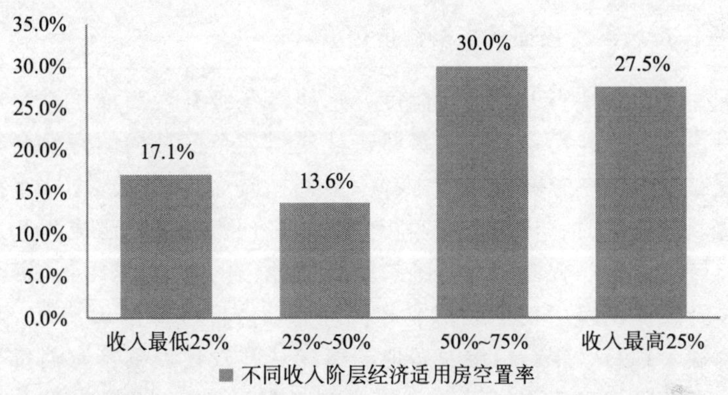

存量占比　47.3%　4.1%　10.1%　14.5%　4.5%　19.5%

图 3.16　按住房类别：商品房与经济适用房的空置率较高

注：其他包括城镇地区的自建房、继承或赠予等住房。

资料来源：中国家庭金融调查研究中心（CHFS），2013。

房地产业经过十几年的迅猛发展，几乎没有经过真正意义上的调整，至此确实积累了较大风险，最突出表现在以下三个方面：一是建筑业、房地产严重产能过剩。按照国际惯例，空置率 20% 以上属于房屋严重积压区，而 2013 年中国城镇地区自有住房空置率为 22.4%①。中国社会科学院财经战略研究院 2015 年年底发布的《中国住房报告（2015～2016）》指出，截至 2015 年年底现行商品住房过剩总库存高达 21 亿平方米，仅现房库存去化就需要 23 个月至 24 个月②。目前，商品住房市场步入“结构性过剩时代”，内部结构失衡，一线城市供不应求与三四线城市供过于求并存。二

① 资料来源：中国家庭金融调查与研究中心（CHFS）的发布数据。

② 百度乐居：《商品房空置率疑达 26%　专家劝房企抢先降价》，http://house.baidu.com/。

是房地产市场积累了一定程度的市场泡沫。城市房价的泡沫度预警线为20%，我国30个大中城市平均泡沫的为23.38%，有接近70%超过了预警线[①]。三是信贷中房贷占比过大，易引发系统性金融风险。房地产贷款在现行银行贷款中占到20%，银行贷款中50%～60%以房地产抵押或担保。2004～2014年房地产贷款占金融机构各项贷款比重由13.36%上升至21.26%。我国居民家庭中，房产占家庭总资产比重高达73.44%，家庭负债主要以住房率负债为主，占总负债的92.66%[②]。

3.3.4　转轨期住房市场失灵的制度性原因

1. 住房市场供给层面的主要制度因素

我国住房市场实行开发公司制度，这使得各级开发商成了城镇居民住房的唯一供应者，住房市场寡头垄断特性使得某个区域内的开发商能进行价格合谋，且任何一家开发商通常都不会选择破坏价格合谋，这直接导致房价飞涨。与此同时，住房市场实行的商品房预售制度，已成为开发商捕获信息、转嫁风险、控制市场等维护其垄断地位的有力工具。从资金供给角度看，开发商从事房地产经营业务自有资金占比可低至35%[③]，其他资金几乎都源于银行，银行已触及房地产市场从开发建设到持有消费等供需领域每个环节。而在二手房市场（住房的二级市场），投资投机者能获得较高的价差收益，这很大程度上源于房地产税费“重流转、轻保有”。税费成本主要集中在住房交易环节，但由于现行住房很长时间内仍是“卖方市场”特点，这使得税费容易转嫁给买方（消费者）；而住房持有环节税种少、税收优惠多和税负轻，这使得住房投机者持有成本低、时间成本偏小，在很大程度上助长了投机收益（唐明，2007a、2007b、2010）。而沪渝房产税时至今尚未“扩容”，房地产立法似乎还遥遥无期，对于房地产市场投机者来说，“待价而沽”持有阶段较低的持有成本是投机获利的决定性条件，目前至今仍未开征房地产税，对投机收益尚无较有效的税收调控。

---

① 高波等：《预期、投机与中国城市房价泡沫》，《金融研究》2014年第2期。

② 高波：《中国房地产税立法的逻辑》，《河北学刊》2014年第4期。

③ 邢戬：《住房价格决定机制与住房供给制度研究》，吉林大学博士学位论文2013年。

2. 住房市场需求层面的主要制度性因素

房地产市场的住房消费需求可大致分为包含刚性消费需求、改善性消费需求和投资及投机需求，其中住房的福利需求内含于消费需求（刑戬，2015）。我国消费性住房需求的影响因素主要有：第一，我国地域广阔，人口众多，由此会产生巨大的消费需求。第二，我国正处于工业化和城市化加速推进阶段，与日俱增的城镇人口促使住房消费市场迅速升温，住房市场需求旺盛。第三，城乡居民收入水平提高，这也使得住房市场改善型消费需求增加。第四，中国人自古以来以居者有其屋为基本准则，拥有住房的家庭幸福感和满足感更强，而租住住房给人居无定所的不安全感，这种传统理念使得中国人家庭更倾向于买房，以上几个方面的因素决定了我国房地产市场基本的刚性需求潜力巨大。而对于投资和投机性需求的影响因素，金融危机之后执行的量化宽松的货币政策使得通货膨胀上升、资金流动性过剩，而投资和投机房地产是回避通胀风险和谋取利润的最佳投资和投机工具之一。加之，现行资本市场尚不完善，能提供的保值增值产品远远满足不了需求，而不动产具有消费和投资的双重属性，是投资和投机首选，这是我国房地产投资和投机需求旺盛最为重要的现实原因。另外，我国经济步入新常态之后，实体经济尤其是制造业衰退，社会游资聚集房地产行业，这也是房地产市场投资和投机需求旺盛的另一现实原因。

3. 我国住房市场失灵的根本原因

如前论证，影响需求的多为外生结构性因素，而决定供给的多为房地产市场制度因素。外生影响因素的确决定着房价，但难以通过对外生结构性影响因素施加影响来解决住房市场自身问题或内部矛盾。住房市场的自身问题和内部问题应从其内部找原因及解决策略。而影响住房市场“供给侧”多为市场制度自身因素，因此可从影响供给的决定因素找到解决问题的有效方案。学界研究表明，我国房地产市场自身问题都或多或少与房价有关，房价高涨或为问题本身，或为决定因素，或为最终结果，即各种住房相关问题归根结底都与房价息息相关。以现行房价超过经济基本面为最终结果，从供给层面、需求层面和监管层面对影响高房价的各种外生结构性因素和制度性因素以图的形式归纳总结，以便厘清各个影响因素的互为因果和相互影响的逻辑关系，以期从中找到房价过快上涨及住房市场失灵的关键因素（见图 3. 17）。

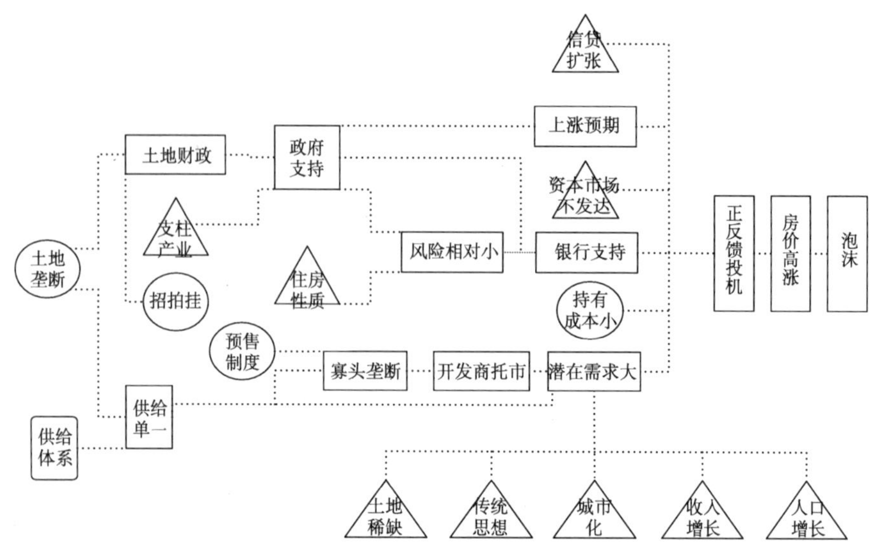

图 3.17　我国住房市场相关制度性与结构性影响因素框架图

注：根据刑戳（2015）等文献整理绘制。短时间内无法改变的外生决定因素或宏观经济因素以三角形图形来表示；住房市场自身制度性因素用圆圈图形表示；住房市场的内生决定因素用方形图形表示。

如图 3.17 总结所示，房价持续上涨以至形成价格泡沫的原因是由于正反馈投机者不断加入房地产市场，投资投机活动需要资金持续投入，而宽松货币政策的信贷扩张及银行支持提供了资金保障。如三角形概括的需求因素导致我国存在强大的潜在需求，这是投资投机者投向房地产市场的最根本保障，同时不断上涨房价预期使得投机投资者越来越多。由于住房良好的投资属性和“土地财政”导向下地方政府的支持，银行有底气来承担房价泡沫风险。除了各种外生影响因素外，强劲的潜在需求产生的最主要原因还在于我国住房市场的单一供给制度。一方面，住房市场的供给主体单一，城市居民家庭只能向开发商买房；另一方面供给客体单一，现行房屋供应结构失衡，商品房过渡而保障房严重匮乏，上述单一供给体系导致住房市场积压了许多潜在住房需求。需求大量累积与房价息息相关，而房价过高与房地产开发商利用垄断地位合谋托高房价有关。住房市场上，开发商凭借其寡头垄断地位来推高房价，同时预售制度等强化了开发商的垄断制度优势。基于“土地财政”收益最大化的利益驱使，地方政府同样凭借其征地市场和出让市场的“双垄断”地位，借助土地储备制度和“招拍挂”来获得高额土地收益。地方政府对土地的行政垄断权是导致单一的住房供应制度的根本原因。综上分析，我国房价高涨和住房市场失灵的根源在于国家对土地的垄断以及由此导致的住房供给垄断性和单一性，解决问题的策略是从制度层面改变现行单一化的供给格局，住房市场至少具备两种或两种以上的住房供给渠道（刑戬，2015）。

3.4 转轨期中国公共治理与地方财政民主机制的制度变迁

3.4.1 转轨期财政民主机制主要实践：参与式预算

现代公共财政体系中，财政资金筹集和分配最为重要的目标是为公众提供公共产品和服务，这关涉每个公民的切身利益，而国家预算决定着公共财政资金收支全过程，因此国家预算公共权力的行使必须尊重民众的意愿以及接受公众的监督，这是财政民主机制的基本要求。纵观世界各国，现代社会中人们通常选举民意代表，民意代表组成的代议机构代表民众行使民众的权力。目前，呈现成两种实现预算民主的运行机制：一种是包括我国在内大多数国家实施的代议机构为主体的议会模式。具体到我国，国家的权力机关由全国人民代表大会和地方各级人民代表大会构成，人民选举人民代表，由人民代表组成的代表大会行使人民的权力。我国的《预算法》规定，预算权包含具体的预算编制权、执行权、审查权、批准权和监督权。其中，预算的编制权、执行权和调整权由政府行政部门行使，作为立法部门的各级人民代表大会及其常务委员会实施预算的审查权、批准权、监督权以及对政府预算实施控制。由此看，我国预算的全过程以及预算相关的权限皆由公权力掌控，普通百姓尚不能有效参与政府预算的过程管理监督。目前政府预算编制较为粗糙、人大的代表程度不高且审议预算的时间过短，预算的控制监督形同虚设，预算的编制、执行和监督等更是缺乏民众的直接参与，由此导致预算民主及财政民主机制建设较为滞后。由此，另一种预算民主的实现途径呼之欲出，即由民众直接参与预算全国的参与式预算（陈家刚，2007）。随着国外参与式预算实践的国际传播和民主效应的影响，民主协商为参与式预算奠定了理论支撑，同时我国公众的纳税人意识和主人翁意识增强、地方政府试行善政的制度创新、专家学者的深度研究指导和大众媒体的广泛宣传等，上述主要力量极大地推动了参与式预算在我国蓬勃发展。

3.4.2 参与式预算的中国实践样本及实践价值

我国的参与式预算在近几年发展起来，温岭、上海、无锡、哈尔滨、焦作、淮南、顺德等地陆续进行了公众参与预算的尝试。目前我国参与式预算的探索形式日益多样化，主要集中在县（区）和乡镇（街道）两级。现行的参与式预算中，民众代表和人大代表联合起来协商公共事务，积极参加人大的正式预算审议和预算监督，实践中呈现出两种独具特色的典型模式。第一种模式是将普通民众的建议与人大代表决策相结合。现实中普通民众代表参与预算不够深入，只停留在预算的初审阶段，因此民众建议只能起到辅助作用，基层人民代表掌握着实质性的预算决策权，实践中浙江温岭的参与式预算是典型代表。第二种模式是由诸如基层人大代表和政协委员等社会精英分子与普通民众代表一起组成预算参与委员会，积极参与人大会议协商和投票表决等过程，以此可决策纳入预算的公共项目优先实施的先后次序。此种模式在无锡、哈尔滨和佛山顺德等地的参与式预算较为典型（徐珣、陈剩勇，2011；陈朋、杜永兵，2009）。

参与式预算是近年来兴起的由公民直接参与财政收支决策和公共财政资金分配的预算决策机制，在预算的制定、审批、执行、评估和监督各环节创造出公众参与预算的畅通渠道，构建良好的预算公众参与机制，着重提高社会公众的参政议政能力。作为政府运行的基础和关键——财政预算，是多方利益聚焦和博弈的主要阵地，以预算改革为助推器推动我国政治体制变革是当前我国行政改革的重要特征之一。近十几年的参与式预算实践中，我国逐渐形成了“温岭模式”、“哈尔滨模式”和“顺德模式”等为代表的参与式预算的中国样本，其具体运作情况详见表3.26总结所示。可以预见，随着参与式预算实践的蓬勃发展，各具特色的参与式预算新模式将如雨后春笋般涌现出来。

中国参与式预算改革虽然是在乡镇和街道等层级较低的政府范围实施，但意义重大。随着地方政府“参与式治理”的探索和民众参与预算的热情高涨，参与式预算在实践中呈现出重要的实践价值（谭诗赞，2016）。

（1）参与式预算强化了地方基层自治。基层民主治理通常包含民主选举、民主决策、民主管理和民主监督四方面的“民主”。过去在农村实行“村务民主管理”，参与式预算便是将村民参与村一级财务预算决策进一步

延伸拓展至参与政府预算管理，典型的如温岭市将民主恳谈会在民主决

表3.26 参与式预算的中国实践样本概况

典型模式	运行过程	模式特点
温岭模式	浙江省温岭市于2005年率先在我国“试水”参与式预算改革，乡镇人大会议的预算审查、决策和监督等过程首次引入“民主恳谈”机制，使得社会公众和人大代表能真正参与政府的预算管理，能对政府预算产生实质性的有益影响。主要分为三个阶段：第一，在人大会召开之前的公民广泛有效参与，充分评估上年度预算并提出下年度预算的修改建议；第二，人大会召开期间，公众能参与人大会预算草案的审查；第三，在人大会结束后，公众参与预算执行与监督。温岭的参与式预算不断向纵深发展，至今已推广到温岭所有的乡镇和街道及交通、水利和建设等部门。	温岭的参与式预算实践最主要的特点是公民参与“民主恳谈”为主要形式参与政府预算，正式启动了公众参与基层政府预算决策机制，是具有中国特色的民众参与政府公共治理的创新模式。该模式主要有三个阶段，即预算初审与人大审议、预算的修改与通过、预算的执行与监督，民主恳谈机制在前两个阶段得到有效实施，充分体现了民主决策、民主管理和民主监督的新型基层民主政治模式。
哈尔滨模式	哈尔滨所辖街道和部分乡镇自2006年开始推行参与式预算的试点，借鉴温岭等地的经验做法，哈尔滨发展出具有自身特色的参与式预算模式，该模式的运行过程可概括为“项目选定——代表确定——顺序确定——编制预算——跟踪监督——评估验收”等阶段。	哈尔滨参与式预算的特色有：(1) 政府主导。根据公共项目轻重缓急的具体情况，政府主导的参与式预算与城镇社区改造、农村饮用水等重点民生工程项目建设紧密结合，使得有限的财政资金能使用到最为重要的公共项目上，满足了与百姓生活密切相关的服务需求，切实提高财政资金的社会效益。(2) 密切关注民生。哈尔滨参与式预算项目无论是社区改造和村级道路建设还是体育健身及救助弱势群体，全部都是与民众生活密切相关的重点民生项目。(3) 参与投资的主体多元。在地方财力紧张的情况下，激励社会主体参与公共项目建设，形成政府投资为主、企业和社会团体投资为辅的多元化格局。(4) 参与形式灵活多样。由最初的确定项目的单一参与形式，逐渐发展出研讨会、听证会等民主协商的各种形式。

续表

典型模式	运行过程	模式特点
顺德模式	佛山顺德区2012年首次试点财政预算编制从“为民做主”到“让民做主”的转变，在影响面广、涉及百姓切身利益的民生项目的预算决策中，吸引普通群众、人大代表及专家学者等社会各方的广泛参与。该模式较好地实现了透明预算和民主预算，在很大程度上提高了预算支出的有效性和合理性，保障了纳税人权利的实施，是“群众路线”在预算领域积极践行。	顺德模式的主要特色有：（1）不断推展参与预算试点领域。一是有效降低纳入参与式预算决策项目资金的门槛，越来越多的关涉公众利益、社会关注度较高的民生项目被纳入决策范围。二是纳入试点的项目数量日益增加，有效地扩大了项目的覆盖面。三是纳入试点的项目资金屡创新高，被纳入参与式预算决策的项目金额核减率高达40%。（2）不断完善参与式预算的工作机制，从项目建立之处的筛选机制，到项目全过程的信息公开机制以及回应公众质疑的反馈机制等，极大提高了公众的有效参与度和积极性。（3）不断创新参与式预算的工作流程。一是以创新公众票选的方式来确定试点的项目；二是代表意向同步征集；三是预算审查和现场表决有效结合。

资料来源：根据徐珣、陈剩勇：《参与式预算与地方治理：浙江温岭的经验》，《浙江社会科学》2009年第11期；陈朋、杜永兵：《参与式预算试验：推动中国基层民主向纵深发展——浙江温岭的案例启示》，《贵州社会科学》2009年第12期等文献整理。

策、民主管理和民主监督上有效地施加影响，尤其是在民主决策方面。参与式预算改变了过去普通民众难以直接参与地方公共事务管理的旧状，在一定程度上强化了地方基层自治。

（2）参与式预算激活了基层人大的审议监督功能。近年来我国各级人大加强了对预算的监督，但依旧处于“形式重要，实质虚置”的尴尬局面。以温岭市为代表的参与式预算有效地激活了人大代表的预算审议和监督权。会前通过民主恳谈会将公众建议吸纳初审报告；会议期间通过预算初审、再审、修正议案表决等程序集中检查政府预算；会后设立人大财经小组监督预算的执行情况。因此，激活人大对预算审查监督是温岭市参与式预算改革最大功效，基层人大对政府预算的“外部控制”大大加强。

（3）参与式预算推动了基层协商民主。参与式预算秉承公共协商和平等对话的理念，这与民主协商的主旨高度一致，因此参与式预算常被视为地方治理的民主协商代表形式。参与式预算的民主协商不仅存在官民之间，也存在于如人大代表与普通民众等非官方参与者，参与式预算的民主恳谈会中，参与者通过“面对面”对话和辩论等，政府要对参与者建议及时反馈，甚至对公众建议的合理性进行表态，政府和民众积极对话达成共识。由此，打开了政府预算决策“黑箱”，极大地提升公众参政议政的热情和民主素质，有效地推动了基层民主协商的大力发展。

(4) 参与式预算提升了公共资源的分配效率。在我国，参与式预算是自愿参与、随机抽选参与和邀请参与三种参与社会公众参与地方公共事务决策、管理和监督过程中实现的民主创新制度。公众通过上述途径参与预算全过程，充分表达自身及所在利益集团对公共资源分配的利益诉求。为保障民众参与预算的公平公正，参与制度经过精心设计，例如温岭开设了非人大代表表达意见的渠道，在鼓励公众有序参与以预算为核心的地方公共事务管理的同时解决无序参与有可能引发的负面问题，较大程度提升了公共资源的分配效率。

综合来看，参与式预算符合“参与式治理”为穷人赋权的内在要求，是地方参与式治理的有效载体和途径，为社会公众尤其是弱势阶层开创了通过公共协商参与地方预算决策、管理和监督的民主机制。因此，参与式预算很好地培育了公众参与公共预算的“共建共享”理念，极大地拓展了基层民主的内涵，有效地促进了基层民主政治的发展。

3.4.3 转轨期参与式预算的发展瓶颈：“成长上限”

在我国，参与式预算在很大程度上提高了政府的行政效率，提升了公众对社会事务的有序参与度及对政府的满意度，这是为实现善治地方公共治理做出的制度创新和有效努力。然而在中国现行的社会政治体制下，作为实现民主财政的重要途径——参与式预算主要依靠政府力量在推动和支持。纵观全国的试点情况，温岭首先民众恳谈先河，哈尔滨注重民生导向，顺德注重流程创新，各个试点模式各具特色，但在发展实践中都受限于“成长上限”发展瓶颈（罗文剑、吕华，2015）。

(1) 参与式预算“参与范围”成长上限。参与式预算本质上是社会公众参与公共财政预算收支决策全过程，这要求部分预算甚至全部预算都向社会公开交由公众决策、管理和监督。因此，参与式预算的范围越广，要求政府公共收支的预算透明度就越高，由此会进一步增强财政预算的公共性和民主性，反过来又进一步推动扩大参与式预算的范围。现实经济生活中，政府的“利维坦属性”使得其具有自身利益，往往会借助于自身的优势对需要公开的预算信息予以“保护”和“过滤”等，由此会产生政府的应付式的预算公开。应付式预算公开与民众的期望背道而驰，由此引发公众“发难”预算问题，不断质疑政府的预算问题，由此会形成参与式预算发展的制约瓶颈。在试点的参与式预算的各地，都出现了公开票选及最终由公众决策的项目数量偏少、覆盖面过窄等问题，使得参与式预算供给的公共项目与社会公众的基本需求差距扩大。

（2）参与式预算“参与能力”的成长上限。由于财政预算具有专业强和技术强等特点，参与式预算长远发展与参与成员的参与能力息息相关，我国现行面临着公民参与能力不强和公民专业知识匮乏等现实国情和制约瓶颈。现阶段，公共预算的专业复杂性使得公共预算参与的门槛较高，公共项目的决策、管理和监督等全过程需要很强的专业背景，而大多数公众参与者尚不具备参与预算的专业知识和综合素质，上述情况是顺德参与式预算发展受限的主要原因。目前，参与式预算的参与公众往往从生活经验或感官认识而非综合权衡预算项目的科学公平和整体效益等，这已成为参与式预算发展的“绊脚石”。

（3）参与式预算“参与质量”的成长上限。参与式预算可促使政府预算由“软约束”向“硬约束”转型。但由于我国的参与式预算是以政府力量为主导开启和推动的，“利维坦属性”必然政府会自发寻求解决“不自由”缰绳的办法，或选择与政府“友好”的参与者“作局”形成空洞形式的参与；或直接通过行政权力介入和变更预算执行等（王自亮、陈卫锋；2014）。例如，温岭原预算300万元的项目实际支出了756万元，而预算为55万元的项目实际支出高达274万元，这是参与式预算参与质量低下和流于形式的集中反映。目前，我国的参与式预算在各地发展较快，但易受形式主义的影响而脱离了参与式预算的本质，由此造成参与式预算的“成长上限”问题。

第4章

转轨期中国房地产税“启而难动”症结：制度环境的缺失

房地产税改革的“硬件”（税制要素设计和税收征管等）建设一般都能以技术解决，关键是“软件”——制度环境的构建。结合我国转轨的体制背景，着重研究中国房地产税改革所必需的财政管理体制基础、产权法律基础、房地产市场基础以及地方公共治理的政治基础等约束因素，论证现实中上述因素不同程度的缺失事实上已成为房地产税改革的制约瓶颈，具体剖析上述影响因素对房地产税改革的影响程度。

4.1 不规范分权导致房地产税改革缺失财政体制基础

4.1.1 转轨期中国房地产税改革的政治经济学分析框架

缺乏对政治制约因素考虑的税制改革是达不到改革的目的，各国的税制改革实践均证明了这一点。转轨期的中国，凡能依靠技术解决的问题都不是税制改革领域的真正障碍，改革的症结最关键还是在于如何处理好改革过程各个利益主体的利益冲突与协调。传统纯粹的经济学往往只探索如何突破信息和技术等制约影响去寻求最优解决方案，而通常不会从政治的角度考虑权力、利益集团及政府等因素的影响。但实践中政策的最优解决方案既要突破技术和信息的制约影响，更要考虑利益集团的政治影响，只有同时兼顾以上两个方面的政策实施才能取得成功，因此需要引入政治经济学的理论与方法，注重研究政策制定过程中经济、政治与制度三者之间的相互影响。著名政治经济学家阿伦·德雷泽（2003）曾指出，不确定性和利益冲突是政治经济学最核心的本质。因此，我国房地产税改革研究需要引入政治经济学研究范式，具体剖析各大利益集团在房地产税改革中有可能存在哪些利益冲突，通过化解利益冲突来寻找房地产税改革的突破口。

1. 制度转型的政治经济学分析框架

从本质上看，税制改革属于制度变迁，而制度变迁需要用新政治经济学范式来研究。这是因为，一方面制度变迁往往是各个利益集团由利益非均衡到实现均衡的过程，而纯粹的经济学研究对象是个体，很难实现由个体到群体的跨越。另一方面，单纯的经济分析往往不会考虑政治因素，一般将政府及制度等视为外生变量，致使其无法分析群体间的利益冲突。新政治经济学的研究对象可以是若干利益集团，同时考虑政治和经济的双重制约，从而可以得到各个利益集团由利益冲突到达成利益一致过程中的政策最优解。相比较纯粹的经济学主要研究为谁生产、生产什么和如何生产这三个基本问题，新政治经济学在研究制度变迁时特别关注，各个利益集团如何分配改革这一制度变迁带来的制度红利，通常只有强势利益集体在改革中净福利增加时，该项改革才有可能取得成功。

制度变革的研究需要把握三个关键阶段，一是改革的决策阶段，即改革前夕的原有制度的均衡是如何被打破的，各利益集团在各自激励约束机制下如何在改革制度变迁中发挥各自的作用？二是改革的转型阶段，即原有的制度均衡被打破后，制度演化中的博弈过渡过程或者新均衡制度如何形成？三是改革的管理阶段，达到新的制度均衡后，新制度如何发挥作用？制度变迁中的管理阶段的制度红利的实现预期将直接影响到最初的决策阶段。本书借鉴制度转型的三阶段分析框架（北京大学中国经济研究中心宏观组，2007），如图 4.1 所示。我国房地产税改革创下改革艰辛之最，长达七年的模拟“空转”终未转实，沪渝试点始终难以扩容，房地产税立法将是个漫长过程。即使沪渝试点改革由“纸上谈兵”转为实践探索，现阶段房地产税的立法仍处于改革的决策阶段。需重点厘清房地产税改革决策阶段的国情背景，该阶段都存在哪些主要的利益博弈群体？各大利益集团在改革决策中又分别有着何种利益冲突，以及如何从利益冲突走向利益协调等？

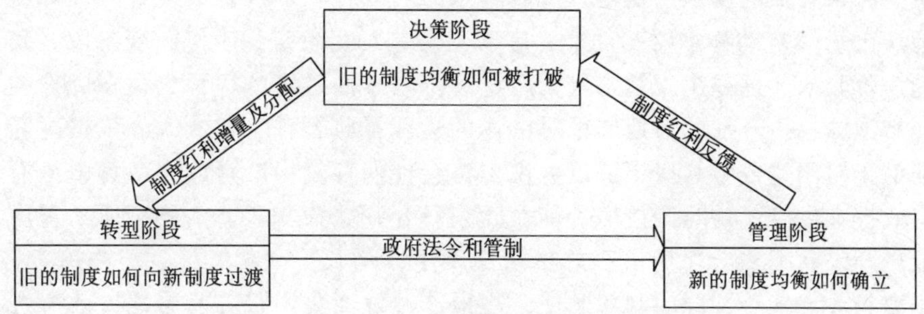

图 4.1 房地产税改革的政治经济学分析框架

2. 房地产税税收制度转型过程中利益博弈集团

作为强制性制度变迁的房地产税制改革，改革决策阶段利益均衡是“从上而下”地被打破，各大利益集团存在强烈的利益冲突，房地产税制改革能否顺利推进受到强烈的政治约束和其他约束。因此，注重剖析利益冲突以及政治、经济与制度三者内在关联的新政治经济学分析框架非常适用我国的房地产税改革进程分析。在房地产税改革过程中的参与博弈的利益主体主要有中央政府、地方政府、房地产开发商、银行和作为房地产所有人的居民纳税人。上述利益集团均是房地产税改革过程中的博弈参与人，但参与改革的博弈动机和发挥作用的时间点存在很大差异。

（1）以银行为代表的金融机构是否参与房地产税决策难以明确。在我国，房地产业飞速发展，银行在其中发挥了举足轻重的地位，因为我国不动产相当部分是银行掌控。房地产开发商获得土地后，一般是以向银行抵押土地或在建工程的方式为项目开发进行融资，融资比例一般为 70% ~80%；各种地方投融资平台公司往往以储备的土地向银行进行抵押融资；居民购房的房屋抵押贷款比例一般为房价的 70% ~80%；而处于消费和投资目的向银行申请房屋抵押贷款额度一般为房屋估价的 60% 左右。可见，房地产大部分价值其实是控制在银行手中。虽然，银行控制着很大比例的房地产价值的资产，但一般只有当贷款人不能按期还贷时银行对不动产的控制权才能发挥作用，所以银行在目前的房地产税改革中并没有直接的话语权。不过，由于银行贷款的安全性在很大程度上依赖于抵押物——不动产的市场价值，可以预见银行是不会赞成对房地产价值造成负面影响的事务，包括房地产税改革。因此，以银行为代表金融机构是否会影响房地产税改革政策目前难以定论。

（2）房地产税客观上会抑制房价飞涨，房地产开发商可能不会支持改革。将来开征的房地产税是真正意义上财产税性质的税种，该税可发挥房地产市场“自动稳定器”功能，客观上会制约房价过快上涨。现阶段，我国房价收入比远超出正常水平，超过经济基本面过高的房价也存在巨大的楼市泡沫，拟开征的房地产税对市场的边际影响预计将被放大。依据国际惯例，对闲置或空置房产课以重税，将会促使存量房产释放到市场中从而有效扩大供给，这对调控房价能真正发挥作用，而如表4.1测算所示，房地产开发商囤积的存量房产总量居高不下，增长率大幅攀升，“去库存”压力较大。基于共同的利益驱使，房地产开发商集团很可能与地方政府合谋，共同对房地产税改革施加重要影响。研究表明，中国这几年的房价过快上涨已不是单纯的市场供需来决定，而是投机需求推动房价上涨的迹象明显，“只涨不跌”和“买到即赚到”等普遍性的价格预期从很大程度上反映了房地产市场投机风险仍未暴露。这背后的依托是地方政府“土地财政”依赖症使其有强烈激励维持和推动房价上涨，甚至有可能和房地产开发商共谋托市等。王学龙（2012）等学者经过国际比较和全球考察后得出的结论是，我国的房地产投机程度远超过不依赖“土地财政”的市场经济国家。而且现实经济生活中，地方官员腐败尤其是集体腐败案件多涉及房地产项目。因此，在改革决策的现阶段房地产开发商将和地方政府结成利益共同体，一起参与房地产税决策阶段的博弈并施加重要影响。

表4.1　“十二五”期间全国房地产开发企业商品房待售情况

时间	商品房待售情况（万平方米）		同比增长率（%）	
	总面积	其中：住宅		其中：住宅
2010年年末	21567	12450	8.12	8.32
2011年年末	28708	18091	33.11	45.31
2012年年末	36460	23619	27	30.56
2013年年末	49295	32403	35.20	37.19
2014年年末	62169	40684	26.12	25.56
2015年年末	71853	45248	15.6	11.2

资料来源：国家统计局网站。

（3）居民纳税人在决策阶段可能不会产生直接影响，但其决定管理阶段的效率。作为个人“税痛之首”的房地产税，对家庭和个人而言无论税制如何设计都是新增加的税收负担。然而，关涉百姓切身利益的房地产税改革，公众竟没有相应的改革话语权。长达七年的物业税模拟“空转”，政府自始至终也没有向公众公开过任何试点情况。2011 年沪渝进行房产税试点，但试点前几乎也从未向公众征求过建议。现行房地产税立法，但至今未看到人大的征求意见稿出台，而是“关起门来立法”，社会公众无法知晓立法的进程情况等。转轨期，“强政府、弱社会”的社会格局下“用手投票”的公共呼吁机制尚未建立，“用脚投票”机制由于公共服务与户籍绑定等运行不畅，居民纳税人这一利益集团相比其他博弈集团是最缺乏资源和组织力来影响决定房地产税的改革决策和立法情况等，但是作为纳税人的社会公众对房地产税的支持程度与纳税意愿直接决定着新的房地产税制度转型方向及房地产税管理阶段的征管效率等。

（4）转轨期中国房地产税改革主要在中央政府和地方政府之间展开博弈。现阶段，地方政府过于依赖土地出让金、与土地房产有关的税收收入和相关收费，以及通过土地抵押融资来撬动城市建设等，这是我国房价飞速上涨的重要原因之一，同时引发了一系列严重问题。例如，过高的房价收入比导致普通百姓买不起房或者沦为负担沉重的“房奴”，房地产行业“一枝独秀”的畸形产业格局引发的经济结构性风险和经济税源风险，暴力强拆等事故频繁严重影响到社会稳定。为有效解决上述问题，中央政府提出“以税代租”的方案，以房地产税这一“长税”来逐渐取代土地租费等“短租”，早在中共十六届三中全会就提出的“以统一规范的物业税替代有关收费”的方案。上述方案毫无疑问地可增加全社会的福利，但地方政府在该项改革中非但能享受到的制度红利不够明确，而且还很可能减少其既得利益，因此地方政府对房地产税改革采取了冷漠态度。虽然，在房地产税改革决策阶段，决策权可能主要掌握在中央政府手中，地方政府尽管没有决策权但也必须考虑地方政府的改革意愿和改革激励。因为，转轨期中国实践表明，地方政府采取的策略是选择性地执行中央政策，尤其是房地产税将来必须由地方政府来征收管理。因此，转轨期我国房地产税“启而难动”，改革决策阶段主要在中央政府和地方政府之间展开博弈。

4.1.2　“双轨制”二元财政管理体制下房地产税改革的激励与约束机制

1. 中央政府推行“以税代租”：房地产税改革的激励机制

（1）中央政府推动房地产税改革的收益巨大。中央政府积极推进房地产税的改革动机非常明确，获得的收益也是多方面的：第一，房地产税的培育壮大是将来分税制坚持“分税”的基本制度保障。以“十二五”税收数据测算（见图4.2），“营改增”及过渡期增值税划分方案使得共享税比值大大提高，全面“营改增”之后按照国发［2016］26号文的分享政策，全国税收收入有67.89%来自共享税，中央税有68.19%来自共享税，地方税收有67.67%来自共享税，可以说我国已名副其实地进入“大共享税”时代。大共享税会引发分税向“分成”蜕变，解决现行税收分成制度引发一系列问题的根源在于中央和地方之间的税收契约应由分成合同向分税合同过渡（吕冰洋和聂辉华，2014）。解决“大共享税”现行共享体制弊端，坚持分税制的关键都在于坐实地方税体系。短期内优化传统地方税制，中长期内培育和打造地方主体税种。全面“营改增”后，地方丧失营业税这一主体税种。而在现行诸多地方税种中，最有潜力和最适合担当地方主体税种的就是房地产税。第二，在分税制度下，地方政府是地方税收的剩余控制者和剩余索取者，能最大程度地激发征税努力，更关键是体制内正式税收收入如能满足地方支出需求，那么体制外的非正式资金自然会消减。因此，应逐步确定和培育完整归属地方政府的主体税种和地方辅助税种，房地产税收发展壮大后，能使地方政府由“短租”向“长税”转移，以此为契机从根本上规范地方政府的“逆向软预算约束”。这可从根源上化解“逆向软预算约束”机制带来的各种问题，有利于地方财政可持续发展和政府间财政关系的稳定。第三，房地产税“取之于民，用之于民”，其受益税良性循环机制促使地方政府转变职能，由“生产型”政府向“服务型”政府转型。第四，房地产税的建立健全，可有效发挥房地产税的资源配置职能，引导全社会对房地产资源的合理消费。同时，有效地发挥出房地产市场的“稳定器”功能，抑制过度投机行为。第五，财产税性质的房地产税还可以发挥其调节社会财产贫富差距的功能，在一定程度缓解日益严重的贫富差距，有助于全社会稳定发展。

（2）中央政府推动房地产税改革的成本可转嫁。房地产税这一税制改革的主要成本包括税制的设计成本和征管成本，比较而言征管成本是其最大的制度建设成本。从物业税的模拟空转、上海重庆的房产税试点情况和房地产税立法等方面来看，中央政府可能只负责制度的设计成本，具体的开征和管理成本将由地方政府负责。房地产税是一种高度“透明”和“可观察性”税种，相比较其他税种，房地产税的制度建设和征管成本更高，原因在于财产税的征收存在特殊的信息成本和财产价值的重估成本（Richard, M. B. and Enid, S., 2002）。由于课税对象和征税环节的特殊性，房

地

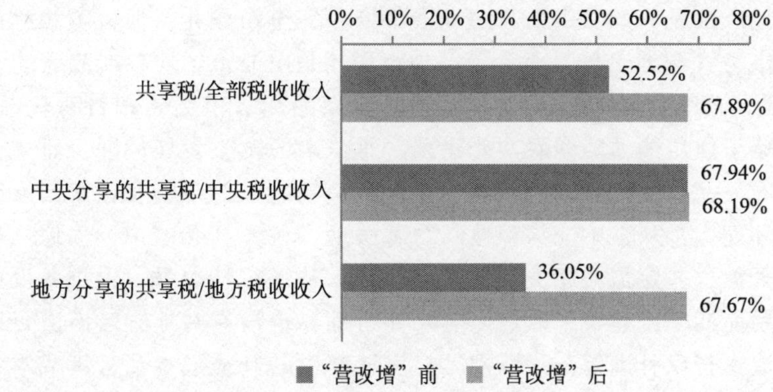

图 4.2　“营改增”前后共享税占全部税收、中央共享税占中央税收和地方共享税占地方税收比值

资料来源：《中国税务年鉴》，中国税务出版社 2012～2015 年版；《关于 2015 年中央一般公共预算收入决算的说明》、《2015 年财政收支情况》，中华人民共和国财政部网站。

注释：①“营改增”之前，我国实行共享的税种有：原增值税、企业所得税、个人所得税、营业税、资源税、城市维护建设税及证券交易印花税。由于仅有铁道部、各银行总行、各保险总公司集中缴纳的营业税和城市维护建设税归中央，其余部分归地方，以及海洋石油企业缴纳的资源税部分归中央，其余归中央，因此业界和学术界都把营业税、城市维护建设税和资源税都视为地方税。2016 年前证券交易印花税中 97% 归中央，因此没有计入共享税统计。

②全面“营改增”之后，按照最新的税法政策，我国现行共享税有增值税（对应 2011～2015 年这部分数据为国内增值税和营业税）、企业所得税和个人所得税，证券交易印花税自 2016 年 1 月 1 日起调整成为中央专享税。

产税并没有像其他税种一样，有自动生成的计税依据可征税，只能依据市场价值评估征税，而基于市场评估征税本质是基于客观的“主观”过程，极易引发纳税人的不解与不满。因此，房地产税的开征成本和管理成本相当高。而且目前房产和地产产权管理和登记制度尚不健全，与房地产税征管相关的职能部门例如税务、房产、土地、户籍及统计等部门尚未信息联网，尤其是还缺乏能被社会广为认可的具有权威公信力的评估体系，由此房地产税开征的初始制度建设成本非常之大。

与此同时，由计划经济体制向市场经济体制转轨过程中相关制度转型也为房地产税的开征增设了其他市场经济国家少有的制度“门槛”。其中，较为突出的是现行极其复杂的中国特色不动产产权制度，呈现出典型的“城乡二元”和“房地二元”产权格局。现行城镇不动产产权多元化和复杂化，存在产权清晰、无籍房产和产权残缺的三大类型产权制度。转轨期，城乡“二元”土地管理制度下，农村尚未发育出规范的房地产市场，城镇房地产市场其产品市场（房地产市场）完全市场化，但极不相称的是其要素市场（土地市场）无论是征地市场还是出让市场均存在政府的“双重垄断”。城镇住房制度改革，过于注重商品化、市场化和自有化改革，但却忽略了住房的保障兜底功能建设，即“市场轨”发展过度，而“保障轨”严重不足。上述不动产产权、房地产市场、土地市场和住房制度改革等制度环境，都从根本上深刻地制约着房地产税开征和改革。房地产税要能顺利开征，一定需要相关领域联动改革。从现行情况看，中央并没有对房地产税前期制度建设采取任何实际性行动，也没有对地方政府进行试点改革的成本予以补助等。可以预见，房地产税的开征成本和管理成本将很可能由地方政府自行承担。

综上分析，中央政府可从房地产税改革中获益巨大，而成本却可以转嫁给地方政府，其在改革中获得的制度红利促使其积极推动改革。而现实却是房地产税立法和改革步履维艰，创下税制改革艰辛之最，这其中的关键原因很可能是地方政府在改革中从现期来看极有可能成本大于收益，其改革动机与中央未必保持一致。

2. 地方政府坚持房地产“以租代税”：房地产税改革约束机制

房地产税作为地方税种，地方政府可从中获得的收益包括直接收益和间接收益。直接收益是获得主体税种提供的持续稳定的收入，以及有可能获得额外的收入，如中央为平衡各地房地产税源差异进行的转移支付等。地方政府可获得的间接收益主要有：第一，“土地财政”向房地产税转型，摆脱“土地财政依赖症”和隐性债务融资风险，房地产税作为主体税种将有效增加地方预算内正式财力，地方财政有望走出“逆向软预算约束”体制外运行规则，走向良性循环。第二，房地产税“受益税”性质要求地方政府建立政府—纳税人服务机制，其中最基本的要求是房地产税的税收收入必须用于本地的公共服务，公众参与房地产税的财政收支决策，这将从外部倒逼地方政府由“生产型”向“服务型”转型，服务型政府的建设将有助于获得辖区公众的支持。但是，现实中地方政府能获得上述收益吗？

（1）相比预算内的房地产税收收入，地方政府更偏好可自由支配财权。理论和各国实践都证明，房地产税是最适合地方政府征收，通常担当着地方政府的主体税种，但在我国地方政府对房地产税的改革却采取回避和冷漠的态度，这是非常反常和难以解释的①。为何数量庞大且存在个体差异的地方官员构成的地方政府在房地产税改革决策中立场高度一致？奥尔森（1995）指出，大集团能够集体行动的前提是该集团存在具有一致的集体利益，而且对集团内部成员激励相容。具体到房地产税改革决策中，何种集体利益和激励机制成为地方政府中为数众多的地方官员采取一致行动的决策动因？如前论证，转轨期财政“二元”管理体制下，地方政府逐渐滋生出体制外的“逆向软预算约束”，地方政府掌控者规模庞大的体制外可自由支配财权，掌握其剩余控制权和剩余索取权，因此体制外的可自由支配财权和非正式资金体系对地方政府具有充分的产权激励（李学文等，2012；王志刚，龚六堂，2009）。而且，在我国可自由裁量的地方可支配财权更能与地方官员多元化的动机和效用相关联，由此体制外可自由支配财权作为地方政府的集体利益与地方官员的个人自我利益具有较强的相容性。转轨期的财政发展轨迹也很充分地说明了这一点，分税制之前地方政府“经营企业”为获得“企业财政”，分税制改革之后“经营土地”和“经营城市”以获得“土地财政”，上述地方政府典型的财政行为均内生于地方政府追求体制外的可自由支配财权。分税制改革只是影响到地方政府获取体制外可自由支配财权的具体渠道和方式，并没有弱化非正式财权对地方政府的激励效应。由于地方政府对体制外的非正式财权具有完全的产权激励，地方政府对其相当倚重，甚至采取各种措施将体制内正式财权向体制外非正式财权转移的行动（周飞舟，2006），这也是作为体制内正式预算税收的房地产税在地方政府层面普遭冷遇的原因所在。

（2）现任地方政府对房地产税改革的间接收益并不看重。对地方政府而言，房地产税开征还能带来巨大而有益的间接收益，但前提是地方政府必须能承担起房地产税改革巨额的开征成本和管理成本，以及要等到房地产税成熟完善之后方能充分获得其间接收益，这是个长期的制度建设过程。对于任期不超过五年的某一届地方政府官员而言，理性的选择是不会为后任官员做“嫁衣裳”（谢伏瞻等，2006）。政治集权体制决定着地方官员“向上负责”，在现行政绩考核和“官员晋升锦标赛”体制中（周黎安，2007），政治考核仍然以经济绩效挂帅，而对于房地产税能带来的间

① 根据相关报道，中央最早曾在 2007 年与某些省份商议将当时模拟空转的物业税“转实”的改革，但没有一个省份同意。原因是“地方上不希望征这种税，因为它有可能导致当地房价下跌，减少其财政收入”。而 2011 年仅有沪渝两个直辖市进行试点，而且在与中央的博弈过程取得自行制定试点方案的主动权，使得中央推行房产税试点的预期目标落空。

接收益，例如地方政府性隐性或不良债务风险的化解、地方财政收入结构合理化和可持续发展以及地方政府的职能优化等仍不是考核重点甚或未考核，还难以进入地方官员聚焦的工作重心。而且，现行的干部任命制常使得地方官员尤其是地方首席官员的权、责、利处于分离状态。任职初期，在“短期政绩”考核激励下地方官员利用各种“权”来筹集各种苛捐杂费、债务和“土地财政”等体制外可自由支配财权，以此来突破正式体制内预算约束的限制，用于各种政绩工程的建设，一旦获得任职高升（“利”），而由此引发的地方债务风险、“土地财政”引发的社会问题等“责”则由后任者承担（张艳纯、唐明，2010；张富强、刘桉呐，2015）。市场化的“招拍挂”政策要求开发商在当期一次性将几十年的土地出让金全部上缴当地政府，这使得任期较短、追求短期政绩的地方官员更加偏好从“经营城市”、“经营土地”中获取收入，以便为“标志性”政绩工程提供关键的资金支持。理论研究表明，“租税等价”长期成立（黄少安等，2012），但短期内租金收入的增加值有可能大于税收的损失，任期有限和理性的地方官员完全有动力不顾长远的税收损失来增加即期的地租收入。

（3）地方政府在房地产税改革的成本是巨大的。房地产税不仅能给地方政府带来持续稳定的“长税”，还能给地方政府带来巨大的间接收益。但地方政府获得上述收益的前提是这些收益能够弥补地方政府的各项成本和损失，即地方政府在房地产税改革中能获得真正的制度红利。地方政府的改革成本与损失可能主要有：①直接成本，房地产税开征的前期制度建设和后续的征管成本等；②间接成本，拟开征的房地产税很可能会影响到现行的可自由支配财权的主体部分（“土地财政”收入）。尽管学界和实务界对“土地财政”的利弊意见分歧，但在“土地财政”面临转型及由房地产税（“长税”）来取代地租收入（“短租”）等主要方面基本达成共识。下面重点剖析房地产税开征给地方政府带来的间接损失。

现行“土地财政”主要由土地房产税收、土地房产相关收费、土地出让和转让收入以及土地抵押融资四个部分构成。土地出让金收入主要来自“招拍挂”等市场化方式供应的经营性用地①，其市场供需如图 4.3 所示。土地管理等相关法规规定农村集体土地要“农转非”必须通过地方政府征

① 目前，各地呈现成“低价工业化，高价城市化”的趋势，为招商引资低价甚至贴钱出让工业用地，土地出让金收入大都来源于经营性用地，主要是用于房地产开发用地。李学文（2012）等学者研究表明，中国现阶段地方政府低价、甚至“零地价”以及税收返还等优惠政策吸引和促使制造业和服务业的发展，其最终动因还是为了获得地租为主的“土地财政”收益。

用的途径，而且农地征收补充标准由法律规定，相关法律制度赋予地方政府在土地征地市场和出让市场的“双垄断地位”，因此在土地一级市场中土地由政府垄断供应而不是由市场自发决定，如图4.3所示政府向市场供地的边际成本曲线为 S，S 缺乏弹性。土地一级市场的需求用曲线 D 表示，初始均衡状态下，供需曲线相交于 E 点，此时均衡地价为 P_E，初始均衡供应量为 L_E。

地方政府“经营土地”，除了能获得直接的土地出让和转让收入外，更重要的是发挥土地抵押融资功能获得更多的资金，其理性选择是通过土地市场的“双垄断”地位及掌控的金融资源等维持和推高地价，地价的上升能促使后续的土地抵押融资获得更多的收益。而且地价直接助推房价，房地产价值增值带来房地产税收和相关收费“水涨船高”。因此，“政府主导下的房地产市场定价”策略会促使“土地财政”收益最大化。实践中，上述策略确实在很大程度影响决定着地方政府的供地行为，直接导致了商住用地价格上涨过快且供给不足。在“土地财政”的利益驱使下，地方政府甚至通过“饿地”策略来抬高地价，地方政府普遍缺乏增加土地供给的动机。典型体现在，我国从2010年开始连续四年都未能完成居住用地供地计划，2010～2013年各年完成率分别为67.83%、62.43%、69.55%和91.65%，国土资源部已于2014年停止供地计划转由各地自行制定和公布当年的供地计划①。一线大城市供地状况最为糟糕，例如北京市2014年完成率仅为61.4%，2015年更是下降至50%，居住用地供应连续第五年下降②。与此同时，地方政府的土地市场投放量也受到调控房价的政治压力和城市建设巨额资金需求的双重制约，尤其是各地展开的基建设施投资巨大，远超地方政府预算内财力能力，地方政府必须批租一部分土地获得巨额资金来补足城市建设和政绩工程的资金缺口，并用于偿还土地抵押贷款和各种政府性债务等。因此，土地一级市场的现实供应量常会少出初始均衡量 L_E 的 L_1，相应现实均衡地价为 P_1。

将来房地产税开征，财产税性质的房地产税必将挤出部分的投机性需求和引导住房合理消费等，房地产税开征的影响传导到房地产市场，对土地需求的影响将会使需求曲线压向 D^1，此时土地成交价将由 P_1 下降至 P^1，

---

① 资料来源：中国行业研究网：《全国住宅用地供应计划已连续四年未能完成》，http：//www.chinairn.com/print/3626934.html。

② 资料来源：《北京2015年计划供地4600公顷　连续第五年下降》，http：//qzgczj.gov.cn/news/35/13418.html。

地价下行导致的直接损失为阴影面积 A 所示的土地出让金收益，而由此引发的间接损失包括土地抵押融资和垄断权力租金①的空间则可能更大（北京大学中国经济研究中心宏观组，2007）。房地产税这一“长税”是以后未来各届地方政府的收入，而地租和土地抵押融资构成的“土地财政”收益是当期本届政府实实在在的可支配收入，因此对于现任政府而言，房地产税开征带来巨大的不确定性，即将来能否获得足够的收益不确定反而还以牺牲既得利益和承担巨大成本为前提，因此房地产税的开征不是最优选择，沪渝房产税试点方案设计充分地印证了这一点。上海方案未将巨量的存量房纳入课税范围，重庆仅对独栋别墅等极少数的存量房课税，而且不约而同地对纳入征税范围的增量房产设置了极为宽松的免征面积税收优惠政策和适用极低税率水平，上述措施使得试点地区房产税对当地房价和地价的影响控制在最低程度（唐明，2013a，2013b，2013c）。

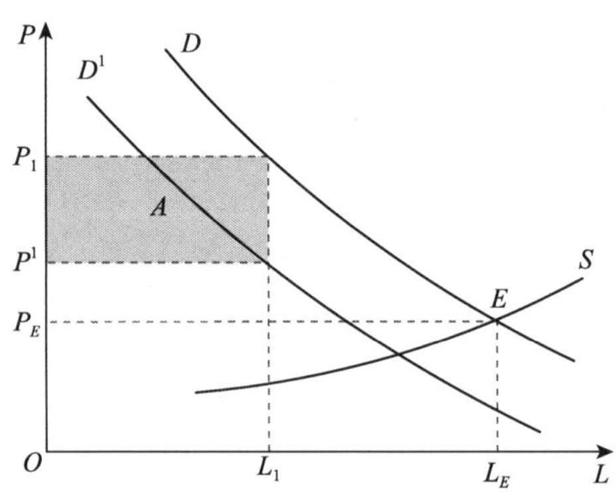

图 4.3 房地产税改革对地方政府土地收益的影响机理分析

从长远来看，根据黄少安（2012）等学者提出的“租税替代”理论，土地资源总量有限的现实约束下，政府助推房价进而获得的房地产收益最大化的“短租”，必须会牺牲其他行业的“税”为代价，形成了“租税替代”机制。但以“租”为代表的土地出让金等收入特有的地方收入属性，使得地方政府享有更加自由的支配权。尽管“租税等价”原理长期成立，但现行转轨期的二元财政管理体制下，“租”构成了地方政府体制外可自由支配财权的重要组成部分，主要由地方政府获得并自由支配，而过于追

① 目前，市场化供应土地和非市场化供应的土地单价相差近三倍，虽然非市场化供地中有一部分是用于公益目的，但这也意味着土地一级市场上地方政府垄断权力有着巨大的寻租空间。

求“短租”导致的税收损失则主要由中央政府承担[①]。在上述制度环境中，地方政府有着强烈的激励来推高房价获得即期的租金收入，而对规范的“长税”性质的房地产税“可望而不可及”。

4.1.3　“逆向软预算约束”机制已成为房地产税深化改革的财政约束机制

房地产税作为为地方政府量身打造的税种，地方政府为何对此“退避三尺”？这看似极为反常，完全不同于世界其他国家。在前述“双轨制”二元财政管理体制中房地产税改革的激励与约束机制的基础上，借鉴周雪光（2005）、马骏、刘亚平（2005）等学者的研究成果，本书构建以下分析框架来进一步诠释我国房地产税改革为何严重滞后？地方政府为何对属于自己收入的房地产税“避而远之”？转轨期财政分权改革在取得巨大成效的同时，仍存在诸多体制缺陷，财政公共管理体制仍存在制度失衡。例如政府间财政关系由于缺乏宪法和法律保障而变动频繁，行政政治集权和财政分权存在诸多冲突，财权在政府非财税职能部门扩散，体制内地方政府预算收支缺乏保障等。在诸项财政分权的制度缺陷中，本书研究认为转轨期二元财政管理体制滋生的最严重的不良后果是地方政府预算软约束[②]和“逆向软预算约束”[③]。在体制外的“逆向软预算约束”机制下，地方政府并不真正受限于体制内正式的财政预算，因为地方政府有能力利用各种行政垄断权等来获取软约束资源，且地方政府的预期目标和行为选择也是基于上述软约束基础之上（马骏、刘亚平，2005；唐明，2011）。从现实看，地方政府正处于前述的“逆向软预算约束”的制度环境中，这对房地产税改革的影响机理如图 4.4 所示。

---

① 已有研究表明，房价上涨会降低企业的利润率，企业的利润率下降将导致企业税收（主要是增值税、企业所得税和主营业务税金及附加）下降，而其中增值税的 50% 和企业所得税的 60% 等都是中央的收入。

② 预算软约束最先用于解释国企与政府的关系，国企的资金来源于政府拨款和银行贷款，由于各种原因难以切实履行事前合同。上下级政府关系也非常类似于国企与政府，在预算软约束体制下，下级政府不会努力保持财政收支平衡，原因是当收不抵支时可向上级政府寻求财政拨款来弥补财政缺口。传统的预算软约束指的是地方政府出现预算赤字时，采取各种方式“由下而上”地向上级政府谋求资金支持。

③ 相比较传统预算软约束，地方政府“自下而上”地向上级政府寻求支持，“逆向软预算约束”机制中地方政府体制内财政收不抵支时，通过各种途径“自上而下”地索取辖区资源来摆脱体制内预算限制，详见本书前文分析。

- 地方政府"逆向软预算约束"机制是制约房地产税税制改革的直接原因
- 不彻底的财政分权体制缺陷是制约房地产税税制改革的根本原因
- 社会约束不力以及相关制度缺陷是制约房地产税税制改革的外在原因

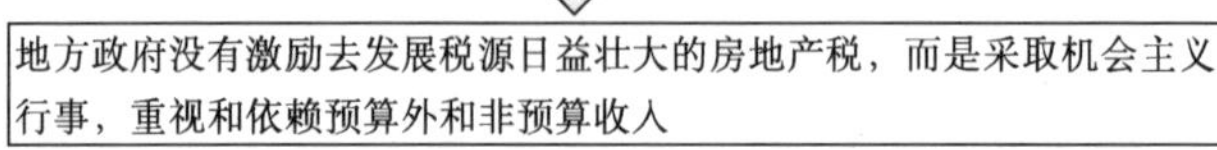

图 4.4　不规范的财政分权制度环境对房地产税制改革的影响示意图

1. 地方政府"逆向软预算约束"机制是制约房地产税制改革的直接原因

如前论证，财政分权制度缺陷导致的后果之一就是体制内地方政府收不抵支，正式财权（财力）与事权不匹配，地方政府被迫滋生出"逆向软预算约束"机制向非税收入（预算外收入）和体制外收入等发展可自由支配财权。本书认为，这是制约地方政府培育和发展房地产税积极性的最为重要的制度原因之一。对地方政府而言，制度外资金、预算外资金（非税收入）、预算内本级政府收入和预算内转移支付资金的自由裁量权是依次递减的，同时当依赖上级政府补助程度较大时，地方政府对预算内资金的自由裁量权更是递减（江克忠、许艳红，2013）。地方政府官员作为经济理性人，必然倾向于扩展制度外收入和预算外收入（非税收入），以追求可自由裁量的财力最大化，进而更加有利于实现自身福利最大化。分税制作为一种集权改革，体制内预算收支缺口迫使地方政府追求两方面财政努力（见图 4.5），即追求预算内财政收入和预算外及制度外收入的增加。分税制仅对预算内的税收收入进行了规范管理，体制外非正式财权赖以生存的"逆向软预算约束"机制并未发生改变，甚至在分税制之后该体制还有可能得到了强化。主要反映在，分税制对地方政府收入结构造成一种"驱赶效应"，地方政府财政收入重心逐渐发生转移，由体制内的预算收入向非税收入以及制度外收入等拓展，并将这些体制外可自由支配财权作为增收的主渠道，由此又强化了地方政府的"逆向软预算约束"机制。从地方政府获取收入的途径轨迹看，从依靠企业到依靠农民的收取的各种苛捐杂费、各种债务等，从侧重"工业化"到侧重"城市化"获取的"土地财政”等（周飞舟，2006，2010）。

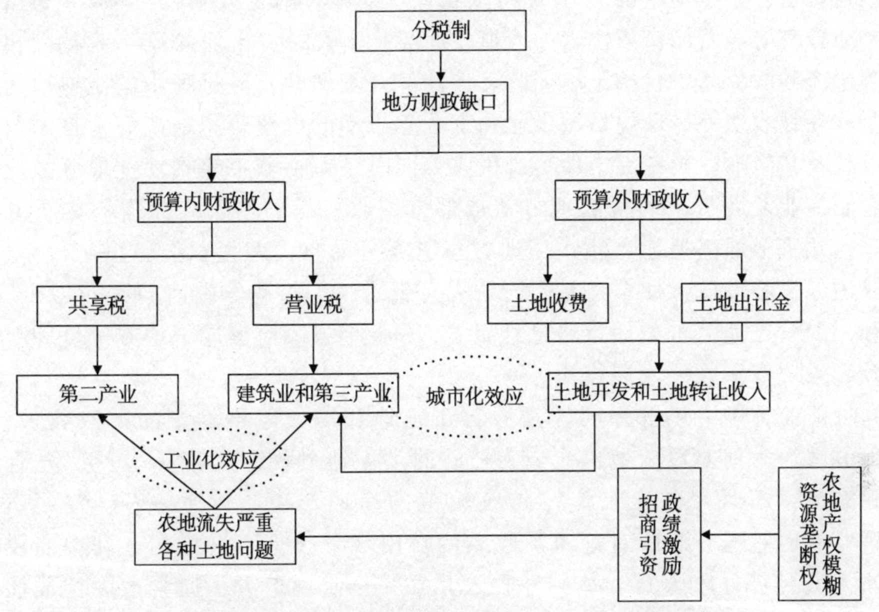

图 4.5　分税制对地方政府“逆向软预算约束”的影响机理

事实上，分税制改革在很大程度上强化了地方政府“逆向软预算约束”机制，如图 4.5 所示。1994 年分税制改革后，一方面，中央开始“共享”原专属地方的主要税种，包括所得税、印花税和“营改增”后共享原营业税税源等。所得税（个人所得税和企业所得税）分享比例由 50% 提高到 60%，原共享的证券交易印花税 2016 年已全部归中央税。另一方面，中央给地方的税收返还口径扩大。在原有消费税和增值税“两税”返还的基础上，于 2002 年开始实施所得税基数返还、2009 年施行成品油价格和税费改革税收返还。转型期，无论是承包制还是分税制，历次的税收分成调整无不显示中央政府不仅有意愿而且能力改变既定的政府间财政安排，也难以让地方政府相信中央将来不会再集中地方的优势税收资源。上述分税制改革，一方面造成地方财政收支缺口，另一方面也强化了地方政府对中央的财政依赖。在上述制度环境中，迫使地方政府通过发展建筑、房地产业来增加土地出让金及非税收入等途径来谋求新的生财之道，有条件的地方几乎都滋生出“以地生财”的运行模式。地方政府以征收和储备的土地为杠杆，通过财政担保和土地抵押融资获得巨额金融贷款资金进行城市开发建设，形成了土地收入—银行贷款—城市建设—征地之间循环反复的增长过程。上述城市化和工业化发展过程中，地方政府扮演着城市和土地经营者角色，坐享辖区 GDP 和财政收入双双增长的“大丰收”。GDP 相当于地方政府经营城市或土地的产值，而与此相关的“土地财政”收益则相当于净利润，其中包括土地征收、出让、开发和销售等过程中的土地出让金和各种收费外，还包括城市化和工业化带动的以建筑房地产为主打的营业税及其附加、契税等土地房产税收，同时还包括城市化推动本地服务业和制造业发展带来的税收地方留成部分增收，而上述收入无需与中央共享，几乎全部都是地方收入，地方享有充分的自由裁量权。新世纪以来，我国各大城市日新月异，各地到处大兴土木，这与地方政府“经营城市”和“经营土地”的发展策略息息相关，由此地方政府形成了地方经济和财政收入“双丰收”发展模式。

下面，进一步解释同样是源自于土地和房产等不动产的财政收入，地方政府为何对以土地出让金为核心的“土地财政”收益（“短租”）青睐有加，而对“细水长流”持续规范的房地产税收(“长税”）置之不理？原因是地方政府对这两类收入的自由裁量权是不一样的，其中非税收入（预算外收入）和体制外收入几乎完全归属地方，通常边际留成比例高、无需上解下拨且筹集成本低。虽然房地产税也是属于无需与中央共享的完全地方税，但现行省以下的财政收入体制下，与房产和土地有关的财产税性质的税种通常由省以下几级地方政府共享，每一级地方政府都不拥有完全的剩余索取权，自然不能激发起某一级地方政府的税收努力。房地产税在我国虽然潜力巨大，但需要进行全新的制度改革，制度建设和评估机制工程艰巨，前期需要付出的成本巨大，而收益短期内难抵成本，因此地方政府对其并不感兴趣。而房地产税又是天然的地方税，中央政府在分税制改革相当长时间里对以房地产税为首的财产税税制完善并不在意，这是导致房地产税改革长期滞后的重要原因。近年来，中央政府积极推进房地产税改革，其目的是想通过房地产税来扩充地方政府预算内正式税收收入，优化地方政府的财政收入结构，从根本上逐渐减少对“土地财政”的依赖症，进而解决“逆向软预算约束”机制引发的各种问题。

2. 不彻底的财政分权体制缺陷是制约房地产税制改革的根本原因

哈特的产权激励理论表明，产权的各项权利束大致可归为剩余控制权和剩余索取权，对某项稀缺资源拥有完整的产权，则产权主体必须同时拥有该项资源的剩余索取权和剩余控制权，这是发挥产权激励效应的关键所在。因为，如果产权主体仅有剩余控制权而无剩余索取权，那么极有可能滥用该资源的控制权。相反，如果仅拥有剩余索取权而无剩余控制权，则有可能低效甚或无效利用该资源。转轨期的财政分权很不规范也很不彻底，主要反映在地方政府至今仍没有应有的财权甚或没有与其事权对应的财力。我国税政统一，税权高度集中于中央，即使是地方税种地方政府也没有相应的立法权，地方税的各项税制要素设计及调整权等仍完全掌控在中央，地方政府一般只有十分有限的税率选择权、某些小税种的税收优惠政策或者征管政策等税权权限。对于体制内正式的税收收入，地方政府想方设法发展本地工商业、经营城市等来获得增值税、企业所得税分成部分和原营业税收入等，但对极具潜力的房地产税收却“可望而不可及”，根源在于地方政府对房地产税尚未取得剩余控制权，而且每一级地方政府对房地产税的剩余索取权也不是明确的。

首先，如果现行的税权体制不发生变化，那么地方政府对属于自己的房地产税是否具有完整的剩余控制权还不能确定。现行体制内税权是高度集权的且税政统一，房地产税已经进入立法程序，但至今也没有明确房地产税的税权归属。如果地方政府没有赋予其应有的基本税权，例如各地根据本地税源等基本情况做相应调整的税收权利等。地方政府缺乏对房地产税剩余控制权将从根本上制约房地产税的改革。其次，按照目前对土地房产税收收入的分享制度，省以下每级地方政府享有的房地产税收益的剩余索取权尚不明确。现行财政分权很不彻底，主要体现在省以下各级政府的财权和事权至今仍不清晰。与土地和房产有关的税种都是纯粹的地方税，中央政府通常不会再分享其收入，但现行财政体制四级政府共享土地房产有关税收收入（见表4.2）。分成制使得每一级参与分成的政府征税努力只能按分成比例获得收益，这不符合边际成本等于边际收益的经济学原理。因此，现实生活中很可能是四级地方政府都想“搭便车”分享的“公共收入”，却不乐意或者没有能力承担房地产税改革成本，这也许是地方政府对房地产税并不是很看重的现实原因。四级地方政府中，省级政府通常有较强的能力推进改革，但省级政府与中央政府一样，都是财权上收、事权下放的受益者，其本级财政运行较为宽松。而且按目前的土地房产税收的省以下分享体制，省级政府仅能分享其中的不到10%部分，由此可推测省级政府自身可能没有太大的激励来推动房地产税改革（唐明，2008，2009，2010，2013）。实现中作为房地产税改革的前奏进行的房产税试点，都仅仅是在两个直辖市进行，而没有任何一个省份展开，实践在某种程度上印证了本书的观点。

表 4.2　房产税和城镇土地使用税在地方各级政府财政收入中的分布状况

单位:%

税种 \ 政府级别	省级政府	地级政府	县级政府	乡镇级政府
房产税	6.28	48.48	31.02	14.22
城镇土地使用税	18.34	34.87	30.17	16.62
合计	9.54	41.43	33.02	16.01

注释：由于每个省土地房产税收的分享体制都不一样，较难估算最新的各级政府分享比例。虽然上表是2005年的统计数据，但由于现行土地房产税收在省以下的分享体制并没有发生大的变化，故而上述房产税和城镇土地使用税在各级地方政府的分享比例仍能说明现在的情况。

资料来源：转引自谢伏瞻主编：《中国房地产税收政策研究》，中国大地出版社2005年版，第58页。

3. 社会约束不力以及相关制度设计缺陷是制约房地产税制改革的外在原因

如前论证，“逆向软预算约束”已成为房地产税改革的制约机制，那么该机制为何又能运行顺畅呢？探讨“逆向软预算约束”的运行环境的影响因素，可从反面找到房地产税改革需要的某些关键的配套制度改革。

（1）社会力量难以有效约束地方政府的财政行为。转轨期，由于民主、法制与法治建设还很不完善，中国社会呈现出明显的“强社会、弱社会”的格局。在目前的社会体制下，社会力量难以约束地方政府的体制外财政行为。正式的财政体制内，地方政府没有足够的财权，但实际上地方政府掌控着国有土地等巨量资源及行政垄断权等，凭借在土地、金融等要素市场上的垄断优势，地方政府采取了“堤内不足（体制内预算收入不足），堤外补（体制外的苛捐杂费、债务和土地出让金等）”（唐明，2009，2011，2013）。对地方政府上述不规范的体制外财政行为，社会力量需要采取“整体拒绝”策略来抵制地方政府“自上而下”地谋求收入。但基于下列主要原因，社会力量很难实施整体拒绝策略：

第一，对于分散的缺乏组织的社会公众来说，组织起来监管政府的成本过高以致难以实施，更难以对政府的违法违规行为进行惩戒。“逆向软预算约束”机制下，地方政府利用各种资源和渠道“自上而下”地向本地私人部门索取收入，而分散的企业和民众因组织程度不高和信息不对称而无法抵抗地方政府的“掠夺之手”（周雪光，2005）。第二，我国仍十分缺乏公共选择的表达呼吁渠道，体制内的正式预算也难以真正约束地方政府财政行为。中国行政机构政治集权及“向上负责”，地方政府行为不能很好地随着居民偏好进行调整，公众“用手投票”的机制失灵；中国流动人口规模大，但最主要的教育、医疗等基本公共服务目前皆与“户籍”绑定，居民“用脚投票”机制也一样难以有效约束地方政府（石子印，2008，2011）。第三，正如周雪光教授（2005）指出的关键，“基层政府与所辖区域中的组织和民众并不总是一个单方向的攫取与抵制的关系。在很多情况下，双方有着互利的交换关系”①。地方政府利用体制外可自由支配财权完成的某些政绩工程同时也能较好地满足本地民众的公共需求，例如本地政府通过举借债务、土地抵押融资及集资等途径改善了城建基层设施等，这些兼顾了本地公众的公共需求的政绩项目具有多重功效，社会公众一般不会持怀疑态度。第四，地方政府在政绩合法性建设中，由于分税制导致体制内财政收不抵支，因此采取“逆向软预算约束”机制突破预算限制进行当地的建设发展具有相当程度的合法性（周雪光，2005）。

（2）中央政府难以有效监管地方政府的财政行为。中央政府对地方政府进行体制外非正式财权的扩张的约束事实上也难以奏效，某些制度安排甚至激励了地方政府拓展非正式财权。一方面，财政分权制度框架中每一级地方政府是独立的利益主体，而我国的地方政府层级多达四级，过多的政府层级不可避免地导致各级政府间信息不对称和不完全以及上级对下级的监管成本较高，也使得中央政府难以对地方政府进行有效的政治管理（王守坤、任保平，2009）。最典型的例证，我国对预算外收入和非税收入的管理改革延续至今，但预算外和非税收入的发展似乎符合“黄宗羲定律”，即每次改革的结果都是地方政府非税收入规模持续扩大了，而且我国的非税收入占比远高于其他国家。另一方面，现行以GDP为主要短期政绩考核的政治体制，极大地激励着地方官员在短时间内做出标志性政绩工程（周黎安，2007），以土地出让金为代表的非税收入恰好能满足这种需要，这刺激了地方政府扩张非税收入以达到在政府竞争中抢占优势进而晋升职务的目标。因此，决定地方财政收支行为除了“财”的方面（财政收支和转移支付等），更是深受“政”的影响，地方政府的体制外财政行为与政治制度和环境密切相关，这超出了中央政府单纯的财政监管。

（3）相关法律制度重大缺陷为体制外财政行为提供了制度空间。

第一，预算法的重大缺陷导致“逆向软预算约束”违规成本低。原《预算法》虽然对财政预算、收入、上缴与支出（拨付）等有详细规定，

① 周雪光：《“逆向软约束”：一个政府行为的组织分析》，《中国社会科学》2005年第2期。

但对违法违规者不是被追究“法律责任”，而是追究直接责任人的行政责任。新《预算法》在九十六条笼统规定：“违反本法规定，构成犯罪的，依法追究刑事责任。”但对预算法行政责任和刑事责任的衔接尚缺乏具体可操作性的执法规定。值得一提的是，地方债务方面的问责机制仍没有有效建立。尽管新《预算法》有原则上的规定，但实际执行中缺少可操作性的落实举措，在地方债务问题百出的情况下至今也没有一个地方或个人因为违规举债而被问责。

第二，土地法律及管理制度的重大缺陷导致依托土地的非正式财权收入泛滥。首先，现行土地基本法律规定“国家为了公共利益的需要，可以依照法律规定对土地实行征收或者征用并给予补偿”、“征地补偿、安置争议不影响征用土地方案的实施”，地方政府按农业用途价格补偿被征地农民，却可以按“土地的城市建设用途的市值”在土地一级出让市场批租出去，坐享农地工业化和城市化过程中的巨额“剪刀差”增值收益。同时，由于现行土地相关基本法律并未对可以征地的“公共利益”做出严格界定，现实生活中存在大量非公益用征地泛滥，地方政府利用土地用途控制权的这一非正式产权严重剥夺了农民及农村集体的正式产权安全与收益等。“征地、补偿批租”为地方政府获取“土地财政”打开了制度口子。其次，农村集体土地法律上规定村民委员会代表行使所有权，但现实生活中县政府、乡政府、镇政府和村民委员会等都在“代表”所有权主体，而真正的所有权主体农村集体的村民却“被代表”。农村集体土地所有权法律界限模糊，这是导致违法圈占耕地问题加剧，耕地急剧减少以致直接威胁到“耕地红线”，但“土地财政”收益却在节节攀升，地方政府和房地产开发商等集团坐享收益。再次，地方政府的土地管理等部门既是土地一级市场供应者，又是土地供应制度规则的制定者，同时还是相关规则的执行者。上述多重身份和权力集于一身，地方政府掌控土地从一级市场直接获益或通过土地抵押融资等各种渠道获取收益外，还通过与房地产开发商等合谋获取房地产建设、开发和销售等市场的税收和各项收费收入，但却没有承担保障住房这一极其重要的公共福利的职责。同时，现行土地法律及管理制度赋予地方政府相关职能部门的多重角色，也导致近年来涉及政府为违法主体的案件占到土地违法案件相当大的比例。因此，地方政府的土地违法与现行土地垄断制度及相关管理制度缺陷有着直接或间接的因果关系。

第三，模糊产权的制度约束为地方政府获取非正式财权提供了制度空间。转轨期，我国采取的是渐进式策略，中央政府赋予地方政府制度创新权限的同时酝酿出“模糊产权”的产权制度环境（罗必良，2010）。体制转轨过程中，由原计划经济向市场经济转型会使市场环境发生巨大变化，其中会产生许多新的盈利性资本，而这些资本由于最终控制权未能及时有效的界定，这种“开放状态”下的资本会成为被各界竞相争夺的“公地”，上述产权现象被称之为模糊产权（罗必良，2012）。原计划经济体制下，许多重要的资源没有体现出价值或很低的价值地被行政配置使用，但到了市场经济体制下会显现出其应有的高价值。体制转型过程产生了巨量模糊产权资源的升值收益，按照现行法律制度规定，地方政府是最具有合法身份来获取这些资源收益。在上述产权制度约束下，加之体制内地方财政收支缺口和政治上政绩考核的双重压力，地方政府会去开发模糊产权资源（例如开发土地等）和预算“软约束”的资源（例如各种苛捐杂费和隐性举债等）等“公地资源”收入。

4.2 转轨期混乱产权制度导致房地产税改革缺失产权法律基础

我国的住房制度改革的目标是建立与社会主义市场经济体制相适应的住房体系，实现住房的商品化、货币化和社会化。素有“财富之母”之称的土地，一改计划经济时期“无偿、无期限和无流通”资源配置制度，已基本实现“高价值、有期限和自由流通”市场资源配置体系。全国商品房平均销售价格由 2002 年的 2092 元/平方米上涨至 2015 年 6792.56 元/平方米[①]，稀缺的土地资源升值更快，“招拍挂”出让国有土地面积占总出让面积比例由 2001 年的 7.3% 上升至 2015 年的 92.3%[②]。全国商业用地由 2001 年 1650 元/平方米上升至 2015 年 6729 元/平方米；全国居住用地由 2001 年 961 元/平方米上升至 2015 年 5484 元/平方米[③]。中国已由农业文

① 资料来源：国家统计局：2015 年，商品房销售面积 128495 万平方米，商品房销售额 87281 亿元。

② 资料来源：国土资源部：2015 年，全国土地出让面积 22.14 万公顷，其中“招拍挂”出让土地 20.44 万公顷，占出让土地的 92.3%，http://data.mlr.gov.cn/gtzygb/2015/201604/t20160422_1403272.htm。

③ 资料来源：财政部：2015 年第 4 季度末，全国 105 个主要监测城市综合、商业、住宅和工业地价，分别为 3633 元/平方米、6729 元/平方米、5484 元/平方米和 760 元/平方米，http://zhs.mof.gov.cn/zhengwuxinxi/zonghexinxi/201604/t20160401_1934261.html。

明为主的乡村型社会正式向工业文明为主的城市型社会转型，在上述转轨背景下，房地产价值巨大，房地产税源日益丰厚，但混乱的产权制度为房地产税的立法改革带来了法律制度瓶颈（唐明，2008、2009、2010）。

4.2.1 房地产产权格局对房地产税制度变迁的影响

1. 房地产税制沿革深受房地产产权制度变化的影响

新中国成立初期，政务院制定了《全国税收实施要则》，在全国推行工商业税、房地产税和契税等14个税种。建国初期的房地产产权基本上都是私人所有，国家在房地产领域出台了专门的法规《城市房地产税收暂行条例》。受当年政治形势等的影响，税制大规模简化合并，1973年城市房地产税和工商税合成工商税，此后房地产税的征税范围缩小至拥有房产的个人和外侨及城市房地产管理部门。到了20世纪80年代，改革开放的形势下为提升房地产的利用效率，国务院试图恢复征收房地产税。但此时房地产产权发生了巨大变化，鉴于土地实行的公有制，城镇范围内的土地属于国家所有，私人部门仅拥有房产产权而无地产产权，此时只好将房地产税拆分成房产税和城镇土地使用税，原来的房地产税只保留对外商投资企业和外国企业征税。此时，房地产税呈现“内外有别”、“房地有别”的典型特征。2009年取消城市房地产税，对涉外企业和个人统一征收房产税，才结束房地产税“内外有别”的格局。综上分析，房地产产权变迁对房地产税税制变迁影响是非常直接的，房地产税制经历了房产和地产征税“合一分”的制度变迁特征，这很大程度上由房地产产权制度演变决定的。另外，随着《物权法》等相关产权大法出台实施，明确了建设用地使用权是否属于物权（财产权）的问题，如能进一步法律明确解决城市土地出让期限到期后自动续期的问题，则房地产税实现房产和地产合并征税将奠定产权基础。

2. 不动产“城乡、房地”二元格局引致房地产税制“二元征税”格局

如前所述，我国不动产产权“城乡二元”和“房地”二元，城镇土地所有权归国家所有，使用权归私人部门，城镇房产产权多元；农村土地属于集体所有，农民仅拥有承包经营权和宅基地使用权，农村房产完全属于私人所有。房地产产权城乡分割，这直接导致了房地产税城乡分割的征税格局。对城市土地鉴于私人部门只有使用权，故而开征的是城镇土地使用

税；对城市营业房产征收房产税，鉴于房产税出台的20世纪80年代，个人家庭实物福利分房并不拥有完整房产产权，同时私人拥有住房比例非常低，故而对自住用房产暂不征收房产税。在农村，对农地产出征收农业税和特产税[①]，农地用于非农用途在占用环节征收耕地占用税，“农转非”一年后缴纳城镇土地使用税。农村房产至今一直没有纳入征收范围，包括一些已经具备条件征税的“城中村”、城市郊区富裕农村和某些发展较好的特色农业乡镇。由此可见，城乡二元产权和房地二元格局直接导致了房地产税制城乡和房地二元税制格局。拟开征的房地产税，若要实行城乡统一税制和房地统一征收，目前的城乡和房地产权格局将是巨大的产权制度障碍。

3. “同地不同权”产权格局对拟开征的房地产税将引发的问题

我国呈现出典型的城乡房地产二元格局，城乡居民一般均拥有房屋的所有权，但房屋所依附的地权相差很大。比较而言，城镇居民享有的不动产产权较为充分，对地产享有使用权这一用益物权的所有功能，可以交易、租赁、抵押等；而农村宅基地至今仍不能自由流转、抵押等，农民并不享有宅基地产权中的关键权利束，城乡地产呈现出“同地不同权”的特点。农村住宅一般建设在“集体所有”无偿获取的土地上，村民家庭通过自建房屋来解决居住问题。宅基地不能流转导致农村住宅也不能自由流通，因此也不存在房地产市场。转轨阶段，城乡二元产权格局下城镇和农村住房是不同体系管辖，是相互分割的，这样的产权格局对拟将开征的房地产将产生的直接影响是，农村房产尤其是城市郊区、“城中村”和经济发达村镇等农村房产是否需要征收房地产税？宅基地上的“小产权房”是否应征税？如何征税？

4. 财产权的缺失使得城乡房地产价值差异巨大，农村房产资产僵化远不具备征税条件

房地产是城乡居民家庭的价值最大的财产，从人均居住面积看，2012年城乡人均居住面积差异不大，分别为32.9平方米和37.1平方米[②]。城乡房地产的本质差别在于城镇房产产权早已实现市场化资源配置，城镇居

① 除了烟叶特产税，其他农业特产税已于2006年取消。

② 资料来源：《中国统计年鉴2013》，国家统计局是2012年及以前分别开展的城镇住户调查和农村住户调查，2013年及以后的城乡一体化住户收支与生活状况调查。

民家庭可通过房地产交易市场、租赁市场和抵押市场等来实现收益最大化。而现行宅基地使用权限制性的法律法规，农村仍未发育出规范、活跃的房地产市场，农民家庭尚无较好的渠道来实现房地产的保值与增值。专家估计，农村房产以 600～1000 元/平方米估算，农村不动产价值超过了 20 万亿元，保守估算至少也有 15 万亿～18 万亿元（厉以宁，2008）。如表 4.3 所示，农村居民家庭的住房用地和面积均超过了城镇居民家庭，但城乡房地产市场价值差异巨大。导致城乡房地产价值差异的根本原因是城乡房地产的财产权益的差别。现行宅基地的基本特征是“一户一宅、免费取得、长期占有、村内流转、退出无偿”。即使《物权法》正式将宅基地确定为用益物权，是一种独立的财产权利。但不同于城镇建设用地使用权，农民对宅基地仅拥有占用和使用的权能，收益权和处分权能几乎没有，而且也远未实现自由交易和抵押，农村的房地产产权是极其不完整的，农民的房地产远未能像城镇居民住宅资产发挥出资本功能（周其仁，2009）。因此，目前农民家庭拥有的房地产资产仍是一种僵化的资产，因此还远不具备征税的条件。

表 4.3　　城乡住房价值差异情况

年份	2006	2007	2008	2009	2010	2011	2012	2013	2014	2015	2016
住宅商品房平均销售价格（元）	3119	3645	3576	4459	4725	4993	5430	5850	5933	6793	7476
农村农户住宅平均造价（元）	386	416	451	496	561	594	689	784	817	845	867
比值（%）	8.1	8.8	7.9	9.0	8.4	8.4	7.9	7.5	7.3	8.0	8.6

资料来源：《中国统计年鉴 2017》，中国统计出版社 2017 年版。

4.2.2　转轨期房产产权残缺导致现行房产税税收优惠泛滥

现行房地产税改革的主要领域是要对个人自住用房地产征收依据市场价值评估征税的财产税性质的税种。那么，在 20 世纪 80 年代房产税暂行条例出台的时候，为何要单独规定对个人自住用房地产暂免征税的税收优惠？如果从产权的视角分析，这个问题可以得到非常合理的解释。现行房产税出台的背景是住房制度改革之前，计划经济体制下对住房实行实物福利分房制度，原私有产权房产大都变成公有住房。城市住宅存量中有 80%

为全民所有制产权，集体所有制和私人所有制产权的比重很小[①]。计划经济时期，在国有或集体企业、行政事业单位等就业的居民租住单位的房子，但职工对住房只享有有限的不完整产权（肖耿，1997）。职工可以居住公房，享有房产的使用权和收益权，但职工对其居住的房屋缺乏控制权，因为住房的所有权归法人实体，职工个人通常是不能随意买卖、调换、修整和自由处置的，职工对住房有使用收益权而无控制权，而单位掌握着房产的控制权但无收益权，上述产权分割状态下的残缺产权房产并不具备征税的条件，因而当时的税法对个人自住房屋免税。产权模糊或产权残缺等领域，税收是不应当介入的，否则会导致税收滥用。在当时的产权制度背景下，个人自住用房地产不存在税收问题，不应当对个人居民使用的房地产课税，那个年代产权背景下出台的房产税暂行条例对个人自住房产免税是合理的。

随着住房制度的私有化、商品化和货币化的深化改革，以《物权法》为代表的产权法律法规的日益完善，城镇房产产权由分割分散逐步回归完整统一。目前，城镇房产产权完整的房屋类型主要有：商品房、支付成本价取得房改房、危改房等、依法取得全部产权的经适房、私有化的已购公房等，这些房产的产权归属权、占用权、使用权和收益权等关键权利束都归产权所有人支配。而且《物权法》出台，明确建设用地使用权的物权（财产权）属性，解决了房产无期限与地产有期限的矛盾。产权清晰完整时就应当对个人自住用房产征收房地产税，否则就存在税收真空。但目前仍继续沿用三十多年前出台的房产税暂行条例，个人自住用房地产仍享受免税的税收优惠，这导致了税收优惠的泛滥。

4.2.3　滞留的产权问题严重阻滞房地产税改革

经过一系列改革，中国家庭自有住房拥有率迅速上升。如图 4.6 所示，截至 2014 年 3 月底，住房拥有率城镇居民家庭为 89%，农村家庭高达 96.7%，已基本实现"居者有其屋"。无论是与发达国家还是与发展中国家比较，我国的住房拥有率都是名列前茅（如图 4.7 和图 4.8 对比所示）。而且，城镇家庭多套房拥有率上涨迅速，2014 年 3 月底已达 21%。据报道，2013 年房地产的市场价值初步估算为 155.8 万 ~ 207.7 万元，相当于 GDP 的 3 ~ 4 倍。房地产税要对千家万户的巨额财富征税，其课税范围、

① 详细情况见汪丽娜：《住宅产权：从模糊到明晰》，《经济研究》1994 年第 10 期。

税率、计税依据等税制要素设计及其税收征管的科学公平至关重要。

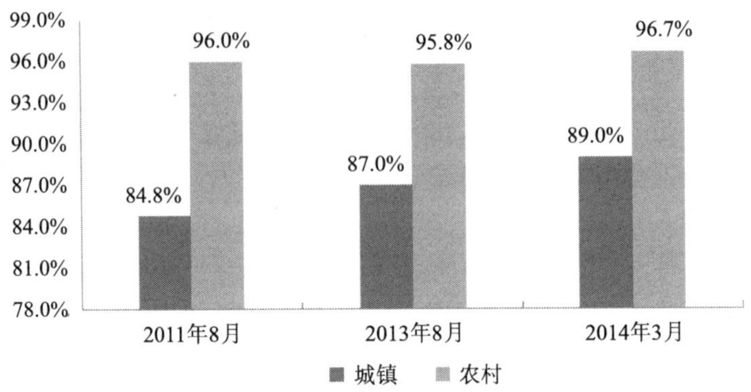

图 4.6　迅速增长的中国高住房拥有率

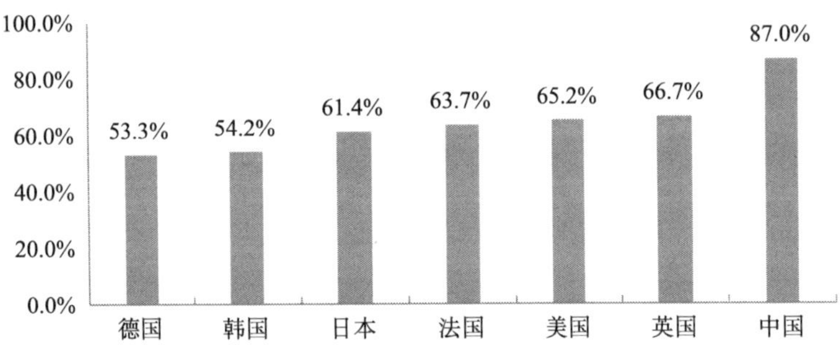

图 4.7　中国城镇住房拥有率远高于 OECD 国家

资料来源：德国、法国、英国：Eurostat，2012；韩国：Statistics Korea，2005 年；美国：Survey of Consumer Finance，2013；日本：Statistics Bureau of Japan，2008 年；中国城镇地区：CHFS，2013。

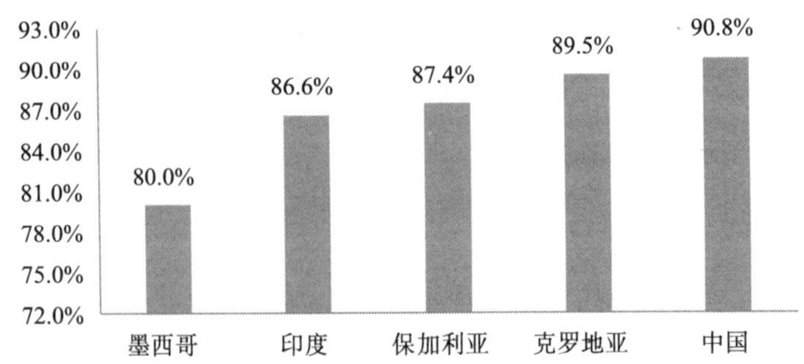

图 4.8　中国住房拥有率高于其他发展中国家

资料来源：墨西哥：Housing Finance in Mexico，2009；印度：Ministry of Affairs，India，2011 年；保加利亚、克罗地亚：Eurostat，2012；中国：CHFS，2013。

房地产税的课税对象是土地及其建筑物和附属物，国外许多市场经济国家是基于住房私有化和产权完整的基础上。我国住房体系由计划体制向市场经济体制转变，转型不过二三十年的时间，因此居民大范围拥有独立房产的时期较为短暂。考察我国城市居民住房来源，如表 4.4 分析所示，从 2010 年的情况看，我国住房租赁和购买大致是 3∶7，在购买的住房中产权完全清晰的商品房约占 31.0%，其他购买经济适用房、租赁公房和其他渠道来源房子比重高达 70% 的房子有可能是产权不清晰房产（任荣荣，2014）。我国存在如此高比例的残缺产权，而且残缺的类型复杂多样，在上述产权格局下征收房地产税，“见房就征”的国外成功经验似乎不能直接适用我国。但如果只对产权清晰的商品房和自有私房等征税，将其他非商品房排除征税范围之外，似乎说不过去。因为，在这些非商品福利住宅存在严重的资源错配的问题，尤其是经济适用房，收入越高的家庭拥有经济适用房的比例却最高，而且中高收入家庭持有的经济适用住房空置率更高。考察现实，某些限价房、经适房竟然出现面积超大、品质高端房产，高收入家庭占有经适房比比皆是，此类“变异”经适房的占用、使用和收益等不亚于商品房。另外，住房转轨改革过程中，不同阶层、不同地位的人群获得公房房产机会是不公平的，这是导致我国财产基尼系数扩大的因素之一。拟开征的房地产税如不能清晰界定课税对象、征税范围较窄和税率过轻，就无法发挥其筹集收入的本质职能，也无法发挥调节居民财富和消费差距等重要的派生功能。

表 4.4　城市家庭住房来源结构的变化情况

年份＼住房类型	自建住房（%）	购买商品房（%）	购买经济适用房（%）	购买原公有住房（%）	租赁公有住房（%）	租赁商品房（%）	其他（%）
2000	26.8	9.2	6.5	29.4	16.3	6.9	4.8
2005	28.5	16.3	6.5	24.4	8.1	12.2	3.9
2010	16.4	31.0	5.1	17.3	2.7	23.1	4.5

注释：2010 年人口普查的问卷设计中，住房来源分为自建住房、购买商品房、购买二手房、购买经济适用房、购买原公有住房、租赁廉租住房、租赁商品房和其他。为保持口径的统一可比，这里将购买商品房和购买二手房合并为购买商品房，将租赁廉租住房等同于租赁公有住房。

资料来源：2000 年和 2010 年人口普查资料，2005 年 1% 全国人口调查资料。

4.2.4 异常复杂的住房产权问题将引发房地产税开征的系列难题

转轨阶段的住房制度和土地制度改革以及房地产产权的法律法规尚不完善，使得住房市场和土地市场产权复杂多元，这是拟开征的房地产税亟须解决的最大制度瓶颈之一。现行复杂多样的房地产产权状况，除了商品房和私有住房，其他类型诸如无籍房产、经济适用房、“小产权房”、房改房、危旧房改造回迁房、安置房、集资房及共有产权房等，相当比例的这些房产是残缺产权（肖耿，1997）。上述房产的产权人拥有房屋的所有权、使用权、占有权和处分权等权益情况是有差异的。而且，房产产权类型不一样，其销售对象也有不同。如前论证，城镇房产产权存在完整产权、无籍产权和残缺产权三大类并存，完整产权以外的无籍房产和残缺产权房产对房地产税的开征引发了一系列难题（温来成，2008，2009；唐明，2008，2009，2010）：

1. 无籍房产和产权残缺房产引发的征管问题

转轨期，在我国每个城市都存在相当比例的无籍房产和产权残缺房产，对上述房产如何征税？以上产权不完整的房屋如何征税是房地产税征收一定要解决的问题之一，其中最关键的是如何确定纳税人。国际通行的房地产税征税惯例，纳税人是房产所有人或者使用人。可以推测，对产权不完整的房屋征税首先要解决纳税义务在所有人和使用人之间合理分配的问题。同时，产权不完整的房产也会严重影响纳税人对房地产税的支持，房地产税可在某种程度理解为纳税人不动产产权为得到政府的产权界定和保护而支出的成本。加之我国附着在房产产籍上市民的诸多基本公共服务，例如无籍房产业主子女入学、房屋出租等会受到很大负面影响，这又会影响到业主对房地产税“受益税”的质疑等。只有产权清晰、保护周密的产权法律制度，才能激发人们创造更多的财富积极性和支持房地产税改革的热情。另外，产权不完整的房屋在房地产信息全国联网、为存量房合理确权等产权管理的基础性工作也带来诸多障碍。

2. 产权过于多元导致房地产税评估和课税难题

如前梳理，我国城镇房产已经形成五花八门、极其复杂的多元化的产权格局。我国城镇住房产权问题始源于住宅用地方式的不同，土地出让和行政划拨双轨制并行。不同类型的土地取得方式导致房屋的产权和地价成本差异很大，从而导致不同产权类型的房屋价值差别大，即导致典型的“同房不同价”的问题，如何对这些产权类型不同、价值差异大的房产进行合理的价值评估是房地产税开征首要解决的最大难题之一。加之持有不同产权类型房产的业主纳税能力差别也非常大，如何对复杂多样的产权状况下的房屋科学合理地进行评估征税，保证税负水平与纳税人的税负承受能力相匹配？克服房地产税税源与税基分离的天然税制缺陷？兼顾房地产税征纳的公平与效率等？

3. 产权残缺是房地产税对个人存量房产课税的最大阻力之一

以产权税收原理分析可知，产权残缺是 20 世纪 80 年代房产税暂行条例对个人自住用房产暂免征税的内在原因之一（任寿根，2005）。随着房地产市场的逐步发展壮大，商品房等产权清晰的房产占比日益提升。同时，转轨过程中诸多福利房也在积极探讨入市交易和取得完整产权的制度创新办法，居民逐渐对自己的房屋拥有所有权或归属权、使用权、收益权和处分权等在内的完整产权。同时，对产权残缺房产应修补残缺状况，逐步实现产权的完整性。在上述背景下仍继续实施计划经济体制下房地产税税收制度，继续对具备征税条件的完整产权的私人住房仍实行免税优惠是违背市场经济征税规律的。因此，拟开征的房地产税的改革目标之一是“扩围”，将房地产税纳税人由法人扩展到自然人，将征税范围由工商业房产扩大自住用房产。在房地产税“扩围”的过程中，产权残缺是最大的制度障碍之一。另外，产权不完整也将深刻地影响制约着房地产市场的发育完善，进而制约了房地产税源的培育。房产交易本质上是产权的有价转移，是产权变更的一种方式。产权不完整的无籍房产和残缺产权房产通常不能按市场规则进入市场交易流通或者入市“门槛”过高，这些房产常常通过地下交易实现流通、租赁和抵押等资源配置，这又导致诸多非法经济行为且引发房地产市场经济秩序混乱，侵蚀相关权利人的权益。因此，房地产市场的市场化水平等直接制约着房地产税源的发展，从根本上影响制约房地产税的发展根基。

4.2.5 房地产产权制度重大缺陷引发房地产税征税若干质疑

1. 对国有土地上的房产能否征收房地产税

考察世界各国对房地产税税基的选择，大致呈现出三种典型模式：一是仅对房产或地产征收一种税，称为房产税或地产税；二是房产和地产同时征收但分别征税；三是房产和地产同时征收且合并征收。无论从理论还是法律角度看，房产和地产在物理形态、价值构成和产权组成等都密不可分，因此世界上绝大多数国家实行房地统一征税的实践。我国拟将改革的房地产税的名称几经变换，由最初的物业税、房产税到最近的中共十八届三中全会文件正式提出房地产税这一概念，从中可推测将来的房地产税是要采用房地统一课税的模式。

目前的房产税仅对城镇范围内经营性房地产课税，将来的房地产税应扩围至全部的房地产。拟开征的房地产税要能真正发挥筹集财政收入、调节贫富差距和资源配置等功能的话，仍有许多急需进一步明确的法理问题，现行立法过程中税收制度设计方面的难题和挑战颇多。其中，最大的问题之一，也是房地产税广受诟病、得不到民众支持的质疑之一就是土地所有制是公有、私人没有土地所有权。房地产税是有选择征税的财产税，针对特定的财产及其收益课税。城镇房地产产权是土地公有、房产私有，私人部门仅拥有土地使用权，在此基础上开征房地产税是否有充实的法律基础和合理正当性？目前反对开征房地产税的主要理由是：城市土地国有，对国有土地上的房产征收房地产税，法理上说不通。西方私有制国家，业主拥有土地和土地上不动产所有产权，而我国土地归国家所有，私人部门仅拥有 40 ~ 70 年的使用权，没有产权。既然没有产权，连同地产一起征收房地产税在法理上说不通（谢百三、刘美欧、李政东，2010；许善达，2011）。

2. 对内含土地价款的房价为课税基础是否存在重复征税

在我国，民众购置房屋的价款里包含了 50 ~ 70 年不等的年限的土地价款。在目前政府垄断供地和一次性收取未来几十年的土地批租制度下，以土地出让金为主的地价往往要占到房价的 50% 。那么，将来开征的房地产税是要以市场交易价格为基础的评估价值征税，在保有环节缴纳的每年一次的评估价值征收的房地产税是否有重复征税之嫌？房地产税的开征，首先需要面对的棘手问题就是如何处理好与现有涉及土地和房产的税费关系，尤其是与土地出让金的关系。

在这方面至今尚未达成共识，官方最早的提法“物业税改革的基本框架是将现行房产税、城市房地产税、土地增值税以及土地出让金等收费合并，转化为房产保有阶段统一收取的物业税”①。在上述政策下，“土地出让金从一次性征收改为物业税逐年缴纳，从而带来房价下降”的观点在当时社会上广泛传播。当时的业界测算估计，物业税开征后，将至少使房价下降 10% ~20%，最高降幅可达 35% 以上。但截至 2007 年年底，财政部、国税总局和国土资源部在多个场合的官方表示：“正在推进的物业税改革，不会将土地出让金并入其中；房地产开发商取得土地，仍需一次性交纳土地出让金。”② 这让一直寄希望于物业税（房地产税）抑制房价的希望落空。上述改革过程中的争论分歧，本质还是房产和地产的二元产权格局引发的。上述问题从分歧到达成共识，直接影响到房地产税改革的功能定位，直接决定着房地产税改革能否迈出实质性的步伐（唐明，2009、2010、2013）。

3. 城镇土地使用权预期不稳定会影响到民众对房地产税的支持

从税收本质上看，财产税是对纳税人拥有完整财产权的某种资产征税。拟开征的房地产税，其课税对象应包括房产所有权和地产的使用权。自 2003 年将房地产税纳入改革议事议程起，土地使用权是否应该被征税以及以房价为课税对象是否导致土地价款重复征税等问题的争论不绝于耳。直到 2007 年《物权法》颁布，将土地使用权明确为用益物权，明确了作为他物权的典型代表——土地使用权属于私人财产权，对土地使用权征税才具备了法理基础，因为对具有私人财产权的资产是可以征收财产税的。《物权法》第一百四十九条第一款规定：“住宅建设用地使用权期间届满，自动续期，续期的期限、土地使用费支付的标准和办法，由国务院规定。”

---

① 《中国将迎来物业税时代 已购房产不应再征物业税》，http：//house. sina. com. cn，2004 年 10 月 28 日中国新闻网。

② 《物业税开征提速（政策看点）》，《市场报》2007 年 2 月 26 日第 8 版。《物业税“空转”试点意在抑制投机》，《江南时报》2010 年 1 月 7 日第 12 版。

但自动续期是有偿还是无偿、如何续期等关键问题法律至今仍未明确①，仍是民众心中尚未解决的担忧②。即使《物权法》明确将土地使用权定性为他物权，属于私人财产权益，但倘若这种财产权利在使用期满后仍需要以较高价格再次购买，那么该项权利实质上不具备物权应有的安全性、稳定性和确定性等基本特征，因此会严重弱化包含房产所有权和地产使用权在内的房地产总体财产权益的预期。正是因为土地资源的稀缺性，才使得房地产成为国人心目中的“恒产”。兼具耐用消费品和较好投资品双重价值的房地产，一直是普通百姓家庭中最为重要、价值最大的家族财产，房屋无期限与土地的有期限性的矛盾已成为公众最大的隐忧。作为最为重要的分配法的《物权法》，应该为民众制定可预期和值得信赖的稳定分配规则，如不能进一步明确土地使用权的财产完整权益，不能进一步强化土地使用权的私人财产权利属性，那么拟开征的房地产税将缺失稳定坚实的产权法律基础（温来成，2008；唐明，2010；赵廉慧，2011）。

4.3 不成熟的房地产市场导致房地产税改革缺失市场基础

转轨期，我国政府本质上是一家特大型的全民共有的无限责任“资产公司”（杨斌，2010），而土地则是政府这家“资产公司”中最为重要的资产。转轨期我国特有的产权制度和经济关系，我国的土地市场和房地产市场实际是个特殊的多轮次交易市场（林瑞瑞等，2013）。如图4.9所示，土地市场包括土地一级市场和土地二级市场，房地产市场包括一级开发市场和二级流通市场等。土地一级市场包括征地市场和出让市场，目前由地方政府垄断，是一个完全垄断市场。土地二级市场，是土地使用权的转让流通市场，具有寡头垄断和垄断竞争性质。房地产开发一级市场，土地使

① 2009年一份《土地管理法（修订草案征求意见稿）》第一百零三条披露：“住宅建设用地使用权期限届满的，按照国家有关规定自动续期。”对住宅土地使用权续期问题仍未给出一个明确的办法。

② 有网友就四川阆中商品房产权只有40年一事咨询阆中市国土局官方网站：“40年到期后那房子算哪个的？是否意味着现在当一次房奴，40年后还要当一次房奴？”得到的竟是“40年后，我们是不是还存在这个世界，不要考虑太长远了”的官方“神回复”，“神回复”不加掩饰的权利蔑视引起媒体的广泛关注和众多民众吐槽，更是激发了公众对于财产的焦灼和不安全感。

用者将依附其上的土地使用权转让给消费者，是房产所有权和土地使用权有偿转让市场，在我国现行法律制度安排体系下，该市场具有寡头垄断和垄断竞争性质。房地产流通二级市场，通常指存量房地产（二手房地产）交易市场，由市场供求等主要因素定价的自由市场。纵观现有研究，大都考虑某一层土地市场或房地产市场问题，无形中割裂了多层结构土地市场（房地产市场）间的联系，没有充分注意到政府在整个房地产市场从征地拆迁、“招拍挂”出让到房地产开发和使用等不同环节的不同影响。为了能更客观反映实践，本书试图将土地征地市场、出让市场、房地产开发一级市场、房地产流通二级市场以及房地产保有消费等各个环节至于一个统一完整的分析框架，旨在深入挖掘现行土地市场和房地产市场对房地产税改革产生的具体深刻影响。

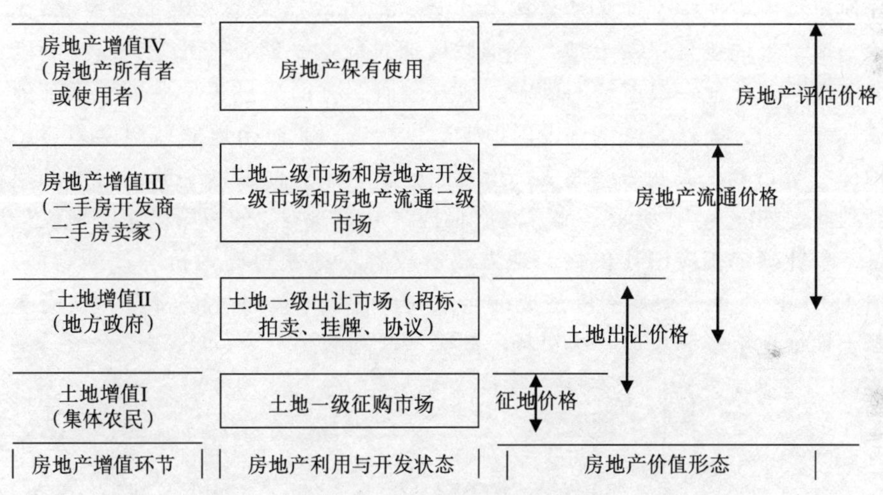

图4.9 房地产市场多轮次交易市场结构示意图

4.3.1 要素市场：土地市场政府“双垄断”造成房地产税改革的体制障碍

1. 土地市场运行机制紊乱给房地产税改革带来的具体影响

现行土地市场最大问题之一就是政府对地价的双向垄断，一方面地方政府是农地转非征地市场上的唯一“买家”，地方政府对农地转用实行行政征收和政府单方面定价。另一方面，政府是建设用地出让市场唯一的“卖家”，独家垄断土地一级出让市场。这种地价的双向垄断，极大地扭曲了地价，土地的稀缺性及其真实价值都难以得到有效体现，由此导致土地一级出让市场资源配置机制弱化，也导致土地资源配置扭曲（蔡继明、程世勇，2010；左翔、殷醒民，2013；曹飞，2013；扈映等，2013；等），也日益成为房地产税改革的制约机制。

（1）土地一级市场政府买方垄断已成为房地产税改革的制约机制。我国的建设用地资源禀赋包括两个方面：一是存量资源，主要通过城市拆迁来进行挖掘；二是增量资源，主要通过征用农地来实现。我国土地实行公有制，分别归属国家所有和集体所有，由此也形成了城乡二元土地市场及管理制度。现行城乡二元土地市场最大缺陷就是地方政府在土地一级市场处于“双垄断”格局（蔡继明、程世勇，2010）。具体说来，一方面，农地转为非农建设必须经过政府征收，地方政府是“唯一买家”；另一方面，任何单位申请使用土地必须是国有土地，地方政府又是“唯一卖家”，无论是增量土地还是存量土地，各地政府通过收购—储备—开发—出让制度彻底垄断了土地一级市场的供应。地方政府一方面通过买方垄断压低征地成本，另一方面作为城市建设用地唯一供给者，通过土地储备制度和“招拍挂”等市场工具卖方垄断提高土地出让价格，进而获得垄断高价下的超额利润。如图 4.10 所示，地方政府根据“$MR=MC$”的原则确定土地供给量，由此确定相应出让价格，地方政府较容易地获得高地价和垄断利润。图 4.10 中 P_m 就是政府垄断造成的土地高价，P_mABC 所示的部分为政府垄断土地征地市场和土地一级市场的超额垄断利润。

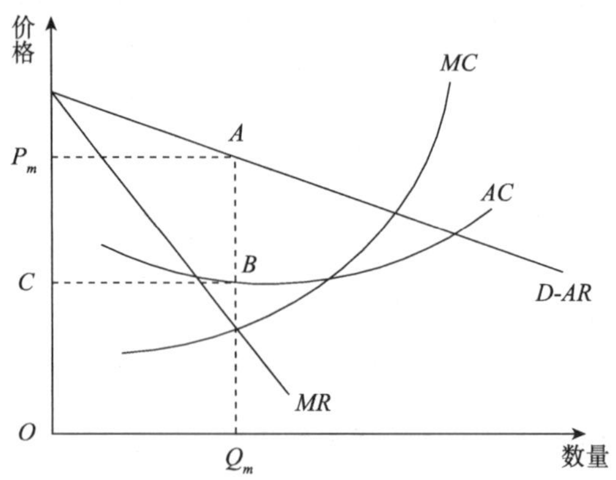

图 4.10　地方政府垄断供地获取超额利润的运作机理

地方政府获取超额垄断利润的最基本手段是通过在土地一级市场上实行“招拍挂”的市场经济的竞价工具，通过“招拍挂”确定土地出让价格，从而形成初始地价。其运作过程如下：地方政府是土地出让市场的唯一卖方，众多私人部门为使用土地作为买方竞价购买，因为是一次性出让未来数十年的土地使用权限，买卖双方需要估算出让地块在未来数十年的极差地租的全部数额，再将估算值换算成交易期间的价格在出让市场达成可交易价格（张妙曦，2006）。因为是将未来数十年的极差地租的估算值代替真正的价值，加之土地市场投机、投资等因素，最终达成交易的土地价格与土地出让金的真实合理价值存在偏离，偏离程度主要由市场的投资、投机及土地市场未来的供需等情况综合影响决定，因此该偏离结果会诱发土地一级市场的初始价格发生不同程度的扭曲。在现行的批租制度下，在交易初期一次性收取将来出让所有年限的地租，交易双方只能以“预期的极差地租”来代替“真实极差地租”。在农地征地市场唯一的“买家”和土地一级出让市场唯一的“卖家”，地方政府“经济人”理性必然驱使其利用得天独厚的“双垄断”优势地位实施“政府主导房地产市场定价”，由此导致商住用地价格飙升。上述体制机制下，国有土地的出让无论是否通过市场渠道进行，其初始价格必定偏离真实土地价格，加之土地市场盛行的投资和投机等市场因素影响，极易引发市场炒作和投机泡沫的产生。因此，现行土地市场体制下，土地市场的初始内在价值与真实合理的价格水平存在严重偏差，这直接导致房地产市场价格运行机制的严重紊乱，商住土地垄断高价导致城镇房地产资产泡沫。实际上，我国土地一级市场政府买方垄断已成为房地产税改革的制约机制。

（2）现行土地市场市场化程度低导致房地产税改革缺失评估征税基础。土地市场是房地产商品的要素市场，而现行土地一级市场呈现政府高度垄断特征。如前论证，在征地市场上，地方政府集管地者、用地者和裁判者于一身，形成“买方”垄断，极力压低征地补偿标准和无限扩大征地范围。在出让市场上，政府集唯一的出让者、管理者和监管者于一身，形成“卖方”垄断。土地一级市场上地价格被地方政府双向垄断，而一级市场的不完善直接导致了土地二级市场的市场化程度低。从表面上看，土地二级市场则可由众多市场主体自由交易，似乎应该是竞争市场。但实际上较为复杂，土地二级市场在相当大程度受一级市场的影响制约，主要的影响因素是土地一级市场的土地供应“双轨制”制度。

如前分析，土地一级市场土地供应呈现出典型的“双轨制”特点。2010～2014 年五年间平均 52.77% 土地通过市场化“招拍挂”公开出让方式，但仍有高达 47.23% 土地通过行政手段划拨、协议和定向等非公开方式供应。通过“招拍挂”公开竞价方式取得的土地，通常在取得时要缴纳大量的土地出让金及相关税费等，产权完整且没有限制性政策制约，因而符合市场自由交易的各项条件可充分自由流通。而通过行政方式以协议、划拨等途径取得土地，在“拿地”初期享受了大量的土地出让金及税费减免，但同时也附加了诸多限制性约束政策条件，要进入市场自由交易时必须取得相应的流通资格，因而难以自由流通。上述两种供地方式形成的土地在公开竞争程度、缴纳的租金和税费等、土地利用规划和后续管理等存在诸多不同。事实上，现行土地二级市场很难成为完备的竞争市场，因为即使是通过“招拍挂”渠道以市场化方式取得的土地，在转让时政府对土地利用有限制性要求等，同样也会影响到土地作为最为重要的生产要素自由流通。上述主要因素导致了土地二级市场发育程度较低（卢为民，2015）。与土地一级市场比较，二级市场整体活跃度不够。从土地二级市场发展较快的一线城市来看，根据对北上广深四个一线城市的数据统计，二级市场的土地转让宗数仅为一级市场40%左右，而转让面积仅为同期一级市场成交面积的10%左右[①]。在各方面因素制约下，我国土地二级市场发育明显滞后。在上述市场基础上，如何对拟开征的房地产市场进行合理评估征税，是将来房地产税开征要克服严峻挑战之一。

（3）现行土地市场商住用地价格过高导致房地产税改革缺乏民众支持。“以地生财”和“招商引资”导致商住用地歧视性高价会使得房地产税改革缺乏民众支持。由前论证，土地一级市场呈现明显的分割趋势，这表明地方政府并非仅仅追求高价卖地收入，而是实施了价格歧视策略——“低价出让工业用地，高价出让商住用地”，以此来实现整体利益最大化，但这种供地策略会进一步推高商住用地价格（郑思齐、师展，2011；周飞舟，2007；唐明，2013；等）。考察现实生活，地方政府除了面临预算内收不抵支财政压力外，同时还面临发展经济和政绩考核等多重压力，地方政府通常需要高价出让商住用地来补贴工业用地出让的机会成本。由于资本在区域间近乎充分流动，导致地区之间的引资竞争激烈，地方政府必须在引资竞争占据优势以为其创造 GDP 和政绩。工业用地虽然不能带来“短租”，但却可以带来“长税”、发展经济、促进就业及提升地方整体实力等，这些都是地方政府梦寐以求的。因此，在近似“买方市场”的工业用地市场，地方政府作为价格接受者（price taker）常以“低价”甚至“零地价”优惠出让工业用地。虽然早在 2006 年中央专项发文要求工业用地也必须

---

① 卢为民：《我国土地二级市场存在的问题及其规范路径》，《城市问题》2015 年第 3 期，第 33 页。

“招拍挂”，但现实中各地的工业用地常以指导价的底价成交，这无疑会大大削弱地方当期的土地收入，对地方政府而言这是一笔巨大的机会成本。

与此同时，商住用地市场的用地需求强劲且呈刚性，对地方政府而言这是个“卖方市场”，可充分利用“双垄断”地位，通过“招拍挂”和土地储备制度获得巨额的土地出让金收入。在现行制度体系下，地方政府极易操纵商住用地价格，近似是价格制定者（price maker），同时开发商也较为容易利用垄断地位将高额的土地成本转嫁给购房者。由于目前还没有针对自住住宅开征房地产税，居住用地及其建筑物并不能长期为地方政府提供“长税”，但短期内提供的土地出让金和相关税费极其丰厚，而且其剩余支配权和索取权均归地方政府所有，因此地方政府特别倚重“卖地”环节创造的土地出让金收入和相关高额税费收益。从各地发展模式考察，均倾向于以“高价出让商住用地”来弥补“低价出让工业用地”以及倒贴基础设施建设用地成本等。土地出让总量在受到“建设用地指标”和土地利用总体规划限制的情况下，上述供地策略造成的现实后果是，一方面优先出让的工业用地挤压了商住用地的供给；另一方面，低价甚至零地价出让工业用地对地方经济、财政收入以及官员政绩等作出了巨大贡献，但却将房价高成本的压力转移到商住用地市场，尤其是居住用地市场。上述情况可从不同类型用地的出让情况得到印证，以 2014 年为例，如图 4.11 所示仅占总供地面积 27.47% 的住宅用地对土地出让金贡献率却高达 57.51%，占总供地面积 17.77% 的商服用地对出让金贡献率为 30.31%，占总供地面积 45.24% 的商住用地对土地出让金贡献高达 87.82%。而占供地面积 50.71% 的工业用地对土地出让金贡献率仅为 9.97%。

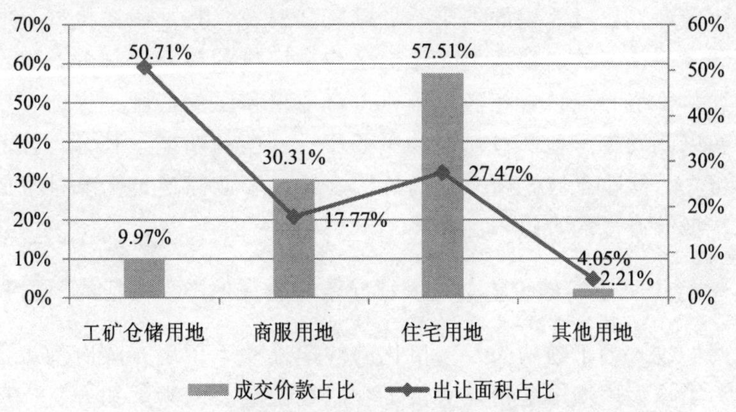

图 4.11　2014 年不同类型用地的出让情况

资料来源：根据《中国国土资源年鉴 2015》数据整理测算。

商住用地价格过高，使得民众对高价购房征收房地产税持抵触态度。如图4.12所示，土地出让金和房地产税本质上完全是不同的概念范畴。在我国土地公有制制度前提下通过出让市场“招拍挂”等市场方式形成土地初始价格，私人部门通过支付土地出让金来获得土地使用权，实现“两权分离”进而启动土地市场和发展房地产市场。而房地产税本质上是受益税，是私人部门的房地产由于享受了政府的公共服务而对政府公共支出的成本予以补偿。但在实践中，土地出让金和房地产税在实际功能和具体内涵等方面却界限不清。我国的土地出让金最大用途是用于城市的开发和建设，大部分用于满足公共需求，这和市场经济国家财产税（房地产税）实际功效较为接近。

我国的城市建设主要依赖土地出让金，形成了“土地融资—城市基础设施投资”间正反馈关系为核心的中国式城市建设投融资模式（郑思齐等，2014）。而某些市场经济国家城市维护和建设过程通常依赖财产税（房地产税），最典型的有美国的财产税增值融资计划。加利福尼亚州早在1952年创造了财产税增值融资计划，其操作模式是政府先通过免税债券的方式来筹集资金，以推动当地城市建设。城市建设水平提升后引发房地产增值，则评估征税的财产税税负也会增长，民众以之前购买的政府的免税债券本息来抵消财产税及其税负的增加。因此，许多学者指出，地方政府在土地出让市场上筹集的土地出让金，其本质一部分是土地租金，另一部分可视为本质上是提前预缴的房地产税，因为我国依赖土地出让金收入支持城市建设的融资过程和美国等国的财产税增值融资计划“异曲同工”（王涌，2010；何扬，2010；唐明，2015）。近年来，土地出让金规模庞大，逐年攀升，仅以地租的本质不足以完全解释，其巨额溢价部分本质上是投机和提前预缴的房地产税。地价是构成房价的最重要部分，以市价为基础的评估价值必定包含相当比例非正常地租和溢价甚至是提前预交的房地产税，以此发挥房地产税对公共服务成本补偿的功能，其合理性和公平性大打折扣。这也是我国民众对高价购房后还要以高房价为基础征收的房地产税持抵触态度的直接根源。

2. 现行土地市场的价格效应实证检验及对房地产税开征的预测分析

在国民收入的不断增长及城市化的快速推动下，地方政府的土地供给日益成为影响大中城市地价及房价不容忽视的重要因素。地方支出严重依赖于土地出让金的地方政府一方面凭借其对土地一级市场的垄断，高价转让通过低价取得的土地以获取差价收入外，通常还会采取“低价出让工业用地，高价出让住宅用地”的土地出让策略推高地价及房价，获取更多的土地出让金收入（郑思齐等，2014；唐明，2013；邹秀清，2014）。

为了验证地方政府“土地财政”及“低价出让工业用地，高价出让住宅用地”的土地出让策略对城市地价和房价的影响，本书选取中国 35 个大中城市中“土地财政”现象最为突出的（“土地出让金收入/地方政府财政收入”比值最高的）前 15 个城市 2003～2013 年 11 年的地价、住宅商品房价格、地方财政收入等数据建立面板数据固定效应模型展开实证研究①。具体建立如下实证模型：

$$y_{it} = \beta_0 + \beta_1 \times L.\ landpremiumratio_{it} + \beta_2 \times L.\ agreementratio_{it} + \beta_3 \times \lg gdp_{it} + \beta_4 \times \lg inc_{it} + \varepsilon_{it}$$

模型分别以取对数后的住宅商品房价格（lg*hp*）和土地价格（lg*lp*）作为因变量 y_{it}，以反映地方政府对土地出让金依赖程度的“土地出让金占地方财政收入的比重”和反映地方政府对招商依赖程度的“国有土地协议出让量占总出让量的比重”作为地方政府“土地财政”及土地出让政策的衡量指标。为了消除内生性问题，对上述两个指标取一阶滞后作为工具变量（分别表示为“*L. landpremiumratio*”和“*L. agreementratio*”）。同时，参考相关经典文献，在模型中引入时间控制变量的基础上，加入反映经济规模的地区生产总值（*gdp*）和反映需求强度的城镇居民人均可支配收入（*inc*）作为控制变量，并将上述两指标做取对数处理。

本书利用上述数据及模型，分别采用了面板数据随机效应模型及固定效应模型，Hausman 检验结果 $P < 0.000$，因而采用面板数据固定效应模型。固定效应模型结果如表 4.5 所示。

表 4.5　地方政府“土地财政”住宅商品房价格的固定效应模型实证结果

	(1)	(2)
	lg*lp*	lg*hp*
L. landpremiumratio	0.103**	0.0430**
	(1.99)	(2.38)

① 15 个样本城市具体为：南京、合肥、广州、福州、海口、济南、武汉、杭州、北京、苏州、成都、重庆、上海、西安、厦门。

续表

	(1)	(2)
	lg*lp*	lg*hp*
L. agreementratio	0.421 ** (2.40)	0.0217 (0.36)
lg*gdp*	-0.212 (-0.84)	-0.0894 (-1.02)
lg*inc*	0.361 (1.15)	-0.196 * (-1.79)
_cons	7.771 * (1.70)	11.26 *** (7.10)
N	149	149
R^2	0.598	0.959

注释：*、**、*** 分别代表在10%、5%、1%的水平下显著。

资料来源：2004~2014年《中国国土资源年鉴》，中国知网数据库。

上述实证结果显示，当以土地价格为因变量时，在5%的显著性水平下，土地出让金占地方财政收入每上升1%，土地价格上涨0.103%，协议出让面积占总出让面积比值每上升1%，土地价格上涨0.421%。这说明地方政府对土地出让金的依赖及对招商引资的需求显著地推动了地价上涨。当以住房价格为因变量时，在5%的显著性水平下，土地出让金占地方财政收入比例每上升1%，住房价格上涨0.043%。这说明地方政府对土地出让金的依赖对商品房价格的上涨有显著推动作用。协议出让面积占总出让面积的比值系数为正，但没有对住房价格有统计意义上的影响。这可能由于商品房价格的波动是受多种因素共同影响的结果，例如，地方政府在低价出让工业用地的同时，可能将部分环境不友好的工业企业引入当地，反而会对当地商品房住房价格产生负面影响。该实证很大程度上证实了地方政府“土地财政”是造成土地价格和住宅商品房价格上涨的重要原因之一。

我国通过引入“招拍挂”的市场工具来启动房地产市场和形成土地的初始价格，但“招拍挂”发挥其市场资源配置功能的前提是适用于自由竞争的市场，即最基本的市场价格由供需自发决定，由此形成的价值就是合理的。但我国显然不是，启动地价的“招拍挂”被应用在政府完全垄断的土地一级出让市场。转轨期，我国除了一般市场经济国家常有的市场投机和信息不完善等影响因素外，政府利用土地一级市场的“双垄断”制度优势经营土地谋取利益，这是导致商住地价偏离正常地价（合理的土地出让金）的最大制度诱因。地方政府垄断土地一级市场的格局下的土地批租制度严重扭曲了土地价格信号，土地一级市场政府买方垄断已成为房地产税改革的制约机制。土地市场与房地产市场的价值形成机制以及政府对土地和房地产市场增值收益的分享和调节机制如图 4. 12 所示，土地公有制国家私人部门需支付地租来获得土地的初始内在价值，即形成土地的初始交易价格。我国通过土地一级出让市场的“招拍挂”等制度启动土地市场和住房市场，如前分析该房地产市场的固有内在价值是严重扭曲的。在上述基础上，通过对市场价值评估征收房地产税以弥补公共支出的成本补偿，依据的房地产市场价值是在扭曲的初始价值上形成的，在此基础上征税不符合房地产税作为“使用者付费”纳税原理，现实中更会引发诸多问题，这已成为房地产税开征的制约机制（唐明，2013、2015）。

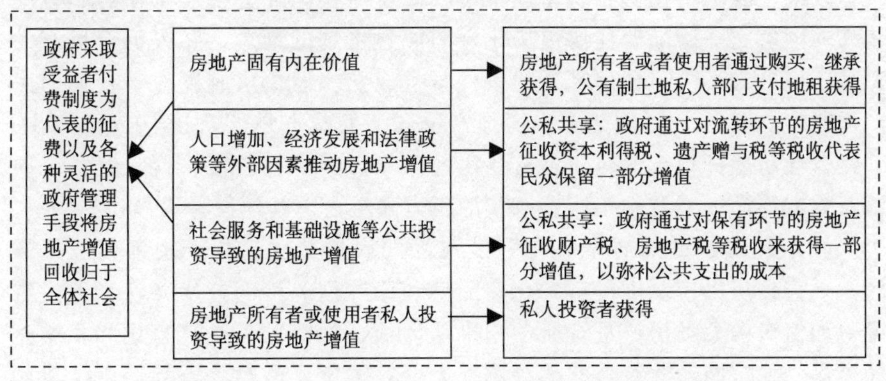

图 4. 12　土地和住房市场价格形成及增值收益的调节机制示意图

4.3.2 产品市场：不规范的住房市场及住房制度对房地产税改革的制约影响

1. 双轨制住房制度下房地产税改革的阻力分析

现行房地产保有环节征收的房产税和城镇土地使用税，这些税种出台的时间都是20世纪80年代。而这个时期正是住房制度开始改革的时期，公房自1979年采取全价出售给居民，先在若干城市试点公房全价出售，后实行“三三制”、“提租、增资和补贴”，1998年7月开始大规模推行住房货币化改革。无论单项改革还是综合配套改革，纵观整个住房制度改革过程，带有浓厚的福利色彩的实物住房分配这一计划经济体制的住房制度根基始终没有动摇。这一制度一直延续到1998年住房货币化、社会化和商品化改革，至此计划经济时代的福利分房制度得以根除，最终确立住房制度的市场化配置机制（朱亚鹏，2007a、2007b）。计划经济实物福利分房时代下出台的房产税和城镇土地使用税，要在此基础上开征现代化的房地产税，住房制度的转轨背景和房地产市场的不规范对房地产税改革的影响主要有：

（1）住房制度的转轨背景使得房地产税难以“扩围”。20世纪房产税出台时，住房制度开始试行私有化、社会化和货币化改革。鉴于当时私人拥有自住房的比例较低，大部分居民租住单位公房，个人和单位对住房拥有的产权都是不完整的，因此在当时背景下的房产税对个人自住房实行税收优惠政策，对个人住房实行暂免征税的政策。住房实行货币化和市场化改革以来，我国的住房私有率逐年攀升，目前在国际上都属于住房私有率较高的国家之一。随着住房市场化资源配置机制的推进，私人拥有房产的完整产权，对私人自住房征税的条件日益成熟。但住房制度改革初期的房产税制度“惯性”影响至今，房地产税开征的难点是“扩围”，即向个人非经营性房屋征税，而对于拥有住房的千家万户课征新税，这无疑是一项涉及方方面面的系统性工程，改革的压力和阻力是其他税种难以比拟的。

（2）住房制度的“双轨制”及飞涨的房价造成房地产税评估征税难题。现行住房供应制度是市场化商品房和原计划经济的公房并存，上述制度下如何对两大类房产进行科学公平地评估征税？尤其是自有化和私有化的公房。住房制度实行自有化改革，无论对国家还是对个人都产生了深刻影响。住房实施自有化、货币化等改革策略对启动住房市场的消费需求和培育住房市场至关重要，但转轨期住房市场是“双轨制”供应制度，自有化的公房和市场化的商品房价格存在巨大的价格差，这极易引发住房市场的价格扭曲。上述“双轨制”住房供应制度和房地产市场制度体系中，如何对两大类房产进行合理的评估征税？私有化的商品房较容易解决，可参考市场价格。但我国住房市场由于各种原因，房价上涨幅度超过了经济和收入的增幅，房价大起大落，波动短周期大约为 8 ~ 16 个季度，振幅较大、波动剧烈且频繁。因此，转轨期“双轨制”供房制度为房地产税评估征税设置了制度障碍，而剧烈波动的房价也难以为房地产税评估征税提供较可行的参照系。

(3) 双轨制住房制度引发房地产税量能负税难题。住房制度转轨改革和住房市场发展至今，我国住房问题已由计划经济时期住房短缺和质量低下转变为城镇居民住房消费支付能力不足和负担沉重的问题。上述转轨背景下，开征房地产税可能会遭遇负税能力难以合理评估的问题。

第一，商品房“房奴”负税能力问题。经过住房私有化、货币化和自有化等一系列改革和商品房市场的蓬勃发展，2014 年城镇居民家庭住房拥有率达到 89%，乡村地区居民家庭住房自有率高达 96.7%，我国的住房私有率在全世界都属于最高行列。但与此不相称的是，房价超过居民支付能力的过快上涨，许多家庭为了解决住房问题不得不倾其所有甚至全家三代人经济能力按揭贷款购买一套商品住宅，许多商品房业主沦为“房奴”和“负翁”。越来越多的家庭供房压力颇大，抗风险能力低下，常有报道“房奴”供不起房的事件发生。1998 年住房货币化改革之前，居民的消费和积累都是由国家计划决定。20 世纪 80 年代，个人所得税税法的出台深受住房实物福利分配政策的影响和制约。时至今日，除了提高生活费用扣除标准外，个人所得税未与时俱进地进行改革完善。将来房地产税开征，必然涉及居民的住房月供利息是否能在税前扣除的问题[①]，房地产税和个人所得税这些针对个人和家庭征收的直接税种应进行协调搭配。因为，如果开征房地产税之后上述问题得不到基本解决，那么月供利息则只能由个人和

① 一般而言，国际上课征财产税（房地产税）的国家允许住房所有者在所得税的纳税申报表中扣除房屋抵押贷款利息（房屋抵押贷款可用于消费和投资）和支付的财产税。拥有住房一方面要交房地产税，另一方面，又可享受抵押贷款利息的所得税抵减，这使得家庭拥有住房承担的税负远小于名义税负。例如，罗森（Rosen，2006）报告美国 2004 年财政年度，抵押贷款利息扣除使联邦所得税收入减少约 930 亿美元，占同期财产税收入的 1/3。而房地产税收入中，住房所占比重约为 45%。以此推算，贷款利息和房地产税的税前扣除所产生所得税减免，能抵减大部分房地产税支出，甚至使得相当一部分居民不会因为拥有住房而承担税负。

家庭的税后可支配收入来负税，将极大地增加“房奴”的经济压力。

第二，自有化的“公房”所有者的负税难题。双轨制供房制度下，居民取得公房支付的成本并不高，这其实是计划经济时代下职工长期低工资和低福利的代价补偿，所以“计划体制内”已退休或接近退休的老职工享受的住房福利水平高，但工资收入并不高。即使房改期间支付的公房代价不高，但原有公房大多处于优越地段、享受高质的公共服务，因而依据市价评估征税很有可能导致税负沉重。而这部分“体制内”老职工的住房福利皆因体制转轨的一次性补偿所得，而不是持续性的收入转化而来，而对这类公房征收房地产税很有可能会给这些老职工带来持续性的税收负担（庞凤喜，2008，2009）。因此，住房转轨背景下，如何合理评估商品房和自有公房的两类房产所有者的负税能力？如何有效地化解有可能会普遍存在的税负与支付能力不相称的问题？

2. 房地产市场的市场化程度从根本上制约着房地产税的改革

转轨期，我国住房市场的基本问题已由原计划经济的供给严重短缺转变为高价商品房的供给过度与经济适用房和保障房供给严重不足。我国的住房制度改革与转型及房地产市场的发展，从表层看似乎正迈向新自由主义住房制度（朱亚鹏，2007），实质仍滞留在计划管制的体系中，而且政府对房地产市场的管制远远超出了国内其他任何一个市场（易宪容，2006）。从我国房地产市场的发展实践来看，我国仅在产品市场即住房市场上推行市场化，但其要素市场即土地市场却与市场化背道而驰，实际上是一个垄断管制极其严重的市场。我国房地产市场是产品市场的市场化与要素市场的非市场化并存（许善达，2005；蒋省山、刘守英，2007）。

土地一级市场上地价被地方政府双向垄断，在“土地财政”和“招商引资”策略下实施“低价工业化和高价城市化”供地政策，通过“饥渴营销”利用不完善的“招拍挂”制度，不断推高商住用地的地价和房价。这也导致了转轨期的中国，房地产市场频频出现“面粉”贵过“面包”的奇异现象，卖方垄断造就的地王经济，使得房地产和商业服务用地价格越高，地方政府财政收益就越大。但政府经营土地的成本却由老百姓买单，因为地价往往占到房价相当大比值（目前估算50%左右），公众购房就承担了高地价。我国房地产市场实行开发商公司制度，该制度引致住房市场寡头垄断。现行法律法规规定，城镇住房无论是商品房还是保障房全部都要由房地产开发公司开发建设。20世纪90年代发展得较好的合作建房等被叫停，居民自建及郊区农民经营性建房和合作建房等被严格禁止。上述制度体系导致房地产一级市场被开发商高度垄断，众多学者研究也证明了这一点。李宏瑾（2005）通过勒纳指数计算指出，我国房地产市场存在严重的垄断现象。况伟大（2010，2012）我国房价存在刚性的根本原因是价格合谋。即使商品房库存严重高企的今天，我们也很难看到开发商通过主动降价去库存。另外，现行的商品房预售制度加固了房地产开发商的垄断地位。预售制度使得房地产开发商从事房地产开发经营的自有资产和自有资金要求低，开发商将销售和融资合二为一，这使得房地产开发公司自身的投资风险较少，而相关风险转嫁到购房者和银行等主体上。新建商品房均实行预售制度，这给开发商提供了根据预售信息来确定最终供给量和价格的，处于商品房交易中的信息优势地位，已成为开发商降低风险和谋求暴利的政策工具。在我国，商品房预售制度实际上助长了楼市泡沫，在某种程度上对房价起到了助推作用（刑戬，2015）。由于房地产要素市场和产品市场均高度垄断，这也是导致房价只涨不跌、房价异常刚性的本质原因之一。

拟开征的房地产税是要将现行不规范的房产税和城镇土地使用税建设成为现代财产税性质的税种，即将现行从量定额计征的城镇土地使用税及按房产原值及租金价值并行征税的房产税改为依据市场价值评估征税的现代房地产税制，因此房地产市场的规范程度将从根本影响制约着房地产税改革进程。如前所述，现行房地产市场存在垄断性因素，市场化资源配置渠道仍不畅通，存在市场投机和政府投机等多种因素影响的房价泡沫等，在上述基础上开征房地产税尚缺乏必要的市场体制基础。同时，现行房地产市场呈现出突出的地区差异。不同城市和地区的房价差异大，市场活跃性也存在较大差别。通常，沿海发达城市和地区房地产市场成熟完善，其一手房市场和二手房市场都很活跃，存量和增量房产价值都比其他地区和城市大，以市场价值为基础的房地产税税源潜力由此也会呈现巨大的地区差异。作为地方主体税种培育的房地产税，很可能出现经济越发达、财源越充裕的地区和城市其房地产税基与税源也越丰富，而越是经济欠发达、财源匮乏的城市和地区房地产税基反而十分薄弱，这将在很大程度助长地区间的财力差距和公共服务水平非均等化。现行转移支付体系还未涉及地区横向转移支付，将来如何平衡由于房地产市场的地区差异导致的房地产税收收入的地区差距将是棘手难题。

3. 住房领域的不公平加剧使得房地产税改革难以获得民众支持

表面上看，我国的住房朝着市场化方向大步前进，但该市场化进程对消除原计划经济体制住房领域固有不公平并没有取得实际性进展。原因是，住房改革的基本策略是庞大的存量公房以极其优惠的价格向现有居住者售卖。该做法使相当一部分个人和家庭获得了自有住房，暂时使人们忽略单位之间的住房不平等，但并没有真正根除不同阶层和利益群体之间的住房领域的巨大差别和极大不公平。这是因为，原计划体制实物福利分配住房制度的受益者仍然继续享受着新房改政策的优惠，住房制度改革回避了不同群体之间住房面积和居住质量等既有的巨大不公平，而且住房分配反而变得更加不公正。因此，住房领域仅仅实施市场化的改革策略还不足以解决原计划住房分配体制的各种弊端。1979 年房改起步，城镇居民居住条件得到很大改善，居住质量也大大提升，但与此同时住房领域的分配不公正的问题日益凸显和加剧。时至今日，现行的住房制度政策在很大程度已成为一种极其不平等的财富分配和转移机制，使得全社会最为重要的财富短期内迅速向少数权利者和既得利益者转移和聚集（易宪容，2006）。

现行住房制度体系最为缺乏的是为低收入阶层服务的保障房，我国虽然已经建立了安居工程、经济适用房计划、住房公积金制度以及廉租房制度等，但上述各项保障房制度体系亟待完善（朱亚鹏，2007）。现行保障房制度最大的弊端之一就是其仅为纳入城镇管理、具有城镇户籍的贫困人口服务，而大多数进城务工的农民工等更多的贫困者则被排除在受益范围之外（Wang，Y.，2000）。学界发出警示，如果住房不平等和不公平问题未得到有效解决的话，社会动荡将在所难免。现行住房不公平问题恶化及保障房体系的缺位将极大地阻碍房地产税的开征。房地产税的“双刃剑”属性使得该税的税收遵从度远低于其他税种，而且该税的纳税人涉及千家万户，是一个社会风险极高的税种，这极易出现集体抗税事件（石子印，2009）。可以预见，住房制度与住房市场的不公平将很可能影响到房地产税的纳税遵从度和民意支持。

4.3.3 现行房地产市场税种配置及税负分布对房地产税改革制约影响

1. 房地产市场税收分布

以房地产为课税对象的税收有狭义和广义课税口径，狭义口径的房地产税是指仅在房地产保有环节课税的税种，这样的财产税性质的税种有 2 个，分别为房产税和城镇土地使用税。广义上的房地产税，除了保有消费环节征税税种外，还包括房地产市场在其他环节缴纳的一系列税种，具体包括 8 个税种和 2 个附加，即企业所得税、个人所得税、增值税①、印花税、土地增值税、耕地占用税、契税、固定资产投资方向调节税（现已停征）、城市维护建设税和教育费附加及地方教育费附加。从课税环节看，从土地使用权的取得、工程开发建设及房地产市场销售流通到消费保有环节都分布着若干税种。进一步，可将广义的房地产税收体系简化分为流转环节税收和保有环节税收。流转环节税种泛指土地使用权及房屋所有权发生出让或者转让时所征收的税收；而保有环节是指在一段时期内对占用或者使用土地及其所属建筑物应缴纳的税收，如表 4.6 所示。

表 4.6　房地产市场税收税种分布表

征税阶段	具体环节	税种分布
房地产流转环节	土地使用权取得	耕地占用税、契税、印花税
	工程建设	建筑安装增值税、城建税、教育费附加
		城镇土地使用税、印花税
	房地产市场经营销售及转移环节（房地产市场二、三级市场）	销售房地产增值税、城建税、教育费附加
		契税、土地增值税
		个人所得税、企业所得税
房地产保有环节	房地产市场保有使用	城镇土地使用税、房产税

2. 房地产市场税收总量、结构及税负分布

现实经济生活中，房地产从投资开发、建设、销售和收益等环节连贯进行，故把上述环节统称为房地产的流转环节，而对进入消费和持有使用环节统称为房地产的保有环节，房地产的流通和保有环节共同构成房地产市场运行体系。下面，分别对上述两大环节的税收总量规模、税种结构和税负分别测算。

（1）房地产市场流转环节税负分析。房地产市场的流转环节大致可分为投资开发、销售转让、取得环节和收益环节，上述各环节分别开征了若干个税种。房地产进入投资开发环节，在“拿地”环节因受让了国有土地

① 自 2016 年 5 月 1 日起，房地产行业全面“营改增”，由原来征收营业税改征增值税。

使用权须按土地出让价款的3%～5%缴纳契税，如该地块原来是农业用地，用于非农建设，则在开发建设环节需要一次性缴纳从量定额的耕地占用税。建设开发环节，对于提供建造劳务的主体须根据建筑劳务的增值额的11%征收增值税，以增值税税额为税基征收城市维护建设税和教育费附加及地方教育费附加；若对外销售的是自建房地产，则需按销售不动产征收增值税以及城建税和教育费附加。房地产进入销售环节，取得收入的转让方需按照房地产交易环节的增值额的11%缴纳房地产行业增值税，按实缴增值税税额缴纳城市维护建设税和教育费附加及地方教育费附加；同时对房地产交易的买家和卖家同时征收0.5‰的印花税。在收益环节中，转让方需要按照30%～60%超额率累进税率计算缴纳土地增值税。同时还需缴纳企业所得税，应纳税额为扣除了成本、费用、税金和损失后的净额的25%。在取得环节中，买方根据税法规定需要缴纳两种税：契税与印花税。契税的征收标准一般按照成交价格一定比率征收①，印花税则是按照产权转移数据上面所记载金额的0.05%来进行征收。下面将房地产流转环节的契税、营业税、企业所得税、城市维护建设、耕地占用税等税种收入做一统计，并将流转税合计与每一年的商品房销售额作为房地产流转税税负的基础测算指标，则2006～2014年房地产市场流转税负情况如表4.7所示。

表4.7　2006～2015年房地产市场流转环节的税负分析　单位：亿元，%

年份	2006	2007	2008	2009	2010	2011	2012	2013	2014	2015	平均值
契税	868	1206	1308	1735	2465	2766	2857	3815	3961	3899	2488
营业税	1284	1791	1719	2369	3094	3590	3901	5174	5392	6104	3442
土地增值税	188	335	447	607	1107	1792	2286	2770	3203	3832	1657
耕地占用税	171	185	314	633	889	1075	1599	1740	1991	2097	1069
印花税	14	24	34	37	61	71	73	94	107	97	61
企业所得税	544	815	934	917	1425	1749	1841	2304	2436	2871	1584
城市建设维护税	62	87	93	128	172	233	258	340	342	366	208
外商投资企业和外国企业所得税	142	242	320	294	391	460	440	547	527	—	374

① 国家在对房地产进行税收调控时，有关契税税率经常变化，因而对买卖房地产交易没有统一的契税税率。

续表

年份	2006	2007	2008	2009	2010	2011	2012	2013	2014	2015	平均值
房地产市场流转税合计	3273	4686	5169	6720	9603	11736	13256	16784	17959	19267	10845
商品房销售额	20826	29889	25068	44355	52721	58589	64456	81428	76292	87281	54091
税收负担率	15.72	15.68	20.62	15.15	18.21	20.03	20.57	20.61	23.54	22.07	19.22

注释：2008 年房地产行业企业所得税分为企业所得税和外商投资和外国企业所得税；2008 年以后的企业所得税指的是内资企业所得税，外商投资企业和外国企业所得税 2009 年以后是指外资企业所得税。

资料来源：根据《中国税务统计年鉴（2006～2015）》、《中国统计年鉴（2006～2015）》相关数据整理计算。其中，2015 年的数据主要来自于财政部发布的 2015 年财政收支情况及财政收支决算。2015 年有关房地产的城市建设维护税和印花税是通过 2005 年至 2014 年的平均税率分别乘以 2015 年的营业税税额和商品房销售额估算得出；2015 年有关房地产的企业所得税应包含了外资企业。

由表 4.7 测算所示，近十年来全国房地产市场流转环节税负呈上升趋势，由 2006 年的 15.72% 上升至 2015 年 22.07%，近十年来的平均税负水平约为 19.22%，远远大于其他行业的税负水平。近年来，房地产行业因偷漏税连续多年成为被重点稽查的行业。在我国，房地产的存量市场和租赁市场发展都十分缓慢，流转环节的沉重税负已成为发展的桎梏。

（2）房地产市场保有环节税负分析。现行对房地产保有使用环节征收的税种只有 2 个，即房产税、城镇土地使用税，上述税种征税范围仅限于城镇，而且具有较大的免税面积（除沪渝试点房产税之外，对个人自住房地产免税），这使得房地产保有环节税负水平极低。城镇土地使用税对城镇土地从量定额征收，税率为每年 0.2～10 元/平方米。房产税从价计征：企事业单位生产经营自用按固定资产原值扣除 10%～30% 后余值的 1.2% 征收，对出租房地产则要按出租金额的 12% 征收。房地产保有环节的现有税种并不是依据市场价值课税，名义税负难以反映其实际税负水平。下面遵循国际惯例，对保有环节的房地产市场价值评估征税，以房地产保有环节税额之和与房地产市场价值估值的比率来衡量保有环节的税负情况，如表 4.8 测算。

表 4.8　2004～2015 年房地产保有环节税负分析　单位：亿元，%

年份	房产税	城镇土地使用税	合计	不动产市场价值估值	税收负担率
2004	366.31	106.22	472.54	235302.92	0.201
2005	435.85	137.35	573.20	243055.16	0.236

续表

年份	房产税	城镇土地使用税	合计	不动产市场价值估值	税收负担率
2006	514.81	176.81	691.62	251784.51	0.275
2007	575.42	385.47	960.89	261824.40	0.367
2008	680.28	816.89	1497.17	273771.96	0.547
2009	803.62	920.99	1724.61	288461.33	0.598
2010	894.06	1004.01	1898.07	306004.06	0.620
2011	1102.39	1222.22	2324.61	327979.98	0.709
2012	1372.48	1540.72	2913.20	352816.60	0.826
2013	1581.50	3293.92	4875.42	379621.97	1.284
2014	1851.64	1992.62	3844.26	409883.96	0.938
2015	2050.90	2142.04	4192.94	440436.34	0.952

资料来源：房产税和城镇土地使用税的数据取自《中国税务年鉴（2005～2015）》；房地产市场估值由各个年份的竣工房屋价值累计加总得出，竣工房屋价值取自《中国统计年鉴（2005～2015）》。其中，2015 年的数据主要来自于财政部发布的 2015 年财政收支情况及财政收支决算。

由表 4.8 测算，近十年房地产保有环节税负率为 0.63% 左右，即保有环节的税负仅占房地产市场估值的 0.63% 左右，税负极轻。与其他国家比较，成熟市场经济国家保有环节征收的财产税或房地产税实行依据市场价值评估征税，其名义税率与实际税负水平接近，例如美国各州的财产税税率不同，大致分布在 3%～10% 的区间，德国 1.5%～1.4%，法国 3%，日本为 1.4%①。由此可见，我国房地产市场保有环节税负较轻，远低于西方国家和周边国家。

（3）房地产总体税收情况分析。如表 4.9 测算所示，房地产市场的税收增长率高于全国税收增长率，房地产税对全国税收的贡献率由 2006 年 10.53% 上升至 2015 年峰值 18.78%，逐年呈上升趋势。这说明，房地产早已发展成为国民经济的支柱产业，房地产税收的财政收入功能日益凸显，资源配置功能也随之增强。现行房地产市场的税种分布格局，使得房地产市场的税收收入主要源自于流转环节征收的契税、“营改增”之前的建筑和房地产行业的营业税及城建税和教育费附加等，因为上述这些房地

① 资料来源：张天犁：《关于房地产税制度改革若干对策思路研究》，《财政研究》2000 年第 3 期。

产流转税以市场价值为计税依据，因此能随着房地产市场的房价增长及市值提升而增收迅速。但保有环节征收的房产税和城镇土地使用税，由于税制老化、失当，收入弹性受限，占收入的比重反而在日益下降。流转环节契税、“营改增”之前的营业税及附加的迅猛增长在很大程度上掩盖了保有环节的税收增收缓慢的情况。从征收环节看，近十年来房地产保有环节税种对房地产税收总量的贡献率日益下降，平均贡献率为 18.64%；房地产保有环节税收对全国税收的贡献率虽缓慢上升，但一般都不高于 3%，近十年平均为 2.7%。房地产保有环节税收对地方税收的贡献率曲折向上，近十年平均为 6.24%。流转环节税收对房地产税收贡献率起到决定性作用，近十年贡献率平均为 81.36%，是保有环节 4.36 倍；房地产流转税对全国税收贡献逐年上升，近十年平均为 14.47%，是保有环节的 5.36 倍。房地产流转税对地方税收贡献稳步上升，近十年平均为 27.19%，是保有环节的 4.36 倍。从房地产流转税收、保有税收及其占房地产税收和全国税收比重来看，现行房地产税负呈现明显的“重流转、轻保有”格局（唐明，2007a、2007b、2008）。

表 4.9　2006～2015 年房地产市场各环节税收增长情况　单位：亿元，%

年份	2006	2007	2008	2009	2010	2011	2012	2013	2014	2015	平均值
全国税收总额	37637	49452	57862	63104	77394	95729	110764	119960	129541	124922	86637
地方财政税收收入	15228	19252	23255	26157	32701	41107	47319	53891	59140	62662	38071
保有环节税收总计	692	961	1497	1725	1898	2325	2913	4875	3844	4193	2492
流转环节税收总计	3273	4686	5169	6720	9603	11736	13256	16784	17959	19267	10845
房地产税收合计	3965	5647	6666	8445	11501	14061	16169	21660	21803	23460	13338
保有环节税收占房地产税收比重	17.44	17.02	22.46	20.42	16.5	16.53	18.02	22.51	17.63	17.87	18.64
保有环节税收占全国税收比重	1.84	1.94	2.59	2.73	2.45	2.43	2.63	4.06	2.97	3.36	2.70
保有环节税收占地方税收比重	4.54	4.99	6.44	6.59	5.80	5.66	6.16	9.05	6.50	6.69	6.24
流转环节税收占房地产税收比重	82.56	82.98	77.54	79.58	83.5	83.47	81.98	77.49	82.37	82.13	81.36
流转环节税收占全国税收比重	8.70	9.48	8.93	10.65	12.41	12.26	11.97	13.99	13.86	15.42	11.77

续表

年份	2006	2007	2008	2009	2010	2011	2012	2013	2014	2015	平均值
流转环节税收占地方税收比重	21.49	24.34	22.23	25.69	29.37	28.55	28.01	31.14	30.37	30.75	27.19
房地产税收占全国税收比重	10.53	11.42	11.52	13.38	14.86	14.69	14.6	18.06	16.83	18.78	14.47
房地产税收占地方税收比重	26.04	29.33	28.67	32.28	35.17	34.21	34.17	40.19	36.87	37.44	33.44

资料来源：根据《中国税务统计年鉴（2006～2015）》、《中国统计年鉴（2006～2015）》相关数据整理计算。

如前论证，现行税制设计使得房地产流转环节税种多、税负重，而保有环节税种少、税负轻。这种税负分布格局，一方面房地产市场开发税费高企导致总开发成本居高不下，房价飞涨超过了普通职工购买力及引发该行业较高的偷税漏税问题等；另一方面，保有环节税负过轻弱化了房地产业主的持有风险和成本，引发房地产的无效或低效使用，这是国内房地产市场空置率超过警戒线的主要原因。同时，保有环节税种的缺失也使得政府无法获得房地产保有期间的增值收益分配，导致税收流失，客观上助长了房地产投机。

2. “重流转，轻保有”的税收格局制约了房地产税改革

现行房地产市场各个环节的税种设置缺乏合理搭配，尤其是缺乏主体税种和相应辅助税种构成的不同功能和作用的税种协调搭配的有机体。具体表现在：

（1）“重流转、轻保有”的税制格局导致地方政府偏好“短税”胜过于“长税”。如前测算，我国房地产税80%左右来源于流转环节，房地产流转环节的税种的课税对象主要是资产和收入的增量部分，具有很大的不确定性。2000年至2015年房地产流转环节税收占地方本级财政收入平均比值为27.19%，仅“营改增”之前源自建筑业和房地产业的营业税对地方本级财政收入的贡献率高达12.59%。营业税主要以房地产的投资额增量和房地产市场的成交额为课税对象，税收收入主要依赖房地产投资额和交易额的新增增量，具有典型的一次性特征。土地增值税开征的主旨是调控调节房地产市场的“暴利”，但该税也是针对房地产转让收益征税，与企业所得税税基重叠，实属严重的重复征税。契税针对土地出让成交价款和房地产市场交易额课税，能够体现土地价值和房地产市场价值变化，而“招拍挂”出让土地的高额出让金以及高房价能产生高额土地和房产契税，因此对地方政府有强烈高价卖地和刺激楼市的激励。上述房地产流转环节的税种收入增长快、规模大，“营改增”之前实际上发挥着地方主体税种的作用。现行房地产市场存在严重的税种错配问题，由此也引发了一系列问题，也是引致地方政府财政行为短期化的制度诱因。地方政府对房地产流转环节的“短税”（流转环节一次性短期税收）的路径依赖胜过“长税”（保有使用环节的财产税性质的房地产税）的激励（陈志勇、陈莉莉，2012），从而严重影响了地方政府推进房地产税改革的积极性。房地产税收结构性失衡决定了地方政府依靠地产和房产增量扩张的预算内税收增长方式可能难以为继，在土地资源日益稀缺的约束下甚至有可能引发严重的地方税收危机。

（2）保有环节缺乏规范的财产税性质的主体税种，地方政府尚无房地产“长税”激励。从本质上看，我国房地产保有使用环节至今仍未有能担当主体税种的财产税性质的税种，这使得虽然房地产税源日益丰厚，但政府缺乏较为有效的获取房地产增值收益及能为地方政府筹集稳定财政收入的税种。房地产保有环节税种设置和税制要素设计的关键是能合理捕获房地产的增值收益，以实现“涨价归公”，为当地的公共产品和服务融资。除了沪渝试点房产税外，现行在房地产保有环节征收的房产税和城镇土地使用税，其征税范围限定于生产经营性土地及其建筑物，而对个人自住房这一存量不动产财富尚未实现征税。而且其计税依据仅以历史原值或从量定额，难以随着房地产增值而增收导致收入弹性极差。2011年在重庆和上海试点对个人住房保有环节征税，但仅将少数增量房屋纳入课税范文，暂按交易价格征收较低的税率。而且对已纳入征税范围的少数个人房产还随着市场住房价格的上浮而进行相应调整，对征税房产实行非常宽泛的税收优惠。试点房产税方案呈现“税基窄、税率轻”的特点，试点方案的改革力度太弱以致改革目标难以实现，也不具备复制推广的价值。

3. 保有环节房地产税的缺失使得房地产市场税收调控效果弱化

（1）房地产市场税收调控政策梳理。现行房地产市场最为尖锐的问题就是房价和空置率“双高”的基本矛盾：一端是多达1亿多平方米的商品房空置浪费；另一端是迫切需要解决安居问题的居民买不起房，这一极不正常问题已经到了亟待解决的时刻。与此同时，由于各方面因素作用，目前“房地产和中国经济相互绑架”，“保增长、稳增长”、“土地财政”路径依赖等使得政府频频通过房地产税收调控房价过快上涨或者刺激楼市、屡屡“救市”。商品住房是兼具消费、投资和社会福利三重功能属性的特殊商品，历史经验表明不能完全放任由市场来自由调节房价，而税收政策是政府调控楼市的最佳工具之一。从2005年以来，我国密集出台了一系列房地产市场的税收调控政策，详见表4.10总结所示。

表4.10　　2005年以来房地产市场税收调控政策概览

调控依据	征税环节	调控税种	调控的具体内容
国办发［2005］26号、国税发［2005］89号	流转环节	营业税	个人将购买不足2年的住房对外销售的，应全额征收营业税；个人将购买超过2年（含2年）的符合当地公布的普通住房标准的住房对外销售，按规定申请办理免征营业税手续；个人将购买超过2年（含2年）的住房对外销售不能提供属于普通住房的证明材料或经审核不符合规定条件的，一律按非普通住房的有关营业税政策征收营业税。
国税发［2005］156号	流转环节	营业税及附加、个人所得税、土地增值税、印花税等	对存量房交易环节所涉及的税收要实行“一窗式”征收；加强销售发票管理；对于存量房交易环节所涉及的营业税及城市维护建设税和教育费附加、个人所得税、土地增值税、印花税、契税等税种，各地要依法征收，不得以任何理由和借口，对税法及相关税收政策进行变通和调整。
国税发［2006］31号	流转环节	企业所得税	关于未完工开发产品、完工开发产品、开发产品预租收入的确认、以土地使用权投资开发项目、开发产品视同销售的税务处理问题。
国办发［2006］37号、国税发［2006］75号、国税发［2006］74号	流转环节	营业税	从2006年6月1日起，对购买住房不足5年转手交易的，销售时按其取得的售房收入全额征收营业税；个人购买普通住房超过5年（含5年）转手交易的，销售时免征营业税；个人购买非普通住房超过5年（含5年）转手交易的，销售时按其售房收入减去购买房屋的价款后的差额征收营业税。各级地方税务部门要严格执行调整后的个人住房营业税税收政策。
国税发［2006］108号	流转环节	个人所得税	对住房转让所得征收个人所得税时，以实际成交价格为转让收入。纳税人申报的住房成交价格明显低于市场价格且无正当理由的，征收机关依法有权根据有关信息核定其转让收入，但必须保证各税种计税价格一致。
国税发［2006］187号	流转环节	土地增值税	关于房地产开发企业土地增值税清算管理有关问题例如清算单位、清算条件等进行了明确规定。

续表

调控依据	征税环节	调控税种	调控的具体内容
国务院令第 483 号	保有环节	城镇土地使用税	提高了城镇土地使用税税额标准，将每平方米年税额在 1998 年暂行条例规定的基础上提高 2 倍。此外，还将城镇土地使用税的征收范围扩大到外商投资企业和外国企业。目的是加大对建设用地的税收调节力度，抑制建设用地的过度扩张。
财税［2009］157 号	流转环节	营业税	自 2010 年 1 月 1 日起，个人将购买不足 5 年的非普通住房对外销售的，全额征收营业税；个人将购买超过 5 年（含 5 年）的非普通住房或者不足 5 年的普通住房对外销售的，按照其销售收入减去购买房屋的价款后的差额征收营业税；个人将购买超过 5 年（含 5 年）的普通住房对外销售的，免征营业税。
国税发［2010］53 号	流转环节	土地增值税	科学合理制定预征率，加强土地增值税预征工作。
财税［2010］94 号	流转环节	个人所得税	对个人购买普通住房，且该住房属于家庭（成员范围包括购房人、配偶以及未成年子女，下同）唯一住房的，减半征收契税。对个人购买 90 平方米及以下普通住房，且该住房属于家庭唯一住房的，减按 1% 税率征收契税。
财税［2011］12 号	流转环节	营业税	个人将购买不足 5 年的住房对外销售的，全额征收营业税；个人将购买超过 5 年（含 5 年）的非普通住房对外销售的，按照其销售收入减去购买房屋的价款后的差额征收营业税；个人将购买超过 5 年（含 5 年）的普通住房对外销售的，免征营业税。
国办发［2013］17 号	流转环节	个人所得税	二手房转让从此前房产交易盈利部分的 20% 或者总房款的 1%（房产证满 5 年并且是唯一住房的可以免除）统一为转让所得的 20% 计征。
财税［2016］23 号	流转环节	营业税、契税	对个人购买家庭唯一住房，面积为 90 平方米及以下的，减按 1% 的税率征收契税；面积为 90 平方米以上的，减按 1.5% 的税率征收契税。对个人购买家庭第二套改善性住房，面积为 90 平方米及以下的，减按 1% 的税率征收契税；面积为 90 平方米以上的，减按 2% 的税率征收契税。个人将购买不足 2 年的住房对外销售的，全额征收营业税；个人将购买 2 年以上（含 2 年）的住房对外销售的，免征营业税。

注释：根据国务院和国家税务总局网站政策法规库相关政策文件整理。

近年来，我国房地产市场出现投资规模过大、房价上涨过快和供求严重失衡等典型问题，政府自2005年以来出台了一系列针对房地产市场的税收调控政策从表4.10总结可以发现，房地产市场税收调控政策主要集中在开发环节和交易环节，保有消费环节仅对个别税种进行了调整，征收的税费主要针对房地产的供给者（主要是投资和投资性购房者），对保有环节的需求方调控力度轻微（仅在2009年提高了城镇土地使用税定量征收税率标准）。房地产流转税调控房价的基本机理是，流转环节课税增加了二手房的交易成本，削弱了投机收益以抑制投机需求，由此达到降低房价和抑制房价过快上涨。在流转环节刺激楼市的税收调控政策的运行机理是，减少二手房交易成本，消除流转环节税负“锁定效应”，低税负刺激交易，增加住房供给、稳定房价。然而，政府在流转环节实施税收政策调控，意味着政府能掌控调控对象（纳税人）承担的税负，或者税负对调控对象的具体影响。现行出台的一系列税收调控政策大都集中在流转环节，流转环节的税收调控具有便于操作、易执行等特点，但其实际调控效果又如何呢？

（2）房地产市场税收政策的现实效果及其成因分析。现行房地产税种分布及税负分配均为“重流转、轻保有”的格局，如前测算，“十一五”和“十二五”期间流转环节贡献了整个房地产税收收入的81.36%，是保有环节4.36倍；流转环节的平均税负水平约为19.22%，而同期保有环节的税负率仅为0.63%左右，两者相差悬殊。令人遗憾的是，在上述税种分布和税制设计的情况下，政府仍主要通过流转环节的税种进行调控。在我国如果房地产流转环节税收调控可起到作用的话，那么现实中流转环节高税负的格局下，相关的调控措施早已起到调控作用，但现实与预期不符。在我国，以营业税、个人所得税、契税、企业所得税和土地增值税等流转环节的相关调控措施非但很难达到抑制房价过快上涨和稳定房价的目的，在某些情况下还有可能刺激房价持续上涨，出现流转环节税收调控的“悖反效应”（王佑辉等，2006；唐明，2008）。

在我国，房地产的要素市场——土地市场政府高度垄断地价和土地供应，产品市场又由开发商寡头垄断，由此我国的房地产市场供给弹性变动有限，房价更多地由需求弹性来决定。考察我国房地产市场供需弹性等基本市场状况，土地供应的有限性与房产需求的无限性相矛盾，将来房价大幅下跌的可能性不大，预计将呈现上升趋势，主要影响因素有：

①住房实施商品化和市场化改革以来，我国居民长期被压抑的住房需求持续释放出来。国民的储蓄存款在2014年年底高达48.5万亿元，国民

储蓄率再创新高为 49.5%，高额的储蓄额和过高的储蓄率会导致社会流动性过剩，住房市场的有效需求潜力巨大。另据世界银行的研究，住房需求与人均 GDP 关系密切：当一国人均 GDP 在 1000～4000 美元时，房地产进入高速发展期；当人均 GDP 迈入 4000～8000 美元时，房地产市场进入稳定快速增长阶段。2016 年我国的国内生产总值为 74.41 万亿元，人均 GDP 为 53974 元，约合 8126 美元，这预示着房地产市场进入稳定快速增长时期①。

②城市化进程加快，未来住房供给存在较大缺口。2015 年城镇化率达到 56.1%，预计 2020 年城镇化率达到 60%，届时城镇常住人口将新增 3 亿人左右②。按照一般 3 人一套住房的需求，则需要新增 1 亿套住房。2020 年中国城镇人均住宅面积预计将达到 35 平方米。若要实现"一户一宅"的目标以及现有城镇人口人均面积再增加 10 平方米（提高到 35 平方米），则预计住房需求将超过 150 多亿平方米。而我国"十二五"期间每年房屋竣工面积分别为 7.8743 亿平方米、9.2619 亿平方米、9.9425 亿平方米、10.1435 亿平方米、10.7459 亿平方米、10.0039 亿平方米，由此看出，将来的住房供给缺口巨大③。人口众多与相对稀缺的土地资源相矛盾，也使得房地产市场成为资源垄断市场。

③住房价格持续飞速上涨，其中最为主要的原因是强大的刚性需求和大量投机性需求。我国住房市场目前需求曲线的斜率为正，仅依靠增加供给不能控制房价（张完定等，2011）。资本市场缺少多元化的投资渠道以及住房自身良好的投资属性，造成住房市场存在大量的投资投机者。楼市的空置率是房地产供求关系的"风向标"：按照国际惯例，商品房空置率的标准是：5%～10% 为合理区，10%～20% 为空置危险区，在 20% 以上为商品房严重积压区。而我国住房空置率高达 22.4%，全国超过 20% 商品房空置印证了投机需求之盛。

④城镇土地供应量逐年减少，而启动存量房地产市场又深受各种因素制约。房地产市场成熟的国家一般是存量房交易大于新增楼盘，两者比值

---

① 资料来源：《2016 年中国国内生产总值 GDP 统计数据》，http://www.360doc.com/content/17/0121/12/14421628_623858247.shtml。

② 资料来源：国家统计局：《2015 年中国城镇化率为 56.1%》，http://finance.sina.com.cn/roll/2016-01-19/doc-ifxnqrkc6642982.shtml。据估算，每年农村向城市转移的户籍人口在 1200 万～1500 万人之间。按此规模，20 年内要向城市转移近 3 亿农村人口。

③ 2011～2014 年房屋竣工面积数据来源各年统计年鉴，2015 年房屋竣工面积来源于住房和城乡建设部网站。

约为6:1。而我国现行房地产市场产品以新建商品房为主的一级市场交易，而二手房存量市场和租赁市场均发展缓慢。例如，一线城市上海、北京、深圳和广州四个城市存量房和新房成交平均比值达到2:1，二线城市如南京、杭州和天津等，该比重也已经达到或接近1:1，这说明发达城市刚刚步入存量房时代。除了部分一二线发达城市外，全国大部分仍处于增量市场。

⑤现行房地产市场无论是要素市场还是产品市场均存在严重的垄断：一方面要素市场上政府独家供地，对土地的供给量和价格实施双重控制；另一方面是政府授予房地产开发商垄断城市房屋独家供应特权。学者测算，我国房地产市场的勒纳指数基本都在0.4~0.6（况伟大，2004；李宏瑾，2005），这意味着我国的房地产市场高度垄断，自由竞争严重不足。在上述要素市场和产品市场“双重垄断”格局下，地价与房价以及土地市场、房地产市场的供需等都是严重扭曲的，即“中国的楼市根本没有市场”（唐明，2008、2013）。

综上分析，中长期内我国房地产市场将是典型的卖方市场，在流转环节征收的税种其税负容易转嫁给购房者。税负转嫁性较强，在流转环节课的重税有可能促使房价进一步上涨，增加购房者（主要是消费性需求者）成本，而对卖房者却影响不大。我国房价飞涨很大程度上源于投机者的炒房，除此之外房地产开发商和地方政府组成的利益同盟也是房地产市场最大的投机者之一。观察投机者投机行为的成本和收益，投机收益的约束因素主要有税收成本、以利息支出为主要的持有成本等。现行房地产市场税负“重流转、轻保有”，保有环节的低税负甚至“零税负”大大增加了高价出售利差和持房待售动机。我国早在2011年开始在沪渝进行房产税试点，但效果不佳更多的是象征意义征税，保有环节的房地产税要能真正发挥作用必须进行房地产税的立法和制度化建设，但我国的房地产税立法十分缓慢。房地产投机者的决策主要取决于房价涨跌幅度和信贷成本、税收等持有成本多种因素的综合影响，如果房价呈现非正常刚性“只涨不跌”，那么投资或投机于房地产能获得稳定收益。另外，房地产流转环节税收调控实质在某种程度上会约束减少房地产市场的自由供给，反而有可能加速房价上涨。从以往几次主要的房地产市场的税收调控政策效果来看，市场的最初首要反映是通过提价转嫁税负或以租代售。由此看出，房地产流转环节的税收调控在短期内有一定的效果，中长期有可能反而起负面作用。

4.4 不完善的公共治理与财政民主机制导致房地产税改革缺失政治基础

从原理上看，社会公众要获得房地产税的税收权利有两个基本渠道：一是地方政府在寻求自身利益最大化过程自发形成了与纳税的“政府—纳税人”的服务机制，由此形成了房地产税对地方政府的自我激励机制，从而有效地发挥房地产税受益税性质；二是公众参与地方政府财政收支决策的公共选择过程，从外部促使房地产税遵循受益税本质。西方的财产税（房地产税）和典型国家的实践表明，地方政府在追求房地产税税收利益最大化的财政动机以及力争获得辖区选民选票支持的政治动机促使了地方政府为纳税人服务和负责税收理念的形成。但是，在我国现阶段的房地产税改革，尚无某种激励机制能促使“政府—纳税人”服务关系自动形成，地方政府对房地产税改革激励相对较少（石子印，2010）。

4.4.1　中国房地产税改革对地方政府的自我激励不足

房地产税存量税属性决定房地产税依据市场价值为基础的评估价值征税，在税率既定的前提下，房地产的市场价值越大，房地产税为地方政府贡献的税收总量就越大。在上述征税机制下，地方政府有激励提高其辖区的房地产市场价值，而房地产的市场价值受区域影响显著，地方政府管辖的辖区公共服务水平越高，房地产价值越大。因此，房地产税有助于形成良性循环机制，地方政府将房地产税用于公共产品和公共服务，改善辖区环境，提升房地产价值，由此会带来房地产税收入的增收。在上述机制中，地方政府追逐房地产税收入最大化的动机将会提高公共服务水平，这就是西方学者广为讨论的房地产税对地方政府的激励机制。格莱泽（Glaeser，1996）通过建模论证表明，上述激励比一次性总负税的激励效果更佳，在地方政府比高一级政府激励程度更高，并能有效消除地方政府的短视行为，同时房地产税还激励地方政府降低辖区内其他税负以吸引外来投资者和居民，提升辖区的不动产价值。格莱泽充分论证了房地产税对地方政府行为的影响，论证该税能够有效激励地方政府提供民众所需的公共服务。然而，在我国房地产税对地方政府的自我激励机制尚未能形成，目前仅仅依靠这种机制来现实房地产税受益税性质尚不现实。

1. 我国目前不存在房地产税对地方政府自我激励的经济因素

国外的理论和实践在论证房地产税对地方政府的自我激励作用是在房地产税（财产税）占财政收入重要地位的前提下进行的，房地产税往往是这些国家基层政府的主体税种，房地产税税收收入占据这些基层政府财政收入的相当大比重，房地产税对基层政府来说举足轻重。因此地方政府有培育房地产税税源的激励，从而重视公共服务的数量和质量，这是房地产税（财产税）对地方政府形成自我激励机制的经济原因。但在我国，房地产税发展成为地方主体税种尚需较长时日，现阶段地方政府通过提升当地公共服务水平来增加房地产税税收收入的动机还未成气候。

目前，中国正在由工业化主导向城市化主导的结构中转变，城市化进入相对独立的大发展阶段，土地要素被重估，这也直接成就了地方政府的“土地财政”，如图 4.13 所示。2001 ~2015 年长达 15 年的时间里土地出让收入总额增长了近 10 倍，占同期地方本级公共财政收入的比值大都年份都在 50% 以上，最低为 33.5%，最高达到了 76.6%。从局部看，很多大城市的土地出让收入经常超过其税收收入，成为当地的“第一财政”。房地产税的开征是否会影响到“土地财政”收入？在多大程度上影响当期的土地收入？这是地方政府对开征房地产税首先要考虑的问题。虽然长远看房地产税能为地方政府提供稳固客观的财源，但增加的房地产税“长税”是否能弥补房地产税开征给地方政府带来的各项成本和损失？在上述情况下，房地产税对地方政府怎么会产生自我激励呢？

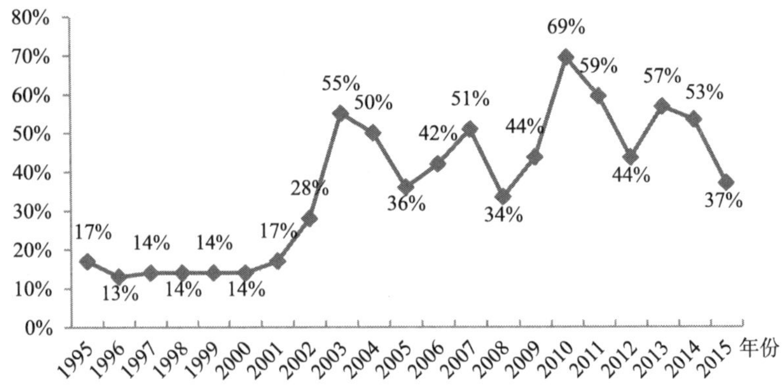

图 4.13 分税制改革以来土地出让金占地方财政收入比重趋势图

2. 我国目前不存在房地产税对地方政府自我激励的政治因素

在国外的理论和实践中，房地产税促使地方政府改善公共服务、产生自我激励机制是因为“利维坦”地方政府的利己动机与为公众服务实现了激励相容的情形。这是因为，房地产税运行良好的国家大都是民主法治国家，地方官员由公众选举产生，税收的征收和使用遵循“向下负责”的原则，这是房地产税能有效激励地方政府的政治因素。但在现阶段的中国，源自社会力量和法治对地方政府横向制约机制尚未形成有效约束，而“纵向”问责机制突出人事权考核诱使地方政府选择性地履行政府职能。在财政收入利益最大化和政绩考评机制的双重激励下，地方政府较为看重能够量化显现的经济绩效和能突显政绩的领域建设，而缺乏激励来改善公共服务和民生状况（郁建兴、高翔，2012；周黎安，2005）。另外，中国政治体系中个体官员所拥有的政治网络的强度对其提拔与否也起到关键性作用。因此，在现行政治体系中，对地方政府的考核指标体系并不能有效激励地方政府致力于改善辖区的公共服务这一民生目标。

由此可见，由于缺乏经济上和政治上的激励，即使我国房地产税将征收范围扩大至个人家庭自住房产和农村房产，将计税依据改为依据市场价值的评估价值征税，类似于西方学者分析的房地产税对地方政府提供公共服务从而实现房地税受益税性质的自我激励机制很难形成，地方政府自动改善辖区公共服务积极性依然不高或难以有效维持。在我国，促使地方政府将房地产税用于公共领域以实现房地产税的“受益税”本质，“政府—纳税人”服务关系的真正形成途径只可能是房地产税征收和使用过程的公众参与。

4.4.2　地方财政民主机制是我国房地产税改革必要的激励机制

1. 现行财政民主机制的缺失已成为房地产税改革的约束机制

对于普通民众而言，房地产税改革是从无到有的新增税种，无论税制要素如何设定，对于个人和家庭的自然人纳税人而言都是新增的税收负担。而现实情况却是，对于关涉千家万户百姓切身利益的房地产税改革，公众竟然没有任何改革话语权？自 2003 年起物业税曾在十个省市区模拟“空转”了七年之久，但政府从未公开过试点的相关情况。2011 年沪渝两市试点房产税改革，但两市政府也从未向当地民众征求过试点方案的建议。而且，两市明确规定房产税收入全部用于廉租房和保障房建设，这与试点地区的房产税纳税人并没有直接的受益联系。与车船税直接税性质类似，对公众住宅征收的房地产涉及普通老百姓的切身利益，征管涉及数量庞大的自然人纳税人，理应通过人大立法上升至税收法律。中共十八届三中全会提出加快房地产税立法并适时推进改革，现由全国人大预算工作委员会会同财政部牵头研究，在2016年全国人大常委会立法工作计划中，已将房地产税法作为第一类立法项目列入预备项目。据媒体报道，目前全国人大常委会预算工作委员会正按照立法规划和立法工作计划的要求，对房地产税改革与立法当中的重点、难点问题进行调查、研究和论证，同时做好起草草案等相关工作。待草案比较成熟后，综合考虑各个方面的因素后再提请全国人大常委会审议。但较为遗憾的是，在这样一个关涉千家万户切身利益的税种立法，目前全国人大常委会预算工作委员会工作模式是“关起门来立法”。如果这样的立法方式不作改变，出台的房地产税法律和民众的预期必然存在某种程度的偏差，实施起来有可能会引发各种各样的问题。

在我国现行“强政府、弱社会”的格局下，在房地产税改革的决策阶段，纳税人—社会公众可能不会产生影响，但到了管理实施阶段，预计普遍较低的缴税率和纳税遵从度不高将严重制约房地产税的实质运行，会引发公开抵制纳税甚至发展成为大规模的抗税运动，20世纪美国民众针对财产税发起的三次大规模的税收革命值得我们警醒。相比较房地产税开征的财政收入意义，更大意义在于房地产税的立法开征将激活纳税人的权利意识，并高度关注对政府公权力的有效制约。“普天之下莫非王土，率土之滨莫非王臣”传统理念长期模糊了中国纳税人的权利概念。转轨期，长期以来的计划经济“统收统支”以及“国有国营”等制度惯性使得我国收入和财产分配领域公权与私权难以清晰界定。而且，在我国一直还未能实现政府权力对纳税人权利的应有尊重和敬畏，以及纳税人权利对政府公权力的有效制衡机制。因此，长期以来政府的财政收支（征税和用税）标准与程序通常都是自上而下地由行政主导执行。上述格局在以企业缴纳间接税为主体的征收格局，尤其是公有制企业关系不大，但由家庭和个人直接负税的房地产税实施将会彻底颠覆上述格局（庞凤喜，2008、2009）。因为，对于公民纳税人来说，无论房地产税如何设计，都是从无到有给公民纳税人新增的直接税负，加之房地产的税负透明等属性，房地产税征纳过程中税负明晰性与利益的直接性远超过其他各项税种。而且，房地产税存在税源与税基分离的属性，房地产税源往往不是纳税人已实现或已取得的收益，而仅是评估数值的变化，纳税人对此将特别关注，这也将真正激发起民众的纳税人权利意识以及对政府征税权力的限制意识。客观讲，纳税人的权利尚未得到足够的尊重和保护，我国纳税人在税制改革方面缺乏应有的主体地位和相应的话语权，尚无能力影响政府的财政收支决策。上述财政民主机制的缺失，对间接税为主体的税制影响还不是很大的话，那么对于直接税性质的房地产税的影响较为关键。如何有效破解这个“瓶颈”，迫在眉睫。

2. 实践调研显示：政府—纳税人服务机制是启动房地产改革的基本前提

多项研究机构和学者们的调查研究，得出了共同结论是：政府—纳税人服务机制是房地产税改革得以推进的前置条件。最具有代表性的调研是北京大学—林肯研究院与国家统计局在 2010 年合作开展了包括对房产税在内的综合问卷调查郑思齐等（2013）。该调研对房产税改革的问题如下：(1）您是否支持开征房地产税？(2）如果开征房地产税有助于降低房价，您是否支持开征？(3）如果将房产税收入用于城市公共设施建设和改善教育、医疗等公共服务，您是否支持征收？上述三问融合在“城市居民生活专项调查问卷”之中，没有对受访者存在任何诱导，得出的调研结果较为客观。在全国受访的 2500 个家庭，42% 的家庭表态赞成开征房产税，29% 的家庭持反对态度，另外 29% 的家庭表示无所谓。但当房产税的用途和开征意义明确后，如房产税能抑制房价，房产税的支持率由原来的 42% 上升到 65%，反对率由 29% 下降为 15%。如果房产税用于公共产品和公共服务，支持率进一步提高到 71%。

学者魏涛、张清（2011）和刘路（2010）等在武汉、南京等地民间调查显示，开征房地产税并不是想象的那么困难和阻力大，前提是地方政府能对公众的公共需求做出及时反应，能将税收收入切实用于公众所需的公共服务项目。相关调研显示，将来房地产税的纳税人最优选的公共服务是居住社区周边环境的改善，其次是稳定的社会治安和孩子就读优质学校无需缴纳昂贵的赞助费等。这实际上和已经开征房地产税的国家和居民的想法是一致的，例如，香港的差饷（Rates）就是为了支付警察治安等经费，美国财产税是其教育体系尤其是基础教育的基石（William N. Evans and

Sheila E，2005），财产税为独立学区贡献税收高达96%①。若我国房地产税开征后，地方政府能将收入用于纳税人期望的上述方面，无疑会获得纳税人的支持，将极大地增强社会公众对房地产税的认同感。

以上调查给我们重要的启示是：第一，公众对于房产税支持与否与其能否带来真正的“好处”密切相关。第二，房产税的收支“透明”非常重要，必须让老百姓清楚这部分税收收入具体用在什么地方、发挥了怎样的效益，公众的支持率才会上升。第三，房地产税的改革必须得到公众的认可，提高公众的参与度，才能有效降低该税开征的社会风险。中国的房地产税改革，离不开财政民主机制及服务型政府的建设。可以预见，虽然公众在房地产税改革决策或者立法过程尚未能发挥足够的影响力，但在房地产税的实施阶段公众的税收遵从度将直接决定着房地产税能否成功实施。

3. 房地产税的开征改革将拉开基层财政民主制度的序幕

在我国，房地产税开征与改革绝不是一般意义上的传统税改，真正意义上的房地产税的立法开征一定不能忽视与之息息相关的社会、政治和经济等基础性制度构建。而我国基本国情是财政民主制度的重要载体——参与式预算仍处于起步探索阶段，还无法保障房地产税受益税性质，在房地产税税负承受的清晰性和利益的直接性比以往任何时候都突出时，如果我们将这种由个人和家庭直接负担的税收等同于一般性的财政收入，那么在税收增加的同时权力与权利的矛盾将空前凸显出来，解决起来极为棘手。为此，在房地产税立法过程中，应首先明确房地产税与其他税种的异同，明确房地产税税负的确定依据和参照系，明确告知纳税人：房地产税如何收税？收多少税？如何用税？涉及哪些费种改革与完善？纳税人如何参与房地产税的收支决策？上述问题，尤其是如何构建纳税人的参与机制，将是房地产税立法的重中之重。在当前传统文献意识和国情背景的影响下，纳税人自觉接受按年缴纳税额较大的房地产税，对地方公共治理和基层政府无疑是个巨大挑战。

由于缺乏经济上和政治上的激励，类似西方理论和实践中的房地产税（财产税）对地方政府提供公共服务的自我激励机制在中国很难形成。因

① 资料来源：William N. Evans，Sheila，Sheila E. Murray and Robert M. Schwab：《财产税与教育财政——艰难抉择》，Wallace E. Oates：《财产税与地方政府财政》，丁成日译，北京：中国税务出版社2005年版。

此，要确保房地产税的受益税性质，“政府—纳税人”服务关系的真正形成途径只能是房地产税征收和使用过程中公众参与。房地产税在全国推广之后，一方面，该税在基层政府中的财政地位大大增强①；另一方面几乎所有的个人和家庭都将缴纳房地产税，这将极大地增强地方居民督促地方政府对其政策负责的积极性，会促使纳税人主动要求政府公开其全部收支，而且政府预算必须得到纳税人的同意方可执行，这样“居民—纳税人—投票人”的权利义务关系将有效衔接，以确保公众纳税后可享受到与之匹配的公共服务，由此构建房地产税受益税良性循环机制。

考察我国现实，房地产税开征实施绝不仅是考虑信息共享、评估公正和征管高效等技术问题，更多的是基层政府地方治理和政治体制善政层面的问题。房地产改革必然会促使地方政府财政行为方式的变革——强化地方民主治理而不是地方政府公权意识，在地方基层政府试点实施财政民主机制，将参与式预算引入到房地产税收支运行过程，以此构建公众参与房地产税收支决策的制定和评议监督机制，这将是房地产税成功实施的制度保障。在基层政府，财政民主机制是非常有可能实现，实质意义上的房地产税改革或许将拉开基层政府财政民主机制的序幕。

---

① 当然这需要两个基本前提条件，一是将所有存量房纳入征税范围；二是依据市场价格的评估价值计税。我们可以将“六五”到“十二五”期间的存量房进行税收收入测算，这 35 年间全国房屋竣工面积为 5512314.9 万平方米，其中 2000 年之后新建商品房占全部存量房的 50%，2015 年全国商品房平均销售价格约为 6793 元/平方米，按照国际平均税率 1%（这是美国乔治亚大学 Roy Bah 和 Sally Wallace 在对发展中国家房地产税研究中得出的结论）。全国应征收房地产税税额为 18722.53 亿元（551.23×6793×50%×1%），约占当年全国税收收入的 16.93%，占当年地方本级财政收入的 22.56%。由此可推测房地产税未来可担当地方主体税种，其筹集财政收入的功能不可小觑。以上数据来源来自《中国统计摘要 2011》和历年《中国房地产统计年鉴》以及国家统计局、财政部相关网站。

第5章

房地产税制度环境影响因素的经验分析与比较借鉴

本章考察世界各国房地产税制度环境影响因素与其房地产税的关联关系及互动发展过程。利用 IMF 的 GFS 数据和其他数据来源构成的多国面板数据来检验财政分权体制对一国房地产税的影响程度，揭示财政分权与房地产税的关联关系及其国际经验与启示；研究发达国家产权保护、地方自治、财政民主机制以及发展中和转轨国家实施改革房地产税的前奏是确立和保护产权及培育房地产市场的典型案例，着重研究产权保护、房地产市场的市场化健全程度及地方财政民主自治与房地产税的关联互动关系及其国际经验与启示。

5.1 房地产税与财政分权关联互动性的国际借鉴

财政分权的主旨是塑造高效率、负责任、具有回应性的政府体系，政府解制和财政分权的结果是让贴近民众的地方政府直接负责公共物品与劳务的供给，这样就能够建立一种高效率的、高透明度的责任约束机制，而这种责任约束机制能否最终建立的关键取决于地方政府能否找到一种主要来自于本地区的可支配的收入源泉。而房地产税由于其自身特点，日益成为地方政府的理想收入来源，事实证明财政分权已成为房地产税制改革的契机，但在现实中要想房地产税成为地方主体税种，仍受制度环境中诸多因素的阻碍。

5.1.1　财政分权与房地产税利用程度的实证检验

本书借鉴 Roy Bahl 和 Jorge Martinez - Vazquez 等学者的研究成果，利用 2000 ~ 2014 年国际货币基金组织的 GFS 数据和其他数据来源构成的 43 个国家多国数据来实证检验影响房地产税利用程度的决定因素的影响程度。Roy Bahl 和 Jorge Martinez - Vazquez（2007）实证指出：财政分权是促使一国对财产税依赖程度提高的重要影响因素，但本书的实证结果与其有所不同。财政分权是促使一国对财产税依赖程度提高的重要影响因素。用地方政府财政自主性即地方政府自身收入占地方政府财政支出的比重来衡量一国财政分权度的评价指标。为了测试出财政分权在一国使用财产税相对重要性的影响作用，需要控制其他的影响房地产税收入的因素，例如城市化、人均 GDP、人口规模、人口增长速度等。因为，我们可以观察到，在城市中心地带，土地及其建筑物的价值趋向大幅提高，因而会带来房地产税增收；除了城市化水平，我们还必须控制人均 GDP 的影响，因为富裕国家更倾向于有能力使用房地产税收入。另外，把转轨国家设置成哑变量，因为这类国家除了人均 GDP 的影响外，还有许多其特有的体制特征，例如土地所有权历史、不动产权属关系等。此外，还控制了人口规模和人口增长率的影响。

本书利用 2000 ~ 2014 年 43 个国家财产税收入占 GDP 比重表示一国财产税相对重要性，作为因变量。选取财政分权指标（以地方政府收入占地方政府支出比重来作为一国财政分权度评价指标）作为关键自变量，同时将城市化率（urbantpct）、人均 GDP（lg*dpcap*）、人口规模（l*pop*）、人口增长速度（pgr）作为控制变量。分别进行普通最小二乘估计（OLS）和二阶段回归估计（TSL），得到实证结果如下表 5.1 和表 5.2 所示。

表 5.1　一国对房地产税利用程度的决定因素的普通最小二乘估计

变量	系数估计	T 值	P 值
lg*dpcap*	1.454	6.58	0.000
l*pop*	0.533	6.27	0.000
decent	0.193	0.93	0.353
urbantpct	0.0140	4.66	0.000
pgr	−0.0175	−0.55	0.584

续表

变量	系数估计	T 值	P 值
transition	0.0398	0.24	0.807
常量	-9.610	-7.01	0.000

变量说明：

1. 因变量是房地产税收入占 GDP 的比重
2. lg*dpcap* 表示人均 GDP 取对数
3. lg*pop* 表述人口数量取对数
4. decent 表示财政分权化程度，用地方政府收入占地方政府支出的比重来衡量
5. urbantpct 表示总人口中城市人口的比例
6. pgr 表示人口增长率
7. transition 表示转轨国家的哑变量

资料来源：IMF GFS 数据库。

表 5.2　一国对房地产税利用程度的决定因素的二阶段回归估计

变量	系数估计	T 值	P 值
lg*dpcap*	1.457	4.34	0.000
lg*pop*	0.528	5.87	0.000
decent	0.161	0.36	0.722
urbantpct	0.0142	4.66	0.000
pgr	-0.0141	-0.44	0.658
transition	0.0663	0.32	0.748
常量	-9.569	-4.33	0.000

表 5.3　不同收入等级国家对房地产税利用程度决定因素的普通最小二乘估计

	中低收入	中等收入	高收入
	y	*y*	*y*
lg*dpcap*	-3.899 (-0.33)	4.324*** (5.65)	2.030*** (4.63)
decent	0.387 (0.50)	0.196 (1.65)	-0.411 (-1.00)
urbantpct	-0.0442 (-0.17)	0.0279*** (3.10)	0.0147*** (4.28)
pgr	-0.655 (-0.23)	0.0131 (0.65)	-0.0424 (-1.06)

续表

	中低收入	中等收入	高收入
lg*pop*	-2.259	0.0390	0.681***
	(-0.36)	(0.27)	(6.67)
transition	2.037	-0.212**	-0.0711
	(0.19)	(-2.30)	(-0.19)
_ cons	30.65	-17.57***	-12.62***
	(0.63)	(-7.33)	(-5.59)
N	31	66	324
R2	0.366	0.842	0.274

注释：*t* statistics in parentheses

* $p < 0.1$，** $p < 0.05$，*** $p < 0.01$

如表 5.1 和表 5.2 所示，OLS 和 TSL 估计表明，人均 GDP、城市化率、人口这几个变量的系数为正，且高度显著，符合预期。财政分权系数为正，但在统计上不显著，不能足够支持财政分权促进财产税的利用率这一预期。我们分析认为，当前模型控制变量还不能够完全提炼出对房地产税利用程度有影响的关键因素，如前论证，房地产税的完善程度以及对房地产税的利用程度，不仅取决于税源、税制要素设计和税收征管这些关键的“硬件”因素影响，同时还深受其赖以生存的制度环境影响，例如财政分权体制、产权清晰的法律体系、成熟完善的房地产市场基础以及民主治理等公共治理的政治基础等。上述影响因素，尤其是制度环境的“软件”影响并不能反映在模型中的转型国家指标（transition）、人均 GDP 等指标中得以体现出来，所以虽然理论预期应正向显著，但是模型中不一定能反映出来。

表 5.3 将 47 个样本国家分为中低收入国家、中等收入国家和高收入国家三组分别进行 OLS 回归。观察表 5.3，我们可以发现，中等收入国家财政分权指标为正，且 p 值为 0.107，接近 10% 的显著性水平。说明在中等收入国家房地产税利用程度会随财政分权水平的增加而增加。同时高收入国家的财政分权指标为负，但不显著。对这一现象可能是由于部分高收入国家中由于经济体制、政治文化、历史传统等原因的影响，例如最典型的美国财产税由于多次财产税限制革命导致财产税在地方财政的比值日益下降，北欧等发达国家政府承担着福利保障职能，仅靠房地产税（地方税）难以为地方政府筹集足够的资金（这些国家的地方主体税种往往是个人所

得税、工薪所得税和企业所得税等)。再例如亚洲发达国家日本和韩国对房地产税的定位并不是发挥其财政收入功能，长期以来这些国家常将房地产税作为调控房地产市场、抑制房价飞涨的增长工具，注重房地产税资源配置功能而不是特别关注其收入功能的发展。上述这些典型的现实影响因素，在影响制约着发达国家对房地产税的利用程度。上述实证结果说明，要发挥房地产税在财政分权及地方财政的自主性的促进作用，可能取决于多种因素，其中最重要的影响因素是一国对房地产税的功能定位以及该国发展房地产税的基础制度环境是否具备与完善。这对后“营改增”时代我国将房地产税打造成为地方主体税种、构建地方税体系、确保分税制的财政分权管理体制等重大财税制度的完善具有重要的启发。

5.1.2　财政分权体制下房地产税日益成为地方政府重要的收入支柱

Ursula Hicks（1961）在论证地方政府的经济发展功能时推论说：“要使地方机构在经济或社会发展中发挥较大作用，必须有充足的财源。如果既要使地方政府负责任，又要使它们有主动性，则对部分资源的控制必须是独立的，地方委员会应该能够自主地选择税率或费率（以及征收条件)。”[①] 世界各国长期以来的实践进一步验证了这项建议的有效性，但为地方政府寻找一种适当的自治性收入来源并非易事。独立确定销售税及所得税的税率不太合适，因为一个小的地方机构也要在更大的范围内竞争，如果销售税及所得税没有竞争力，小地方机构就无法吸引资本投资。如果多级政府共同使用销售税及所得税，效率上还会有很大损失。补助、转移支付及由州、省或国家法律批准的短期税收具有内在的不稳定性，出于预算压力或政治因素可能会没有效力。在全世界，没有重要财政收入来源的许多城市只能将许多叫不出名目的税、费、金拼凑起来维持运行，管理成本高，收入少，并会恶化经营环境。

房地产税提供了一个独立的收入来源，特别适合于地方基层政府，可以实行非集中化的税率调整、管理和征收。房地产税一个显而易见的特征是其巨大的政治负担，但同时，它也非常有助于进行透明、政治上负责任的税收和预算决策。从政府支出角度看，如表 5.4 所示，在过去的半个世

---

① Joan Youngman, Jane Malme, the Property Tax in a New Environment: Lessons from International Tax Reform Efforts, Lincoln Institute of Land Policy, Cambridge Massachusetts, 2004.

纪里，房地产税占地方政府支出的比重呈升高趋势，这说明地方政府对房地产税利用程度越来越高。从政府收入角度看房地产税收入规模在许多国家中央税收收入总额中的比重普遍不是很高，通过对 20 多个国家的统计，房地产税占中央税收收入的比例均在 10% 以下。但房地产税在地方级税收收支占比较大，已成为地方政府最为重要的财源之一。Roy Bahl 和 Jorge Martinez - Vazquez（2007）的研究揭示了一个有趣的现象，即发展中国家虽然不如发达国家能密集使用房地产税，但发展中国家地方政府对房地产税的依赖性却高于发达国家。表 5.4 中测算的结果，发展中国家地方政府对房地产税的依赖程度在各个时期都高于发达国家。

表 5.4　世界主要国家房地产税收入占地方政府支出比重分析

	20 世纪 70 年代	20 世纪 80 年代	20 世纪 90 年代	21 世纪初	2000 ~ 2010	2011 ~ 2014
OECD 国家	9.7	9.88	13.65	12.4	15.15	16.96
（统计的国家数目）	（16）	（17）	（16）	（19）	（24）	（23）
发展中国家	18.65	15.97	13.49	18.37	21.88	23.90
（统计的国家数目）	（21）	（27）	（24）	（20）	（22）	（14）
转轨国家	3.67	4.92	7.75	9.43	9.84	10.83
（统计的国家数目）	（1）	（4）	（18）	（20）	（23）	（23）
所有国家	14.49	12.89	11.63	13.4	15.62	17.23
（统计的国家数目）	（38）	（48）	（58）	（59）	（69）	（60）

注释：21 世纪初的数据由 2000 年到 2004 年。

资料来源：资料来源：IMF GFS 数据库。

国外的房地产税实践表明，房地产税往往是各国地方税体系中的主体税种，在地方财政收入中发挥着举足轻重的作用，这源于房地产税具有如下突出的特点：第一，不同于其他税种，房地产税税收收入与支出存在较强的对应性和关联性。在房地产税运行实践中，房地产税筹集的财政收入往往被用于本地的基础教育、公共设施和公共服务等，而这些公共服务为当地公众直接享受，房地产税的收支对应的特点使得房地产税收能发挥很好的受益税良性循环机制，这能使房地产税得到本地公众的大力支持。第二，房地产税税收公开透明，税源不可流动和隐匿，便于公众监管，既保障税收公平又能实现高效征收。第三，房地产税具有超强的稳定性，房地产税依据评估价值课税，评估周期法定和固定，因此其计税依据波动远远小于所得税和流转税随着经济波动而影响到税源波动幅度，因此房地产税税收具有良好的逆周期性和稳健性。因此，无论从财政原则、效率原则还是公平原则来考察，房地产税都是地方主体税种的首选。房地产税是典型的地方税，西方国家往往赋予地方政府完全或至少部分税权，房地产税税率、计税依据和评估方法以及房地产税“用税”去向等地方政府均拥有完全或一定的税收自主权，地方政府在房地产税的收支决策中享有不同程度的自主权，这充分反映了中央和地方的财政分权以及强调地方自治的财政管理理念。如表 5.5 测算所示，房地产税对地方财政收入的贡献程度主要与该国的国民收入及地方政府履职范围等息息相关。经济越发达、国民收入越高的国家和地区，房地产税占 GDP 比值相应也高，房地产税作为这些国家和地区的地方政府的主体税源的地位就越突出。

表 5.5　部分国家房地产税占 GDP、全国税收收入、地方税收收入的比重

单位：美元

收入水平	国家	年份	人均 GDP	占 GDP 比重	占全国税收比重	占地方税收比重
高收入国家	澳大利亚	2009	44817	1.45%	6.59%	100.00%
	加拿大	2010	46283	3.04%	11.61%	91.05%
	法国	2010	40809	2.46%	9.37%	53.44%
	德国	2010	40198	0.46%	2.07%	15.87%
	以色列	2010	29265	2.32%	8.64%	95.18%
	日本	2010	43015	2.14%	13.47%	30.01%
	韩国	2010	20765	0.79%	4.08%	16.34%
	英国	2010	36371	3.42%	12.06%	100.00%
	美国	2010	46900	3.07%	16.76%	73.03%
	平均数	2010	38011	1.06%	4.46%	37.65%
中等收入国家	巴西	2009	8473	0.40%	1.74%	29.95%
	墨西哥	2009	7970	0.19%	1.32%	57.39%
	俄罗斯	2010	10408	1.23%	4.44%	16.76%
	秘鲁	2009	4370	0.17%	1.22%	25.52%
中低收入国家	乌克兰	2010	3012	0.79%	3.07%	12.83%
	蒙古	2010	2267	0.16%	0.65%	6.77%
	阿富汗	2010	528	0.23%	2.65%	58.48%
中等收入国家	平均数	2010	5367	0.40%	2.12%	35.48%

资料来源：OECD Revenue Statistics，2011［EB/OL］OECD 电子图书馆，http：//www.oecd - ilibrary.org/taxation/data/revenue - statistics_ cpta - rev - data - cn。

5.2 产权建设、产权保护与房地产税关联性的国际借鉴

5.2.1 发达国家房地产税与产权保护关联互动的经验与启示

放眼全球，产权保护实际上需要一系列的基础制度支撑：第一，需要能代表民意的代议制政府，该国的司法必须独立公正，做到有法可依和执法必严。第二，中产阶层构成社会的主体，确保立法和执法能坚持产权保护导向。严格保护产权是以美国、英国和加拿大等发达国家最为重要的核心价值观。除了司法公正和代议制民主制外，这些国家另一个共同性典型特点就是中产阶级占据国家多数，是典型的“橄榄形”社会。正因为这些国家存在庞大的中产阶级，这些民众通常都拥有一定资产，而且不动产往往在财产中占较大比重，中产阶级通常强烈要求政府界定和保护产权，通过民主选举和司法独立等渠道，公众等要求通过保护财产的法规，并将严格的产权保护付诸实践。而政府通过对财产（主要是不动产）征收税收收入用于地方公共产品和服务和弥补产权保护的成本，有力地促进了民主政治和地方自治，从而形成整个社会的良性循环。

以美国不动产产权保护为例。美国不动产法的基本理念是不动产所有权所有人所拥有的并不是土地和房产自身而是附着房地产的产权。这些不动产产权主要包括终身产权、未来权益、定期租赁、不定期租赁、非限定继承不动产、限嗣继承不动产等，此外还包括若干种共同所有形式以及地役权、随土地转移的约定和基于衡平法的地役权。美国的不动产所有权方式主要有以下四种方式：第一种是单独持有产权，以独立的个人或公司名义持有。第二种是按固定比例持有产权，不同人对同一不动产持有不同比例产权。第三种是联合持有产权，对于多人共同持有的不动产，若其中一人退出或者去世，那么他的产权自动过渡给其他持有人。第四种是由合法夫妻由于婚约共同拥有的财产。美国不动产保护法律始源于《英国基本法》，其认为私人财产和空间神圣不可侵犯。外国人在美拥有不动产同样受到美国法律保护。美国实行土地私有制，其土地产权和房产产权都是受到永久保护的私有产权，同时产权法律还包括保护土地、地面建筑物附属物及地下和地上自然资源等。拥有独立私人永久产权的土地，其开发一般

不会受到限制，政府无权进行干预。与此同时，美国不动产相关法律、保险保障体系等非常完善，其操作和交易直观透明，已形成标准化和模块化。在美国从事房地产交易、资源和管理等工作专人专事，并与政府提供的执照相匹配，并实行单边代理。代理人通常只为卖方或买房中一方负责，避免交易中自己从中牟利，确保交易的高效和职业道德。美国发达的财产税（房地产税收）制度与其完善健全的不动产保护相关法律体系及财产登记制度和评估制度体系息息相关（王德祥、袁建国，2010；董蕾，2013）。

发达的市场经济国一般都有着“风可以进，雨可以进，国王不能进”的注重保护财产的历史传统。从美国财产税运行情况来看，美国民主根源在于对财产的保护，因为征收房地产税意味着政府对个人财产的保护，这种产权保护将带来地方政府执政管理的公开透明及整个社会和谐。产权保护并不是简单的形成文字写入宪法，通不通过某一部法律的问题，而是整个社会的共识。在主要发达的市场经济国家，产权保护已深入人心。市场经济运行的基本前提是承认和尊重私人独立的经济利益和财产产权，主要发达市场经济国家的历史实践已经证明产权清晰有利于提高市场资源配置效率，而且严格、公平的产权保护为房地产运行提供了坚实的法律基础（唐明，2009）。

5.2.2　转型国家房地产税与产权建设联动改革的经验及启示

20世纪八九十年代以来，世界各国的财产税改革不是“单兵突进”，而通常作为总体宏观调控的政策工具之一，世界范围内的财产税改革均呈现出上述特点，这在中东欧转型国家表现得尤为明显。这些国家的财产税（房地产税）改革实践中，房地产税收不仅是经济转型、社会转轨的助推器，而且常用于调节社会经济运行中一些矛盾。中东欧转型国家的财产税改革推动了土地和房屋产权私有化以及不动产产权体系的重建。具体包括：建立开放包含、竞争有序的产权交易市场来抑制土地和房产投机以及调控地价和房价的大幅波动；建立健全产权界定清晰、保护周密及对财产的登记、估价和定级等管理制度体系；设计与本国国情相适应的财产权益管理的法律法规及制度体系，构筑执行产权法律制度体系的专门管理组织机构，直至整个产权管理体系的完整架构的形成。可以说，土地和房屋私有化以及不动产产权体系的构建是房地产税改革的重要内容，房地产税改革成功的过程也是不动产产权得到确立、保护及市场化的过程（Richard

M. Bird& Enid Slack，1991；Joan Youngman&Jane Malme，2004；郭文华等，2005）。

1. 产权模糊是转轨国家房地产税改革“绊脚石”

转轨期的中东欧国家在引进房地产税时遇到诸多阻碍，其中最大障碍之一就是房产和地产的产权不完整：土地实行的是公有制，这意味着绝大多数私人部门尚未拥有土地所有权；土地的资源配置通常由政府行政分配主导，而不是遵循市场交易规则。同时，绝大部分的房产住宅集中在政府和国有企业手中，而不是居民和私人企业手中。由于传统计划经济体制的影响，这些国家实行福利供应住宅制度，居住不动产尚未建立市场，销售等自由流通十分困难。工人享受了政府提供的住房补助或津贴，但这是以较低的工资和低水平公共服务为代价。对福利住房取消补助或者对以市价出租的房产征收房地产税，上述措施在当时都会受到民众的强烈反对，不利于社会稳定。由于产权法律环境并不成熟，这些国家在改革初期对居住类房地产征税不具现实可行性，这是开征房地产税亟待解决的一个难题。相比较而言，企业对新开征的房地产税的税负承受能力较强，但这些中东欧转型国家在改革初期制定的房地产税税率通常很低。主因是国企负税能力不强，而私企仍在征税范围之外。国企用地由政府行政配置，取得成本极低，只需支付象征性的少量土地使用费，国企的用地成本实际上由政府财政补贴承担。私企发展日益壮大，但私企必须付费使用土地。因此，当时的中东欧转型国家无论私企还是国企，都不需要承担税额较大的房地产税负。

类似地，许多发展中国家在进行房地产税改革过程也遭遇了转轨国家同样的产权法律制约瓶颈。最典型的有，大部分非洲国家的城市，长期以来都未对郊区土地进行确权登记明确归属；而在拉丁美洲，虽然房产和地产都有正式的法律裁定，但长期违法违规使用土地，导致法律上权属清晰的房产和地产也都存在很大的争议。在一些产权完整清晰的国家，税务机关征税时也很难获得准确的产权数据信息。例如，菲律宾房地产所有者通常掌控者房产和地产的产权记录及相关出票情况，提供给税务评估员仅是价值非常有限的不动产的地理位置信息。上述产权状况，严重影响制约了这些国家的房地产税改革的推进。

2. 转轨国家改革房地产税的前提是界定产权

转轨国家在进行房地产税改革时首要的工作就是要确立私人财产权。

其主要原因是这些国家大多数都经历过以铲除资本主义私有制为宗旨的"剥夺剥夺者"的社会主义改造，"法律和经济基础缺失"几乎是所有转型国家实施房地产税改革的共同制度瓶颈。为了打破这一瓶颈，转轨国家进行了全方位的改革：首先从宪法层面的高度明确了私人财产的所有权、继承权等产权权益体系；在经济体制改革过程中积极推进国企的私有化和市场化改革；确立房屋和土地私有化产权及重建不动产产权体系，上述相关方面的改革成为推进房地产税改革的前奏。

随着上述体制的改革，经济日趋繁荣，经济总体实力得以增强，在这经济繁荣的背后，财产税的税基也在不断地扩大，政府来自房地产税的财政收入亦会同步增长。在这方面做得最为成功的就是爱沙尼亚和波兰，爱沙尼亚顺利地开征了土地税，土地税的开征推动了产权市场的建立健全，推动了市级土地私有化确权，促使土地资源高效投入到生产消费，有效消除了低效利用和闲置浪费等问题。与此同时，市级政府逐步被赋予一定的房地产税税权，可根据本地的情况自主制定税率。在财产税分权化改革中波兰政府也获得了成功，改革主要是给予地方一定税收自主权，让其依据本地实际情况来确定财产税的税基、税率等，这项改革效果显著，财产税占地方财政收入的比重增长较快，大约以每年 14% 的速度飞速增长，这种增长速度使得财产税逐渐地成为了波兰地方政府的主要财源（Jane H. Malme& Joan M. Youngman，2001）。

3. 房地产税的改革反过来又促进了产权建设

转轨国家的财产税（房地产税）的改革正有力地推动着不动产产权界定和保护工作，财产税（房地产税）在定义财产权利的过程中发挥了举足轻重的作用。但如果改革中仅把房地产税当作一种财政收入工具，财产税界定和保护产权的功能常被忽略。有关财产权利公私合理划分几乎是所有转轨国家私有化和市场化改造进程中面临的首要问题。一方面，要对私人部门积极有效的合理确权，大力推动私有经济的发展；另一方面在不动产确权过程中应该保留部分公共利益（Joan Youngman，Jane Malme，2004）。私有制经济和防止国家权力滥用为目的抵制政府行为的运动经常与社会公共利益发生冲突，这在土地等不动产领域表现尤为明显。因为土地的增值不完全是私人部门努力的结果，而是政府公共投资、工业化和城市化等整个社会共同促进的。而房地产税（财产税）开征，可以将公共要素引入财产权利，将一部分公共利益"溢价归公"，这很好地体现了不动产等财产价值增值源于政府公共支出资本化的事实。在当时转轨大背景下，中东欧转型国家废除了中央所有权，恢复苏联以前的产权、市政财产的私有化确权及可交易所有权的竞争性财产市场的建立，上述多项改革同时进行。随着私有化和市场化改革进程加快，这些国家的经济结构发生了大的变化，到 1995 年私人部门对 GDP 的贡献比值提高到较高水平，其中一些国家甚至超过了 50%①。

转轨国家在推行综合改革中，把 1939 年被苏联政府剥夺的财产归还其主和确认私人财产权是诸项改革的重中之重。最典型的改革，爱沙尼亚为了将重要的财产——土地归还 1939 年之前的业主，为实现这一目的开征了一种特别目的的土地税，该税的目的不是筹集财政收入，而是激励确权后土地进行高效的生产利用。同时，爱沙尼亚和拉脱维亚也制定和执行详细的财产归还计划，规定以前的土地所有者或继承人不管目前居住地在哪，均可以重新得到他们的土地。爱沙尼亚的土地税是对土地价值进行课税，这样设计税制的目的是确保被归还和私有化的土地能得到充分利用，同时辅之以房屋税以达到防止土地被过度开发的调控目的。与爱沙尼亚不同的是，立陶宛仅对居住在本国的居民归还财产并予以确权，这样做的目的是为了抑制非居民对房地产的投机风险且方便管理。

4. 转型国家房地产税与产权建设联动改革的经验启示

我国目前正处于产权转型阶段，在推进房地产税改革时也遭遇诸多问题，其中面临的产权的法律环境与当年转轨国家的情况极为相似，因此对转轨国家在房地产税和产权建设过程中的联动改革经验进行考察，对我国的启发和借鉴主要有：

（1）产权不完整是引进和开征房地产税要解决首要问题之一。如前论证，模糊产权和残缺产权导致房地产税改革问题主要有两个方面：一是引发纳税人和纳税义务难以合理清晰界定；二是由于产权不完整，个人自住不动产因不具备征税条件而实施免税的税收优惠，由此也导致了税收优惠泛滥的不良效应。因此，为克服产权瓶颈障碍，这些转轨国家的改革措施异曲同工，纷纷在法律上明晰产权归属和实行严格的产权保护，确保产权安全和财产权益，建立健全产权登记、地籍制度体系等，上述工作已成为房地产税改革工作的前奏。产权法律和管理体系制度的建立，可实现保护产权和批量评估征税等多重目的。近年来，转轨国家经济体制和行政机构

① Zecchini, Salvatore. *Lessons from the Economic Transitional*, Dordrecht, Netherlands: Kluwer Academic Publishers, 1997.

发生了重大变革，中东欧转型国家相应地调整和重新设计安排了房地产税制。从这些国家的产权制度和财政体制构建过程来观察，土地税、房产税或房地产税在促进产权私有化以及化解中央集权负面效应和行政机构改革等发挥了独特的作用，上述功能远远超过了其作为税种的财政收入功能（何杨等，2015；唐明，2009）。

（2）中东欧转轨国家房地产税改革取得成功的同时也是该国产权得到确立和保护的过程。这些国家的实践证明，作为一项系统性工程——房地产税改革具有丰富的内涵。其核心“硬件”要素包括房地产税源培育、税制要素科学合理设计和高效征管体系的确立，核心“硬件”要发挥作用需要赖以生存的“软件”制度环境，需要综合配套改革和基础性制度体系的支撑，尤其是构建产权完整明晰的产权制度环境。房地产税改革与产权转型改革完善等制度建设是相互促进的综合性系统工程（唐明，2009、2015）。

5.2.3 土地公有制国家和地区征收房地产税的国际经验及启示

在我国，有一种观点在现行的有关房地产税改革的讨论中被普遍接受，那就是私有制国家才适合开征房地产税，而在我国，土地实行的是公有制，国家在转让土地使用权的时候已经通过土地出让金等形式获取了土地租金，因此再开征房地产税就没有必要，否则导致重复征税。考察世界各国，财产税（房地产税）与土地产权性质（私有制还是公有制）没有必然的关联关系，但房地产税作为政府获取土地增值收益的重要的政策工具，一个良好的房地产税制度必然与整个土地增值收益机制关系密切。土地公有制与房地产税本身并不存在任何冲突，因为房地产税本质上是对地方政府基础设施和公共服务付费。但是，房地产税作为“溢价归公”的重要政策工具，必须与其他价值捕获政策工具搭配得当，包括地价（土地出让金）、地租及土地收费等。一国政府的土地增值收益捕获机制的运行应着眼于财政收入、公共政策和城市发展等多重目标（康宇雄、黄国平，2005；何杨等，2015；唐明，2015）。

1. 土地公有制下房地产税运行情况国际对比

纵观世界各国，除了中国实行土地社会主义公有制外，其他国家的土地公有制状态大致可分为以下三种类型：第一，土地私有制国家某些特定地块实行的土地公有制，例如加拿大、美国等国的军事用地、自然保护区等。第二，具有地方自治特色的公有制土地，典型的有以色列、瑞典、荷兰和澳大利亚的堪培拉等国家和地区。第三，计划经济向市场经济转轨过程中继续保持公有性质的土地，主要存在于波兰和乌克兰等（史蒂文·C 布拉萨、康宇雄，2007）。这些国家之所以未完全土地私有化，政府保留一部分土地所有权，这是为了土地的用途能由政府自己决定，以便于在城市规划建设中的布局更加合理。

（1）土地私有制国家中特殊公有制地块的征收房地产税的情况。英式房地产税模式的国家往往一直实行的财产私有制，其中土地也是私有化。即使在私有制为基础的国家也存在某些特殊地块的公有土地，如某些国家公园、自然保护区等占地归属国家所有，这类国有土地被誉为“皇冠土地”。私人部门如需租用，通常需要与政府签订租赁合同，向政府支付租金和租赁费。美国也存在公有土地，租赁期限不低于 50 年，最长期限可租赁 99 年，超过 99 年的租赁土地在税收被视同为交易行为。这种特定租赁赋予政府买入期权，给予承租者卖出期权。私人部门租赁公有土地超过 10 年或 20 年时可选择是否续租。某些美国城市，典型的如雪城、巴尔的摩，可通过租赁的渠道获取土地来建设住宅。如前所述，土地私有者国家也存在大量公有土地，但公有土地和私有土地一样缴纳财产税（房地产税），而且纳税义务和评估征税等方面也并不会受到租赁期限长短的影响。可见，特定地块的土地公有并不妨碍对其征税。

（2）实行地方自治的国家或地区的土地公有制度与房地产税运行情况。某些国家和地区，例如我国的香港地区、以色列、瑞典、澳大利亚的堪培拉、荷兰和芬兰等部分城市，实行富有特色的地方自治土地公有制。最早可追溯到 1788 年，澳大利亚成为英国殖民地时期，英国皇室拥有澳洲殖民地的土地所有权。自 1788 年到 1830 年这一段历史时期，澳大利亚依据租赁合同来分配土地。1831 年殖民地政府开始利用土地买卖来获取财源，由此导致土地兼并现象日益集中。对此，澳大利亚实施了一些较为激进的土地改革。在昆士兰、新南威尔士等很多州推行单一土地税。经过多方博弈，1901 年成立联邦政府时在宪法中明确“联邦政府的所有皇室土地不得以任何理由出售或分配给任何私人个体”的规定。堪培拉自定都以后一直奉行土地公有租赁制度。但实际上，支付名义上的管理费就可以获得续租权限，因此这种公有土地实行的是永久性的租赁制度。堪培拉征收的是一种按照租赁合同的原值作为计税依据的财产税（房地产税），并无独立的土地税。

以色列是唯一实行土地公有制的发达国家，国有土地租赁制度是该国最为重要的土地制度。由于历史原因，占以色列93%的土地为国有土地，主要由以色列国家所有、犹太人国家基金和国家发展事务局三大主体拥有。不过，土地租赁者拥有租赁合同赋予的土地产权的关键权利束，使其拥有土地的权利越来越接近私有土地。在以色列，公有租赁的土地同样平等地要征收房地产税①。荷兰的某些城市自19世纪开始买卖配置土地资源，至今海牙、阿姆斯特丹等城市的土地公有为主，阿姆斯特丹政府公有土地可占到80%，海牙的公有土地占比为65%②。瑞典最先于1907年在首都斯德哥尔摩实行土地租赁制度，发展到20世纪30~40年代，土地租赁制度被推广到其他城市，租赁者需依合同使用土地且无单方面解除租赁合同的权利，但住宅租赁合同已实施超过60年、其他用地合同执行超过20年的，政府有权解除合同③。上述实行地方自治的土地公有制国家和地区，公有土地租赁者可以缴纳年租或一次性支付土地租赁价款，与私有土地一样赋有房地产税或财产税的纳税义务。而且，这些国家的房地产税或财产税的产生早于公有土地租赁或差不多相同的时期。由此可见，土地实行公有与对公有土地征收房地产税并行不悖（康宇雄、黄国平，2005）。

（3）转型国家公有土地征收房地产税的运行情况。以波兰、乌克兰和俄罗斯等中东欧转型国家的房地产税制通常是伴随着房产和地产市场化和私有化改革进程一并推进。乌克兰自苏联解体后就开始实施私有化改革，该国的各大城市被授权可根据自身实际情况采取土地私有制或公有土地租赁制度。改革推进到1999年，城市基本上同时实行两种制度，只有基辅是个例外——只采用土地公有租赁制度。在上述基础上，乌克兰开始征收房地产税。在这些转型国家私有化改革最为彻底的是波兰，除了部分城市土地实行公有租赁之外，私人产权在非城市土地占据主体。1985年波兰对农业企业和国营农场征收农地税，到了1991年城镇房产和地产开始征收房地产税④。其他中东欧转型国家同样也都将土地私有化改革与房地产税开征

① 详见文献：雷切勒·奥尔特曼：《土地租赁制：在以色列私有化时期广泛的公有土地的所有制》，[美] 史蒂文·C布拉萨、康宇雄主编：《公有土地租赁制度——国际经验》，北京：商务印书馆2007年版。

② 详见文献：巴里·尼达姆：《荷兰一百年的公有土地租赁制度》，[美] 史蒂文·C布拉萨、康宇雄主编：《公有土地租赁制度——国际经验》，北京：商务印书馆2007年版。

③ 详见文献：汉斯·马特森：《瑞典土地租赁制度——获得土地价值的方法》，[美] 史蒂文·C布拉萨、康宇雄主编：《公有土地租赁制度——国际经验》，北京：商务印书馆2007年版。

④ 详见文献：戴维·戴尔：《波兰的长期公有租赁制度：鼓励性契约的含义》，[美] 史蒂文·C布拉萨、康宇雄主编：《公有土地租赁制度——国际经验》，北京：商务印书馆2007年版。

同步推进。

2. 土地公有制下政府获取土地增值收益的政策工具

考察各国的实践，要理解房地产税与土地公有制并不冲突的原因，还必须从根源上考察一国的土地增值收益捕获机制。世界各国运行的土地增值收益分配机制，一般包括地价、地租、土地收费和房地产税收等。地价一般是指土地所有权的价格，在自由交易市场中买卖双方达成的交易价格。土地实行公有制度，地价也即土地出让金通常需要一次性支付的土地租赁价格。地租是土地所有权在经济上的实现形式，指的是土地用于农业、工业和商业等各种产业生产者创造出来的剩余价值上交土地所有者的部分。土地共有制度下，地租既可以是一次性获得土地租金蕴含的经济价值，也可以是按年收取的年租金。房地产税的实质是私人部门获得政府提供的公共服务支付的价格，政府公共支出往往会资本化成为房地产价值的构成部分。地价和地租的决定因素主要是土地未来的增值收益、土地开发成本费用、土地的具体用途和区位等，而房地产税主要是与地方政府提供的基础设施和公共服务直接关联，其中采纳以支定收的英式房地产税国家最为明显。

土地实行公有所有制的体制下，房地产税是政府获取公有土地增值收益的诸多政策工具之一，往往需要与其他政策工具搭配协调使用。政府通常将公有土地出租给私人部门使用，为获取租赁土地的增值收益，除了房地产税这一主要的政策工具外，实践中政府还通过四种典型的政策工具来获得公有土地增值：（1）在公有土地租赁和出让的初期，通过土地出让金收取土地出让价格；（2）在公有土地租赁、出让期间，按年度收取的土地租金；（3）租赁期间，因改变土地使用用途或变更租赁期限等原因，私人部门向政府缴纳的费用；（4）租赁到期时，私人部门续租向政府缴纳的费用。不同国家在上述四个时间点的政策工具搭配方式有所差异，英式房地产税国家在出让初期出让地价较低，主要通过后三种政策工具并对不同通途的土地分设租金来获得公有土地增值收益。土地公有制下世界各国土地增值收益获取机制如下表5.6总结所示。

3. 土地公有租赁制度下征收房地产税的经验启示

考察世界主要土地公有租赁制的国家和地区的房地产税的实施情况以及房地产税与其他政府捕获房地产增值税收益的政策工具搭配情况，我们可以得到以下主要启示：

表 5.6　土地公有制下世界各国土地增值收益的获取机制运行情况

捕获土地增值收益政策工具	捕获土地增值收益政策工具的运行模式	典型国家或地区的实践经验
土地出让金	政府对公有土地实施租赁时一次性收取的出让收入，是土地最初租赁时间点的溢价。该溢价的贡献因素除了土地自身禀赋外，还包括经济、人口等公共因素，这部分公共因素理应“涨价归公”由政府代表民众获得。	土地出让收益的占比在不同国家差异加大，例如我国的香港地区土地出让价款收益占到土地总收入 50% 以上，而意大利的堪培拉土地出让收入大约占到土地总收入的五分之二。
年租金	年地租通常对租赁土地每年产生的经济收入征收，其具体数额的确定没有既定的规则，通常按土地价值乘以利息率。	在瑞典等国，地租一旦确定在往后的整个租赁期不变。在荷兰，租赁土地不是通过拍卖的手段，而是采取按土地租赁合同价格分年度收取。
土地增值收益的收费	土地公有制国家通常在租赁土地用途变更或者租期改变时，通过收取一定费用来获得土地增值。	以色列实行的土地增值收费制度是目前世界范围内最为严苛的。当出售或赠与土地时，政府对承租人收取市价与当年承租价差价 40% 的“同意费”。若要获得额外开发许可，需向政府缴纳合同价款一定比例的费用，该费用 2012 年 10 月为合同价款的 50%，之后该比例下降为 31%。除此之外，改变土地用途、变更租赁合同等产生的土地增值收益，政府会征收高达 50% 的“改良费”，目前该比例下降为 31%。
房地产税收	房地产税基依据土地及地上改良物的市场综合价格，一般依据市场价格进行计税评估，每年向房地产保有者征收。	西方国家租赁公有土地和私有土地一样，需要缴纳房地产税为使用的公共产品和服务付费。这在地方政府采取以支定收的英式房地产税国家尤为明显。

注：根据［美］史蒂文·C 布拉萨、康宇雄主编：《公有土地租赁制度——国际经验》，北京：商务印书馆 2007 年版；康宇雄、黄国平：《向非私有土地征收房地产税的几个有关问题》，谢伏瞻：《中国不动产税收政策研究》，北京：中国大地出版社 2014 年版；何杨、满燕云、刘威：《公有土地可以开征房地产税吗》，《国际税收》2015 第 5 期。

（1）土地的产权性质与房地产税征收与否并无必然的联系。市场经济体制下，房地产税本质上是地方公共产品和服务的价格，是对地方政府公共支出资本化部分的成本补偿。无论是私有产权土地所有者还是公有制产权私人租赁者，由于都平等享受了政府的公共服务，也应当通过缴纳房地产税来支付公共服务的对价。许多国家的房地产税早于公有土地租赁之前，由此可见，土地公有制与房地产税征收并行不悖（何杨等，2015；安体富，2015）。

（2）房地产作为重要的“溢价归公”的政策工具，必须与整个国家土地增值收益的捕获机制相协调（唐明，2015）。土地公有租赁制度的国家和地区，政府获取房地产增值收益的政策工具一般有地价（土地出让金）、年地租、土地收费和房地产税，至于上述政策工具的搭配则主要取决于一国实行不同土地价值捕获方式。租赁初期的一次性收取地价（土地出让金），获取收益简便但极易引发政府的短期自利行为。针对房产和地产的收费往往针对性较强，仅适用政府提供私人化的服务收费，不具有税收的无偿性和确定性等特点；房地产税收为政府提供公共产品和公共服务提供了持续性的激励机制，引导政府更加关注和改善民生。因此，公有土地租赁制度体系中，政府获取土地增值收益需要多种政策工具协调搭配使用，同时致力于供应保障性住房、规划土地利用、抑制房地产投机等多重目标的实现。

（3）土地公有制国家和地区一般通过出让土地使用权，使得公有土地资源形成市场化配置机制，从而使房地产税对公有制土地的征税有了税源基础。发达国家中例如以色列、澳大利亚堪培拉等，赋予承租者关键的产权权利束，因此租赁者享有的土地财产权利与私有产权权益相差无几。转型国家允许本国地方采纳土地租赁制或者土地私有制度，许多地方两种制度并行，这些转轨国家的土地租赁制度和私有制度一样，发挥着配置土地资源的功能，而且这些国家的房地产税的引入和开征与土地产权改革同时进行。由此可见，只有对公有土地实行市场化资源配置，针对公有土地征收房地产税才会有客观基础。

5.3 房地产税与房地产市场联动建设的国际借鉴

5.3.1 越来越多的国家倾向采用市场评估价值课税

对于自住用房地产，房地产税的计税依据不会自动生产，在衡量纳税人拥有多少应税房产和土地的方面，世界各国主要采用两种做法。一是从量计征，按照土地和房产的面积或者房间数等；二是从价计征，按照地产和房产的价值课税。纵观世界各国，大部分国家采用从价课税方法，仅有少数非洲、东欧和亚洲国家采用依据面积计税方法。从价计税方面，各国逐渐发展出按照市场价值、租金价值和地籍价值等方法，前两种统称为按资产价值课税。依据市场价值课税是将房地产市场交易能实现的价值作为税基，参照房地产市场价值来核定应交税款。作为典型的地方税，由于政府公共支出导致辖区房地产价值上升，以市场价值为计税依据的房地产税可使地方政府获取辖区内房地产部分增值收益来弥补公共支出的成本。

地籍价值是指专用于税收目的记载在地籍册上的房地产价值。通常，地籍价值基于房地产的市场价值，但不一定与市场价值相同。各国实践表明，地籍价值往往低于市场价值。为了充分体现市场价值的变化，不少采用地籍价值作为计税依据的国家会定期随着市场价值的变化调整更新地籍价值，但也不是所有国家都能更新地籍价值，最典型的例如德国。德国的房地产税计税评估值按照统一的方法依据地籍价值来确定。商业性质的房地产的地籍价值一般依据年度租金的价值来明确，其他类型和用途的房地产往往依据最初的造价和建造成本来明确。德国相关法律规定，房地产税计税依据每6年更新一次，但更新地价价值成本昂贵，目前依据的仍然是1964年和1935年的地籍价值（Richard Henry Carlson，2005）。鉴于旧的地籍价值远远低于市场价值，德国的地方政府进行了房地产税税率调整，即在联邦政府设定的基础税率上使用了“杠杆比率”①，这一方法使得房地

① 杠杆比率也称为稽征率，是德国市政府在联邦基础税率上附加的税率。各地的杠杠比例没有上限规定，可依据自身情况而定。农用地和林地等通常低于其他类型用地，从德国各地实践看，杠杠比率平均为388%，大致在250%～1000%之间。

产税维持一定的规模。为了从根本上解决问题，德国现阶段正在研究进行房地产税改革，改革方向是考虑引进市场评估价值作为计税依据。除了欧洲部分国家，拉丁美洲的许多国家也采用地籍价值课征房地产税。原因是地籍价值通常远低于市场价值，纳税人对轻税负当然更容易接受，但在很大程度上缩小了税基。但对于长时间不能更新地籍价值的国家来说，房地产税收入自然会受到较大制约，这直接影响到地方公共服务的提供。

从原理上看，房地产的年租金折现后，其价值应当等于可实现的市场交易价值。但现实中，房地产供给有限，房地产的实际用途通常还不是其最佳用途，而且租金往往受到各种因素影响，由此导致房地产年租金折现价值往往与市场价值有差异。同时，采用年度租金价值计税对房地产市场的活跃程度有较高要求，只有存在活跃的房地产市场，用于确定租金的数据才能充分，租金价值才能越客观准确。纵观世界各国，采纳房地产租金价值作为税基的国家主要是受英国影响比较大的国家，例如印度、新加坡等。

除了上述计税方法外，一些国家例如某些非常国家依据房地产面积征收房地产税。依据面积计税方法有着悠久历史，优势是易于管理，但无法顾及公平。为解决上述弊端，一些国家例如以色列试图对此方法进行改良，采用的方法是在面积的基础上加入区位修正，使得房地产税征收更为合理。全球主要国家房地产税采用的计税依据总结如表 5.7 所示。

以表 5.7 总结所示，房地产税是世界上最古老的税种之一，其课税范围和计税依据经历了不断发展和变化，最终形成了现代房地产税课税体系。基于市场价值征税发展出来的房地产税税基评估也逐步从一般的税收征管中独立出来，形成了专业性较强的征管领域。通过对世界各国税基和课税范围探讨，我们总结出如下规律：一是房地产税税基成熟完善的国家通常采用市场价值评估征税，往往建立有较为完善的税基评估机制；二是越来越多的国家房地产税改革中试图将市场评估价值课税作为改革的主要内容，并努力采取先进的评估技术来实现准确公平的评估。而上述房地产税课税范围和计税依据的变化均依赖于各国房地产市场的发展状况，只有成熟完善的房地产市场才能为房地产税采用市场价值评估征税奠定基础性条件。

表 5.7　世界主要国家房地产税计税依据统计表

分布	国家	计税依据
OECD 国家（部分）	澳大利亚	市场价值、租金价值
	加拿大	市场价值
	日本	市场价值
	德国	地籍价值、租金价值、建筑成本
	英国	住宅按资产价值、商业房地产按租金价值
	美国	市场价值
	法国	租金价值
	意大利	市场价值调整后的地籍价值
	西班牙	市场价值调整后的地籍价值
	荷兰	市场价值
	丹麦	市场价值
中东欧	匈牙利	面积或调整后的市场价值
	拉脱维亚	地籍价值
	波兰	市场价值
	俄罗斯	面积、账面价值、市场价值
	立陶宛	市场价值或重置价值
	爱沙尼亚	市场价值
	乌克兰	面积
拉丁美洲	阿根廷	市场价值
	智利	面积、建筑成本
	哥伦比亚	市场价值
	墨西哥	市场价值
	尼日利亚	地籍价值

分布	国家	计税依据
亚洲	印度	租金价值（少量采用面积或市场价值）
	印度尼西亚	市场价值
	菲律宾	市场价值
	泰国	租金价值、市场价值
非洲	博茨瓦纳	资产价值
	喀麦隆	面积
	埃及	租金价值
	冈比亚	租金价值
	加纳	租金价值
	肯尼亚	土地价值（非城镇地区按照面积）
	莱索托	资产价值
	马拉维	资产价值或固定税收
	毛里求斯	资产价值
	莫桑比克	资产价值（小城市按亩积）
	纳米比亚	资产价值或面积
	塞拉利昂	年租金价值或面积
	南非	资产价值
	斯威士兰	资产价值
	坦桑尼亚	资产价值或建筑成本
	乌干达	租金价值
	赞比亚	资产价值或固定税收

资料来源：引转自：刘威、满燕云、何杨：《房地产税的计税与评估》，《国际税收》2014 年第 12 期。

5.3.2　转轨国家改革房地产税的前提是建立健全房地产市场

20 世纪 90 年代，以苏联“解体”为前奏，东欧各位普遍经历了一系列政治、经济和社会领域剧变。概括起来，一是实行私有化，从高度集中的公有制计划经济向私有化市场经济转轨；二是实施分权化，将政府部分职责及财政收支权限等下放给下级政府。在上述两大领域改革过程中，各国均出台了一系列财税新政，其中房地产税作为财税领域改革的重要内容，一方面为政府提供了必需的财政收入；另一方面在很大程度上助推了各国私有化和分权化的改革进程。

东欧国家的房地产税改革过程中，最大的障碍来源两个方面：首先，在计征房地产税缺失房地产市场价值的计税基础。这些国家由于长期实行计划公有制经济，房地产市场尚未建立健全，更是缺失成熟的房地产市场，由此导致课征房地产税无法找到准确的房地产市场价值作为依据。因此，政府需要选取恰当的方式来确定计税依据。转轨前东欧国家通常采用政府定价的管理体制，政府设计了一套专门用于税收目的的房地产价值，但这些价值体系在内涵界定和确定方法上均较为模糊不清，上述因素为房地产税计税依据的确定带来了极大困难。其次，这些国家房地产资产价值和纳税人的收入缺乏应有的配比关系，尤其是经济困难时期，上述问题在这些国家格外突出。

中东欧转轨国家的房地产税改革，普遍经历了由非市场价值按面积课税向以价格为基础的市场价值课税的改革过程。苏联时期房地产税课征采用的是以面积为基础的非市场价格的计税依据，尽管当时的课税依据也会考虑土地的利用类型、建筑物的具体用途及所处的地段差异等主要因素，但这些影响因素还不能充分反映房地产的市场价值。当年的社会主义国家普遍采取按面积课征财产税（房地产税），原因如下：一是计划经济时期的人们认为税收的决策过程由政府决定，必须由相关权力机构认定才能课税。依据面积计税几乎不会引发争议，房地产税基和税率均由税务机关决定，纳税人只需依据税务机关制定的公式计算、及时纳税即可。二是计划经济体制下土地大都属于国有性质，很难确定其市场价值，房地产的所有权往往不包括建筑物所依附的土地；而对建筑物计税，由于缺乏发达的房地产市场也无法提供能评估征税的市场价格，因而通常被迫依据面积这种非市场化的课税方式。三是那个年代的税收征管体系十分不健全，尤其是缺失必须的不动产登记和估价等相关配套制度管理体系。

现阶段，仍有相当多的东欧转轨国家还没有实施采用市场价值课税的房地产税计税方式，但越来越多的国家正在朝这个方向努力改革，虽然面临的政治阻力较大。爱沙尼亚、立陶宛和拉脱维亚等国已经逐步采用市场价值课税，但大部分国家仍采用非市场价值课税体系——面积计税或地籍价值计税，这通常与房地产市场价值有较大的差别，由此导致税收与经济关联度不高，也容易引发税收不公平。近年来，越来越多的东欧国家例如黑山、马其顿和塞尔维亚等国正在克服困难，通过试点的方式逐渐引入市场价值课税体系。随着私有化产权推进和财政分权改革日渐深入，越来越多的转轨国家房地产市场也日趋完善，这些国家逐渐具备依据市场价值课税的基础，因而采用以市场价格为基础的从价计税。一方面大大提高了土地的利用效率，另一方面极大地增强了房地产税（财产税）的收入弹性，提高了政府的税收收入，有效地释放了财政分权化改革进程中地方政府的财政压力。爱沙尼亚在转轨国家中最早对房地产（财产）征收从价计征的房地产税（财产税），该国房地产市场启动之初就建立起从价计征的土地税，依据土地的资本价格课税。随后，1998 年拉脱维亚顺利实施从价计征的财产税，斯洛文尼亚和立陶宛等国也纷纷探索依据市场价值课征土地税等。得益于美国国际发展机构（USIAD）的指导，塞黑和科索沃等国的地方政府试行了从价征收的财产税体系。

5.3.3 世界主要国家房地产市场税收调控的经验启示

纵观世界各国，有的国家着重发挥房地产税的收入筹集功能，另一些国家则赋予房地产税调控房地产市场运行的资源配置功能。房地产保有税调节资源配置的运行机制是增加保有环节持有税负，有效抑制投机需求，使社会公众理性地消费和投资房地产，多占用或闲置的房产及时在市场上流转，促使供给量有效增加。一方面，房地产市场的供给增加有助于从根本上缓解房价过快上涨；另一方面，有效地增强了房地产市场的流动性，提高了资源配置效率。因为，确保房地产市场资源配置高效的前提是保证房地产市场具有足够的流动性。但仅对房地产保有环节课税还不足以保障房地产市场资源配置功能的发挥，还需要一系列的配套制度条件。制度设计不合理或者制度缺失都有可能导致该运行机制紊乱，对房地产市场造成较大风险和引发系列问题，房地产市场的税收调控将达不到政策效果（石子印，2010）。在这方面，韩国和日本的教训特别深刻，值得我们借鉴。

1. 韩国房地产市场税收调控的经验

在韩国，土地资源十分稀缺，政府经常使用房地产税收来调控土地和房产资源配置。金大中执政期间，韩国政府在房地产的保有环节设置了土地综合税和财产税。金融危机过后，韩国经济走出低谷期，房地产市场的房价也“水涨船高”，房地产市场泡沫越积越大，因此卢武铉政府开始着手出台一揽子调控房价的政策措施。当时韩国的房地产市场税负分配呈现出“轻保有、重流转”的特点，卢武铉政府首先采取的措施是提高保有环节税负水平。最典型的政策有：韩国政府于 2003 年改革了土地综合税，将土地综合税的税基在原市值 36% 的基础上大大提高，同时将财产税的计税依据由建筑面积改为房地产市场价值。上述政策措施使得投机较为严重的汉城江南地区公寓财产税比 2003 年初陡增了 60% ~70%。但是，这些政策措施并没有达到预期目的，非但没能有效抑制房地产投机，反而加重。韩国的房地产市场泡沫化在 2004 年之后更加显化，政府必须采取综合措施来遏制这一势头。韩国政府于 2005 年 8 月 31 日颁布了《房地产综合对策》，全方位地执行包括土地制度、房产供应、市场交易和税收政策等一揽子综合政策体系，目的是为了让市场“囤不起”房产、“倒不动”房产与“瞒不住”房产。

韩国政府注重运用税收政策调控房地产市场，主要的政策措施是提升房地产保有环节的税负。公示价格在 9 亿韩元以上的住宅全部都要征收综合房产税，税率采取累进设计，具体如下：以 9 亿韩元为起征点，对超过起征点 3 亿韩元以内的部分征收 1% 税率，超过部分在 3 亿 ~14 亿韩元部分征收 1.5% 税率，而对超过部分在 14 亿 ~94 亿韩元部分征收 2% 税率，而对超过 94 亿韩元的部分税率提高到 3%。上述累进税制政策使得韩国有 5 万 ~10 万拥有大量房产财富的富人负担该税，这使得人们“屯房”成本大大提高。与此同时，《房地产综合对策》在对房地产交易环节采取的措施主要有，对于持有两套及多套住宅的家庭进行房地产交易，其交易价格如果超过了该类房屋基准价格 10 万美元时，交易环节的税率由原先的 9% ~36% 陡升为 50%；而对高档住宅转让收益征收的所得税率还更高。2005 年，韩国政府马不停蹄地颁布执行“3 · 30 房地产对策”与“11 · 15 房地产对策”，对“8 · 31 对策”进行了进一步的补充完善。一是将综合房产税的起征点由 9 亿韩元调低至 6 亿韩元，同时将纳税人由原来的个人为单位转变为家庭为课税单位，即以家庭拥有的全部房地产总市值来课税，这使得综合房产税征税范围大大扩宽。二是进一步提高了房地产交易环节的税率，如果转让的是非自用的土地征收的转让税税率最高可达到60%。令人遗憾的是，上述一系列调控措施并未实现政策初衷。由于转让税负过高，为躲避高额税负，多套房产所有者纷纷采取以租代售等应对措施。上述一系列政策实施的后果是，房地产进入保有环节税负沉重，而在交易环节由于高税负导致交易日益萎缩，同时房价仍然居高不下。韩国的养房者和卖房者都不满政府的调控政策，韩国政府的房地产税收调控政策收效甚微。

2. 日本房地产市场税收调控的经验

日本与韩国类似，都是人多地少的国家，20 世纪 60 ~ 70 年代经济步入发展黄金期，同时房地产市场蓬勃发展，导致地价和房价双双攀升。为调控房价过快上涨，日本政府在发挥房地产税筹集财政收入功能的同时，也比较注重其资源配置功能，逐渐建立起一套较为完善的房地产税收体系，对房地产取得、转让和保有等各个环节课税，在获取房地产税收收入的同时，也试图以房地产税收来调控不断上涨的住房价格，房地产税制也常伴随房价的波动而相应调整。

二战结束后，日本经济经历了较长时期的快速发展，大城市圈人口暴增，激发强有劲的商业房地产和住宅需求，城市地价和房价飞速上涨。为缓解地价和房价过快上涨，1969 年日本对房地产转让所得根据持有时间长短实行“分离课税”制度。1973 年对法人纳税人转让房地产的短期所得课以重税，同时还开征了特别土地保有税，根据保有年限和出售日期的不同情况分别确认不同的适用税率，以此达到抑制投机需求和鼓励增加土地和房产的有效供给。20 世纪 80 年代日元大幅度升值，失误的货币政策为房地产市场投机行为提供巨量的货币资金支持，导致房地产价格失控似地大幅飙升，1987 年日本全国土地价款总额相当于美国全国土地总价款 4 倍之多。整个房地产市场进入超常亢奋状态，房地产泡沫极其严重。为了调控房地产市场，日本政府在 1987 年专门针对 2 年以下的超短期转让所得课以重税，并对法人纳税人取得的超短期转让所得征收土地转让税时加征30%。即使在转让环节对转让收益课以重税调节投机收益，但在“土地神话”的预期和鼓舞下，房地产价格仍然一路高涨。于是，日本史上最严的税收调控政策于 1991 年出台：对财产新开征地价税，调高继承税的评估征税额，对特别土地保有税采取强化征收的措施；同时大大强化了土地和建筑物转让收益课征的所得税，提高了长期转让收益的适用税率等。

日本的房地产市场泡沫的形成过程中，土地税制的不完善是诱发因素之一。原因是日本的保有环节房地产税收税负过轻，难以起到应有的调控功能，在某种程度上激发了房地产市场泡沫的形成扩大。日本针对房地产保有环节课税的最典型税种是固定资产税，但固定资产税实行 1.4% 的标准税率，但纳入计税依据的资产估价明显小于市场价值，由此导致实际税率极低、税负极轻。森信茂树（2006）等学者测算，1980 年至 2003 年 24 年间日本的固定资产税的实际税率仅在 0.11% ~0.37%，有些地区和城市的实际税负水平更低。例如日本的首都东京，固定资产税包括城市规划税在实际征收时仅相当市场价值的 0.06% 左右。而美国的财产税实际税率达到市场价值的 1% ~2% 的水平（野口悠纪雄，2005）。由于评估征税的价值和使用税率这两个因素的共同影响，日本的房地产保有环节税负严重低于其他国家。尤其是农田和农地，某些农地和农田虽地处大城市近郊，区位优势明显，但农地的农业用途的特殊性使其税负更加低。过低的保有税负实际上阻碍了不动产的高效配置和有效利用，造成土地闲置或低效、无效使用。此外，相比其他类型的资产，房地产更易成为市场投机的重点领域。在日本，甚至出现了耕地价格竟然比开发利用建设建筑物的土地价格还高的情况，由此导致土地的资产价值相比其使用价值更为重要，也使得不动产的使用价值与资产价值偏差越来越大，以至于滋生严重的房地产市场泡沫，还由此引发了一系列严重的社会问题（唐明，2007）。

考察日本房地产市场的税收调控政策的演变，在调控的中前期日本政府比较重视对转让所得进行征税调节，但流转环节重税会引发“锁定效应”（lock - in effect），反而限制了房地产市场的自由流通。在中后期的税收调控中，逐步增加对保有房地产课税，以此增加房地产的持有成本和减弱房地产作为资产保有的有利性。但上述一系列政策的实际效果并没有达到政策预期。转让环节对转让所得和流通收益课税反而助长了房价波动幅度。继承税、赠与税和固定资产保有税等税种并没有严格遵守调控目标，考虑纳税人的税负承受能力等扩大了扣税范围等，实际执行与调控目标相悖。

3. 日韩房地产市场税收调控的经验启示

从原理上看，在保有环节征收房地产税，由此增加了房地产的持有成本，抑制房地产的投机需求和提升房地产资源的高效利用，从而实现房地产税收的资源配置功能。但该功能发挥的前提是增加的保有环节税负能促使纳税人转让多占用和低效使用的房产，从而增加房地产这一稀缺资源的有效供给。但如果税制设计不合理或实施不当，则有可能导致上述功能难以正常发挥，房地产税将不能促使有效供给增加，那么此时民众有可能要担负高房价和高税负双重压力，这反而会扭曲房地产市场的资源配置和干扰房地产市场的正常运行秩序，日韩房地产税收调控效果欠佳即是例证。例如，韩国卢武铉政府实施严格的财产清查制度使得公众“瞒不住”房产，增加保有环节税负让公众“囤不起”房产，上述政策是适当的，但在房地产交易环节课以重税让公众“倒不动”房产的政策值得再三斟酌（石子印，2010）。

房地产税收政策调控目标是促进房地产资源合理流动，从而达到稳定房价的目的。但上述目标仅依靠在保有环节增税是难以实现的，房地产税收调控还深受交易环节税收政策的影响。日韩在保有环节提升税负的调控政策是可行的，但在交易环节同时增税则失去了合理性。因为，交易环节税负受到房地产市场供求弹性等多种因素影响，交易税负或为房地产卖者承担，或为房地产买者承担，或者买卖双方共同承担。如果房地产市场需求弹性小，房地产交易税负主要由买者承担，交易环节的高税负反而推高了房价；如果交易环节税负由转让方来承担，那么交易环节高税负很可能会促使卖者以租代售。因此，流转环节的高税负会限制房地产市场的流动性。如果房地产市场的有效供给难以增加及存量房地产又难以充分自由流转，那么就会导致房价居高不下的情况产生。由此形成保有环节的高税负和高房价并存的状况，并由于制度设计不当，房地产税收调控反而加剧了房地产市场波动。

综上，房地产税收调控体系中，房地产保有环节和交易环节税收合理搭配至关重要。房地产税收的配置资源功能正常发挥的前提是保有环节增税以促使房地产流动性增强。与此同时，在房地产交易环节税收制度安排方面应予以协调配套制度设计，防止出现保有环节增税加速房地产流动与交易环节重税限制房地产自由流通的互相矛盾的问题。房地产保有环节课以税收以实现“涨价归公”和为本地政府公共支出融资等功效，那么交易环节则适宜轻税原则，因为过高的交易税负会严重造成房地产资源“锁定效应”，反而会阻碍房地产资源自由流通。因此，要实现房地产市场的税收调控效果，应该在交易环节“少税”和“轻税”，形成“重保有、轻流转”的税制格局体系（唐明，2007、2008）。

5.4 公共治理、财政民主机制与房地产税改革关联性的国际借鉴

近年来，许多转轨国家和发展中国家纷纷开启了下放权力、建立地方治理结构，其中都试图发挥房地产税（或者财产税、房产税等不一而足）这一地方治理中“利器”，以期解决地方治理中某些顽疾。但这些国家目前还较少地关注到其他国家和地方政府历经的财产税在地方治理中风险和危机因素，这不能不引起包括我国在内的深刻反思。纵观全球，美国财产税已有 200 多年的历史，制度健全、历久弥新，征税和用税诸环节公开透明。但美国这一最古老的税种竟遭遇民众广泛的指责和诘难，甚至通过立法措施多次限制财产，导致财产税逐渐衰落，还直接引发了地方治理危机。因此，以美国为代表，探究房地产税、地方公共治理及财政民主机制的关联互动性，这对拟进行房地产税立法改革的我国来说，美国这一典型的先例可资、可学和可循，深思其制度变迁缘由，引以为鉴。

5.4.1　美国财政危机、财产税税制变迁与地方政府治理合法性构建

政府的财政收入结构在很大程度上决定着治理模式，这在美国地方政府体现得尤为明显。在 20 世纪以前的美国政府收入中，财产税收入比重历经变化、比重各不相同，反映了治理状况的变迁（李明，2011；王德祥、袁建国，2010；唐明，2015）。

1. 独立战争前后至 19 世纪 30 年代末：资产财政时期

独立战争前后，英国北美殖民地的 13 个州最先通常征收的税种为五个：财产税、人头税、关税、货物税和雇员税。不过，在当时的政府主要收入来源是出售大量土地，进行巨额投资，而包括财产税在内的税收收入比重是比较低的。所以，John Joseph Wallis（2000）等学者常称美国这一

时期为资产财政时期（the ear of asset finance）[①]。

这一时期，拥有大量土地的地主占据州议会多数，这些地主议员经常授权公用事业特许权，常常违背民意经营市政，甚至将公用事业从市政府中分离出来出售给私营公司牟利。地方议会也多被一些拥有一定资产的人士占据，有些地方甚至直接按照纳税额和资产的多少来分配代表权。此时的地方政府本质更接近股份制的大型公司，尚不具有代表广泛的民意，其合法性遭到质疑。

2. 19 世纪 40 年代到 20 世纪上半叶：财产税时期

由于美国金融市场崩溃，1839 年开始美国的土地价格暴跌，由此导致的通货紧缩引发了美国历史上的经济衰退，也引发了各级政府的财政危机。为此，各州政府停建了运河，东部各州被迫恢复征收财产税为主的各税种。从 19 世纪 40 年代开始，美国财产税占联邦、州和地方政府等各级政府的财政收入比重前所未有地上升，直到 1902 年达到全国平均水平一半以上，如表 5.8 所示。

表 5.8　20 世纪前财产税占美国 13 个主要州政府的收入比重（%）

	1835～1841 年	1842～1848 年	1902 年
大西洋沿岸	0.02	0.17	0.55
西部和南部	0.34	0.45	0.70
全国平均	0.16	0.30	0.57

注释：大西洋沿岸地区包括马萨诸塞（MA）、马里兰（MD）、纽约（NY）、宾夕法尼亚（PA）、罗德岛（RI）、特拉华（DE）、南卡罗来纳（SC）、北卡罗来纳（NC）；西部和南部地区包括伊利诺伊（IL）、印第安纳（IN）、俄亥俄（OH）、阿拉斯加（AK）、密西西比（MS）、肯塔基（KY）。

资料来源：转引自：李明：《公共风险与地方治理危机：美国财产税制变迁分析》，北京大学出版社 2011 年版，第 161 页。

财政危机使得税源来源于广大公众的财产税在各级政府尤其是地方政府日益重要，纳税人和征税范围变得日渐宽泛，这促使了政府合法性制度构建。因为财政收入主要源自公众，如何构建一个代表更为广泛民意的政府治理结构，这一问题日益紧迫。各州政府纷纷开始修改宪法，以适应平

① John Joseph Wallis, "American government finance in the long run: 1790 to 1990", The Journal of Economics Perspectives, 2000.

等、民主的合法性的政府治理需求。例如，各州开始统一对财产税[①]从价计征，为体现更多的平等公正性；限制政府债务，此时公众已意识到债务不过是延期税收；禁止政府投资私营公司、上市公司等，改变政府的“股份公司制性质”；废除特许公司的特许经营权等。从那时起，财产税开始按照评估价值征税，需要代表民意的财产评估官员。出于对上级任命财产评估官员的不信任，各地开始民主选举本地的财产评估官员并进行自我管理。很多民众对地方执政官的选举可能不一定感兴趣，但对关乎自己切身利益的地方财产评估官员的选举热情空前高涨。这一税制上的变革，促使广大的社会公众参与地方政府的管理过程，地方政府的民意代表性由此进一步提高，这使得地方政府成为三级政府中民意代表性最高的政府。

美国的这一历史时期，由于公众的广泛参与、新移民的大量涌入等，地方政府获得了迅猛发展，其中 19 世纪 90 年代到 20 世纪 20 年代被称为“进步时代”。1942 年的美国第一次政府统计中，地方政府的数量为 15.5 万个，其中特区和学区政府为 9000 多。州被分割成县，代表州政府履行州的职责，自治市（municipality）、镇或小镇（township）、学区纷纷开始大量建立。尤其是提供包括供水、灌溉、排水、道路、公园、图书馆、消防、公共卫生服务等各种特别区发展得最为迅速。上述类型的地方政府往往是在公众直接认可的基础上构建的，其提供的公共产品与服务与公众的生活息息相关，其决策直接反映公众的需求，其建立具有充分的民意基础和合法性基础。

随着社会的发展，财富形式日益复杂且动产容易隐匿等特点，使得对所有财产评估征收的一般财产税征管遭受很大困难。与此同时，销售税、所得税等税收增加较快，导致财产税地位有所下降。加之财产税对经营性财产重复征税，使得各地投资受到不良影响。1933 年经济大萧条导致美国公众收入锐减一半，但财产税由于税收弹性小税负过于稳定，导致财产税占纳税人的收入比值急剧大幅提高，1931 年该比值升到 11.3%，由此引起纳税人强烈不满，导致了第一次大规模的财产税立法限制的税收革命。当时美国有三千多个地方同盟发起了税收革命，16 个州通过法案来限制财产税，主要针对财产税的税收优惠和税率规定了限制性条款。与此同时，一些州强化了所得税和销售税，通过调整税收结构来减少对财产税的过于倚

① 此时的财产税多为一般财产税，即对针对包括动产和不动产所有的财产征税，而不是专门针对不动产。

重。上述一系列税改措施有效减轻了居民的财产税税负，1940 年的数据显示，财产税在纳税人收入的比重将为 5.8%。

20 世纪 70 ~ 80 年代西方社会发生了第二次大规模的财产税立法限制。当时相关主要国家发生经济滞胀，通胀导致房地产价值升值很快，但居民的收入却未同步增长，而房地产税税率也没有相应降低，导致纳税人负担的财产税税负迅速飙升，1974 年私人业主负担的财产税占比为 34%，而到了 1978 年飞速上升至 44%。由此，公众发动了对财产税税率、评估价值和收入水平等全方面限制的财产税革命。1978 年加利福尼亚州通过第 13 号提案“人民倡议限制财产税”宪法修正案，标志着现代财产税限制革命的开始。此后美国许多州发生第 13 号提案多米诺骨牌连锁效应，第 13 号提案影响至今。例如，1970 年堪萨斯州颁布了对财产税总体收入水平限制的法案；1972 年亚拉巴马州实行了针对财产税总体税率进行限制的法案；1980 年马萨诸塞州通过了“21/2 法案”，北卡罗来纳州实施了“纳税人权利法案”等。在第二次财产税立法限制革命中，全美对财产税税率进行限制的州多达 34 个，对财产税收入实施限制的有 29 个州，限制评估征税价值增长的有 20 个州，由此可见限制手段和方法多样、范围全面广泛。1927 年美国财产税占地方一般公共收入比值为 68.8%，而到了 2006 年这一比重已下降为 24.69%。

近年来，佛罗里达、佐治亚、印第安纳等州开始了全新的财产税立法改革，财产税领域引发公众的争议仍不绝于耳。印第安纳州已通过立法将财产税的地方政府征管权限上移至州政府，目的是为了预防地方政府违背民意擅自提高财产税收入。该州税收筹集委员会出台了分别适用短期和长期的方案。短期方案是在 2009 年消减居民住宅财产税的 35%，将居民财产和商业财产的计税估值增长率分别限制在 1% 以下和 3%，州政府指定的估价员逐渐代替原县、镇的估价员，部分学校的教育支出由地方政府也转移至州政府。长期方案是将地方政府的财政支出增幅限定在当地居民 6 年期的平均收入的增长率以内，将原州政府的销售税 6% 提高到 7%。佛罗里达州在 2009 年 10 月通过税收改革方案，该方案将原家庭住宅税收免征额 2.5 万美元提高到 5 万美元，实施“保护家园倡议”中减免税税收优惠和某些税收限制的改革建议。而在各州的财产税改革中，最为激进的是佐治亚州。佐治亚州通过了作为宪法修正案的 GREAT 提案（Georgia's Repeal of Every Ad - Valorem Tax），该提案建议废除财产税，通过销售税的“增税”来弥补财产税的“减税”，即通过取消销售税的全部减免税税收优惠政策，提高销售税税率，以销售税的增量收入来补足财产税的减收。2007 年美国爆发了次贷危机，导致了美国公众收入陡降，美国再次爆发了进入新世纪以来的一系列财产税反抗运动。

不断发生的财产税抗税运动，民众通过财产税立法限制，迫使地方政府不得不增加销售税、使用者付费等来弥补财政开支不足，联邦政府、州政府对地方政府的补助随之增加。这直接导致了地方政府收入结构发展重大变化。如图 5.1 所示，由第一次大规模抗税前的 1927 年占比为 68.8%，从 20 世纪 40 年代开始财产税占地方财政收入比重直线下降，20 世纪 50 至 60 年代稳定在 40% 左右，而进入到新世纪，财产税比重进一步降为 25% 左右。地方政府被迫降低对财产税依赖，地方政府的财政收入体系由财产税占主体演变成为目前财产税、使用费和上级政府补助“三分天下”的格局。

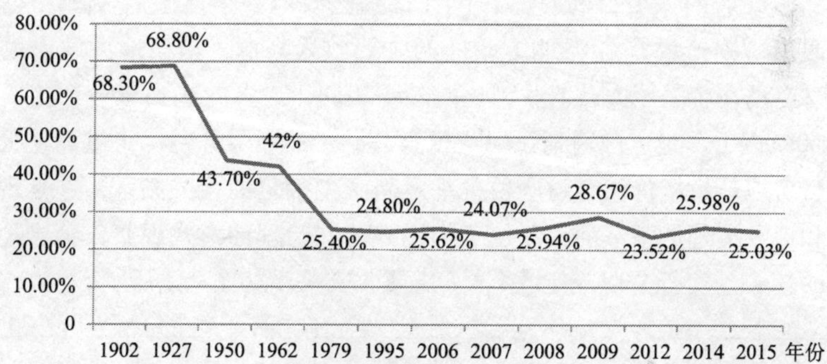

图 5.1　美国地方财产税占其一般财政收入比重

资料来源：1. 2006～2015 年地方政府财政收入来自美国政府收入网。

2. 2006～2008 年财产税数据来自王德祥、张磊《最近 10 年来美国州与地方财政的运行和发展》，2009 年财产税数据来自喻兴旺《美国地方财产税的借鉴与思考》。

3. 2012 年财产税数据来自 U. S Bureau of Economic Analysis。

4. 2014 年和 2015 年地方政府财产税数据依据美国普查网 www. census. gov/计算得出（时间年度为美国财政年度）。

地方政府收入结构变化对其地方治理产生重要影响。由于使用费增加的同时税收减少，这使得公众更多地作为用户而不是享有纳税人权利平等的公众，公众以“用户”身份作为政府治理满意度的评判者，使得地方政府治理的民意代表性和合法性内涵面临颠覆性改变。与此同时，州和联邦政府对地方政府转移支付比重日益加大，扩大给地方政府补助的同时接管了更多的地方职能，这在很大程度上会弱化财政联邦制。这也可视为美国联邦政府在近 100 多年以来日益强大、深入各个角度的重要原因。伴随着财产税这一地方政府经济基础的税种的衰弱，地方政府治理的合法性正面临着前所未有的改革困境。

5.4.2 美国地方公共治理、财政民主机制与财产税的关联性分析

如前所述，财产税在美国历史上一度占据地方政府的绝大比重，至今仍是地方政府最主要和最重要的自有财源。财产税税收制度及其管理方式的变迁，对于美国地方政府的公共治理和管理模式都有着决定性的影响。

1. 财产税是美国地方政府治理的基本前提

美国地方政府数量庞大、形式复杂多样，主要可分为两大类，即包括县、市、镇政府的一般目的政府和包含特别区政府、学区政府两种类型的特殊目的政府。财产税是各类地方政府的主要收入来源，担当地方政府的主体税种。财产税在各类地方政府收入比重各不相同，最多的达到90%以上，最少的也在50%以上。地方政府通过财产税为公共产品和服务融资，进而使公共服务水平、房地产市场价值和财产税税基之间产生确定的相关关系，这是现代地方民主和地方治理的基本前提。从美国地方公共治理的模式观察，美国地方政府治理的核心是实行“以支定收”，其主要收支关系如图5.2所示。

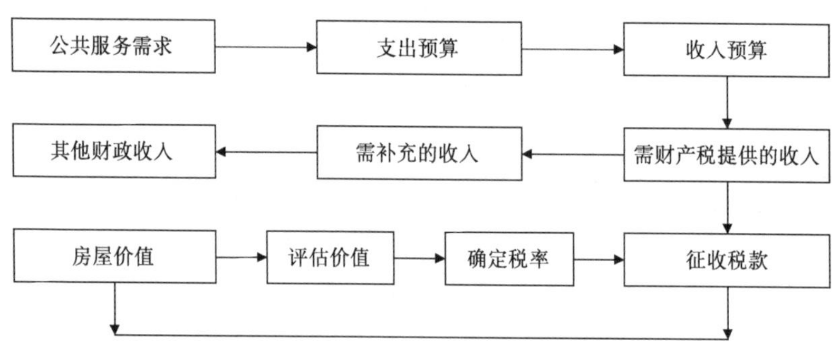

图5.2 美国地方政府财产税“以支定收”运行模式示意图

在该模式中，第一步，议会或者居民大会等民意代表机构确定每年公共服务的支出需求，在此基础确定支出预算，然后根据支出预算确定收入预算。第二步，计算非财产税收入，具体包括收费收入、债券收入、联邦和州的转移支付收入和其他税收收入，从收入预算中减除非财产税收入，从而确定需要财产税提供的收入数量。第三步，根据房地产的评估价值，确定相应的财产税率，开展相应的征收，把每年所需财产税收入征收上

来。从该模式运行来看，地方政府并无收入困乏之虞，因为财产税税率会随着实际支出需求进行调整。虽然，到了近代不动产财产税占一个国家和地区的 GDP、各级政府的总收入比重有限，但对于处于较低层次政府来说，仍是最为重要的收入来源，而且财产税具有收入和支出、税负与公共服务对应性强的特点，这是财产税虽屡受诟病仍具有较强生命力的关键所在。

2. 美国地方政府在财产税压力下的改革

随着销售税、所得税等商品和所得税制的发展壮大，二战后美国财产税占各级政府的收入比重呈下降趋势。同时，20 世纪 80 年代后欧美发达国家掀起的“新公共管理运动”，政府的治理模式和管理方式发生了重大变化。部分公共服务和设施实行民营化融资，逐步推行使用者付费或市场化经营方式。在上述背景下，美国财产税呈现两类改革趋势：

一是地方政府以外的高层级的联邦和州政府，逐渐不再参与财产税收入分享。20 世纪 20 ~ 30 年代后，多数州政府不再课征财产税。截至 20 世纪末，地方政府以外的政府基本不再参与分享财产税。二是财产税税源与税基相分离等特殊属性，在一定的经济社会条件下引发了一系列的财产税限制立法和改革。例如，美国财产税历史最著名的加州 13 号提案，对美国各州财产税产生了巨大影响。13 号提案创新性地提出公民提案的方式提出议案，并实行以三分之二以上的多数方式通过，这被美国地方政府在很多治理领域沿用。事实上，在后续的地方治理中，许多都提出了公民参与政府管理的问题。政府治理的合法性再一次得到制度创新。

在上述背景下，地方政府积极寻求税收管理变革，主要集中在税收征收管理水平、政府对公众的回应力以及产权管理水平三个领域。税收征管方面，采取计算机辅助评估、地理信息系统、数据技术应用和综合征管系统，有效地促进了税收征管技术含量和精细化水平。加强对不动产地籍登记系统的完善，促进了土地房产等产权管理水平的提高。更重要的是，不动产财产税收入与地方政府公共服务的对应性及税基的显见性，这有助于提高政府管理的透明度和政府对公众的回应能力，进而提高了政府的整个公共治理水平。

3. 危机后的财产税制度变迁惯性

美国的财产税正面临公众抱怨、税收限制立法、税收反抗等多重压力下，财产税的合法性、公正性等遭到质疑，有些较为激进的州甚至要求废除财产税，这使得财产税的主导地位每况愈下，绝大部分州一级政府已经不再征收财产税，财产税在地方政府税收中的比重已经降至二战前的三分之一。

但是，少数州一级政府和绝大部分地方政府仍然保留这一税种。其主因是：一方面，从地方公共治理的合法性的角度看，财产税比其他税种有着无可比拟的优势。首先，财产税有利于地方自治和保持独立性。如果地方政府财源完全依赖上级政府补助，那么地方治理的经济基础也会源于上一级政府，而不是源于当地居民对公共事务的连续性同意。地方居民也会因为政府的支出并非源于自身直接付出，这也会使得公民要求公共服务补偿及对公共事务、政府的财政收支等参与度大大下降。其次，以财产税融资的公共服务是显见的，而非源泉扣缴的直接税纳税也是显见的，财产税收支的显见性使得居民要求政府收支透明、预算硬约束。同时财产税来自于每个公民的自身收入，这使得公众有更大激励参与政府的公共管理，极大地促进了公众民主参与程度。从财产税上述特性来看，这一税种的收支能促进地方政府合法性构建。另一方面，如果取消财产税，则需要取而代之以新税种，那么原来的利益均衡会被打破，建立新税种的本质也是建立新的利益均衡，这会引发许多经济、政治和行政等问题。因而，“最好的税制就是原来的那种”。所以，虽然在公共治理风险、税收限制立法危机等压力下，地方财产税制度创新以形成政府的合法性基础正在建设当中，但这种合法性构建显示出强大生命力。

5.4.3 财产税视角下美国地方治理风险及启示

美国的地方政府管理实行“以支定收”的运行模式，每年通过公共选择方式首先确定本地所需公共服务总量，以此确定财政预算支出总额。然后，减除非财产税渠道所能筹集的财政收入数量，确定应征收的财产税数额。因为，政府的其他各种收入相对固定，因此财产税多少就成为地方政府汲取能力的关键。美国地方政府财产税的来源渠道、征管形式等不同，对地方政府的公共服务资金来源、总量等产生不同的效应，进而对地方治理产生深刻影响（李明，2011；唐明，2015）。

1. 财产税视角下美国地方治理的合法性危机

理论和实践都表明，公众直接缴纳税收收入，这种税负痛苦感使得公众要求政府予以补偿的心理和愿望较为强烈，这会直接强化公众参与政府管理的意识。因此，公共收入和支出的对应性越强，公众要求监督政府和问责政府的意识就越强，这是西方地方民主治理的运行机理。近 20 多年以来，美国掀起的新公共管理运动日益深入，地方财政资金更多地源自于非税收入来源，这首先表现在财产税在地方政府收入中占比逐年下降，政府越来越多地依赖债券、收费和资本市场收益等新兴公共融资模式。美国地方政府财产税的变化趋势不仅影响到基层政府的财政收入，也动摇了美国地方政府赖以生存的价值基础。美国地方自治制度，根源于治理费用的平等分摊。源于财产税的收入体制，每个自治地方的公平享有平等选举权，缴纳的税收数量相近，公民权利的经济基础相对平等。但源自于其他税收，甚至收费、资本利润等因素的公共收入增多后，上述地方治理的合法性基础遭到侵蚀和破坏。因此，财产税收入降低的过程，也是美国地方政府原本依赖的合法性基础流失的过程，这种影响深远但因其渐进性而被重视不够，但渐进累积的风险引发危机有可能会积重难返。从 20 世纪美国频发的财产税抗税运动和限制立法，表明公众对于财产税认同感在减弱。

2. 财产税视角下美国地方政府财政汲取能力危机

各种原因导致财产税收入逐步萎缩，其他税收收入难以弥补的情况下，美国地方政府转而依赖市政公债、使用者付费（user charge），甚至资本市场的经营性收入、证券交易收入等，这些非稳定的市场化收入占比越来越大。这使得美国各州和地方政府收入结构发生了巨大变化，这种情况一方面增强了整个社会风险资产的数量，引发了地方政府财政系统的脆弱性；另一方面这种收入结构的变化趋势本身孕育着巨大的财政风险因素。与财产税比较，债券、收费、企业利润以及资本市场收益等具有较大内在不稳定性，这极易引发政府财政收入危机。近年来，美国地方政府收入波动风险增加，在金融危机中美国许多州和地方政府濒临破产边缘，这与过度依赖非税收入有极大关系，这在历次危机中有许多例证。

3. 财产税视角下美国地方政府管理能力弱化

随着政府收入结构的变化，美国地方政府传统的“以支定收”的公共产品提供体制也遭受重大挑战。为适应财政收入结构调整，近几十年来美国地方政府组织形式相应地也发生了巨大的结构性变化。随着财产税收入式微，加之新公共管理运动的兴起，美国特殊目的地方政府——特别区政府已经基本企业化，完全按照企业运行模式运营；美国一般目的政府纷纷采用市政经理制，以效益考核为主要目标。这是“新公共管理运动”思潮的反映，更是财产税衰弱、地方政府收入结构、运行模式变化引发的反映。上述偏重效益的政府组织方式导致监管能力下降，实质上逐渐孕育着新一轮政治治理价值观危机。

第6章

转轨期中国房地产税改革制度环境的构建策略

转轨期，中国的房地产税改革事实上发挥着经济社会双转轨的“助推器”作用，房地产税制度环境的主导因素与房地产税改革事实上存在良性互动的联动机制，具体包括：一是提出财政分权、预算硬约束与房地产税联动改革策略，以期破解制约房地产税改革的财政分权体制机制瓶颈；二是提出法律变革、产权保护与房地产税的联动改革策略，以期破解制约房地产税改革的产权法律制度瓶颈；三是提出土地制度、房地产市场与房地产税的联动改革策略，以期破解制约房地产税改革房地产市场体制机制瓶颈；四是提出公共选择、民主自治与房地产税的联动改革策略，以期为房地产税改革奠定地方民主治理的政治基础。房地产税与相关基础制度的联动改革所具有的广度和深度，必将对我国富强、民主、法治和文明产生积极而深远的影响。

6.1 财政分权、预算硬约束与房地产税联动改革

不规范的财政分权改革导致地方政府预算软约束和“逆向软预算约束”，地方政府在现有的制度环境制约下的最佳选择是寻求预算外收入和非预算收入等体制外可自由支配财权。税制改革主要是政府主导的变革，而政府改革税制的基本动力是为了筹集税收收入。房地产税是典型的地方

税种，其筹集的收入属于地方政府体制内正式的预算收入。但目前以土地出让金、非税收入、隐性债务和各种苛捐杂费等构成地方可自由支配财权使得房地产税对地方政府激励程度远远不够。因此，成熟完善的财政分权体制是房地产税发展的契机，房地产税与财政分权联动改革的核心是要硬化地方政府的预算软约束和“逆向软预算约束”。体制内的财政管理体制应能提供充分有效的制度供给，使得地方政府能获得正式的可自由支配财权和从正式预算安排中能分配到足够的财力。随着房地产蓬勃发展及住房和土地制度改革完善，房地产税源日益丰厚。而且随着不动产统一登记及房产信息全国联网等，房地产税的征管条件也日益成熟。因此，房地产税这一“长税”必然取代土地出让之类的“短租”，成为取代体制外不规范财权的最佳选择。

6.1.1 增加财政分权制度的有效供给，为房地产税改革奠定财政体制基础

1. 以法律形式界定政府间财政关系，为房地产税发展提供外部制度空间

我国至今仍未以法律的形式将各级政府间财权和事权界定清晰，尚未以立法的形式将政府间的财政关系确定下来。因此，在现行单一集权体制下，中央政府和上级政府往往会利用政治集权的优势，上收财权和下放事权，使得政府间财政关系变动过于频繁，也导致体制内地方财政收支的巨大矛盾。政府间事权未能清晰划分，导致事权交叉和不合作博弈行为等。上述主要方面都与政府间财政关系缺乏清晰的法律规则有着直接或间接的逻辑关系。因此，标本兼治的核心在于立法，在此基础上形成政府间财政关系的自我实施机制。首先，用相关法律将各级政府的权力关进制度的“笼子”，进而消除各级政府的各种机会主义行为。其次，通过立法将各级政府的财政收入权利和财政支出权利形成具体的法律制度规定。全国人大和地方各级人大应履行宪法赋予的职责，不仅切实监督各级政府，并且要在政府间权利划分和各级政府的财政收支决策审批等发挥主导作用。要确保规范的政府间财政关系的法律制度能自我有效执行，立法的结果必须是包括实施者在内的博弈参与主体的策略互动达成的博弈均衡。规范的财政分权要以立法形式确定的政府间财政关系，清晰的划分和界定财权与事权，确保规范的财政分权制度长期稳定而有效的执行。

2. 完善以分税制为基础的纵向分级财政体制，为房地产税奠定财政体制基础

现行宪法规定我国政府分为中央、省、市、县和乡五级政府，原则上一级政府配备一级财政，这样我国就有五级财政。按照分税制分级分税的要求，五级财政每一级都需要有专属自己的稳定税基，那么至少在最基层政府——乡级政府是难以分到合适的税基。结合已有的改革试点经验，“乡财县管”使得乡政府成为县政府的派出机构，“县财省管”可以逐渐虚化地市一级政府。现行试点改革的实践证明，现行 5 级政府是可以逐渐压缩至“实三级加两个半级”的政府结构，“实三级”指的是中央、省和县三极，“两个半级”指的是乡级政府和地市政府分别作为县和省的派出机构，三级政府结构比较符合国际惯例和遵循市场经济国家的规律。建议，通过修改宪法，将上述政策建议落到实处。这样，现行分税分级及省以下混乱不清的政府体制难题有望得到切实解决（贾康、白景明，2002）。房地产税应立法规定为县（乡）级的地方税种，这也可以彻底解决在现行体制下，地方四级政府对房地产税的剩余索取权和控制权不一致的问题。房地产税应成为县（乡）级的地方税种，不能再是多级政府共享。彻底解决县（乡）级地方政府发展房地产税的“后顾之忧”，即担心房地产税壮大后会成为与中央或省的共享收入。从体制创新入手完善以分税制为基础的分级财政，为房地产税制改革完善奠定坚实的财政体制基础。

3. 集中地方政府横向财权，为房地产税发展提供内部制度空间

在以法律形式规范纵向财政分权的同时，横向财权很有必要集中统一。现行横向财权过度分散，主要体现在除了财政和税务部门，其他众多政府职能部门都拥有一定财权，即收取各项非税收收入的权限，造成财政收入权过于分散。横向财权统一集中的具体措施主要有：（1）将各项非税收入纳入法制化制度体系实行法治化管理，相关非税收入的政策文件均应清理升级为规范明确的法律法规。（2）全部非税收入必经省级及其以上级别的人大立项审批，非税收入的收支均纳入预算管理。（3）通过国库集中支付和政府采购及购买公共服务等领域的深化改革，进一步强化财政支出领域的横向集权，目的是发挥财政资金效用最大化，有效地预防和消除腐败。（4）进一步规范财政票据使用管理，收取的非税收入应严格开具规范的财政票据。上述改革措施的目的是使得财政收入权统一集中在财政和税务部门，从制度体制上有利于解决房地产各项收费对房地产税收客观存在的“挤出效应”问题。横向财权的统一和规范，可促使税收收入和非税收入界限清晰，这有助于房地产税的培育发展。

4. 解决财政分权与行政集权的突出矛盾，为房地产税运行提供制度保障

法制化和民主化建设滞后是导致现行财政分权与行政集权两者冲突的制度根源之一。各级政府间的财政关系至今仍未有相关法律法规进行清晰界定和划分，在法治和民主双双缺失的制度环境下，地方官员的理性选择是“唯上不唯下”，上级政府的行政命令能得到有效执行，但关涉民生的当地公众的公共需求却有可能被忽视。上述制度体系中，各级政府之间的财政关系缺乏应有的稳定性，上级政府常出现财权上收和事权下放的机会主义财政行为，级别低的政府尤其是欠发达地区的县乡政府的财政陷入财政困境。由此，应积极推进财政法治化和民主化进程，以法制和民主来规范和监督财政体系。迫切需要充分发挥人大的功能作用，加强人大对政府财政的立法和监督权限，建立健全“官员对人大负责，人大对人民负责”民主财政体系。只有建立地方政府与官员“向下负责”的激励约束机制，地方官员才有动力和压力拒绝上级政府的“下放事权”等。同时，财政法治化和民主化进程的推进，可以促使政府财政关系稳定和自我执行，从根本上预防各级地方官员追求“短期政绩”的机会主义行为。综上所述，只有恢复各级政府的公共性基础，实现向服务型政府的转型，才有可能从根本上解决财政分权和行政集权的矛盾。地方政府职能的转型才能为房地产税“受益税”良性循环机制运作提供最根本的制度保障。

6.1.2 健全制度使地方政府预算硬约束，为房地产税改革创设制度空间

1. 建立合理分权和有效收权的财政体制

硬化地方政府预算的关键在于建立健全制度，消除体制外“逆向软预算约束”的负面效应，政府间纵向财政关系要进行合理的分权，政府职能部门之间分散的财权要集中统一规范。纵向财政关系的合理分权关键在于界定清晰各级政府的事权，在事权的基础上定财权和财力，尤其要严格界定各级政府预算内可自由支配的独立财力以及相应的支出责任，从制度体系层面杜绝政府间事权的下移和推诿。在央地政府间财政关系的调整过程中，应改变历来行政命令式的“决策—执行”关系。一方面，从法律层面

界定清晰各级政府的事权之后，可切实减轻地方政府尤其是基层政府的财政支出压力；另一方面，各级地方政府必须能从正式财权中获得足够大财力，使其正式预算的财力与事权和支出责任相对应，这是硬化地方政府预算的关键所在。在硬化地方政府预算约束过程中，要将地方政府的收入重心由预算外和非预算收入向规范的预算内税收转移，在这一制度转型将为房地产税提供广阔的制度发展空间。有效收权是将目前分散在政府职能部门的横向财权集中到财政和税务部门，预算收支的相关权限集中由财政税务部门行使。此外，很关键的是要进一步增强政府预算和财政分配的透明度，加强对财政收支全过程的监控。

2. 相关法律制度应健全以对政府形成规范约束力

首先，加强预算法的执行力度，遏制政府预算软约束。违反政府预算规定的行为应得到制止，对政府预算形成规范约束力。一是出台专门法律对违反预算约束的行为规定相应的法律责任。二是明确执法主体，彻底解决即使规定了违反预算约束的行为的法律责任，但由于执法主体不明确，法律责任不具体，不具有可操作性的问题，严格追究违法行为的法律责任。三是执法机关和监督部门应严格执行预算法，依法追究违反预算约束的违法行为的法律责任。其次，完善土地及管理制度法律、法规。创立房地产税税法，让地方政府获得长期稳定的土地级差收益和土地交易收益中获得“细水长流”的收入，确实能形成地方政府从“短租”向“长税”转型的法律保障机制。应从法律层面打破地方政府垄断建设用地卖地权，从根本上改变地方政府的“地主”和土地经营获利者的角色。通过立法将房地产税费多个政府职能部门征收集中于财政和税务部门，为保障地方稳定财源，房地产税的重要税权应下放给地方政府。

3. 亟待建立健全符合国情的民意诉求公共选择机制

房地产税立法改革必然是各利益集团相互博弈过程和结果，在此过程中占据博弈优势的很可能是中央政府、地方政府及房地产开发商等强势集团，而广大居民纳税人和老百姓极有可能处于博弈竞争劣势。房地产税的征收将使民众切实意识到地方公共产品和劳务的成本是由自己“埋单”的，将会促使纳税人有意识要参政议政，应建立适合我国国情的多种表达民意的渠道和方式。在目前条件下，可从以下几方面入手：（1）民众公开批评，通过舆论评出是非公道，政府等部门要接受民众的批评。（2）把民意测评等纳入官员的业绩的最重要组成部分。（3）关系到本地重大事情举行切实有效的民众听证会等。(4) 制定地方法律、法规等，要充分采纳民众和专家意见。(5) 政府预算公开透明，接受民众监督。(6) 建立如政府财政公示机制、公民投票选举成立类似市政委员会、税率听证等等现代民主制度，才能够真正实现房地产税的顺利开征。

6.1.3　破解体制障碍使央地政府形成房地产税改革合力

现阶段房地产税改革博弈中，中央政府积极推进改革试图以“长税”代替“短租”，而地方政府由于改革中得失和既得利益仍坚持“以租代税”。目前房地产税“启而难动”的症结在于地方政府存在“逆向软预算约束”非正式可自由支配财权的负面激励，中央政府和地方政府在房地产税改革中存在巨大的利益偏差对房地产税改革难以形成改革合力，这是现行房地产税“启而难动”本质原因之一。地方政府是房地产税的征收管理者，因此启动房地产税立法改革的关键在于调动地方的积极性，切实让地方政府能从该项改革分享到改革红利，使其与中央政府形成一致的改革激励。“土地财政”终究要转型，该转型过程就是房地产税发展壮大的过程。

1. 房地产税立法亟须厘清正确的功能定位，应尽早达成共识，统揽全局推动改革

房地产税功能定位并非通过影响房地产市场的供需来调控房价，也未能担当完全的调节贫富差距的社会功能，其基本定位应该是建立健全规范意义的财产税体系，充分发挥房地产税为地方政府筹集收入的这一最基本的财政收入功能。也只有在完善好税制和实现收入功能的基础上，房地产税才有可能发挥调控房价的资源配置功能和调节财产贫富差距的功能。全面“营改增”后，房地产税是最有潜力担当地方新一个主体税种，逐渐实现体制内地方政府财力与事权相对应，以此规范体制外的非正式财权和优化地方政府财政机制，逐渐摆脱“土地财政依赖症”这一饮鸩止渴财政模式，最终激励地方政府财政行为规范化。

如果将来房地产税扩围至存量房产，按照市场价值评估普遍征税，经学者们的测算评估：房地产税可担当地方财政的主体财源。胡洪曙(2011) 测算发现：仅在改革头几年将出现小规模的财力缺口，之后便可有盈余且呈现持续增长态势。安体富等(2012) 利用“六五”至“十一五”时期存量房数据进行测算，得出房产税收入可占地方财政收入的三分之一(31%)，占全部税收总量的17%。李文(2014) 依据税基的宽窄和税率水平的高低设计了“窄税基、低税率，窄税基、高税率，宽税基、低税率，宽税基、高税率”四个方案，上述四个方案下房地产税收入占市县地方税收入的比重分别为 12.52%、22.76%、13.20% 和 23.88%。刘蓉等（2015）采用中国家庭金融调查的微观数据，对全国房地产税非减免比率和潜在税收收入能力进行了估计和测算，得出房地产税总收入可以达到土地财政 31.07% 的比重，占地方税收总收入 27.93%，因此房地产税具备作为地方政府重要收入来源的条件。大多数学者和研究机构都乐观认为房地产税可在“土地财政”枯竭之前较好地减少地方政府对土地出让金的依赖。应尽快全面开征房地产税并作为地方主体税种培育，以此弥补地方财政的收支缺口。而且，当将地方税体系的主体税种确认为房地产税后，可以从制度层面矫正地方政府的短期行为，促使地方政府转变职能，由“建设型”政府向“服务型”政府转变，进一步可较好地解决现行不规范的财政体制和税收分成体制的诸多弊端。

2. 多管齐下有效解决地方政府“土地财政”转型阵痛问题

从长远发展来看，工业化和城市化发展达到峰值阶段，加之土地属于稀缺资源，“土地财政”预计会逐渐萎缩。而存量房产和地产则会保值升值，新增房地产市场不断扩容，提供的房地产税税源将会日益丰厚。因此，中长期土地出让金“短租”会衰落和枯竭，房地产税收“长税”会日益兴盛，两种趋势重叠后，地方政府会有很强的现实激励来大力培育和发展房地产税。短期内，地方政府对房地产税“视而不见”的主要原因有：一是现阶段较为倚重非税收入和土地财政这类可自由支配财权；二是尚未找到代替“土地财政”的现实出路。只有从源头上解决上述两大现实制约因素，房地产税才有可能“费改税”和“以税代租”。在经济步入新常态发展阶段，民生财政和财产减收推进城市化建设等带来了巨大的财政支出需求的情况下，要能切实逐渐替代现行土地财政的支柱地位，就需要全方位构建财政支柱和金融支柱这两大支撑。财政支柱主要围绕全面“营改增”将房地产税培育成为地方主体税种，而金融支柱则需要重点进一步完善市政公债的债务融资体系。前者着重解决民生财政支出，后者则对应解决城市化基建等财政支出压力，这也是市场经济国家为解决地方财政收支矛盾而必须构建有效制度。新《预算法》赋予地方举债融资的职能，地方政府可正式打开借债融资大门。但对于规模庞大的存量债务，要积极解决存量债务的甄别、确定和及时偿还等问题。经济新常态下，经济下行压力大，应避免地方债务演化成财政风险和金融风险的可能性。同时，积极大力推行政府综合财务报告制度，预算管理应逐渐推行政府性债务的管理领域，编制综合性的政府财务报告，构建规范和稳健的地方政府债务融资制度。

3. 赋予地方政府享有房地产税充分的税权，明确地方政府拥有清晰完整的剩余控制权和剩余索取权，从而形成对地方政府有效的产权激励

权衡我国单一制的政治行政体制和各地房地产市场发展差距大等现实因素，地方政府可能不一定拥有全部的税收立法权，但至少应该享有在全国人大统一立法的情况下根据当地自身情况选择税率及制定税收优惠等核心税权，地方政府至少应能支配房地产剩余控制权。房地产的税收收入建议在现行的最基层三级政府市级、县级和乡级进行分配，采取以属地化归属为主，即税源来源地的基层政府有权享有本地的房地产税收，考虑到市政府是目前地方性公共产品和服务的提供主体，因此市级政府可分享房地产税收收入，分享比例由各地自行决定。

4. 积极推进民主和法治建设，促使地方政府预算硬约束，防范和监督地方政府对社会和市场的机会主义行为（唐明，2013、2015）

要改变地方官员的短期政绩的激励约束机制，全方位优化现行政绩考核制度。各级政府均应推行全口径的预算管理体制，每一级政府编制完整的政府资产负债表，逐步将预算外财政和制度外财政收支均纳入正式预算管理的监管范围。同时，尽快打破地方政府对土地征地市场和出让市场的双垄断格局，开征房地产税的基本前提之一要彻底解决政府垄断供地引致的一系列“政府失灵”的问题。土地市场及房产市场应逐渐城乡一体化，真正实现城乡房地产“同地、同权、同价”，由此彻底阻塞地方政府财政赤字的转移通道（张青、胡凯；2009），倒逼地方政府预算硬约束。

6.2 法律变革、产权转型与房地产税的联动改革

转轨期中国产权转型的目的是确立有效产权，即严格周密的产权法律保护和高效的产权资源配置。我国房地产相关的法律变革与产权转型是一条曲折的渐进性制度变迁之路，通过考察房地产税收与产权转型的理论逻辑和现实联系之后发现，产权转型并非一定私有化，有效产权制度的构建

需要不断完善残缺产权和及时确立正式产权，充分发挥房地产税在法律变革和产权转型中的产权证人和保护人的双重功能，实现房地产税与法律变革、产权转型的联动改革。

6.2.1　转轨期产权转型的基本思路

1. 产权转型与私有化关系

从理论上分析，清晰产权是市场自由交易的基本前提。清晰的、完整的私人产权的确能提高产权的有效性和资源配置效率，降低交易成本。这在产权的持有环节和产权收益环节确实如此，但在交易环节，私人产权并非完美无缺。因为私有制下产权交易个体存在谈判的复杂性，从而带来高昂的交易成本——谈判成本。因此，私有化并非是产权转型的唯一有效目标。盖尔·约翰逊说："私有化并不是经济转轨的灵丹妙药，它只是促进计划经济向市场经济转轨的一系列紧密关联的政策当中的一项。""只有在自由化被纳入整体政策框架之下，并且在市场经济有效运作所要求的法律制度业已建立的情况下，私有化才能够取得预期的积极效果。"① 中国的实践证明，非完全私有产权下的产权转型同样取得巨大成功，我国推行的是一条渐进式产权变迁之路，成功地实现了产权转型和市场机制的有机组合，使得产权经济理论迈上了一个新台阶。中国产权转型至关重要的是在于实现所有权下各项真实权利。例如，城镇土地使用权的占有、使用、处分、收益等权限全部归属私人部门，突出物的实用，则物的所有权的归属性已不再那么重要，即产权是否采取私有化模式已经不是问题的关键（蔡昌，2013；安体富、葛静，2014）。

2. 有效产权制度的构建目标：修补残缺产权与确立正式产权

结合我国转轨的国情背景，从产权残缺和非正式产权入手来构建有效的产权模式至关重要。在我国，非正式产权严重侵蚀正式产权利益，给产权主体造成的损失巨大。因此，在我国消除非正式产权对正式产权的利益侵蚀是产权转型改革关键所在。其中，正式产权将非正式产权取而代之，进一步明晰产权，这是将来产权领域的重要改革路径。同时，残缺产权或

① 引自盖尔·约翰逊：《经济发展中的农业、农村和农民问题》，商务印书馆 2005 年版，第 329 页。

模糊产权的危害性极大，扭曲了产权规则，损害了产权主体的合法权益。因此，有效的产权制度体系需要解决产权残缺问题，明确正式产权的主体地位，确保正式产权功能的正常发挥。

3. 产权转型的推动因素：市场与政府的互动博弈及税收的产权功能

转型期的中国，两大主力在力推产权转型改革完善过程：一是市场觉醒的私人部门的自发动力；二是政府调控手段的合理引导。纵观中国地产和房产的产权转型过程，产权转型并非是政府事先的强制性政策推动，而是政府与市场在产权改革中达成共识，政府引导与市场主体的双重力量互为促进的过程。如前论证，税收的征税范围可覆盖产权保有环节、交易环节和收益环节等产权全过程：在保有环节征收产权持有税，在交易环节可征收产权交易税，在收益环节征收产权收益税，形成覆盖产权诸环节的产权税收体系。由此产权各个环节的财产权利都可以得到实质性的有效保护，可充分发挥税收的产权证人和保护人的功能（蔡昌，2013）。因此，产权转型期，应充分发挥税收的产权功能。

6.2.2 理顺城市房地产产权，为即将开征的房地产税奠定产权法律基础

在论证房地产税开征的正当性时，除了要权衡社会对房地产税的现实需求、房地产税收制度的自身合理性等主要因素外，更重要的是要进行法律方面的正当性考证。这是因为，与物权法本质上相似，房地产税法与物权法都属于财产法领域的基础性法律。能否与现行的法律制度体系相协调，是否具有正当性和合理性至关重要。房地产说的法律正当性问题主要是解决相关产权问题，思路如下：

1. 夯实建设用地之私人财产权属性，尽快明确城镇土地使用到期后的延续方法

（1）土地公有制不应成为征税障碍，关键在于夯实地产之私人物权属性。房地产税是向房产和地产的所有者或使用者征税，因此其基本前提征税房地产必须产权关系清晰明了。至今为止市场经济是最佳的资源配置机制，资源配置的优化标准不仅是对资源数量的分配，更关键的是市场提供行之有效的公平公正的资源分配规则，通过明确财产所有权的归属，为有效配置资源提供法律基础（孙放，2007）。《物权法》应发挥“定纷止争”

功能，界定和保护产权，为房地产税开征提供了法律制度条件（唐明，2010；赵廉慧，2011）。

第一，借鉴国际物权的立法理念，我国《物权法》立法重心从“所有”转到“利用”。考察物权制度的发展历史，逐渐演变出两种各具特色的物权制度体系：一是罗马物权体系，该体系突出所有权这一核心；二是日耳曼法物权制度体系，该体系强调使用权这一重心。在资本主义发展早期，以“所有”为中心的罗马法物权体系适应当时的需求为大多数资本主义国家采纳，强调所有者对物的支配权和使用权，权利拥有者对财产（物）的所有权关系和使用权关系是一致的。但是财产所有者仅是从法律上确认对财产的控制和支配，然而这项权利本身并不意味着物尽其用。财产权制度是否有效关键在于财产权利的可转让性，因为资源只有充分流转才能发挥出最大效益，实现资源的优化配置。因此，实现要求所有权权益分离，所有权人在保留所有权的基本前提下，将所有权中某些权能分离出来让渡给他人，充分发挥物的效益。物权中心相应地从“所有”到“利用”转移。产权发展的演进历史表明，现代的物权制度体系的基本功能是要界定产权和明晰产权，重心是要充分发挥物的社会经济效应上来，在物的所有权基础上分离创设出更多的物权形态（斯蒂芬·芒泽，2006）。考察国际物权立法理念的发展趋势，我国《物权法》规定的房地产物权不仅包括房产所有权，而且包括地产的用益物权，例如建设用地使用权、宅基地使用权、土地承包经营权等，还包括担保物权如抵押权等，房地产相关的物权法律体系日益完善。房地产税是对具有私人财产属性的不动产——土地和房屋课征的财产税，《物权法》首先确定和保护房地产物权及其具体权能，将与房地产相关的所有权及与所有权关联的财产权益纳入法律体系，开征房地产税才具备相应的产权法律基础（温来成，2008；唐明，2010）。

第二，我国土地使用权与所有权分离，土地使用权是独立的物权。在我国房产和地产产权处于“二元”分割状态，民众拥有的房地产财产权利处于游离状态，自然会引发相关权利冲突。在我国，房屋私有——公民拥有永久所有权，地产是国家公有，公民仅拥有有限的使用权，地产和房产如何区分，如何实现合理征税一直是困扰房地产税立法和改革的关键问题之一。随着产权交易日益频繁和成熟完善，“重所有、轻利用”的传统产权理念正悄然转变。相比之下，现代社会人们更重视对物的利用和资源优化配置，以“利用”为核心的新的所有权现代理念逐渐形成，所有权理论已逐步从“占有”为中心转变为以“利用”为中心，从重视占用转而关注使用权。两权分离映射出人们对所有权的认识由静态向动态转移，经济社会愈发达，动态所有权愈会成为主流存在形式。我国土地产权的特殊性在于土地公有，社会主义国家基本性质不允许土地私有化。“两权分离”的创新性提出，将土地使用权确定成为完全独立的用益物权（土地物权）。用益物权的设立巧妙地解决了公有制土地市场化、私有化运营配置问题，成功地利用民法制度解决了土地财产权利分配问题，是我国产权历史上充满政治智慧的重大制度创新。在我国，土地使用权不是一般债权，而是具有完整权能的物权（财产权）（张少鹏，1998；赵廉慧，2011；高富平；2010）。

“使用权”在法律上兼具物权性质和债权性质。《物权法》明确赋予房地产业主拥有建设用地的使用权，明确其用益物权权利人的身份，虽然不拥有土地所有权，但却拥有超越合同债权、具有独立财产权利性质的土地使用权。因为，按照《合同法》的规定合同性质的债权的最长年限为20年，土地使用权如果是债权就无法解释住宅使用权期限可长达70年的法律规定。而且，我国的土地使用权是一项独立的土地物权，具有以下非常突出的法律特点：①在我国土地使用权发挥着私有制国家土地所有权的基本功能，已发展成为土地物权体系中最为重要的核心权利。围绕土地有偿使用的法律法规体系和土地使用权的出让市场和交易市场等都是基于土地使用权构筑起来的（孙放，2007）。目前，我国土地市场无论是一级市场（出让市场）还是二级市场（转让市场）都是围绕土地使用权进行的交易配置，事实上都是土地使用权的出让和转让市场。②我国的土地使用权具有特殊的法律性质和法律地位，我国的土地使用权事实上超越了一般意义上的用益物权，享有对土地占有、使用、收益和处分的四项最基本和最重要的权能。鉴于此，我国许多法学专家甚至建议《物权法》将土地使用权从用益物权中独立出来，在独立的土地使用权基础上创设用益物权（高富平，2010）。③我国的土地使用权是具有物权性质的独立财产权，享有充分的剩余索取权和处分权，可入市流通、转让、入股经营、租赁和抵押等。物权性质的土地使用权有两个不同于债权性质使用权的特殊之处：第一，土地使用权的权利人拥有完整的处分权，其对土地财产行使转让、租赁等权益无需产权所有人授权和许可，而债权性质的普通租赁权需经所有权人许可才能进行合法的转让、租赁等。第二，土地使用权作为独立的财产权利，权利人拥有很大程度的剩余索取权，例如可获得土地的增值收益和征收补偿等，上述土地使用权的收益均归用益物权人，而债权性质的租赁者一般不会拥有获取上述收益的权利。虽然约定成俗将土地出让金定义为地租，但从法律上土地使用权远不是简单的债权，否则《物权法》就不会专设独立一章来规定建设用地使用权。

（2）土地使用权的独立物权属性为房地产税开征奠定物权基础，应尽快明确建设用地使用权续期的具体办法。房地产税立法应明确纳入征税范围的房地产的具体范围。我国官方提法由“物业税”向“房产税”再后定名为“房地产税”，征税的不动产包含地产和房产，实质上就是对房屋所有权和土地使用权课税。在我国土地公有制的产权制度背景下，为了使房地产税开征名正言顺，首要夯实作为征税对象的建设用地的私有财产属性（赵廉慧，2011）。

《物权法》明确规定了建设用地使用权是独立的物权，但作为一项独立的物权却又附加了使用期限，造成了房屋所有权无期限与土地使用权有期限的矛盾，使得房地产作为“恒产”受到极大影响。《物权法》第一百四十九条的规定：“住宅建设用地使用权期间届满的，自动续期，续期的期限、土地使用费支付的标准和办法，由国务院规定。”土地使用权到期仍需要以较高的价格再次购买，则会极大地削弱土地使用权作为物权的安全性和稳定性，严重弱化房地产未来价值预期。作为财产分配领域的根本大法——《物权法》，理应为公众提供可信赖、稳定的产权规则，就土地使用权而言如不能夯实其作为独立物权的法律属性，那么房地产税的立法和改革也将缺乏坚实而稳定的产权法律基础。当前落实地产之完整私人物权属性，应尽快明确建设用地使用权续期的具体办法，或至少明确将来到期后的处理原则。可喜的是，2016 年 11 月 27 日发布了《中共中央国务院关于完善产权保护制度依法保护产权的意见》，明确提出研究住宅建设用地等土地使用权到期后续期的法律安排，推动形成全社会对公民财产长久保护的良好和稳定预期。该文件提出了引人瞩目的财产权利保护问题，承认并尊重房地产已经成为城镇居民最为重要的财产权，虽然目前仍未出台具体操作细节内容，但明确了会朝着有利于保护公民财产的方向进行具体的制度设计。

建议随着我国“土地财政”向“土地税收”的转型、市政债券和地方税体系等的完善，视城镇化建设和地方财力等情况，如房地产税收、市政公债及其他地方税等其他地方财力能维持好地方运营，则建议到期后的土地实行自动无偿续期。因为，我国城市建设用地原本是全民所有，使用权回归民众并无不妥。若是将来其他财力不足以支撑，仍需要土地出让金，则建议实施年租制和房地产税混合征收的独具中国特色的租税费制度，详见本书其他章节分析。尽快明确建设用地使用权续期的基本原则和具体办法，从根本上进一步夯实建设用地的私人财产权属性，这将为房地产税立法和改革进一步扫除法律产权制度障碍，为普遍开征房地产税铺平道路。房地产税开征，建议我国建立租税兼收的独具中国特色的混合体制（唐明，2015）。对于国有土地使用期限到期，土地使用权的受让人或再受让人为了继续拥有房屋的永久产权，可通过缴纳位差地租的年地租方式加以解决，保障土地所有权人和使用人双方的合法权益。

2. 应尽快采取办法使残缺产权的房产向完整产权过渡

（1）不动产统一登记既保护产权，又为房地产税开征搭桥铺路。2015年3月1日《不动产登记暂行条例》颁布实施，此后将包括房屋建筑所有权、城市建设用地和集体土地等十类不动产在全国范围内统一登记。从“登记”到“统一登记”我国走了数十年，这意味着不动产产权登记管理逐渐由计划行政管理体制转型，在产权登记管理上将彻底解决“划片登记”、“多头登记”、“标准不一”及不能信息联网共享等问题。市场经济是法治经济，其法治规则第一条就是保护私有产权，而不动产显然是诸多产权中最为根基的产权。不动产统一登记宗旨在于保护产权，《不动产登记暂行条例》开宗明义地指出条例的目的是“保护权利人合法权益”，贯彻物权法“保护权利人的物权”。首先，统一登记使得不动产权利人合法财产权得到更高层次的确认，保护力度更强；其次，统一登记将使得不动产交易更为安全便利。

不动产统一登记进入实操阶段，这将为房地产税立法和开征起到基础性作用，并推动物权保护和遗产税等一揽子制度建设。不动产统一登记将十分有利于房地产税开征过程中下列问题的解决：①不动产统一登记将有利于房地产产权关系明晰，为合理界定纳税人及其税负提供准确信息。作为《物权法》配套实施的新制度，不动产登记是合法权益的“护身符”，其目的保护产权和维持市场秩序。产权关系明晰是确定房地产纳税人及其税负能力的基本前提。若房地产产权关系不清或过于复杂，税务机关将难以确定房地产税的纳税人及其税收负担，无法确定纳税人及税负，房地产税的征收管理无从谈起。②在房地产产权明晰的基础上才能准确界定纳税人房地产的财产估值。因为对房产评估价值的前提是纳税人对房地产必须拥有明确产权，如果没有产权或产权模糊，就无法确定纳税人在纳税期间拥有房产的价值，也无从核算其应纳税额。③房地产产权关系明晰是设计、实施房地产税收优惠的前提。将来的房地产税收制度设计必将会安排对纳税人基本生存需要房产的优惠政策，如计税金额中扣除一定免税金额或计税面积扣除一定免税面积，此种优惠政策必须落实到每一个纳税人身上，而且每人只能享受一次，不能重复计算，这需要税务机关详细掌握每一位纳税人的房产和地产价值的实际情况，上述只有在产权关系明晰、产权管理完善的情况下才能做到。④房地产产权关系明晰，政府才能掌握税源的真实情况。不动产统一登记，实际上就是摸清我国房地产家底，有利于政府预测房地产税源总额与结构分布等，实现房地产精准调控和房地产税收等的政策目标。

（2）过渡期直接以房地产本身为纳税人解决无籍房产及产权残缺引起的征税问题。如前论证，我国已形成极其复杂的城乡分割、房地分割和城市多元产权并存的产权格局，这直接决定了我国房地产产权保护工作的复杂性、艰巨性和长期性。在房地产税立法和改革过程中，产权问题带来最直接的问题是难以确定合理的纳税人。可借鉴国外房地产税征税过程对纳税人灵活界定的成功经验，结合我国国情解决过渡期由产权残缺问题引发的纳税人难以合理界定的棘手难题。考察各国房地产税纳税人的税法规定不同国家对纳税人的界定并不一致。一般以年租金为计税基础的国家，纳税人通常是房地产使用者，典型的国家例如爱尔兰、英格兰等；而以土地价值或者资本价值为税基的房地产税，则一般由房地产所有者纳税，例如澳大利亚和葡萄牙等。另外，目前也有一些国家规定，房地产本身就是房地产税的纳税人，具体房地产的所有权人、占有人或使用人等均可纳税。为了解决由于多个纳税人并存导致纳税责任难以划分的问题，以及防止征管复杂和控制管理成本，可以在某个纳税年度规定全年的纳税义务人。年内房地产所有权变更并不免除原纳税人的纳税义务。房地产税收可以在多个当事人之间分配，在下一个年度之前不改变纳税义务人。税收收入归属于房地产坐落地税务机关，不归房地产产权所有人所在地的税务机关。国外的房地产税收实践中还有两种特殊的合法征税策略可供我国借鉴。美国、利比里亚和菲律宾等国的财产税（房地产税）法中将房地产自身定义为房地产税的纳税责任人。相关税法规定，如果房地产没有按时纳税，那么该项房地产将会被没收并出售，目的是让所有者现身承担纳税义务。②在南亚、非洲的撒哈拉沙漠和拉丁美洲国家，该策略包括更加广泛的个人身份定义。例如，尼日利亚和巴西等国将房地产产权所有者定义为纳税责任人，税法上的所有者实际是广义上占有房地产收益的任何人（郭文华，2004）。将来，我国对符合征税条件的无籍房产和房产产权有争议的房产进行征税时，在确定纳税人方面上述经验可为我国提供很好的经验借鉴。

（3）识别产权的残缺状况，逐步实现产权的完整性。如前论证，现行城市多元化产权为房地产税开征带来极大障碍，同时也容易引发各种社会矛盾。建议，房地产税的立法和改革中要摸索出合适的措施，尽快废除损害产权主体利益的非正式产权，形成明晰化的正式产权；尽快识别城镇房产的产权残缺情况，逐步实现产权的完整性。这样才能从根本上解决一系列问题，包括房地产税开征过程中遇到的各种难题。而且，随着房地产市场日益成熟发达，产权残缺房产的规范化、法制化和商品化改革也将要求提速，这为房地产税全面开征创造了条件。

从本质看，我国城镇住房产权问题产生的症结在于住宅用地方式不同，商品房实行土地出让而福利房实行土地行政划拨的双轨制并存。因此，解决产权残缺房产的治本之策是从土地资源配置方式入手。第一，将来住宅用地改变无偿使用为有偿使用，住宅用地应逐步由双轨制向单轨制转型（汤腊梅、尹光友，2005）。结合土地出让金改革，实行房地产税收和年租制度混合征收模式（唐明，2015）。对于土地出让时已经发生的征地拆迁费及土地开发费用等应一次性收取，而对构成土地出让金大头的“位差地租”实行年租制。对于反映位差地租的年租金的收费口径与房地产税税基评估价值挂钩，并区分不同类型的用地采用不同的收费标准，并根据房地产周围环境和条件变化等因素对住房年地租收费标准进行调整。将来对低收入阶层，政府需提供保障性的公租房（程恩富、钟卫华，2011），而不应该在继续提供经济适用房和“共有产权房”等残缺和模糊的福利性质住房。由此，减少甚至消除福利房由于行政划拨用地导致多方共有产权和上市交易受限等多种产权问题。第二，对已存在的庞大产权残缺的福利房，例如共有产权房居民要想获得完全产权，经济适用住房想要获得上市流通转让等处分权，按照现行的法律体制，上述房产应补交相应的土地出让税费。至于以什么时期、什么方式、什么样的地价水平和补交多少，政府应谨慎行事。基本原则应该是各地补交标准不宜相差太大，与纯商品房的地价占房价的比例也不应该相差太大，否则会严重干扰房地产市场价格及资源配置机制，以及福利房和商品房上市“同价不同利”会引发诸多问题，也不利于房地产税计税价值的合理评估。

3. 对随社会经济发展涌现的新权利应及时立法保护，充分发挥房地产税的产权功能

产权明晰是市场经济发展的前提，完善现行住房产权体系，使得产权拥有者享受足够的权能，并立法使这些权能能够进一步激活房地产市场，为房地产税开征和发展打好基础。社会经济发展日新月异，随之会涌现出来许多与房地产高效合理使用的相关正当权利及时立法予以清晰界定和周密保护。例如，以目前地下空间开发为典型例子，城市化和工业化快速推进阶段，土地资源紧缺要求对土地的立体开发利用，地下空间的合理开发利用对整个社会发展意义重大。但我国现行法律法规对于地下空间的开发利用的规定存在诸多空白之处[①]。现实中地下空间使用权和地表及地上的用益物权极有可能产生权利冲突，对此《物权法》及相关法律法规均缺乏具体可操作性政策规定。应尽快立法明确地下空间使用权为一项独立的用益物权，同时进一步明确该权利与其他用益物权冲突时的解决规则。总的说来，城镇土地出让市场中产生的土地使用权，为了更加全面落实土地使用权之私有财产属性，应尽快明确与土地使用权密切相关的地上和地下空间的范围。同时，对于依附（添附）于土地而产生的相关权利例如空中权、通光权、通风权、地下权和相邻权等，应有相应的清晰界定和权益设计，以更好地促进城市土地高效集约利用，充分保障土地权利人的权利和利益，促进工业化和城市化发展，更有利于公平稳定社会基础制度的构建。

6.2.3　完善农村不动产产权，为将来房地产税在农村开征奠定基础[②]

土地和房产是农民最大的财产，尤其是土地，土地权益是农村家庭价值最大、最为重要的财产权利。切实保障农民能获得土地财产权益，涵养农村房地产税源，最为重要的就是保障农民能拥有获得土地财产收益的渠道。未来农地改革的目标应从现行的“赋予农民长期而有保障的土地使用

① 《物权法》第一百三十六条规定，“建设用地使用权可以在土地的地表、地上或者地下分别设立。新设立的建设用地使用权，不得损害已设立的用益物权”。该条法规确定了分层建设用地使用权，将地表、地上或地下的使用权统称为“建设用地使用权”，没有采用“空间权”或“地上权”的概念。此外，《物权法》第一百三十六条在分层设立建设用地使用权的基础上，仅规定“新设立的建设用地使用权，不得损害已设立的用益物权”。对于分层设立的建设用地使用权如何设定和登记，《物权法》没有相应的规定。由于“不得损害已设立的用益物权”只是原则性的规定，对分层设定的权利的保护不够充分，对权利冲突的预防也显著不足。

② 中共十八届三中全会提出“赋予农民更多财产权利”，首先从法律赋予农民长期而有保障的土地和房产权利。现阶段农村土地产权制度改革，触及多种利益关系调整和深层次社会矛盾，不仅急需在理论和政策上进一步研究，而且涉及《物权法》、《土地管理法》和《城乡规划法》等多部法律的同时修订。这些改革又从根本上涉及农村集体经济组织制度、农村基本经营制度及村民自治等一系列基础性制度的变革，上述急需在以后的研究中继续深入，本书集中讨论与房地产税将来在农村开征的前瞻性政策建议。

权”拓展为“赋予农民长期而有保障的土地财产权”（夏峰，2014）。中共十八届三中全会的《决定》明确提出将更多的财产权利赋予农民，其中最关键的是赋予农民具有物权性质的农地产权，这是农民能获得财产性收入和保护土地财产的基础制度，对深化农地产权改革意义重大。只有农民能从土地和房产资源中获利才能为将来房地产税在农村的开征奠定长远的基础性制度条件。现行农村产权制度体系改革的目标是要建立“归属清晰、权责明确、保护严格、流转顺畅”的现代产权制度，达到城乡房产和地产要素资源自由流通的城乡一体产权市场经济体制。

要实现农民拥有土地财产权利的目标，需要法律和经济等多管齐下的改革。其中，要从法律上界定清楚农民的土地财产权益，使其拥有完整的所有权和使用权（用益物权），确保其财产权益能得到保护和落实。经济层面，农民要能逐渐获得包括级差地租、经营性收益和土地增值收益在内的土地财产收益。农地产权改革下一步急需解决的两个关键性问题：一是废除农地所有权只能通过地方政府征地“农转非”的单方面的行政配置，构建国家、农村集体和农民三者平等权利主体的产权关系；二是如何强化或者硬化农民的土地使用权，实现农地使用权的物权化、市场化和资本化，使之具备转让权、使用权、收益权和处分权在内的各项完整权能，成为真正的私人财产权利。应尽可能使农地使用权物权与城镇建设用地使用权平等地位，拥有同等的“完整性”产权权能内涵。2007 年颁布实施的《物权法》，已将农地的建设用地使用权、宅基地使用权和土地承包经营权纳入用益物权，建议进一步完善相关法律法规，进一步夯实农村土地享有完整的用益物权，确保成为农民拥有的独立财产权利（吴垠，2014；刘灿，2014）。

1. 确权赋能，真正实现农民土地用益物权的主体地位

目前，我国正在掀起新一轮农地产权制度改革，核心是寻找实现农民土地财产权利的有效路径。以“还权赋能”为总纲，以土地使用权物权化为基本方向，土地确权颁证和土地使用权流转等。新一轮土地产权制度改革的目的在于确权赋能，在农村集体所有制制度框架内将农户拥有的土地使用权权利强化为永久物权，尤其使其能自由流通，保障农民分享农地的增值收益，因此建立农地产权的长远保障，防止政府和其他主体强权侵蚀。未来农民土地权益、农民宅基地使用权和农地承包经营权实现法制化、物权化和资本化，将来对农民自住用房地产和经营性不动产征收房地产税的条件便会成熟。首先，从法律上夯实保障农民拥有农地用益物权内涵的各种财产权益。《物权法》明确规定，用益物权人对他人所有之物依法享有占有、使用和收益等权益。因此，建议要尽快出台允许农地流转的相关法律法规，从法律上真正赋予农村土地使用权权利人的各项关键权益，真正拥有土地使用权的占有权、使用权、收益权和处分权等一揽子权益。其次，“确实权、颁铁证”，对每块农地精确测量，理顺农地和农村集体经济成员的关系，通过确地确权尽快将所有农地资源确权至每家每户。

2. 全方位构建和保障农地土地用益物权的保护制度

首先，从法律上清晰界定农村集体土地的所有权主体，建议将行政村农民集体确定为农村集体组织主体，由具有法人资格并能行使集体土地处置权的村委会行使农村集体土地所有权权能（刘灿，2014）。从宪法和土地管理法等法律层面，构建国家与农民集体、集体和农民之间的平等产权关系。农地用益物权的充分实现，需要改变以往土地所有权的单向行政资源配置流动，改变国家行政权力凌驾于农地所有权之上，确保国家、农村集体经济组织和农民三者处于平等的产权交易平台。其次，从法律层面明确界定公共利益的用地范围，制定“否定清单”（公共利益征地否定式目录），明确规定盈利性目的或者各种变相、间接盈利性用地不得征收占用农村集体土地，以遏制目前各种假借公共利益之名、行侵害农地利益之实的征地行为。第三，提高和完善农地征收补偿制度。中央已逐步将征地补偿标准提高，建议更改《土地管理法》第四十七条“征收土地的，按照被征收土地的原用途给予补偿”以及删除“土地补偿费和安置补助费的总和不得超过土地被征收前三年平均年产值的三十倍”等条款，增加按照公开、公平、公正和合法的原则严格制定程序，按照市场价值给予合理补偿；增加“社会保障补偿”条款，并限定征地补偿资金落实不到位的不得批准和征用土地等制度规定，全方位地保护农民的权益。

3. 建立城乡统一的土地市场，逐步开发农村房地产市场

土地作为财富之母，无论是开征房地产税、优化资源配置还是保障农民财产权益让其分享城市化和工业化成果，建立城乡统一的土地市场和房地产市场都是大势所趋。

第一，首先应实行城镇国有土地和农村集体土地两者所有权土地“同地同价同权”。要从宪法和相关法律的保障下，对两种所有制土地所有者的财产权利予以同等全方位保护，集体土地迫切需要享有与国有土地同等的占用权、使用权、收益权和处分权，实现有法律保障的同地同权。建议在《土地管理法》等基本法律里，增加土地资源实现市场化配置、土地市场打破城乡壁垒等宗旨性条款，为建立健全农地使用权流转市场和启动农村房地产市场提供法律保障。

第二，构建以用途管制为准绳的市场准入制度。目前，城镇土地属于"圈内"，而农村土地属于"圈外"，按行政边界将城乡土地分割，城乡土地因所有制不同而实行不同的市场准入制度。"圈内"城镇建设用地实现了市场化自由配置，可用于非公益非农的各种用途。因此，"圈外"的农村土地也应能以集体所有制性质身份用于非农建设的各种用途，但前提必须符合相关的土地用途管制的规划许可。目前，城市国有土地不宜继续扩大，限定为现有城市存量土地，新增城市土地除了公益征地外，其他应允许保留集体所有制性质（刘守英，2013、2014）。

第三，建立健全平等的土地交易市场。应尽快废除地方政府通过控制土地用途转化的非正式产权，打破现行地方政府独家征地和独家供地的行政垄断格局，实现由市场自由调控土地的价格与供求的城乡统一交易市场，切实履行保障交易主体能平等入市和公平、公正及公开的交易规则。进一步规范城市土地二级交易市场和激活农村土地市场，促使土地资源全面实现自由交易、转让和抵押租赁等权益。

第四，逐步赋予农村土地抵押融资功能。现行法律中有关条款自相矛盾，《物权法》明确规定房屋可以抵押，但在第一百八十四条又规定"耕地、宅基地、自留地、自留山等集体所有的土地使用权不得抵押"。房地不可分割，对建立在宅基地上的房屋可以抵押，其所依附的土地不可抵押。但事实上，为高效利用土地，在农村有关土地承包经营权抵押等经济活动一直较为频繁，应废除有关法律法规对农村土地抵押融资的限制性和禁止性条款。应尽快修改《物权法》、《农村土地承包法》和《担保法》等限制宅基地、耕地、自留地和自留山等农村集体所有土地不得抵押的相关条款，赋予农地使用权充分的抵押权限，从法律上确保农村不动产资源抵押融资的充分发挥，从而进一步实现农民土地财产权利的资本化和市场化。

4. 实现农民房地产产权的完整性

如前论证，农民仅拥有宅基地的占权和使用权，尚无收益权和处分权，这使得农民无法获得宅基地使用权的完整产权权益以及相应的收益和增值。可以说，农民对宅基地仅有部分控制权和部分收益权，缺乏最主要部分的控制权（例如自由转让、抵押等）和最主要部分的收益权（例如转让获利，抵押获得资产），因此尚不具备征税条件。2016 年 11 月 27 日颁布《中共中央国务院关于完善产权保护制度依法保护产权的意见》，解决农民宅基地权益保障问题的关键落实用益物权。下一步，应采取措施，将农村房地产由目前的残缺或受限制的产权向完整、清晰产权过渡：

第一，从法律上明确宅基地的独立完整产权内涵。党的十八届三中全会决定提出："保障农户宅基地用益物权，改革完善农村宅基地制度。"需要从法律上进一步将宅基地的所有权和使用权相分离，从法律上明确赋予农民占有、使用、转让和抵押的完整权利，坐实农民宅基用益物权的完整权能。要启动农村的房地产市场，必须废除限制农民住房流转的法律法规，例如《土地管理法》第六十二条规定："宅基地使用权利人不得买卖或者变相买卖宅基地。"《担保法》第三十七条规定："耕地、宅基地、自留地、自留山等集体所有的土地使用权不得抵押。"允许农房自由转让、租赁、抵押和担保等，因房地不可分离应从法律上明确随着住房转让的宅基地使用权一并转让。宅基地使用权实现市场化配置时，应同城镇建设用地使用权一样，探索实行有偿使用制度。

第二，明确政府行政权力的限度，保障农民拥有宅基地的发展权。建议在以后的相关法律引入与土地相关的核心概念——土地发展权，土地发展权是土地变更为不同性质使用之权（吴远来，2012）。例如，农地变农业用途为城市建设，或者提高了原有土地集约利用的程度等。土地发展权的概念创设以后，以目前正常使用的价值为限，即依法取得的既得权利为限，此后变更土地利用类型的决定权便属于发展权（柴强，1993）。鉴于宅基地产权模糊性，现实中地方政府、农民集体组织和农民三方围绕宅基地的利益争夺日益激烈，这实质上是对农地发展权权益的竞争。由于"土地财政"等因素的影响，少数地方政府强行拆迁农民房屋造成诸多恶性事件，少数地方强制农民腾退宅基地，违背农民意愿强制集中居住。本质上，这是政府行政权力侵害和侵蚀农民的宅基地权益。因此，2011 年 4 月国务院颁布《关于严格规范城乡建设用地增减挂钩试点切实做好农村土地整治工作的通知》，严令各地方政府规范城乡建设用地增减挂钩的试点工作，不得强迫农民实行"上楼工程"。但地方政府的牟利行为并不会因为一纸文件和中央的权威就能有效消除，也不能从根本上保护农村宅基地的产权安全。应尽快出台相关法律法规，在法律层面明确农民作为宅基地使用权主体享有宅基地相应的发展权，以及应拥有与宅基地相关的抵押权和转让权等，由此从法律上确立农民对宅基地的具体权益，从法律上限制地方政府的行政权力。如果出现地方政府损害农户宅基地产权的行为时，地方政府及其当事人必须被追究法律责任。并从法律上规定，今后在进行宅基地整理时，若宅基地使用人不同意或补偿不到位等，对农民的宅基地不能强制腾退。

第三，与时俱进地改革宅基地使用制度，启动农村房地产市场。国土资源部数据显示，我国公有建设用地3500万公顷，其中农村集体建设用地几乎占了一半，这是目前市场上价值最贵的土地。另据专家测算，如果将来建设用地市场实现城乡同一，农村建设用地价值将高达130多万亿元，农民拥有超过百万亿元的建设用地资产①。一方面，工业化和城市化必然要求农村宅基地市场化和商品化，同时不动产的租赁收入日益成为农民获得财产性增量收入，宅基地和农村集体建设用地的开发、租赁和流转等也将成为农民获得农村集体资产股份分红的主要渠道。另一方面，由于城市房价上涨过快及乡村宜居等因素，城里人到农村购买宅基地建房以及购买农民住房的现象逐渐普遍。与此同时，农民遭遇进城尴尬——“城里房子买不起，而乡下的房子卖不掉”，进城农民在城市和农村“两栖占地”加剧了土地资源的供求矛盾和房价上涨。上述背景下，我国客观存在房地产资源市场城乡双向流动，启动农村房地产市场的强烈要求。因此，如果只考虑农村土地的社会保障功能而一刀切地采取简单禁止农地交易流通的话，极易导致非法占用农地和地下交易市场，非常不利于城乡要素优化配置和农民实现财产性收入增收。而在当前城镇化加速推进背景下，越来越多的农民进城变成市民，由此导致宅基地的社会保障权利日益弱化而财产权利性质日益突出。

应尊重市场需求和市场经济规律，尽快让城乡房产和地产资源、城乡资本双向自由流通，全方位创造条件启动农村房地产市场，并逐步使建立在国有建设用地基础上的城镇房地产市场和建立在宅基地和农村建设用地基础上的农村房地产市场有效接轨，实现城乡房地产市场一体化。从法律上改变目前以农村集体成员资格获得宅基地无偿分配制度，改变目前法律限定的“一户一宅”、宅基地的流通范围仅限于农村集体内部，保障农民拥有对宅基地的完整产权和相应的财产权益。引入市场化配置方式，使宅基地逐渐成为真正的商品，从而为启动农村房地产市场奠定前提条件。

第四，稳妥解决“小产权房”，通过补缴税费及征收房地产税使其合法化。目前存在两大类“小产权房”：第一类是建造在乡村宅基地和其他

① 刘德炳、姚冬琴：《让农民捧上金饭碗：农村建设用地价格或高达百万亿》，《中国经济周刊》2013年第45期。

农村集体建设用地上的商品住宅；第二类是建造在包括耕地在内的农业用途的土地以及未利用地的商品住宅。我国实行土地用途管制，上述第二类“小产权房”突破了土地用途管制，属于违法建筑。本书仅研究第一类“小产权房”，报告所称的“小产权房”均指第一类“小产权房”，目前仍处于法律的模糊地带。2007 年《国务院办公厅关于严格执行有关农村集体建设用地法律和政策的通知》规定，对“小产权房”不予办理产权交易登记，实际上禁止在农村集体用地开发商品住宅。但从长远看，在不违背土地用途管制和规划的前提下，逐步地创造条件在农村集体土地上建设商品房开发建设是极其必要的，也应该是合法的。将来城乡土地市场一体化和农村集体土地使用权物权化、市场化和法制化之后，“小产权房”作为转轨期的特殊事物将退出历史舞台。在相关法律和行政管理疏漏背景下已经建成的农村房地产，而且已出售给城镇市民，此类既定事实、影响面广又关系民生的房地产在不动产统一登记时应暂时登记占有事实，时机成熟后出台相关政策及其细则，允许购房人补交土地税费来办理产权登记，实现“小产权房”从无产权向私有产权过渡。待“小产权房”变成完整清晰产权后可考虑将其纳入房地产税的征税范围，充分发挥房地产税界定和保护产权的产权功能。上述思路对“小产权房”的购买者和小产权房建设用地使用权的出让方和转让方是相对公平合理的处理方式，也是保护公平财产权的重要体现，同时也是启动农村房地产市场的切入点，可达到多重功效(吴远来，2013)。

纵观世界各国，一个国家（地区）或一个社会中的产权制度是基础性制度，是其他制度安排的基础。一国（地区）或者社会的发展速度与质量以及民主治理机制的形成在很大程度取决于对产权和财富的保护程度。同其他转轨国家的经历类似，我国的房地产税的开征过程同时也是房地产产权得到清晰界定和严格保护的过程，房地产税开征是相关法律变革、房地产产权转型的推进器，而房地产产权转型和建设则为房地产税开征奠定了坚实良好的法律制度环境（Joan Youngman and Jane Malme，2004）。

6.3 土地住房制度、房地产市场与房地产税的联动改革

总的来说，我国房地产市场的发展过程中，土地市场供应制度有着非常独特的地位，它推进了整个土地市场的建设，但是也导致当前存在的众

多问题，其中之一导致房地产税改革缺乏市场体制基础，房地产税必须与土地制度、房地产市场进行联动改革。将来，也必须是房地产市场成熟完善，房地产税才有开征的基础税源基础、评估征税基础以及地方政府财政行为偏好的纠正（由“短租”向“长税”转型）等，而地方政府对房地产市场垄断干预（经营土地、以地生财，在房地产市场与民争利，推高地价和房价，投机房地产市场，引发泡沫等）和土地与住房制度的转型是至关重要的。

6.3.1 土地制度与土地市场的完善为房地产税开征奠定要素市场基础

如前论证，目前土地市场的主要问题是地方政府垄断了土地一级市场，导致土地资源配置扭曲，土地市场化程度低、土地市场严重分割等，上述问题传导到房地产市场，使得房地产税改革缺失市场体制基础，房地产税改革必须与土地制度、土地市场进行联动改革。房地产税开征的前提是房产和地产资源实现市场化配置机制，利用价格和供需等来配置房地产资源。市场要能成为房地产资源配置的主体机制，必须首先打破政府垄断土地市场，建立一个能真实反映土地资源稀缺程度的竞争、开放和有序市场机制。

1. 确定土地资源配置中市场的决定性地位，全面推进土地市场化进程

首先，政府应尽快转变职能，由现行土地市场的“经营者”和“牟利者”的角色回归管理者的职能角色。现行土地市场和土地管理体系中，政府通过规划、计划等行政权力管控稀缺的土地资源，事实上成为现行土地市场的经营主体和牟利者。要实现土地资源真正的市场化配置资源，让市场在土地资源配置中起决定性作用。政府应担当起制定和维护规则与秩序、纠正市场失灵等基本职责。因此，应尽快转变政府在土地市场上的职能，变现行政府“双向垄断”的行政供地为以市场为主体的自由供应体系，将现行地价由政府间接操控定价转由市场自由定价。鉴于土地公有制特殊国情背景，政府不能直接参与土地经营，应交由独立于政府的土地储备中心、国资委或另设土地银行等类似机构来承担。无论由哪家机构来运行土地，其经营方针不应再成为政府垄断土地供应和经营土地收益的工具，而应以调剂市场建设用地供求矛盾、提供公益性用地为宗旨（郑振源，2012；蔡继明，2014；蔡永清，2015；等）。

2. 尽快修订土地法律法规，为土地市场奠定市场法治基础

根据相关学者研究，现行法律法规严格农村集体土地使用权不能直接出让、转让和非农出租，同时也没有抵押权限。之所以规定集体土地只有通过政府征收转化国有建设才能出让，任何建设单位用地必须向政府申请使用国有建设用地，是因为现行宪法对城市土地国家所有制度和公益性征地的相关规定存在“二律悖反”（蔡继明，2015）。源于宪法对土地基础制度的矛盾性规定，《土地管理法》一方面规定出于公共利益国家可在给予补偿的情况下征用农村集体土地，另一方面又规定农村集体土地用于非农用途、纳入城市规划的用地必经征收。实践中，公益性征地与城市规划混为一谈，现行《土地管理法》取消上述任何一方面的规定都会涉及违宪。

因此，有必要尽早废除现行宪法中“二律背反”的土地制度规定，遵循市场经济通行规则：公益性用地实行征地的基本前提下，从法律上许可集体土地与国有土地并存。非公益用地严禁征用，今后条件成熟应当许可农村集体土地直接入市交易，农村集体土地与国有土地享有“同地、同权、同价”。坚决贯彻“建立城乡统一的建设用地市场”的基本原则，尽快修改现行宪法中不合时宜的城市土地所有制度规定，尤其应允许城市土地多种所有制并存。例如将《宪法》第十条第一款修改为：城市的土地实行公有制，包括国家所有和集体所有。只有将《宪法》中不合时宜的土地基本制度规定及时修改或重新解释，一系列下位法如《土地管理法》、《土地承包法》、《城市房地产管理法》才有可能做相应修改（蔡继明，2013）。

3. 构建城乡统一土地市场，实现城乡土地“同地、同价、同权”

第一，建立开放、竞争的土地市场。真正引入市场竞争机制，确保土地市场中各主体平等交易，自发形成密切反映市场供需的真实价格，充分发挥土地市场配置功能。由于政府垄断土地市场，导致土地一级供给市场地价偏离正常合理水平，严重扭曲了土地资源配置（常敏，2013；金媛，林乐芬，2014）。因此，必须打破政府垄断供地的格局，必须打破现行只有城市建设用地能自由流通的法律限制，必须尽快创造条件让农村的“三块地”的使用权[①]享有与国有土地使用权同等入市权，以市场的充分竞争自动形成真实地价，以灵活的价格机制将各类土地配置到最佳用途，实现稀缺的土地资源优化配置的最终目的（刘守英，2014；蔡继明，2010、

① 具体指的是农村集体建设土地使用权、宅基地使用权和承包经营权。

2013、2015；郑振源，2015）。

第二，建立城乡统一、有序的土地市场。构建城乡统一的土地市场前提是必须执行统一的规则。目前，由于地方政府实行“低价工业化和高价城市化的供地策略”以及城乡土地市场严重分割和法律对农村土地歧视规定等，现行土地市场“三分天下”。其中，商业和住宅用地形成了现行的房地产市场，包括开发区和园区等工业用地形成工业用地市场，农村土地由于不允许直接入市而存在大规模“隐性”的农村集体土地市场。上述三大块土地市场由于法律地位、市场规则等不同而被割裂成三个相对封闭的市场，无法形成真实有效和灵敏反映土地供需和稀缺程度的市场价格，由此也导致现行房地产税依据市场价值从价计征改革的体制障碍。因此，要统一城乡土地市场，首先就必须彻底解决现行土地市场封闭分割的问题，无论是城市国有建设用地还是农村集体土地，无论土地用于商住用途还是工业用途，均应严格遵循统一的市场规则进行交易、竞争和定价等市场行为。应彻底分清楚土地市场中市场和政府的边界，政府的职责是制定统一的市场交易规则，并对统一的土地市场运行进行有效监管，目的是保障土地交易均按统一、公平、公正的市场交易规则有序运行（刘守英，2014；蔡继明，2010、2013、2015；郑振源，2015）。

第三，全面开放集体土地入市。现行有关农村集体土地入市交易，存在一些极不合理也无必要的市场准入限制：只允许符合规划和依法批准的集体土地进入市场①。这并未考虑到我们农村土地的实际情况（刘守英，2014；蔡继明，2014、2015；郑振源，2015）。当前合法合规的农村集体建设用地只是农村建设用地极少一部分，全国约19万平方公里的农村建设用地中宅基地的占比超过了70%，而乡镇企业和村办企业用地等农村经营建设用地占比不超过10%②。入市的农地如果仅限于原乡镇企业和村办企业用地，其他农地被严格限制入市的话，这与先前的不开放并无本质差别。而且如此小比例的土地入市，不可能满足将来工业化和城市化建设用地的土地需求，对于构建城乡统一土地市场也只是杯水车薪，起不到应有的作用。例如，相关部门在浙江衢州市调查的数据显示，2001~2008年全市合

---

① 农业部部长韩长斌指出：“农村集体建设用地分三部分，分别为集体经营性建设用地、公益性建设用地和宅基地。三中全会允许入市的是集体经营性建设用地。”中农办主任陈锡文在解读党的十八届三中全会《决定》时说：“农村的集体建设用地分为三大类：宅基地、公益性公共设施用地和乡镇企业用地。只有过去的乡镇企业用地才算作经营性用地，才可以在符合规划和用途管制的前提下，进入城市的建设用地市场，享受和国有土地的同等权利。”

② 蔡继明：《“土改”试点：既要依法，更要深化》，《中国党政干部论坛》2015年第10期。

法合规流转的集体土地只占全部农村集体建设用地的 2.6%[①]。

4. 修正扭曲的土地价格，合理调整土地收益分配关系

土地价格作为房地产商品要素市场的初始价格，让其回归真实合理的水平是完善土地市场及整个市场经济体制的基础。土地价格是调节土地供求双方经济利益的重要渠道，而且是平抑土地市场投机等重要杠杆。短期内应参照市场价值大幅提高农地征收补充标准，不仅提高失地农民应得的补偿，减少地方政府“土地财政”路径依赖，同时还应该提高用地单位占用农地的成本，将社会成本内部化。其次，加大土地使用制度改革力度，进一步完善“招拍挂”等市场资源配置手段，使更多的土地通过招标、拍卖等市场方式出让使用权。中长期，严格区分公益用地和非公益用地，公益用地通过政府征用、按市场价值补偿；而非公益用地应直接入市，通过市场自由定价，农民由目前只能取得农业价值补偿转向通过市场获取收益，其中农地非农化过程中的巨量“涨价归公”部分收益政府通过税收来进行调节分配（刘守英，2014；曲福田等，2001）。

6.3.2　住房制度与住房市场的完善为房地产税开征奠定产品市场基础

后房改时代，我国住房市场暴露出的种种问题，提示我们必须深入住房市场相关制度性因素和结构性因素寻找市场失灵的根本原因。如前论证，住房市场的不完善深刻地制约着房地产税改革，与此同时房地产税制不完善及相关房地产市场增值收益租税调节分配机制不合理也从根本上影响到房地产市场的健康发展，本书试图探寻住房制度和住房市场及房地产税联动改革的路径及改革切入点。

1. 根治住房市场失灵，借鉴国际经验构筑“双体系”住房供应体系

如前论证，导致我国住房市场失灵及众多问题的根源在于土地公有制背景下地方政府对土地市场垄断及住房供给的单一系统。从根本上解决住房市场失灵，房地产税开征缺失市场体制基础的问题，一方面需要开放我国的土地市场，打破政府对土地市场的双重垄断，建立城乡统一、开放、

---

① 黄祖辉：《我国土地供给制度与社会经济协调发展研究》，经济科学出版社 2010 年版，第 34 页。

竞争、有序的土地市场。另一方面是改革优化现行住房供给系统，打破目前住房市场开发商寡头垄断市场格局。借鉴国外解决住房问题的国家和地区的成功经验，找出我国住房供给制度的不足之处，通过对先进经验总结寻找适合我国的住房供应制度。本书选择具有代表性的四个国家和地区（德国、美国、新加坡和中国香港地区），将有关国外住房供应制度与我国的相应制度对比分析，如表 6.1 总结所示。

首先，从各国和地区政府对住房的定位上，美国、德国、新加坡和中国香港都特别强调住房的社会福利属性，其中新加坡等国将解决国民住房问题提升为基本国策。我国过去一段时期曾试图将房地产业打造成为支柱产业，近年来逐渐淡化了房地产作为支柱产业的提法。但从房地产投资开发、房地产业创造的增加值、与其他产业的关联性以及对 GDP 的贡献度等各项指标看，我国的房地产业实际上发挥着支柱产业的作用。其次，从供给方式看，四个国家和地区均采用“双体系”住房供应制度，政府市场分工明确即政府负责保障房开发与分配，商品房交由市场机制运行。第三，在资金支持和管理等方面，四个国家和地区都设有专门的机构来为保障房提供稳定资金来源。第四，在抑制投机方面，这些国家和地区的“双体系”供给制度成功地切断了保障房市场和商品房市场的关联，保障房全程由政府指导，商品房完全交由市场来定价运行，其中消除保障房市场投机和稳定保障房价格的最有效措施是保障房的产权归国家所有，居民仅拥有有限产权和居住权。

表 6.1　　中国与典型国家和地区的住房供给制度综合比较

	德国	美国	新加坡	中国香港	中国
政府定位	社会福利工具	社会福利工具	社会福利工具	社会福利工具	曾被确定为支柱产业
供给方式	供给渠道广泛，既有保障房又有商品房	政府参与建设，商品房由市场化运作	保障房和商品房同时供给的双轨制住房供给	多层次的灵活双轨制	商品房为主体的单一供给
法律保障	法律体系完善	法律体系完善	法律体系完善	法律体系完善	政策调控为主，法律缺失

续表

	德国	美国	新加坡	中国香港	中国
资金支持	先存后贷方式的合同储蓄	商品房金融市场发达，保障房资金由政府管理	政府统一管理的公积金	政府划拨与住房经营权所得	银行贷款或家庭储蓄
所有权	地上权	商品房私有，保障房国家所有	商品房私有，保障房国家所有	商品房私有，保障房限制产权	商品房房产私有，但对土地仅有限年限的使用权
抑制投机	立法限制与税收，针对供需两端	商品房放开	商品房放开	立法限制与税收，针对供需两端	政策调控，主要针对需求调控

资料来源：转引自邢戬：《住房价格决定机制与住房供给制度选择》，中国社会科学出版社 2015 年版，第 167 ~ 168 页。

国外的成功经验表明，一国政府强调住房的社会福利属性可从根本上确保社会保障房真正发挥社会福利功能，构建双轨制的多层次住房供应体系较好地满足了住房的消费、投机和社会福利属性的三重功能。社会保障满足的是住房的基本消费需求和社会福利需求，而住房的高端消费需求和投资需求则由商品房市场满足。我国住房制度在法律保障、资金支持和所有制等方面与国外有较大差别。但最根本的差别在于我国目前住房供给体系：商品房供给过度而保障房严重匮乏，实际上是单一的住房供给体系。单一化的住房供应体制非但无法解决房价高企、房市泡沫等问题，反而在某种程度激化了问题的严重性，也诱发了价格过快上涨的各种负面溢出效应和问题等。

国际成功经验表明，“双体系”的住房供应制度可从根本上解决住房市场失灵等市场问题。“双体系”住房供给体系，顾名思义，是指住房市场同时运行两套相互独立的供给体系：一套是完全由市场配置资源的商品房供给体系，另一套是由政府主导资源配置（投资开发和分配管理等）的保障房供应体系。“双体系”供应可有效稳定住房价格波动，同时可有效解决现行住房市场失灵问题。“双体系”供给制度打破了住房“不可能三角”，在并存运行的两套住房供应体系中可同时实现住房的三重基本功能属性①，有效地控制住房价格波动的溢出效应引发的负面效益（见图6.1）。同时，“双体系”供应体系中两套平行体系可有效隔离风险，即某一住房体系中的风险不会传导到另一住房体系，这又在很大程度上强化了双体系供房机制解决市场失灵的调控能力。

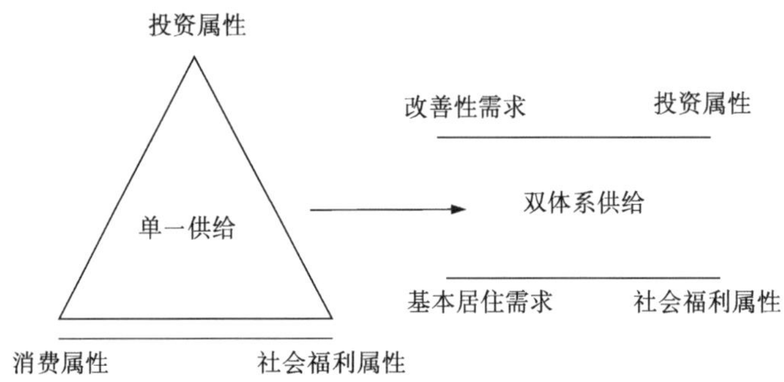

图 6.1　双体系供给制度打破住房“不可能三角”

2. 构建“双体系”供给新格局健全住房市场，奠定房地产税开征的市场体制基础

住房市场的“双体系”供给制度是市场同时运行两套供给系统，即完全由市场主导的商品房供给系统和主要由政府主导的保障房供给体系。两套供给体系既独立运行又紧密关联，共同构成了住房市场供给市场。在我国，商品房供给过度而保障房却严重不足，商品房市场无论要素市场还是产品市场均存在严重的垄断的市场失灵问题。由此引发了诸多社会经济问题，其中包括给房地产税开征带来种种体制障碍。关于“双体系”供房供应体系的税收方面，一是房地产税开征针对是具有清晰私有产权和稳定收益的商品房市场；二是对保障房房地产税实施全方位的免税优惠。因为，保障房的目的是为了解决中低收入家庭的住房困难问题，其产权归国家所有，应遵循国际惯例对保障房实施减免税优惠。健全商品房市场，最主要

① 经济学将住房的基本功能属性归纳为消费、投资和社会福利，消费（consumption）是指为满足生产需求和生活需求而花费的物质消耗；投资（investment）是指即期的投入一定数额的资金以求将来获得收益回报；社会福利（welfare）泛指公众生活质量与安全感、幸福感等。根据住房的功能属性，可将住房需求划分为消费性需求和投资性需求。由于福利需求内含于消费需求，消费性住房需求包括住房的消费功能和福利功能；投资性需求对应的是投资功能。因此，不同于其他商品或者投资品，住房商品的最基本特征是同时兼具消费、投资和福利三重基本功能属性及消费性需求和投资性两类需求，住房商品的上述特殊性质决定了住房价格和住房供求等住房市场机制牵涉面广且及运行极其复杂。

是要消除住房市场的垄断因素，提升住房市场的市场化水平，为房地产税开征奠定坚实的市场体制基础；大力发展保障房，使保障房发挥住房的福利功能，这有利于解决住房不公的问题和提升公众满意度，从而为房地产税开征奠定社会基础。而且，党的十九大报告亦明确地指出："坚持房子是用来住的、不是用来炒的定位，加快建立多主体供给、多渠道保障、租购并举的住房制度，让全体人民住有所居。"

(1)"市场体系"改革：消除垄断、加快市场化进程，为房地产税开征奠定市场体制基础。如前论证，住房市场存在市场失灵的根本原因在于政策失误、制度设计不当，开发商垄断住房供应并与投机相结合。首先，房地产开发制度不合理，相关法律和制度规定，城镇住房均由房地产公司开发。其次，预售制对房地产开发公司形成投资收益和风险承担上的错配，引发许多风险隐患。上述两方面基本制度造成现行住房市场高度垄断的制度障碍急需破解。另外，政府对住房需求引导不力，对房地产市场管理漏洞较多，也是重要原因（黄小虎，2009）。

①住房供应市场应多元竞争，防止垄断。住房市场建立始源于住房制度改革，住房制度改革对住房市场起到决定性影响。20 世纪 80 年代末至 90 年代初，我国住房制度采取的改革策略是：已有存量住房实施"租售并举，提租促售，小步快走"，增量住房供应则采取政府建房、合作建房、私人建房及开发商建房等多管齐下的举措。遗憾的是，改革的实际进程逐渐偏离了原先的改革策略，存量公房只售不租，改革一步到位。新增住房供应，开发商一家独大，处于绝对垄断地位，形成了典型的卖方市场。房地产市场种种问题大都源于开发商垄断供房和预售制度。将来，政府会逐步加大保障房建设，解决低收入家庭住房问题。但对中高收入阶层，如何解决住房问题？本书建议，我国应沿袭住房制度改革之初的思路：多元竞争，防止垄断。我国应建立多元竞争的住房供应制度，其中国外较为成熟的合作建房值得我们借鉴。我国应放开和鼓励社会合作建房，出台土地、融资、税收等方面全方位的政策体系支持合作建房（黄小虎，2012）。随着将来土地制度改革的推进，时机成熟和条件具备时，农村集体土地在符合用途管制和规划的基本前提下直接进入房地产市场。将来直接入市的农村集体土地大多地处城乡结合部，适合建设廉租房、外来务工人员的住房和普通住房等。另外，应大力发展住房租赁市场，完善住房租赁制度。应建立系统化住房信息平台，引导租赁市场由分散化小规模经营向正规化、规模化经营，通过完善住房租赁制度来保障租赁市场的规范运行。

②有效抑制投机性住房需求，促使商品房市场健康发展。在我国，数

十年的过度投机性需求一直没有得到有效调整，而这部分非真实需求不仅导致房地产市场价格超过经济基本面地非理性上涨，刚性需求和改善型需求在房价飞涨的情况难以得到满足和实现。2009年至今，一系列打击投机的各种政策措施相继出台，但效果欠佳。房价调控是系统性工程，其中税收是极其重要的政策工具之一。完善的房地产税收体系是房地产市场健康发展的制度基础。房地产税收调控房地产市场的核心是保障合理的居住需求和改善需求，抑制过度的投机需求。而遏制投机需求，不能简单地在流转环节课以重税，造成市场交易冻结等。与信贷政策、土地政策和限购政策等短期政策相比，税收政策属于房地产市场长期政策和基础性制度，因此准确定位和制度稳定的税收政策有利于房地产市场的长远发展。应降低房地产市场流转环节税负和租赁市场的税负，适当提高保有环节的税负水平，适时开征房地产税，发挥其“稳定器”功能。同时探求更多措施有效抑制过度的投机性需求，促使商品市场回归正常发展轨道，同时为开征房地产税奠定市场基础。

③多管齐下，加强与完善房地产市场管理。

首先，应遵循国际惯例，逐步取消商品房预售制度。现行房地产行业极不透明和行业秩序混乱，房地产市场垄断势力与投机分子结成利益同盟，上述问题与管理制度失当有很大关联，其中最重要的是要尽快改革商品房预售制度。实践证明，现行的预售制度已成为开发商维持垄断地位的“护身法宝”，严重侵害了消费者的权益。现实中的诸多问题例如实际交房面积与购买面积有偏差、住房质量不符合要求甚至极少数经营不善的开发商卷款潜逃等，都与房地产市场的预售制度有关联，极大地侵害了消费者的正当权益，同时预售制对于合法经营的开发商也助长和刺激其盲目扩张。考虑到银行贷款中各类高比例的房贷，一步到位地直接取消预售制度有可能引发房地产行业资金链条中断，引发金融风险和市场风险等。建议逐步取消预售制度，先采取一系列过渡的政策措施，例如将一次性付清全款改为依据工程进度和质量分期付款。等条件具备时，正式取消商品房预售制度。

其次，建立一套完整的法律法规等制度标准来保障“双体系”供给体系建设。房地产市场中某些典型的非正常竞争的行为例如开发商联合捂盘惜售、合谋垄断、制造预期及投机者炒房等，与我国目前尚未形成规范的制度来有效约束和引导有关。目前各种房地产调控政策措施多以“通知”、“办法”甚至“讲话”等形式出现，一是这类指导性调控措施对市场缺乏约束力和调控力度；二是政策发布变更频繁，只能取得一定短期效果，长期效果不明显。商品房市场失灵的诸多问题难以解决与政策出台过于频繁不无关系。因此，将来的“双体系”住房供应要非常注重制度化建设，无论是保障房体系还是商品房体系，任何体系中每一个环节和阶段都有规范的法律制度等可依和可循。尤其是现行制度环境中，地方政府“土地财政”收益与房价和地价成正相关关系，而廉租房建设中与中央政府博弈中消极应付，由此导致住房制度改革之初提出的“双体系”中的“保障轨”一直未能建立起来。因此，无论是开发商、消费者、投资投机者以及政府各职能部门等，都应该有一套完整的法律法规等制度标准进行约束管理，这应该是将来“双体系”住房制度建设的应有之措。

（2）“保障体系”改革：回归住房福利属性，解决住房不公平问题，为房地产税开征奠定民意基础。在我国，经济适用住房存在“不经济”和“不公平”问题，廉租房建设力度严重不足，现行住房市场供应以商品房为主体，福利性质的保障房供给体系尚未能建立起来，“双体系”中“保障轨”未见成效，由此引发住房不公、国民购房负担沉重等严重问题。我国要建立真正意义上的“双体系”供房制度，首先要解决三个问题：①吸取经济适用房演变成商品房的教训，明晰保障房的内涵和外延，防止因定位错位而导致保障房变质为商品房的情况再度发生。②改变目前强行要求地方政府配套资金的做法，建立一套确保廉租房和公租房的资金供给制度。③改变以往惯用的政策方式，“双体系”保障房建设需要采取制度化方式推进。借鉴德国、新加坡等国成功经验，将住房市场尤其是保障房体系纳入制度化、法制化管理轨道，在土地供应、资金支持、住房分配、后续维护和经营等五个环节全方位加大支持保障房建设。

往后的保障房建设中，首先应严格保证保障房的福利功能属性，只有清晰准确的定位才能保障“双体系”供房制度的有效实施。保障房应与商品房严格区别开来，否则保障房很可能被异化为商品房，经济适用房就是例证。我国的保障房应坚持私人无产权（产权归国家所有）、只租不售和可继承这三个基本原则，其中保障房的无私人产权和只租不售是其与商品房的本质区别。国外的社会保障房建设实践中，保障房要么是限定产权，要么是无私人产权的公租房。但在我国，限定产权已被证明是无效模式，因此无产权和只租不售的公租房和廉租房是比较适合我国推广的保障房模式[①]。借鉴中国香港的祖屋经验，考虑到我国的实际情况，我国的保障房

① 事实上，我国也已经注意到这个问题。2010 年以后，各地试点将经济适用房并入廉租房和公租房体系。

应该具有可继承性。原因是，在收入和财产差距拉大的同时社会阶层分化和阶层凝固化的趋势明显，某些家庭甚至几代人都难以有支付商品房的消费能力，具有可继承性的保障房可消除处于社会底层、收入极低的家庭难以安居的不稳定感，赋予其人文关怀，有利于整个社会的和谐稳定。

6.3.3　房地产市场税收调控政策的完善策略与政策建议

政府具有让国民安居的职责，现行房地产市场调控没有达到政策预期，甚至还出现悖反效应，这是由于现行不合理的房地产税收制度设计及不科学的税收调控措施所致。因此，要取得较好的税收调控效果，必须遵循房地产税收调控机理及找准税收调控的恰当切入点，提高税收政策调控的精准度。

1. 适当提高保有环节税负是提高房地产税收调控效果的治本之策

从我国国情看，房地产保有环节适当增税有利于解决现行房地产市场投机严重、房价过高和空置率过高等问题。房地产市场投机炒房，房地产资源低效或无效使用，保有环节轻税甚至无税的房地产税收制度是其深层次原因之一。合理地增加保有环节的税负水平，是解决上述问题标本兼治的方法。因为保有环节的房地产税是直接税，税负难以转嫁。拟开征的房地产税将征税范围扩围至所有经营性和非经营性房产，将原房产税和城镇土地使用税的计税依据改革成为依据市场价值评估征税，同时将构建针对自然人纳税人的高效征管机制。届时，将明显增加房产业主尤其是房产投机者的成本支出，对投机性的非真实市场需求将起到较大的抑制作用。从消费终端来调节，对“无用多占”的奢侈性住房需求、闲置或低效使用房产以“待价而沽”的投机性需求以及开发商为牟利“惜售囤房”，上述行为因为税负的增加有可能重新做出市场行为选择，在一定程度上有可能增加房地产市场的供应量。保有环节增税可从需求和供给两个方面对房地产市场价格、房地产的资源配置等方面产生一定的影响，客观上有缓解房价过快上涨的功效。需要指出的是，拟开征的保有环节的房地产税对空置的投机房产和合理居住需求等房产征税应是有区别的。对于满足基本居住需求的房产要实施合理的减免税或低税措施，而对空置房产根据空置年限课以重税，保有环节的税收调控应从空置房产入手。这样减少投机收益，扩大有效供给，从根本上有助于房价上涨过快和供求矛盾等一系列问题（苑新丽，2010）。

2. 房地产税收由一次性短期向长期稳定转型，建立税收调控的长效机制

（1）拟开征的房地产税课税范围应扩围至所有增量和存量个人住房，构建财产税性质的房地产税收制度，将其培育成地方主体税种，逐渐转移地方政府“土地财政”依赖症。现行沪渝仅对少数增量个人住房征税，而新购房屋都会变成存量房屋，要实现房地产税开征目的及将其打造成为地方主体税种，无论是增量房屋还是存量房屋都应一并纳入课税范围。进入立法程序的房地产税收，在税制设计和征管机制等方面，要特别注意其特有的“双刃剑”属性，尤其是不同于其他税种的房地产税税基与税源相分离的税种特点，在税制设计应特别要处理好量能负担的公平课税原则。作为我国个人和家庭“税痛之首”的房产税，应结合其存量税特点，创设条件构建适合我国国情的以房地产税征管为契机的存量税征管机制。

（2）重点优化房地产转移环节的税种设置。这方面，我们尤其要吸取日韩房地产税收调控的经验，在增加保有环节税负的同时一定要将转移环节过高税负降至合理水平，防止出现日韩流转环节高税负造成的房地产市场资源配置的“锁定效应”问题。第一，与房地产市场相关的建筑业和房地产业均已全面“营改增”，如前测算，“十二五”期间建筑业和房地产业两个行业的营业税为地方税收来源的“重头戏”，虽然中央已经提高地方增值税的分享比例，仍应特别关注地方税收缺口。建筑行业和房地产行业全部“营改增”后，一方面要进一步打通这些行业征税和扣税链条，彻底消除重复征税，享受“营改增”减税红利，并为长远健康发展奠定税制基石。另一方面，建筑和房地产“营改增”后，将原营业税主体税种并入增值税成为共享税，在一定程度可弱化地方政府出于财政利益的驱使干预房地产业的发展。第二，简化合并同类性质重复课税的税种。现行土地增值税的税制设计实际上是一种资产交易所得税，这和房地产企业缴纳的企业所得税形成严重的重复征税。现行土地增值税在某些省份地方税中地位与企业所得税可以媲美，因此在条件成熟时，建议简化税制和消除重复征税，废除土地增值税，对私人部门在房地产转移环节获得的增值收益课征所得税（个人所得税和企业所得税），以实现调节贫富差距及实现房地产增值收益“涨价归公”等公共目的。第三，条件成熟时开征遗产赠与税。如前论证，现行房地产市场在某种程度已成为财富的转移和分配机制，住房的市场化改革在改善公民居住质量的同时也加剧了住房不平等和财产贫富差距，以房地产为代表的巨量财富在短期迅速向少数既得利益者和权利者等聚集。房地产税将构建自然人征管机制，条件成熟时应适时开征遗产赠与税，发挥该税调节财富和收入差距及缓解代际不公等问题的独特功效（唐明，2015）。

6.4 公共治理、财政民主自治与房地产税联动改革

房地产税改革不仅仅是税制要素设计、信息共享、科学评估和高效征管等技术层面的问题，更多的要考虑与基层地方政府公共治理及政治体制关联的制度层面。普遍地实施财产民主机制，构筑公众参政议政及参与地方财政收支决策的公共选择机制，建立健全地方政府积极响应本地居民公共需求的激励与问责机制，上述基础制度建设将为房地产税改革成功实施奠定必需的政治基础。地方政府尤其是基层政府在西方通常被看作民主政治的训练场，在基层政府实现民主财政机制是非常有可能的，实质意义上的房地产税改革或许将拉开我国基层政府民主财政制度的序幕。

6.4.1 政府治理中的公众参与：房地产税改革的政治意蕴

由于房地产税是在房地产的保有环节征税，其存量税属性要求纳税人在不动产没有带来任何现实收入的情况下纳税。同时，由于不动产的异质性和不可隐匿性，房地产税几乎无偷税的可能性。在绝大多数公众都需要缴纳的情况下，公众的税收不遵从通常会表现出大规模抗税，国际上尤其是美国不乏这样的例子。因此，征收房地产税对政府而言具有一定的风险。预防该税风险的核心是将其运行成为实际意义上的受益税，其筹集的收入全部用于辖区的公共服务。不过，受益税需要机制来保障其实施，尽管理论上存在蒂布特式的“用脚投票”机制，但现实中运行的是“用手投票”机制，普遍通过公众的呼吁——参与房地产税的“用税”过程来保障的。以美国为例，其房地产税征收使用的每一个环节都有公众的高度参与。政府对公众的不动产价值评估之后，要在各种媒体上公布充分披露评估信息；州政府制定评估调整系数之后要举行听证会，让公众讨论评议调整是否公平有效。地方政府年度预算规模计算制定出来后，举行听证会，公众会对政府预算支出的数量和结构进行评议，这是为了限制政府的无效支出，提高财政资金的使用效率。当需要收入的年度财产税数量出来之后，举行听证会，政府需听取公众对房地产数量是否有意见。在房地产税

“收税”和“用税”过程中，公众的全程高度参与极大增强了对政府收支行为的约束性，上述财政民主机制的实施将为房地产税受益税良性循环机制提供基本前提和根本保障。

理论上可能有多种责任机制对地方政府形成激励约束机制，但在现实生活中，各种责任机制可能必须在某些前提条件具备时才有效。中国实行垂直管理的政治体制，地方政府目前的治理机制可概括为“自上而下”的责任机制，然而这对现实中地方政府激励约束是远不够的。政治集权下的财政经济分权，造成了地方政府更多偏好与经济增长相关联。政府公共支出偏好相应地长期呈现出“高投资、低服务”结构特点。那么，究竟何种责任机制可有效提升中国地方政府治理、优化公共支出结构和提高公共支出效率？对于地域差距极大、疆域辽阔的中国而言，决策权下移可能是改善地方有效治理的关键。参与式预算就是在现行政治经济框架和激励结构下，地方自发创新的一种“自下而上”的基层公民参与政府预算的责任机制，在很大程度上可弥补单一的“向上负责”政府治理模式下的负面效应，是对“向上负责”垂直控制机制的有益补充。而我国的房地产税实施绝不仅是解决构建评估机制、信息共享机制和征管机制等这些技术问题，实现普遍的公众参与房地产税收支决策的制定和评议机制将是房地产税成功实施和顺利征收的关键。实质意义上的房地产税改革将促使基层政府民主财政机制的构建，将极大地推广和创新现行的参与式预算。以房地产税改为契机，参与式预算将使得地方政府将房地产税收支决策权交由社会公众，时机成熟时将更多公共领域的决策权交由公众，这会渐进式地改进现行政府分权治理结构，有助于显示公众对公共产品和服务的真实偏好，提供地方政府公共支出对居民需求的回应性，从而持续改革政府治理绩效、强化地方政府责任约束机制。因此，实质意义上的房地产税改革或许将发挥我国基层政府的民主财政构建的“助推器”作用。

6.4.2　破解现行参与式预算发展的“成长上限”瓶颈

房地产税的开征推广，会推动参与式预算在基层政府公共治理中广泛推广，因此解决现行制约参与式预算“成长上限”的问题迫在眉睫，通过消除限制因素来推动参与式预算大力发展。

1. 构建开放性、包容型政府，加强信息公开力度

解决参与式预算“参与范围”成长上限问题的关键就是建设开放型政

府，进一步提高预算信息的公开程度，增强政府对社会公众的合作和回应。预算信息公开不充分或者“遮遮掩掩”，其间往往是政府诸多行政管理问题和政府自身不自信等。一个开放自信的政府应当主动公开应该公开的政府收支及相关预算信息，及时有效地回应公众的质疑与疑问。我国财政预算公开之难不在于专业性和技术性，而在于政府对民众知情权和监督权是否尊重，政府是否愿意打破“一亩三分地”自利思维，是否明白参与式预算并非给政府上“紧箍咒”，而是现代国家政府管理进步的标志，是现代公民对国家和社会的责任与担当。因此，政府信息公开越充分，公众参与范围相应扩大，此途径可有效降低公众对政府预算的期望差距，有利于预算支出中问题的解决，融合政府与社会的关系，使得公共财政凸显“公共性”本质，实现参与式预算的长期良性发展。

2. 全方位提升公民参政议政的素质，增强参与式预算发展的动力

解决参与式预算参与能力“成长上限”问题在于推广公民社会民众参政议政的文化理念，提升公众参与能力，从而形成参与式预算发展的内生动力。我国是一个民主传统甚少的国家，体现在现实中民众将税收视为“皇粮国税”，人们对政府财政收支行为缺乏应有的关注和参与。不过，随着社会经济发展，中国的公民社会正在形成，公民社会在促使地方政府履行责任上发挥巨大作用。因此，以开征房地产税为契机，民主财政机制建设应从增强民众参政议政的民主思想和民主意识开始，全面向普通民众推广普及政府预算解读、税收、政府财务审计等知识尤其是加强基层人大代表的预算管理和预算审查等必备知识技能等。在实践中历练参与能力，参与式预算是锤炼公民参与能力的最佳途径，实践会教会人们如何质疑、如何建议和如何评估等关键能力，与参与式预算的知识教育相得益彰。只有营造和充分培养民众参政议政的主人翁的文化氛围和理念，切实有效地提高公众参与预算的能力，房地产税所需的民主财政机制改革才能可持续地推进。

3. 减少和消除行政权力对参与式预算的干预

解决参与式预算参与质量“成长上限”问题关键在于减少政府行政权力对参与式预算的干预，实现权力对权利的应有尊重，尤其是我国目前参与式预算主要依赖政府行政力量在推动的情况下，衡量参与式预算发展状况的标准是政府权力对公众权利的尊重程度。要通过晚上参与式预算法律制度上和程序上的规约，构建预防行政权力干预的“防火墙”；同时应积极支持公民社会组织力量的大力发展，通过政府自我完善和公众外部监督来实现政府预算行为的自我有效约束。新《预算法》从法的高度肯定了参与式预算，为参与式预算发展奠定法律基础保障。作为“舶来品”，参与式预算在中国的实践是地方政府为民谋利、提升地方治理的有效举措，也体现出中国公民在公共管理领域参与意愿和社会责任担当。参与式预算与房地产税所需的财政民主机制高度契合，将发挥“民主试验田”的功能，唤醒更多民众参与意识和责任精神，提升公众参与公共事务的能力和政府地方公共治理能力，提升公众对政府的信任程度，积极寻求更广泛意义上的公平正义，而非仅囿于财政预算自身的完善。从这个角度看，房地产税推动的参与式预算将引领中国走向更普遍社会公平正义和更为广泛的政治包容的重要步骤。

6.4.3　构建公众参与地方财政收支决策的公共选择表达机制

从原理看，地方政府相应居民公共需求可通过两个不同的机制来实现：一是“用脚投票”机制，即通过居民通过流动和退出该辖区来选择适合自己的税收和公共服务水平的居住辖区；二是通过“以手投票”的呼吁机制，通过选举和呼吁来表达居民的公共需求。就我国客观情况看，目前的公共服务与户籍绑定的体制尚未打破，“用脚投票”机制尚不具有现实可行性。而参与式预算为代表的预算改革和基层民主财政机制的试点正如火如荼地展开，取得了良好的效果，积累了较为可行的成功经验。因此，建议在参与式预算民主财政机制的基础上，进一步构建更为广泛的公民能有效参与政府财政收支决策的公共选择和表达机制，各地可因时制宜和因地制宜地创新各种参政议政渠道，使得民众参与房地产税的征税和用税等的税收治理过程变得较为可行和能以较低的参与成本实现，例如广泛地调查民意及召开公众会等多种途径征集公众对房地产税的立法、政策制定和执行过程中所需、所想，特定问题通过公众听证会广而告之、广泛征求公众意见。

当然，上述公共选择机制运行畅通高效的必备前提是政府行为公开透明，因为“看不见的政府”必定是“不负责任的政府”，因此政府预算公开与透明改革亟待推进，要确保社会公众对地方政府的财政收支决策享有充分的知情权、参与权、决策权和监督权。与此同时，责任政府构建的首要前提是财政问责，建立地方基层政府的财政问责机制，从财政收支结构的合理性、财政支出绩效、财政透明度、财经纪律遵从度和财政风险等级五个维度进行全面问责，强化财政利益的相关者——地方人大和社会公众对政府财政问责的约束力和监督力度（付景涛、倪星，2012）。

6.4.4　改善基层政府管理者的激励约束机制

为了避免“下情上达”的公共选择的民主财政机制流于形式，需要改变基层政府官员的激励约束机制，使其不仅仅“向上负责”，而更应“向下负责”，即向辖区民众负责。加大对地方政府官员“横向”激励约束方面，可推行直接选举、地方人大监督和民意测评等。自1987年开始选举村委员会成员以来，目前我国最基层的乡村干部普选已经广泛推行，将来在最适合征收房地产税的县市级政府的范围实行直接选举作为民众的表达机制是很有可能和必要。当前最重要的是让地方人大真正发挥其应有作用，从房地产税开始，使得政府所有财政收支政策的制定、审批和监督成为一个民主、公众参与的过程，让地方权力机关——人大成为民主财政制度的支撑点。另外，在普选制未实行前，可采取广泛的民意测评作为评价基层政府绩效的重要依据。在中央政府对地方政府“纵向”问责机制方面，较为可行的是加强公共服务和民生指标的考核，促进发展型地方政府向服务型政府转型。改变基层政府管理者的激励约束机制，将处理公众呼吁的行为方式同地方官员的政治前途紧密结合，漠视民众呼吁的行为将付出沉重的政治成本，实现地方官员“为民服务”同时也是“自我服务”的激励相容。

6.4.5　扩大房地产税立法中民主参与度

沪渝行政主导的房产税试点未能达到目标的经验教训启发我们，凡法律予以保留的项目和涉及百姓切身利益的税收事宜，一定要采取立法的形式公开博弈以获取改革收益的最大公约数，绝不能忽视法律尊严，以政府公权侵犯民众的私权。另外，广泛涉及民生的政策，不能一味追求效率，必须吸纳民众广泛参与论证，谨慎出台。中共十八届四中全会提出要加强全国人民代表大会的能力建设，其基本组织结构和工作程序将逐步完善，权力机关自身民主建设将大大提速。具体到税收立法，我国急需建立健全税收立法信息公开机制和普通公民参与机制，公民参与税收立法的基本途径主要有：听证会、网络公开征求意见、民意调查和专家咨询论证等方式。其中，网络公开征求意见的方式在车船税法和个人所得税生活费用扣除等个人所得税税法修订过程中发挥了巨大作用[①]。在我国，例如车船税和个人所得税生活费用扣除标准的网络征求民众意见的成功实践表明：一是社会各界税收意识和参政议政的民主意识日益浓厚；另一方面，创设了公众表达个人利益诉求的公共选择和呼吁渠道之后，税收法治和税收立法的民主化进程加快。但目前主要以网络征求意见的方式，急需对此进行补充完善，因为网络征求意见容易弱化非网民、低收入者和弱势群体的利益，也容易出现样本选择性误差。可借鉴发达国家经验做法，通过电视、手机和网络等各种现代化媒体加强税收立法信息过程公开，例如对全国人大常委立法工作进展和立法辩论过程等进行实况实时转播，普及税收立法知识等，让不懂税的普通老百姓能理解税法条款对个人、家庭和社会经济都会产生哪些影响，以此保障税收立法征集意见时，公民能提出科学有效的建议。

① 2010 年 10 月全国人大常委会向社会公开征求《车船税法》草案的意见，仅短短一月时间收集到网络征求意见 10 万条和群众来信 40 封，结合民主的意见，2011 年 2 月 25 日正式出台的《车船税法》较草案税负有将税负有较大幅度下降。2011 年 4 月全国人大常委会就《个人所得税法修正案》草案公开向社会征求意见，征集意见的当日就创下了 10 条网络建议，一个月收集民众建议 23 万条，创下人大网络征集意见之最，由此使得个人所得税工资薪金生活费用扣除额较草案提高了 500 元，上升为 3500 元，有效地降低了工薪阶层税负。

参 考 文 献

[1] Bird Richard M. Threading the Fiscal Labyrinth: Some Issues in Fiscal Decentralization [J]. National Tax Journal, 1993, 46 (2): 207 - 227.

[2] Bentick B. L. The Impact of Taxation and Valuation Practices on the Timing and Efficiency of Land Use [J]. Journal of Political Economy, 1979 (87): 859 -874.

[3] Bentick B. L. Improving the Allocation of Land between Speculation and Users: Taxation and Paper Land [J]. The Economic Record, 1972 (48): 18 -41.

[4] Brunori D. The Property Tax: Its Role and Significance in Funding State and Local Government Services [C] . Gwipp Working Paper, 2006.

[5] Charles M. Tiebout. A Pure Theory of Local Expenditures [J]. Journal of Political Economy, 1956, 64 (5): 416 -424.

[6] Defigueiredo, Rui J. , & Wingast, Barry R. "Self - Enforcing Federalism: Solving the Two Fundamental Dilemmas. " Mimeo Stanford University, April, 1997.

[7] Dabla - Norris, E. & Wade, 1997. "The Challenge of Fiscal Decentralization in Transition Countries. " International Monetary Fund Working Paper, 2002, No. 103.

[8] George Stigler, Tenable Range of Functions of Local Government, In Federal Expenditure Policy for Economic Growth and Stability. Washington, D. C. , Joint Economic Committee. Subcommittee on Fiscal Policy, 1957: 213 -219.

[9] Hong, Yu - Hung, Diana Brubake. Integrating the Proposed Property Tax with the Public Leasehold System [R]. Lincoln Institute of Land Policy Working Paper, 2009.

[10] Hong, Yu - Huang and Steven C. Bourassa. Why Public Leasehold?

Issues and Concepts. In Steven C. Bourassa and Hong, Yu – Huang eds. , Leasing Public: Policy Debates and International Experiences. Cambridge, Ma: Lincoln Institute of Land Policy. 2003.

[11] Hamilton, Bruce W. Zoning and Property Taxation in a System of Local Government [J]. Urban Studies. 1975, 12 (2): 205 –211.

[12] Jane H. Malme, Joan M. Youngman. The Development of Property Taxation in Economies in Transaction: Case Studies from Central and Eastern Europe [M] . Washington D. C. : the World Bank, 2001.

[13] Joan Youngman, Jane Malme. The Property Tax in a New Environment: Lesson from International Tax Reform Efforts [R]. Geogia State Conference on International Tax Reform, 2004.

[14] James Lee & Yapeng Zhu, Urban Governance, Neoliberalism and Housing Reform in China. The Pacific Review, 2006, Vol. 19 (1) : 39 – 61.

[15] James Lee, From Welfare Housing to Home Ownership: the dilemma –ma of China's Housing Reform, Housing Study, 2000, Vol. 15 (1) : 61 –76.

[16] John Joseph Wallis, "American Government Finance in the Long Run: 1790 to 1990", The Journal of Economics Perspectives, 2000.

[17] Layfield Committee, Report of the Committee of Inquiry into Local Government Finance, HMSO, Cmnd 6453, London, (1996) .

[18] McCluskey W. J. & Williams B. "Introduction: A Comparative Evaluation in McCluskey", W. J. (ed.), Property tax: An International Comparative Review, Ashgate Publishing Ltd, 1999.

[19] Mills D. E. The Non – Neutrality of Land Value Taxation [J]. National Tax Journal, 1981. XXXⅣ: 125 –129.

[20] North. "Institutions, Transaction Costs and Economic Growth" [J]. Economic Inquiry, 1987 (4): 19 –28.

[21] Qian, Y. and Roland G. Federalism and the Soft Budget Constraint [J]. American Economic Review, 1998 (5): 1143 –1162.

[22] Qian, Y. , and Weingast, B. "Regional Decentralization and Fiscal Incentives: Federalism, Chinese Style" , Working Paper. Department of Economics, University of California. , 2004.

[23] Roy Bahl, Property Taxation in Developing Countries: An Assessment in 2001, Lincoln Lecture, Lincoln Institute of Land Policy, Cambridge,

MA, 2001.

[24] Roy Bahl, Jorge Martinez - Vazquez. the Property Tax in Developing Countries: Current Practice and Prospects [J] . Lincoln Institute of Land Policy Working Paper, 2007.

[25] Richard M. Bird, Enid Slack. Land and Property Taxation around the World: A Review [R]. World Bank Urban Management Tool No. 1, Washington, D. C. : World Bank, 1991.

[26] Ricard W. Tresch, Public Finance, [M]. Business Publications, Inc. , 1981: 574 -576.

[27] Richard, M. B. , Enid, S. Land and Property Taxation: A Review [R]. World Bank, 2002: 1 -47.

[28] Richard Henry Carlson. A Brief History of Property Tax [J]. Fair & Equitable, February 2005.

[29] Roy Bahl, Jorge Martinez - Vazquez. The Property Tax in Developing Countries: Current Practice and Prospects [J]. Lincoln Institute of Land Policy Working Paper, 2007.

[30] Richard, M. B. , Enid, S. Land and Property Taxation: A Review [R]. World Bank, 2002: 1 -47.

[31] Shaw, V. N. Urban Housing Reform in China [J]. Habitat International, 1997, 21 (2): 199 -212.

[32] Tong, Z. Y. , & Hays, R. A. The Transformation of the Urban Housing System in China [J]. Urban Affaires Review, 1996, 31 (5): 625 - 658.

[33] Tiebout Charles M. A Pure Theory of Local Expenditures [J]. Journal of Political Economy, 1956 (10): 416 -424.

[34] Wallace E. Oates. Fiscal Federalism [M]. Harcourt Brace Jovanovich, Inc. , 1972: 35.

[35] Wallace E. Oates. The Effects of Property Taxes and Local Public Spending on Property Values: An Empirical Study of Tax Capitalization and the Tiebout Hypothesis [J]. Journal of Political Economy, 1969, 77 (6): 957 -961.

[36] Wallace E. Oates. Property Taxation and Local Government Finance [M] Cambridge, MA: Lincoln Institute of Land Policy, 2011: 65 -80.

[37] William A. Fischel. Municipal Corporation, Homeowner, and the

Benefit View of the Property Tax [A]. In Wallace E. Oates ed., Property Taxation and Local Governance Finance [C]. MA: Lincoln Institute of Land Policy: 2001: 115 - 143.

[38] Wang, Y. Housing Reform and its Impacts on the Urban Poor in China [J]. Housing Studies, 2000, 15 (6): 845 - 864.

[39] YU - Hung Hong, Diana Brubake. Integrating the Proposed Property Tax with the Public Leasehold System [J]. Lincoln Institute of Land Policy Working Paper, 2009.

[40] 阿伦·德雷泽．宏观经济学中的政治经济学 [M]. 北京：经济科学出版社，2003：4.

[41] Arthur O. Sullivan. 地方财产税的限制：美国的经验 [A]. Wallace E. Oates 主编，丁成日译．财产税与地方政府财政 [C]. 北京：中国税务出版社，2005：159.

[42] 奥尔森．集体行动的逻辑 [M]. 上海：三联书店、上海人民出版社，1995：18 - 20.

[43] 安体富．房地产税立法的法理依据与相关政策建议 [J]. 地方财政研究，2015 (2)：4 - 6.

[44] 安体富、金亮．关于开征物业税的几个理论问题 [J]. 税务研究，2010 (6)：37 - 44.

[45] 安体富、葛静．关于房地产税立法的几个相关问题研究 [J]. 财贸经济，2014 (8)：5 - 12 + 48.

[46] 安体富、葛静、温磊．沪渝房产税改革试点的启示和完善建议 [J]. 涉外税务，2012 (9)：3 - 23.

[47] 安体富．开征房地产税与所有权无关 [J]. 经济研究参考，2015 (18)：11 - 12.

[48] 北京大学中国经济研究中心宏观组．中国物业税研究：理论、政策与可行性 [M]. 北京：北京大学出版社，2007：102 - 120.

[49] 包健．房地产税收调控政策分析 [J]. 财政研究，2014 (4)：43 - 45.

[50] 《比较》编辑室，《以物业税为杠杆撬动土地管理制度改革》[C]，中信出版社，2004.

[51] 毕宝德．中国土地产市场研究 [M]. 北京：中国人民大学出版社，1994：10 - 35.

[52] 长春市地方税务局国际税收研究会课题组．完善我国地方税体

系的前提，原则及具体设想［J］. 国际税收，2014（10）：24－31.

［53］陈伯庚．住房制度改革中的公平与效率——纪念城镇住房制度改革30周年［J］. 中国房地产，2008（6）：9－11.

［54］陈多长．统一物业税治理房价过高是否可行？［J］. 价格理论与实践，2004（9）：31－32.

［55］陈多长、踪家峰．房地产税收与住宅资产价格：理论分析与政策评价［J］. 财贸研究，2004（2）：57－60.

［56］陈志勇．楼市危机与土地财政转型［J］. 当代财经，2009（3）：36－39.

［57］陈志勇、陈莉莉．“土地财政”：缘由与出路［J］. 财政研究，2010（1）：29－35.

［58］陈金玉．我国房地产税制理论分析与改革研究［D］. 长沙：湖南大学，2008.

［59］陈雪娟．中国城镇住房产业转型变迁中的产权基础重构问题［J］. 重庆工商大学学报（社会科学版），2010（10）：29－35.

［60］陈立诚．由“管理”到“治理”：房产税试点困境的法学救赎［J］. 学术探索，2014（9）：29－35.

［61］陈抗、Arye L. Hillman、顾清扬．“财政集权与地方政府行为变化——从援助之手到攫取之手”［J］. 经济学（季刊），2002（1）：35－52.

［62］陈家刚．参与式预算的理论与实践［J］. 经济社会体制比较，2007（2）：52－57.

［63］陈朋、杜永兵．参与式预算试验：推动中国基层民主向纵深发展——浙江温岭的案例启示［J］. 贵州社会科学，2009（12）：43－47.

［64］程芳．农地流转、小产权房与房地产税同步推进研究［J］. 北京农业职业学院学报，2016（3）：45－49.

［65］程恩富、钟卫华．城市以公租房为主的“新住房策论”［J］. 财贸经济，2011（12）：107－113.

［66］蔡昌．构建产权型税收体系——基于产权保护与税收立法权的回归的思考［J］. 税务研究，2013（6）：70－73.

［67］蔡昌．有效产权、税收与中国产权转型研究——基于残缺产权与非正式产权视角的分析［J］. 财会学习，2013（11）：51－52.

［68］蔡永青．明产权 保权益 建市场 促流转——33位专家有关土地制度改革顶层设计观点集成［J］. 广东土地科学，2015（2）：45－48.

[69] 柴强. 各国(地区)土地制度与政策 [M]. 北京:北京经济学院出版社, 1993: 105.

[70] 常敏. 农村集体土地隐性市场的双重效应分析 [J]. 现代经济探讨, 2013 (6): 68-72.

[71] 曹飞. 土地储备制度中买方与卖方垄断的联动市场模型研究——兼对耕地保护和征地补偿问题的思考 [J]. 中国人口·资源与环境, 2013 (5): 155-159.

[72] 蔡继明、程世勇. 地价双向垄断与土地资源配置扭曲 [J]. 经济学动态, 2010 (11): 75-80.

[73] 蔡继明. 关于当前土地制度改革的争论 [J]. 河北经贸大学学报, 2015 (3): 1-5.

[74] 蔡继明. "土改"试点:既要依法,更要深化 [J]. 中国党政干部论坛, 2015 (10): 37-43.

[75] 蔡继明、王成伟. 市场在土地资源配置中同样要起决定性作用 [J]. 中国农村经济, 2014 (12): 54-60.

[76] 蔡继明. 中国土地制度改革论要 [J]. 东南学术, 2007 (3): 12-18.

[77] 蔡继明. 我国土地制度改革的顶层和系统设计 [J]. 经济纵横, 2013 (7): 18-21.

[78] 戴双兴、吴其勉. 土地出让金、房地产税与地方政府债务规模实证研究 [J]. 东南学术, 2016 (2): 124-131.

[79] 邓菊秋. 不动产税应成为我国市级财政的主体税种——以成都市为例 [J]. 财经科学, 2007 (7): 118-124.

[80] 邓菊秋、张蕊、雷成丽. 住房交易环节的税收政策对房价影响的实证研究 [J]. 经济学家, 2011 (5): 61-67.

[81] 丁成日. 房地产税制理论回顾(上) [J]. 财政研究, 2007 (1): 13-18.

[82] 丁成日. 房地产税制理论回顾(下) [J]. 财政研究, 2007 (2): 35-41.

[83] 董藩、甄磊. 中国大陆当前社会背景下开征物业税的相关问题研究 [J]. 中国特色社会主义研究, 2010 (1): 76-77.

[84] 董蕾. 美国不动产税研究 [M]. 北京:北京经济学院出版社, 2013: 134-162.

[85] 苑新丽. 运用房地产税收政策调控住宅市场的设想 [J]. 地方

财政研究，2010（9）：58－62.

[86] 葛静．房地产税的法治建构研究——基于税收法定主义视野[J]．财经法学，2016（5）：17－25.

[87] 葛静、安体富．我国房地产税研究的学术阶段和理论派别[J]．经济经纬，2015（1）：42－44.

[88] 谷成．财政分权下的中国财产税改革[J]．经济理论与经济管理，2006（8）：19－23.

[89] 谷成．对进一步完善房产税的探讨——由上海、重庆开展对部分个人住房征收房产税试点引发的思考[J]．价格理论与实践，2011（2）：27－28＋62.

[90] 谷成．房产税改革再思考[J]．财经问题研究，2011（4）：91－96.

[91] 谷成、曲红宝．个人住房财产税征收要件与中国房地产税改革[J]．财经问题研究，2015（10）：74－81.

[92] 高富平．土地使用权的物权法定位——《物权法》规定之评析[J]．北方法学，2010（4）：5－15.

[93] 郭文华等．国外物业税收制度研究[M]．北京：中国大地出版社，2005：205－268.

[94] 郭艳茹．中央与地方财政竞争下的土地问题：基于经济学文献的分析[J]．经济社会体制比较，2008（2）：59－64.

[95] 龚振中、孙文峰．我国个人住房房地产税改革的现状及实施路径[J]．湖北经济学院学报，2016（9）：93－99.

[96] 何杨．存量房房产税征收的效应分析与影响测算[J]．中央财经大学学报，2012（3）：610.

[97] 何杨、满燕云、刘威．公有土地可以开征房地产税吗？[J]．国际税收，2015（5）：26－35.

[98] 何杨、满燕云、刘威．东欧转型国家房地产税制及经验[J]．国际税收，2015（4）：38－42.

[99] 扈映、米红、刘东英．中国城市土地使用制度的变迁及对经济增长的影响[J]．探索，2013（6）：87－92.

[100] 胡洪曙．构建以财产税为主体的地方税体系研究[J]．当代财经，2011（2）：23－35.

[101] 胡洪曙．财产税、地方公共支出与房产价值的关联分析[J]．当代财经，2007（6）：23－27.

[102] 胡洪曙. 开征财产税后的地方财力缺口测算研究 [J]. 财贸经济, 2011 (10): 17 - 24.

[103] 胡洪曙、杨君茹. 财产税替代土地出让金的必要性及可行性研究 [J]. 财贸经济, 2008 (09): 57 - 61.

[104] 胡洪曙. 财产税理论的演进历程——回顾、辨正及启示 [J]. 中南财经政法大学学报, 2010 (09): 44 - 50.

[105] 胡怡建. 物业税模式选择及政策制度设计 [J]. 税务研究, 2004 (9): 25 - 28.

[106] 黄少安. 产权经济学导论 [M]. 北京: 经济科学出版社, 2004: 6 - 10.

[107] 黄少安、陈斌开、刘姿彤. "租税替代": 财政收入与政府的房地产政策 [J]. 经济研究, 2012 (8): 93 - 106.

[108] 黄小虎. 关于我国房地产业的若干思考 [J]. 开放导报, 2009 (9): 57 - 64.

[109] 黄小虎. 2012——开启合作建房的时代 [J]. 住宅产业, 2012 (1): 46 - 47.

[110] 侯一麟、马海涛. 中国房地产税设计原理和实施策略分析 [J]. 财政研究, 2016 (2): 65 - 78.

[111] 侯一麟、任强、张平. 房产税在中国: 历史、试点与探索 [M]. 北京: 科学出版社, 2014.

[112] 贾康. 房产税与房地产业健康发展 [N]. 中国财经报, 2013 - 05 - 13 (6).

[113] 贾康. 构建财权与事权相匹配的财税体制 [N]. 中国证券报, 2010 - 12 - 31 (A04).

[114] 贾康. 关于房地产税费改革思路与要点的认识 [J]. 上海财经大学学报, 2005 (8): 3 - 7.

[115] 贾康、李婕. 房地产税改革总体框架研究 [J]. 经济研究参考, 2014 (49): 3 - 29.

[116] 贾康、白景明. 中国政府收入来源及完善对策研究 [J]. 经济研究, 1998 (6): 46 - 54.

[117] 贾康、白景明. 县乡财政解困与财政体制创新 [J]. 经济研究, 2002 (2): 3 - 9.

[118] 金媛、王世尧. "财"、"政" 激励与土地出让市场分割: 整合还是分化? [J]. 中央财经大学学报, 2015 (6): 20 - 27.

[119] 金媛、林乐芬. 市场分割与土地财政行为研究——来自中国省际的经验证据 [J]. 上海财经大学学报（哲学社会科学版），2014（1）：77-80.

[120] 蒋省三、刘守英、李青. 土地制度改革与国民经济成长 [J]. 管理世界，2007（91）：62-71.

[121] 江克忠、许艳红. 财政分权、预算外收入扩张与公共品供给——基于中国省级面板数据的实证研究 [J]. 甘肃行政学院学报，2013（5）：98-108.

[122] 况伟大、马一鸣. 物业税、供求弹性与房价 [J]. 中国软科学，2010（12）：27-35.

[123] 况伟大、朱勇、刘江涛. 房产税对房价的影响：来自 OECD 国家的证据 [J]. 财贸经济，2012（5）：121-129.

[124] 康宇雄、黄国平. 向非私有土地征收房地产税是否矛盾 [J]. 财贸经济，2005（5）：25-27.

[125] 凯乐. 税收归宿：一般均衡方法 [M]. 北京：中国财政经济出版社，1996：22-37.

[126] 林瑞瑞等. 土地增值产生环节及收益分配关系研究 [J]. 中国土地科学，2013，27（2）：3-8.

[127] 李明. 公共风险与地方治理危机：美国财产税制度变迁分析 [M]. 北京：北京大学出版社，2011：125-180.

[128] 李文. 我国房地产税收入数量测算及其充当地方税主体税种的可行性分析 [J]. 财贸经济，2014（9）：14-25.

[129] 李剑阁. 中国房改现状与前景 [M]. 北京：中国发展出版社，2007：202-250.

[130] 李宏瑾. 我国房地产市场垄断程度研究——勒纳指数的测算 [J]. 财经问题研究，2005（3）：3-10.

[131] 李玉红、白彦锋. 地方税制改革格局中的主体税种选择问题研究 [J]. 中央财经大学学报，2010（6）：18-22.

[132] 李炜光. 不动产税正向我们走来 [J]. 新理财，2007（6）：12-13.

[133] 李学文、卢新海、张蔚文. 地方政府与预算外收入：中国经济增长模式问题 [J]. 世界经济，2012（8）：134-160.

[134] 李建建、戴双兴. 中国城市土地使用制度改革 60 年回顾与展望 [J]. 经济研究参考，2009（63）：2-10.

[135] 刘路. 对南京居民开征房地产税的调查研究 [J]. 扬州大学税务学院学报, 2010 (3): 63-66.

[136] 刘剑文. 将税收法定原则落到实处 [N]. 人民日报, 2016-07-19 (007).

[137] 刘剑文、陈立诚. 论房产税改革路径的法治化建构 [J]. 法学杂志, 2014 (2): 1-12.

[138] 刘剑文. 房产税改革正当性的五维建构 [J]. 法学研究, 2014 (3): 131-151.

[139] 刘剑文. 论房地产税法的功能定位 [J]. 广东社会科学, 2015 (5): 222-232.

[140] 刘蓉、张巍、陈凌霜. 房地产税非减 (豁) 免比率的估计与潜在税收收入能力的测算——基于中国家庭金融调查数据 [J]. 财贸经济, 2015 (1): 54-64.

[141] 刘尚希. 财产税改革的逻辑 [J]. 涉外税务, 2007 (7): 5+4+6-10.

[142] 刘尚希. 物业税抑制房价不现实——关于物业税的种种误解 [J]. 理论参考, 2010 (10): 29-30.

[143] 刘威、满燕云、何杨. 东欧转型国家房地产税制及经验 [J]. 国际税收, 2015 (4): 38-42.

[144] 刘威、满燕云、何杨. 房地产税的计税与评估 [J]. 国际税收, 2014 (12): 49-53.

[145] 刘恒. 物业税开征及难点透析 [J]. 涉外税务, 2008 (4): 8-11.

[146] 刘灿. 构建以用益物权为内涵属性的农村土地使用权制度 [J]. 经济学动态, 2014 (11): 31-40.

[147] 刘灿. 深化农村土地产权制度改革的核心是赋予农民的土地财产权利 [J]. 经济学家, 2013 (12): 14-15.

[148] 刘守英. 应建立新型土地不动产税制 [N]. 华夏时报, 2013-10-12 (005).

[149] 刘守英. 直面中国土地问题 [M]. 北京: 中国发展出版社, 2014: 75-110.

[150] 刘守英. 中国城乡二元土地制度的特征、问题与改革 [J]. 国际经济评论, 2014 (5) : 9-25.

[151] 刘守英. 中共十八届三中全会后的土地制度改革及其实施

[J]. 法商研究, 2014 (3): 3 - 10.

[152] 刘洪玉、郭晓旸、姜沛言. 房产税制度改革中的税负公平性问题 [J]. 清华大学学报 (哲学社科版), 2012 (65): 18 - 26.

[153] 罗洋、邓文. 物业税是个宪政问题 [J]. 经济研究参考, 2008 (36): 20 - 21.

[154] 罗必良. 分税制、财政压力与政府 "土地财政" 偏好 [J]. 学术研究, 2010 (10): 27 - 35.

[155] 罗必良. 农地产权模糊化: 一个概念性框架及其解释 [J]. 学术研究, 2011 (12): 48 - 57.

[156] 罗文剑、吕华. 参与式预算的中国样本: "成长上限" 的视角 [J]. 现代经济探讨, 2015 (8): 54 - 58.

[157] 卢为民. 我国土地二级市场存在的问题及其规范路径 [J]. 城市问题, 2015 (3): 31 - 36.

[158] 厉以宁. 论城乡二元体制改革 [J]. 北京大学学报 (哲学社会科学版), 2008 (3): 5 - 11.

[159] 马元燕. 分税制改革后省级预算外收入膨胀的原因分析 [J]. 公共管理学报, 2005 (2): 49 - 55.

[160] 马骏、刘亚平. 中国地方政府财政风险研究: "逆向软预算约束" 理论的视角 [J]. 学术研究, 2005 (11): 77 - 84.

[161] 倪红日. 房地产税制改革的进程与建议 [J]. 中国税务, 2012 (06): 56 - 57.

[162] 倪红日、赵阳. 房地产税收调控政策的效应分析与建议 [J]. 涉外税务, 2007 (3): 2 - 8.

[163] 平新乔. 中国地方政府支出规模的膨胀趋势 [J]. 经济社会体制比较, 2007 (1): 50 - 58.

[164] 平新乔、陈敏彦. 融资、地价与楼盘价格趋势 [J]. 世界经济, 2004 (7): 3 - 10.

[165] 庞凤喜. 物业税九大问题浅议 [J]. 税务研究, 2008 (4): 36 - 39.

[166] 庞凤喜. 开征物业税是开启我国社会变革的一个窗口 [J]. 税务研究, 2009 (10): 39 - 42.

[167] 庞凤喜. 我国房地产税制进一步改革与完善需要聚焦的几大问题 [J]. 税收经济研究, 2014 (10): 5 - 12.

[168] 曲福田、冯淑怡、俞红. 土地价格及分配关系与农地非农化经

济机制研究——以经济发达地区为例［J］. 中国农村经济，2001（12）：54－60.

［169］任寿根. 房产税研究［M］. 北京：中国社会科学文献出版社，1997.

［170］任寿根. 房产税理论体系研究［J］. 江西社会科学，1999（7）：7－12.

［171］任荣荣. 我国城镇住房租买结构特征［J］. 中国投资，2014（3）：108－109.

［172］石子印. 美国财产税限制理论研究综述［J］. 税务研究，2009（10）：86－90.

［173］石子印. 我国不动产保有税研究［M］. 北京：中国社会科学出版社，2011：132－158.

［174］石子印. 基于税收遵从视角的物业税改革分析［J］. 税务与经济，2009（3）：85－90.

［175］石子印. 论财产税的基本逻辑［J］. 财经理论与实践，2009（3）：67－70.

［176］石子印. 物业税功用及风险规避：观照美国与韩国［J］. 改革，2010（4）：98－103.

［177］石子印. 我国房产税：属性与功能定位［J］. 经济问题探索，2013（5）：16－20.

［178］石子印. 财产税效率的作用机制考察［J］. 改革，2008（2）：67－70.

［179］［美］史蒂文·C. 布拉萨、康宇雄主编. 公有土地租赁制度——国际经验［C］. 北京：商务印书馆，2007.

［180］斯蒂芬·芒泽著. 彭诚信译. 财产理论［M］. 北京：北京大学出版社，2006：9－12.

［181］苏多永、张玉香. 保障性住房供给不足的原因探析与政策建议［J］. 中国房地产金融，2010（3）：38－40.

［182］孙放. 从《物权法》谈我国开征物业税的法律基础［J］. 财会月刊，2007（11）：28－30.

［183］任寿根. 产权税收理论初探［J］. 涉外税务，2005（7）：7－12.

［184］森信茂树. 日本土地神话的形成和破灭［J］. 新金融，2006（6）：8－11.

[185] 田光明、曲福田．中国城乡一体土地市场制度变迁路径研究[J]．中国土地科学，2010（2）：12－18.

[186] 谭诗赞．参与式预算的中国探索：价值、缺陷及路径优化[J]．哈尔滨市委党校学报，2016（1）：75－79.

[187] 唐明．不动产税收调控的运行机理及对我国的考察［J］．财贸研究，2008（5）：64－71.

[188] 唐明．美国财产税立法限制对我国房地产税立法的启示［J］．中国财政，2015（11）：70－72.

[189] 唐明．论不动产税制改革与产权保护［J］．财经论丛，2008（5）：34－41.

[190] 唐明．我国开征物业税的产权制度障碍与改革建议［J］．涉外税务，2010（7）：16－20.

[191] 唐明．物业税税制改革的财政公共管理体制困境探析——地方政府"逆向软预算约束"的分析框架［J］．公共管理学报，2009（1）：94－103＋127.

[192] 唐明．中国地方政府非正式财权研究："逆向软预算约束"观察视角［J］．财经论丛，2011（6）：33－38.

[193] 唐明．物业税改革缘何难以空转实？——基于住房制度转轨背景下体制障碍的视角［J］．财经科学，2010（7）：103－110.

[194] 唐明．物业税改革何如破冰？——破解物业税改革的不动产产权制度瓶颈［J］．财贸研究，2010（4）：68－74.

[195] 唐明．中国房地产税改革中的央地博弈与突围之道［J］．中南财经政法大学学报，2013（3）：9－14＋158.

[196] 唐明．特殊属性、现实制约的我国房产税改革的可能走向[J]．改革，2013（10）：69－76.

[197] 唐明．房地产税改革为何启而难动？［J］．当代财经，2013（8）：24－33.

[198] 唐明．转型期中国房地产增值收益分配机制研究［J］．中南财经政法大学学报，2015（5）：44－53.

[199] 唐明．世界主要转轨国家物业税制改革与产权保护及其启示[J]．当代经济管理，2009（5）：87－91.

[200] 唐明．物业税改革的制约机制：从"逆向软预算约束"观察[J]．改革，2008（12）：67－72.

[201] 唐明．论物业税制改革的产权法律基础困境［J］．云南财经大

学学报，2009（4）：58-65.

[202] 唐明．不动产税制改革的产权瓶颈探析［J］．湖北经济学院学报，2009（7）：66-70.

[203] 唐明．论不动产市场税收调控与税负合理分配［J］．财经论丛，2007（2）：24-29.

[204] 唐明．房地产市场税收调控效应及其调整思路——基于税负转嫁与税负合理分配的分析［J］．广东商学院学报，2007（4）：35-40.

[205] 唐明．日本房地产税制改革及其启示［J］．涉外税务，2007（7）：49-53.

[206] 唐明．论房地产税特殊属性及对改革的影响［J］．现代经济探讨，2014（2）：15-19.

[207] 唐明．国外房地产税立法的典型实践及对我国的启示［J］．湖北经济学院学报，2015（2）：50-56.

[208] 汤腊梅、尹光友．我国城镇住房产权的现状、问题及对策［J］．湖南城建高等专科学校学报，2000（3）：56-58.

[209] 王诚尧．房地产税对于房地产市场宏观调控作用的几点认识［J］．地方财政研究，2011（2）：14-19.

[210] 王诚尧．评论对推进房地产税改革持有怀疑的各种观点［J］．财政研究，2011（2）：12-21.

[211] 王国清、费茂清、张玉婷．房地产税与土地产权的理论研究［J］．财政研究，2015（8）：75-77.

[212] 王敏．我国城镇住房制度改革：回顾与反思［J］．兰州学刊，2012（7）：137-142.

[213] 王佑辉、邓宏乾、艾建国．营业税调控房价的“悖反效应”［J］．税务研究，2006（9）：46-47.

[214] 王海勇．房地产税收的一般经济分析［J］．税务与经济，2004（6）：46-47.

[215] 王德祥、袁建国．美国财产税制度变革及其启示［J］．世界经济研究，2010（5）：82-86.

[216] 王学龙．中国的土地财政与房地产价格波动——基于国际比较的实证分析［J］．经济评论，2013（4）：88-96.

[217] 王志刚、龚六堂．财政分权和地方政府非税收入：基于省级财政数据［J］．世界经济文汇，2009（5）：17-38.

[218] 王守坤、任保平．财政联邦还是委托代理：关于中国式分权性

质的经验判断［J］．管理世界，2009（11）：29－40.

［219］王佑辉、邓宏乾．调控房价的“悖反效应”［J］．税务研究，2006（9）：46－47.

［220］王自亮、陈卫锋．参与式预算与基层权力的重构［J］．地方财政研究，2014（4）：31－38.

［221］王涌．楼市迷局中的房地产税［J］．中国改革，2010，24（8）：3－8.

［222］汪丽娜．住宅产权：从模糊到明晰［J］．经济研究，1994（10）：70－73.

［223］温来成．物业税改革时机选择问题思考［J］．中国财政，2009（17）：36.

［224］温来成．物业税开征的先决条件之一：房地产产权制度的改革与完善［J］．涉外税务，2008（7）：15－18.

［225］魏涛、张青．“基于受益原则的房地产税改革研究”［J］．湖北经济学院学报，2011（5）：63－66.

［226］吴远来．农村宅基地产权的模糊性与土地发展权权益竞争［J］．中国市场，2012（3）：61－67.

［227］《我国房地产税立法问题研究》课题组．我国房地产税立法问题研究［J］．财政科学，2016（6）：54－64.

［228］吴俊培．我国开征房地产税的几个基础理论问题［J］．涉外税务，2006（1）：5－8.

［229］吴垠．应当赋予农民怎样的财产权利？——中国农村土地产权制度的改革方向探索［J］．发展，2014（9）：22－23.

［230］William N. Evans，Sheila E. Murray and Robert M. Schwab. 财产税与教育财政——艰难抉择［A］．Wallace E. Oates. 财产税与地方政府财政［C］．丁成日译．北京：中国税务出版社，2005.

［231］韦镇坤、尹兴、董金明．我国城市土地产权实现中存在的问题和对策研究［J］．马克思主义研究，2015（9）：63－79.

［232］夏商末．房产税：能够调节收入分配不公和抑制房价上涨吗？［J］．税务研究，2011（4）：19－25.

［233］夏锋．农民土地财产权的长期保障走向：物权化改革与对应收入［J］．改革，2014（3）：84－95.

［234］夏锋．农民土地财产性收入的制度障碍与改革路径［J］．农业经济问题，2008（11）：66－70.

[235] 邢戬. 住房价格决定机制与住房供给制度选择 [M]. 北京: 中国社会科学出版社, 2015: 125-196.

[236] 谢群松. 财政分权: 中国财产税改革的前景 [J]. 管理世界, 2001 (4): 960-106.

[237] 谢百三、刘美欧、李政东. 我国开征物业税必须直面的问题和困难 [N]. 中国税务报, 2010-04-07 (006).

[238] 谢伏瞻主编. 中国不动产税制设计 [M]. 北京: 中国发展出版社, 2006: 38-50.

[239] 熊伟. 财政分权视角下的房地产税改革 [J]. 广东社会科学, 2015 (5): 241-247.

[240] 肖耿. 产权与中国的经济改革 [M]. 北京: 中国社会科学文献出版社, 1997: 62-85.

[241] 许善达. 房产税不符合当前国情 [N/OL].《财经》杂志, 2011-01-29, http: //www. sina. com. cn.

[242] 许善达. 新时期税收面临的挑战 [J]. 税务研究, 2005 (5): 3-6.

[243] 徐珣、陈剩勇. 参与式预算与地方治理: 浙江温岭的经验 [J]. 浙江社会科学, 2009 (11): 31-38.

[244] 杨斌. 关于房地产税费改革方向和地方财政收入模式的论辩 [J]. 税务研究, 2007 (3): 43-48.

[245] 杨斌. 论中国政府特性和非对称型分税制加分益制财政体制 [J]. 税务研究, 2014 (1): 5-12.

[246] 杨建中、汪树强、刘杰. 消费者预期、投资需求与房地产税收调控 [J]. 税务研究, 2012 (12): 71-74.

[247] 杨重光、吴次芳. 中国土地使用制度改革10年 [M]. 北京: 中国大地出版社, 1996: 5-56.

[248] 付景涛、倪星. 地方政府财政责任机制及其变迁研究 [J]. 当代财经, 2012 (8): 34-43.

[249] 郁建兴、高翔. 地方发展型政府的行为逻辑及制度基础 [J]. 中国社会科学, 2012 (5): 95-112.

[250] 岳树民. 我国房地产市场调控政策与房地产课税 [J]. 涉外税务, 2010 (7): 13-16.

[251] 姚洋、杨雷. 制度供给失衡和中国财政分权的后果 [J]. 战略与管理, 2003 (3): 27-33.

[252] 易宪容．中国住房市场的公共政策研究［J］．管理世界，2009（10）：62－70.

[253] 野口悠纪雄．泡沫经济学［M］．北京：三联书店，2005：127.

[254] 野口悠纪雄．土地经济学［M］．北京：商务图书馆，1989：30－32，83－90.

[255] 张青．房地产税（物业税）改革的国际经验及其启示［J］．郑州航空工业管理学院学报，2011（4）：1－5.

[256] 张青．物业税开征的制度调整与时机选择［J］．税务研究，2009（10）：43－46.

[257] 张青、胡凯．中国土地财政的起因与改革［J］．财贸经济，2009（9）：77－81.

[258] 张青．我国开征物业税的意义及现实评述［J］．涉外税务，2010（7）：25－28.

[259] 张学诞．中国房地产税：问题与探索［M］．北京：中国财政经济出版社，2013：93－94.

[260] 张克．从物业税设想到房产税试点——转型期中国不动产税收政策变迁研究［J］．公共管理学报，2014（7）：24－37.

[261] 张艳纯、唐明．论我国物业税税制改革的制度环境［J］．财经论丛，2010（1）：37－43.

[262] 张少鹏．"土地使用权"是独立的不动产物权［J］．中国法学，1998，14（6）：49－56.

[263] 赵廉慧．房产税的物权法基础［J］．税务研究，2011（4）：42－44.

[264] 周其仁．增加中国农民家庭的财产性收入［J］．农村金融研究，2009（11）：30－32.

[265] 张永生．政府间事权与财权如何划分？［J］．经济社会体制比较，2008（2）：71－76.

[266] 张永生．中央与地方的政府间关系：一个理论框架及其应用［J］．经济社会体制比较，2009（2）：65－71.

[267] 张富强、刘桉呐．我国中央与地方在房地产税改革中博弈的法经济学分析［J］．学术探索，2015（6）：89－93.

[268] 张妙曦．我国城市土地出让制度研究［D］．福州：福建师范大学，2006.

[269] 张完定、贾金宇、王丽萍. 基于正需求曲线房地产市场价格分析——对高房价的一种解释 [J]. 发展研究, 2011 (3): 93 - 96.

[270] 张庆才. 地方参与式预算的前景与挑战 [J]. 财政研究, 2012 (3): 95 - 112.

[271] 张清勇. 房价收入比的起源、算法与应用: 基于文献的讨论 [J]. 财贸经济, 2011 (12): 114 - 119.

[272] 张平、任强、侯一麟. 中国房地产税与地方公共财政转型 [J]. 公共管理学报, 2016 (4): 1 - 15.

[273] 周雪光. "逆向软约束": 一个政府行为的组织分析 [J]. 中国社会科学, 2005 (2): 132 - 143.

[274] 周飞舟. 分税制十年: 制度及其影响 [J]. 中国社会科学, 2006 (6): 100 - 115.

[275] 周飞舟. 大兴土木: 土地财政与地方政府行为 [J]. 经济社会体制比较, 2010 (3): 77 - 89.

[276] 周飞舟. 生财有道: 土地开发和转让中的政府和农民 [J]. 社会学研究, 2007 (1): 49 - 82.

[277] 周黎安. 中国地方官员的晋升锦标赛模式研究 [J]. 经济研究, 2007 (7): 36 - 50.

[278] 邹秀清. "租税互替" 与地方政府的土地财政行为研究综述 [J]. 现代经济探讨, 2014 (7): 68 - 72.

[279] 左翔、殷醒民. 土地一级市场垄断与地方公共品供给 [J]. 经济学 (季刊), 2013 (1): 693 - 718.

[280] 郑思齐、师展. "土地财政" 下的土地和住宅市场: 对地方政府行为的分析 [J]. 广东社会科学, 2011 (2): 5 - 10.

[281] 郑思齐、孙伟增、满燕云. 征收房产税的民意调查——对四个重点城市的调研数据分析 [R]. 北京大学—林肯研究院, 2013. http: //plc. pku. edu. cn/publications_ ch. aspx.

[282] 郑思齐、孙伟增、吴璟、武赟. "以地生财, 以财养地" ——中国特色城市建设投融资模式研究 [J]. 经济研究, 2014 (2): 14 - 27.

[283] 郑振源. 建立开放、竞争、城乡统一而有序的土地市场 [J]. 中国土地科学, 2012 (2): 10 - 13.

[284] 郑思齐、师展. "土地财政" 下的土地和住宅市场: 对地方政府行为的分析 [J]. 广东社会科学, 2011 (2): 5 - 10.

[285] 朱亚鹏. 住房制度改革: 政策调整与住房公平 [M]. 广州:

中山大学出版社，2007：105－168.

［286］朱亚鹏．市场导向的中国住房制度改革：问题与挑战［J］．香港21世纪，2007（6）：12－20.

课题组主要阶段性成果

本项目直接阶段性成果在《当代财经》、《改革》等CSSCI及核心刊物发表学术论文11篇，有3篇论文被人大复印刊《财政与税务》、《经济学文摘》、《高等学校文科学术文摘》、《社会科学报·学术看点》、《文摘报》等全文转载或论点摘编。本项目的直接阶段性成果《中国房地产税改革中的央地博弈与突围之道》获得湖北省社科期刊优秀文章一等奖。本项目的最终研究成果《经济社会双转轨背景下中国房地产税改革的制度环境研究》计划于2018年中国财政经济出版社出版，力争使其在财政学和税收等相关领域产生良好的社会影响和效益。

课题组主要阶段性成果表

序号	成果名称	成果形式	出版社及出版时间或发表刊物及刊物年期
1	《房地产税改革为何启而难动?》	论文	《当代财经》（CSSCI）2013年第8期；转载于《高等学校文科学术文摘》2013年第5期
2	《中国房地产税改革中的央地博弈与突围之道》	论文	《中南财经政法大学学报》（CSSCI）2013年第3期 全文转载于人大复印刊《财政与税务》2013年第9期 全文转载于《经济学文摘》2013年第3期 核心观点转载《社会科学报·学术看点》2013-08-15和《文摘报》2013-08-27 荣获2016年湖北省社科期刊优秀文章一等奖
3	《房地产税全面开征还差些什么?》	独家专访	《法治周末》2017-03-14，新浪财经、搜狐财经、凤凰网等多家媒体转载
4	《特殊属性、现实制约的我国房产税改革的可能走向》	论文	《改革》（CSSCI）2013年第10期

续表

序号	成果名称	成果形式	出版社及出版时间或发表刊物及刊物年期
5	《论房地产税特殊属性及对改革的影响》	论文	《现代经济探讨》（CSSCI）2014 年第 2 期
6	《转轨期中国房地产增值收益分配机制研究》	论文	《中南财经政法大学学报》（CSSCI）2015 年第 5 期
7	《“大共享税”时代来临，共享分税制做好准备了吗?》	论文	《中央财经大学学报》2017 年第 2 期
8	《中国地方政府非正式财权研究：“逆向软预算约束”观察视角》	论文	《财经论丛》（CSSCI）2011 年第 6 期
9	《房产税改革“启而难动”的困境分析及推进之策》	论文	《中国财政》（核心）2013 年第 22 期
10	《美国财产税立法限制对我国房地产税立法的启示》	论文	《中国财政》（核心）2015 年第 11 期
11	《国外房地产税立法的典型实践及对我国的启示》	论文	《湖北经济学院学报》2015 年第 2 期
12	《“营改增”改革引发地方税收新问题及应对之策》	论文	《财政监督》2014 年第 24 期，全文转载《经济研究参考》2015 年第 18 期

后　记

此书是本人主持完成的国家社科基金项目《经济社会双转轨背景下中国房地产税改革的制度环境研究》（批准号：11CJY091）结项成果之一，回想这一路的研究历程，似乎是见证了我这名普通社会科学研究者的成长过程，也确实感受到社会科学研究者“无名英雄”作用。就拿国家的税制改革事业来说，任何一项税种改革从学术研究到形成税改提议再到变成税改现实，无一不凝结了众多默默无闻、辛勤工作的社会科学研究者的潜心研究和真知灼见。因此，本书献给国家的税制改革事业，希望为祖国税制进步尽我绵薄之力。

房地产税改革早在2003年中共十六届三中全会提出：“实施城镇建设税费改革，条件具备时对不动产开征统一规范的物业税，相应取消相关收费。”那时正值房价开始飞涨，于是媒体对物业税进行了铺天盖地的宣传。正读研一的我，在宿舍用买来的二手电脑在网上冲浪时，不经意间看到许多有关物业税的媒体报道，其中一副大意为“物业税是压低房价的最后一根救命稻草”漫画，当时的我对此产生了强烈的兴趣，心里想：“这是何种神奇的税种，竟能控制偌大的房价?”我一定要弄个明白，从此一副宣传漫画使我与房地产税结下一生的不解之缘。从初步踏入学术殿堂的研究生一年级开始，我便时刻关注房地产税，研读所有能搜集到的文献，进行不断的思考，跟宋丽颖导师合作的论文《开征物业税——现行房地产税制改革的契机》发表在《财政研究》2005年第1期上，研究生的学位论文做的是《我国不动产税制研究》，起步阶段对房地产税的研究探讨停留在“硬件”上，即该税的税制要素设计、税源和征管等就税制论税制层面。

想成为一名优秀大学专业课教师的梦想驱使我本硕博连读，2005年7月我考入中南财经政法大学，有幸师从知名税收专家庞凤喜老师。庞老师知识渊博、治学严谨，研究兴趣广泛，最重要的是老师看问题从来都是立足中国现实，她获取信息不仅是文献，更是通过活生生的人物，上至高层官员、学术大牛，下至社会各阶层的各种人士，甚至出差往返途中在的士车上老师都会和的士师傅畅谈甚欢，聊各种社会话题，庞老师这种紧接“地气”的研究风格深深地影响着我。庞老师也很关注研究物业税，给我们博士生开设了财产税专题讲座，她在《税务研究》发表《开征物业税是开启我国社会变革的一个窗口》和《物业税九大问题浅议》等学术论文，受老师的启发和影响，博士生阶段的我发现了房地产税收更为广阔的研究领域，即我们不仅要关注房地产税的“硬件”建设，更要关注“软件”因素，以房产税（物业税）为代表的房地产税是由税源、税制要素设计、税收征管等“硬件”有机构成，同时更受一国的财政体制、政治体制、法律体系、社会文化习俗等制度环境“软件”因素的深刻影响。现有研究通常以西方发达国家为参照系和背景，未能充分关注到我国目前正处于经济社会双转轨的这一特殊现实体制背景。

具体说来，现行房地产税发达国家往往有清晰的产权制度、成熟的市场经济制度和法律上明确的政府间财政关系和财政民主制度及地方治理等良好制度环境，国外文献往往把这些制度视为给定的外生变量，而对于像中国这样处于经济社会双转轨的发展中大国而言，产权制度不完善，市场经济尚不成熟，府际关系也缺乏法律规范，地方民主治理尚处于起步阶段，这些基础制度环境因素的缺失无疑为正在开展试点的房产税改革和房地产税立法改革增添了诸多不确定性，在体制机制上深刻地掣肘着房地产税的改革。那时的我已经清醒意识到，“硬件”方面几乎都是技术问题，凡是技术可以解决的问题从根本上算不上是问题，最难以解决的还是“软件”建设。把拟开征的物业税（房地产税）比喻为一粒种子，我们不仅关心种子本身是否健康饱满，该粒种子要能长成参天大树，我们更要关心有没有适合其破土发芽、茁壮成长的土壤、温度和适度等必要条件，我把这些相关“软件”方面因素起名为“制度环境”。

出于对房地产税收研究的痴迷，我的博士学位论文继续钻研的是《我国不动产税制改革研究》，在硕士学位论文的基础上对房地产税收改革相关领域进行了更为深入探讨，当时想对不动产税制改革的制度环境设专门一章进行探讨，后考虑结构的完整性没有纳入。2008 年博士毕业我应聘至湖南大学从教，开始了喜爱的教学科研生涯。前期的积累和独立工作使得我对房地税研究视野更为广阔，税改实践领域物业税空转长达七年始终难以“空转实”，当时国内对房地产税的讨论和主流文献主要集中在：房地产税的税制要素设计、税基评估及征管、房地产税对房价、房地产市场等的影响，但上述研究结论及政策建议大都依据西方成熟完善的财产税（房地产税）的理论与模型以及房地产税健康运行、历史悠久的市场经济国家的实践经验。但是与西方发达国家不同的是，我国的房地产税改革是从无到有地引入的全新税种，而且房地产税这种直接税对转轨期的我国有着广泛的影响力，主要体现在：

作为将来地方税体系中的主体税种，房地产税将深刻影响到财政分权、府际关系、“营改增”及地方税制等重大制度建设：其课税对象是社会最大的财富——房产和地产，其改革亦深受不动产产权法律制度、土地管理制度及住房制度等的影响制约；由于房地产税的税基是以市场价值为基础的评估价值，因而房地产税也深受房地产市场的市场化健全程度的影响，同时房地产税改革又会反作用于产权法律制度、土地和房产制度以及房地产市场等各方面；房地产税将成为中国对自然人和家庭直接征收的“敲门税”，预计将成为个人“税痛之首”，对个人住房征收房产税将从根本上唤醒普通民众纳税人的权利意识和限权意识，实质意义上的房地产税改革或许将拉开我国基层政府民主财政制度的序幕，将成为开启我国社会变革的一扇窗口。从上述基本面分析来看，我国房地产税改革实际上连接了经济领域、政治领域、法律领域以及社会领域的各个方面，发挥着经济社会双转轨改革的助推器作用，带有强烈的制度转型的意味。

从2008年至2011年三年时间的探索，通过研读对比中外文献、专家访谈、调研论证会等各种研究渠道，我基本已梳理确定房地产税制度环境的关键影响因素：财政分权财政体制、不动产产权保护、房地产市场和地方财政民主自治，并围绕上述相关领域发表一系列学术论文。物业税改革历经七年“空转”之后，上海、重庆的房产税试点改革方案终于在2011年1月27日公布，房产税试点改革当年引起社会各界空前广泛而热烈关注。2011年的国家社科申报指南首次出现房地产税改革研究的题目，我提交了《经济社会双转轨背景下中国房地产税改革制度环境研究》申请书，独辟蹊径而又切中实际的研究视角及内容框架使我首次申报国家课题成功立项。三十而立之年成功地拿到了国家社科基金项目，但我还没来得及享受成功喜悦时就发现课题研究的艰巨性。由于受到研究对象的局限，实证层面的数据上处于空白状态，加之制度环境影响因素难以客观量化及房地产税与制度环境耦合机制难以有现成的研究参考，课题研究初衷是希望能从学科交叉中获得研究性的突破，但对跨学科、多个关联领域研究的驾驭能力对研究人员要求是何其高！

在接下来长达六年的岁月里，伴随担起抚养教育孩子及照顾年迈父母的重任，适应和胜任教学科研工作，再加上工作和生活中琐事缠身，但对课题的研究丝毫不敢松懈。回想本书构思时反复推倒重来和再三斟酌、海量文献的阅读和梳理、资料的搜集和数据整理的繁琐艰辛、写作时咬文嚼字，随着11篇阶段性学术论文成果和书稿的最终完成，心中感到些许欣慰。税改的实践层面，2011年沪渝进行房产税试点，但试点扩容“总闻楼梯响，不见人下来”，2013年转而确立“先立法后改革”的改革方针，时至今日房地产立法仍没有明确的时间表。课题的研究结论很好地解释了中国房地产税改革为何启而难动，现实中房地产税似乎也并不会仓促出台，而是正在逐步搭建相关配套制度和构建相关制度环境，例如最明显的就是《不动产统一登记条例》出台以及在全国推广的不动产产权统一登记平台工作，为房地产税开征扫除产权制度障碍。

说起是一本小书的问世，需要鸣谢的师长友人足以拉出一份长长的名单，虽然无法一一列举，但首先特别感觉我的博士导师庞凤喜老师、硕士导师宋丽颖老师以及石子印师兄，导师们督促我养成良好的研究习惯，她(他)们给我无数细心的指点、评论和建议，尤其是庞老师严谨、深邃和犀利的思想给留下了深刻的影响。特别感谢湖南大学经济与贸易学院财税系里我工作上的指导老师，他们是刘建民教授、谭光荣教授、郭平教授、佘定华教授、罗宏斌教授、李志慧教授、洪源老师等各位良师益友，尤其感谢建民教授对我一直以来的关心和帮助。最后，衷心感谢我的家庭给予我工作上鼎力支持，古稀之年的公公婆婆承担了所有繁重的家务事，让我有更多的时间精力投入工作。每每感到压力、灰心丧气时，先生国平总是给我打气，让我对自己的研究信心满满。伴随着课题的结题和书稿的完成，宝贝儿子家荣已从婴幼儿茁壮成长为英姿飒爽的小小少年，这一切都是如此美好！

本书的出版得到了国家社科基金和湖南大学税收筹划研究所的资助和支持，中国财政经济出版社的卢关平先生及其他编辑老师为本书付出了种种努力，在此一并致以深深的谢意！

唐明

湖南大学图书馆

2018年1月24日